21 世纪经济与管理规划教材·市场营销学系列

金融营销学

（第三版）

赵占波 编著

FINANCIAL MARKETING

北京大学出版社
PEKING UNIVERSITY PRESS

图书在版编目(CIP)数据

金融营销学/赵占波编著.--3版.--北京:北京大学出版社,2024.8.--(21世纪经济与管理规划教材).--ISBN 978-7-301-35477-3

I.F830.9

中国国家版本馆CIP数据核字第2024EY3523号

书　　　名	金融营销学(第三版)
	JINRONG YINGXIAOXUE(DI-SAN BAN)
著作责任者	赵占波　编著
责任编辑	李沁珂　李　娟
标准书号	ISBN 978-7-301-35477-3
出版发行	北京大学出版社
地　　　址	北京市海淀区成府路205号　100871
网　　　址	http://www.pup.cn
微信公众号	北京大学经管书苑(pupembook)
电子邮箱	编辑部 em@pup.cn　总编室 zpup@pup.cn
电　　　话	邮购部 010-62752015　发行部 010-62750672　编辑部 010-62752926
印　刷　者	河北博文科技印务有限公司
经　销　者	新华书店
	787毫米×1092毫米　16开本　21印张　465千字
	2014年9月第1版　2018年9月第2版
	2024年8月第3版　2024年8月第1次印刷
定　　　价	59.00元

未经许可,不得以任何方式复制或抄袭本书之部分或全部内容。
版权所有,侵权必究
举报电话:010-62752024　电子邮箱:fd@pup.cn
图书如有印装质量问题,请与出版部联系,电话:010-62756370

编委会

主　任

赵占波

副主任

牟建良

委　员

杨　君　黄子兰　韩子君　刘牧宇　柯博天

丛书出版说明

　　教材作为人才培养重要的一环,一直都是高等院校与大学出版社工作的重中之重。"21世纪经济与管理规划教材"是我社组织在经济与管理各领域颇具影响力的专家学者编写而成的,面向在校学生或有自学需求的社会读者;不仅涵盖经济与管理领域传统课程,还涵盖学科发展衍生的新兴课程;在吸收国内外同类最新教材优点的基础上,注重思想性、科学性、系统性,以及学生综合素质的培养,以帮助学生打下扎实的专业基础和掌握最新的学科前沿知识,满足高等院校培养高质量人才的需要。自出版以来,本系列教材被众多高等院校选用,得到了授课教师的广泛好评。

　　随着信息技术的飞速进步,在线学习、翻转课堂等新的教学/学习模式不断涌现并日渐流行,终身学习的理念深入人心;而在教材以外,学生们还能从各种渠道获取纷繁复杂的信息。如何引导他们树立正确的世界观、人生观、价值观,是新时代给高等教育带来的一个重大挑战。为了适应这些变化,我们特对"21世纪经济与管理规划教材"进行了改版升级。

　　首先,为深入贯彻落实习近平总书记关于教育的重要论述、全国教育大会精神以及中共中央办公厅、国务院办公厅《关于深化新时代学校思想政治理论课改革创新的若干意见》,我们按照国家教材委员会《全国大中小学教材建设规划(2019—2022年)》《习近平新时代中国特色社会主义思想进课程教材指南》《关于做好党的二十大精神进教材工作的通知》和教育部《普通高等学校教材管理办法》《高等学校课程思政建设指导纲要》等文件精神,将课程思政内容尤其是党的二十大精神融入教材,以坚持正确导向,强化价值引领,落实立德树人根本任务,立足中国实践,形成具有中国特色的教材体系。

　　其次,响应国家积极组织构建信息技术与教育教学深度融合、多种介质综合运用、表现力丰富的高质量数字化教材体系的要求,本系列教材在形式上将不再局限于传统纸质教材,而是会根据学科特点,添加讲解重点难点的视频音频、检测学习效果的在线测评、扩展学习内容的延伸阅读、展示运算过程及结果的软件应用等数字资源,以增强教材的表现力和吸引力,有效服务线上教学、混合式教学等新型教学模式。

　　为了使本系列教材具有持续的生命力,我们将积极与作者沟通,争取按学制周期对教材进行修订。您在使用本系列教材的过程中,如果发现任何问题或者有任何意见或建议,欢迎随时与我们联系(请发邮件至 em@pup.cn)。我们会将您的宝贵意见或建议及时反馈给作者,以便修订再版时进一步完善教材内容,更好地满足教师教学和学生学习的需要。

最后,感谢所有参与编写和为我们出谋划策提供帮助的专家学者,以及广大使用本系列教材的师生。希望本系列教材能够为我国高等院校经管专业教育贡献绵薄之力!

北京大学出版社

经济与管理图书事业部

前 言

作为一本面向高等院校师生的专业教材,本书凝结了金融学和营销学两门学科的精髓,旨在为现代金融企业以及相关领域的学者、从业人员提供全面而系统的知识框架和实用的操作指南。本书的写作源于编者多年来的教学实践和研究积累,并结合当前金融市场的快速变化和新兴技术的崛起,力图通过纵深的理论分析和丰富的案例剖析,为读者呈现金融营销的全景图。作为高校教材,本书在编写过程中坚持理论与实践相结合,注重学术性、实践性和前沿性的统一,力求帮助读者夯实基础,开阔视野,提升实战能力。

本书的内容广泛、结构清晰、系统性强。首先,本书对金融营销的基本概念、理论框架做了全面介绍,帮助读者建立整体认知。通过对金融产品特性、市场环境以及客户行为特点的深入分析,奠定后续章节的研究基础。其次,本书详细阐述了金融市场的细分、目标市场的选择、市场定位策略以及竞争分析。这一部分内容将理论与实际市场环境紧密结合,通过实例分析,让读者能够理解并掌握各个环节的思考技巧和操作方法。最后,在营销策略部分,本书涵盖了产品策略、定价策略、渠道策略、促销策略的具体运用,并通过案例教学展示其在真实情境中的应用效果。

品牌管理和客户关系管理是金融营销中的核心内容,本书通过理论与案例相结合,详细探讨了品牌塑造、品牌维护、客户忠诚度建设等问题,帮助读者理解品牌在金融营销中的重要作用以及如何通过有效的客户关系管理提升企业竞争力。在此基础上,本书对数字化营销在金融领域的应用予以特别关注。随着互联网和大数据的迅猛发展,数字金融的崛起带来了全新的营销模式和策略。本书探讨了互联网金融、移动支付、社交媒体营销等新型营销方式的特点、优势和实施路径,旨在引导读者顺应数字化浪潮,把握市场机遇。

作为一本高等学校教材,本书主要适合金融专业、市场营销专业以及相关学科的本科生和研究生使用。同时,对于金融机构从事市场策划、营销管理的从业人员及相关学者,本书也具有很大的参考价值。本书的理论部分为读者提供了坚实的知识基础,案例部分则通过生动直观的实际应用,帮助读者将理论与实践相结合,提高分析和解决实际问题的能力。

本书不仅涵盖了金融营销的理论体系,还结合具体的市场环境和金融机构的实际情况,提出了具有前瞻性和可操作性的策略建议,兼具学术和实践价值。在金融行业竞争日益激烈的今天,如何通过有效的营销手段吸引新客户、维护老客户,成为金融机构亟待解决的问题。本书紧密结合市场需求,详细介绍了金融产品的设计、分销和促销策略,并针对不同市场环境提出了切实可行的营销方案。通过这些内容的学习,读者能够全面了解金融产品生命周期中的各个环节,提升实际操作能力。

此次修订紧跟金融市场的发展动态及新兴科技的应用趋势,对书稿内容进行了大幅更新:第一,理论部分涵盖了近年来国内外最新的研究成果和学术观点,使读者能够获取最前沿的知识。第二,针对近年来金融市场中的新变化,如金融科技的崛起、监管环境的变化、竞争格局的重塑等,更新了相关内容,确保本书的信息和策略具有时效性和现实意义。

党的二十大报告提出,加快发展数字经济,促进数字经济和实体经济深度融合,打造具有国际竞争力的数字产业集群。作为数字经济的重要组成部分,数字金融的重要性日益凸显,越发得到业界重视。多家金融机构先后发布了"数字化转型方案",旨在更好地促进科技与金融服务相融合。结合新形势和新方向,此次修订新增了对金融科技、区块链技术等新技术在金融营销领域中的具体应用探讨,扩展了互联网金融、移动支付、社交媒体营销等新兴领域的深度分析,介绍了如何利用大数据进行精准营销,如何通过社交媒体提升品牌影响力和进行客户关系管理等。结合金融机构的数字化转型进程,本书挑选了丰富的成功案例,系统剖析了数字化营销的策略与挑战,旨在帮助金融机构应对数字化浪潮,实现可持续发展。

在参考读者反馈和建议的基础上,此次修订进一步注重内容的实用性和可操作性,增补和更新了大量实践案例和场景模拟,使理论与实践紧密结合;同时,对本书的图表、数据和示例均进行了最新的调整和补充,以确保信息的准确性和权威性,为读者提供更为可靠的参考依据。本书不仅从理论层面阐述了金融营销的核心知识,还从实践层面提供了切实可行的指导,真正做到理论与实践并重。

总之,本书不仅是一本合格的高等学校教材,更是一部紧跟时代脉搏、为培养高素质金融营销人才而精心编撰的力作。它将助力广大学生在金融营销领域打下扎实基础,掌握先进的理念和方法,进而在未来的职业生涯中脱颖而出。同时,本书也为金融机构的营销从业者、相关学者提供了宝贵的知识资源和操作指南,帮助他们应对市场变化,提升企业竞争力。

随着金融市场的发展和科技的进步,金融营销也不断进行创新和变革。本书在关注前沿动态的同时,持续更新和完善相关内容,以期为读者提供最新、最实用和最具指导性的内容。我们相信,本书将成为金融营销领域的一本经典教材,为学术研究和企业实践贡献长久的力量。希望广大读者能够通过本书的学习,深入理解金融营销的精髓,提升自身的专业素养和实践能力,成为推动金融市场发展的中坚力量。

赵占波
2024 年 8 月

目 录

▶▶ **第1章　金融营销学概论** / 001
　第一节　金融营销的含义及构成要素 / 003
　第二节　金融营销的发展历程 / 010
　第三节　金融市场概述 / 017

▶▶ **第2章　金融市场营销战略规划** / 028
　第一节　金融市场营销战略规划概述 / 030
　第二节　金融市场细分 / 037
　第三节　金融市场竞争战略 / 046

▶▶ **第3章　金融营销环境分析** / 056
　第一节　金融营销环境概述 / 057
　第二节　金融营销的宏观环境 / 060
　第三节　金融营销的微观环境 / 071
　第四节　金融营销市场调研 / 079

▶▶ **第4章　金融市场客户行为** / 085
　第一节　金融市场个人客户及行为分析 / 087
　第二节　金融市场机构客户及行为分析 / 099

▶▶ **第5章　金融营销品牌和定位** / 108
　第一节　金融营销品牌概述 / 110
　第二节　金融营销品牌管理策略 / 114
　第三节　金融营销品牌定位 / 127

▶▶ **第6章　金融营销产品策略** / 138
　第一节　金融产品概述 / 140

第二节　金融产品组合及生命周期策略　/ 144
　　第三节　金融新产品开发　/ 150

第7章　金融营销策略及机构服务质量管理　/ 158
　　第一节　金融服务营销策略　/ 159
　　第二节　金融服务过程策略　/ 163
　　第三节　金融服务质量策略　/ 167
　　第四节　金融服务人员策略　/ 177

第8章　金融营销定价　/ 184
　　第一节　金融营销定价概述　/ 185
　　第二节　金融营销定价方法和策略　/ 188
　　第三节　商业银行产品定价模型和原理　/ 197

第9章　金融营销渠道策略　/ 208
　　第一节　金融营销渠道概述　/ 210
　　第二节　金融产品分销渠道的选择　/ 214
　　第三节　金融营销渠道建设　/ 218
　　第四节　金融营销渠道的策略　/ 228

第10章　金融促销策略　/ 241
　　第一节　金融促销概述　/ 243
　　第二节　金融促销的工具　/ 247
　　第三节　促销方式的选择和组合　/ 263

第11章　金融新媒体营销　/ 268
　　第一节　金融新媒体营销概述　/ 270
　　第二节　金融新媒体营销发展概况　/ 273
　　第三节　金融新媒体营销策略　/ 288

第12章　金融客户关系管理策略　/ 295
　　第一节　金融客户关系管理概述　/ 298
　　第二节　金融大数据营销的发展概况　/ 305
　　第三节　金融大数据的发展策略　/ 313

参考文献　/ 321

第 1 章 金融营销学概论

知识目标

- 掌握金融营销学的研究问题及基本概念;
- 了解中国及世界主要国家金融营销的发展历史;
- 了解金融市场概况及各金融机构的营销策略。

技能目标

- 培养利用金融营销的概念分析金融机构的营销策略的能力;
- 培养结合金融营销的发展现状分析其未来发展方向的能力;
- 培养根据不同金融产品的特点分析其营销策略的能力。

随着金融市场的发展,金融机构的数量迅速增加,金融市场的竞争日益激烈。投资者在金融市场中面对的产品数量不断增长,但接受的服务却趋于同质。因此,营销作为一项重要的经营管理活动,日益获得金融行业从业者的关注。成功开展金融营销活动已成为在金融市场上获得成功不可或缺的条件。本章将重点介绍金融营销的基本概念,探索金融营销的发展历史及现实状况,并讨论金融营销对于中国金融市场发展的重要意义。

案例 1-1　善于运用营销工具的金融机构

案例 1：中国工商银行宇宙星座信用卡

2017 年 5 月,中国工商银行面向年轻客户群推出了宇宙星座信用卡,该卡凭借"高颜值""多权益""年轻人的专属黑卡"等特色标签,受到广大年轻客户的追捧。此外,宇宙星座信用卡通过微博大 V(认证用户)"papi 酱"进行的广告营销同样备受关注,短短几日,相关微博评论量超过 20 万,点赞量超过 28 万。截至 2018 年 5 月推出一周年之际,宇宙星座信用卡发卡量已突破 800 万张,新客户占比高达 72%,客户平均年龄为 31 岁,年化户均消费约为 3 万元。

宇宙星座信用卡还为客户提供了各种玩乐实惠。例如,持卡人生日当天使用该卡消费可获得 10 倍积分;通过网络渠道首次申办中国工商银行信用卡的新客户,在领取宇宙星座信用卡后 30 天内任意消费 1 笔,并在中国工商银行信用卡公众号完成报名,即可免费领取 1 个月优酷视频 VIP 会员或爱奇艺 VIP 会员。并且,同步办理银联单标识单币种卡和 VISA(维萨)单标识多币种卡,可使客户账户的加密性更强、安全性更高、受理范围更广。

(资料来源:《工行宇宙星座信用卡发卡首年突破 800 万张》,http://yqnews.com.cn/jjzk/jr/201806/t20180606_713973.html,访问日期:2023 年 12 月 6 日。)

案例 2：平安壹钱包：联合 Uber 在上海打造"亿万富翁"

2015 年下半年,上海地区的 Uber(优步)用户登录 Uber App(应用程序),就会看到名为"一个亿"的专属按钮,点击按钮后,一辆专属的"壹钱包×Uber"运钞车将快速抵达,为用户赠送一亿元。用户扫描运钞车上的二维码,登录壹钱包 App 后,会看到自己的账户中有一亿元,瞬间体验亿万富翁的感觉。

而事实上,这一亿元是壹钱包赠送的理财体验金,体验期为一天。在体验日当天,用户按照壹钱包账户对接的货币基金当日的收益率计算理财收益,收益部分可被幸运用户提现。

这是壹钱包通过与 Uber 的跨界合作,对精准营销的一次有益尝试。借着话题明星的影响力,壹钱包不仅扩大了知名度,而且向目标人群——那些希望通过理财增加收入但总是没时间、没精力的普通大众,传递出壹钱包随时随地、简单理财的品牌形象,为大家带来了一次理财酷感体验。

(资料来源:《Uber 一键呼叫 4 个亿 上海一天诞生十个"亿万富翁"》,https://www.jiemian.com/article/323414.html,访问日期:2023 年 12 月 6 日。)

案例3：中国平安财产保险：聚焦宠物看病难、看病贵问题，"宠物医疗卡"重磅上线

2021年8月，由京东金融、京东宠物、中国平安财产保险三方联合推出的"宠物医疗卡"产品正式上线。

"宠物医疗卡"的上线可以说是"千呼万唤始出来"。首先，越来越多的人渴望"猫狗双全"的生活，根据中商产业研究院的调查，2020年中国城镇宠物（犬猫）数量达10 084万只，较上年增长1.7%。其次，宠物消费市场展现出巨大活力，宠物主为宠物花钱的意愿愈发强烈，据中商产业研究院调查，2020年中国宠物消费市场规模达2 065亿，较上年增长2.0%；《2020年中国宠物消费市场报告》显示，2020年中国单只宠物的平均消费金额约为6 653元。最后，宠物医疗是宠物消费市场中的重要组成部分，是养宠物必不可少的开支，宠物医疗一般占到宠物消费市场的20%以上，2020年中国单只宠物的平均医疗消费约为1 501.65元。

"宠物医疗卡"的独特之处在于，它打破了目前宠物险行业以费用报销单报销的主流模式，首次将医保服务体验引入宠物领域，借助三方优势，打通宠物线下就诊、线上报销全流程，创新打造高效直赔模式，有效缓解宠物的看病难、看病贵问题，满足广大宠物主安心养宠的需求。据了解，"宠物医疗卡"基于用户需求定制，产品具有高效直赔、零免赔额、全病种赔付、高赔付比例等多重亮点，覆盖宠物饮食、宠物服务、宠物医院、宠物保险等安心养宠生活全场景。此外，"宠物医疗卡"还提供丰富的增值服务，包括宠物日常健康常备的体检、疫苗服务，宠物日常洗澡、寄养服务等，全方位一站式为宠物健康提供保障。

（资料来源：《平安产险：聚焦宠物看病难、看病贵问题，"宠物医疗卡"重磅上线》，http://finance.ce.cn/home/jrzq/dc/202108/18/t20210818_36821436.shtml，访问日期：2023年12月6日。）

第一节　金融营销的含义及构成要素

一、金融营销的含义

金融营销，顾名思义就是金融行业或金融产品市场营销。对该概念正确理解的关键在于对市场营销的理解。市场营销是伴随着商品经济的发展而产生的，出现在20世纪之后。由于金融行业的繁荣相对落后于工商业的发展，因此"金融营销"概念的产生也相对晚于一般工商业的营销概念。金融营销可以说是工商业中的市场营销与金融行业融合发展的产物。所以，要了解金融营销，首先就要了解市场营销的概念。

1. 市场营销的含义

1910年，美国威斯康星大学的拉尔夫·斯塔尔·巴特勒（Ralph Starr Butler）提出了"市场营销"一词。之后，越来越多的学者开始研究这一概念，并逐步形成市场营销学科。随着市场营销学的发展，先后有多位学者对市场营销的内涵作出了界定。

美国市场营销协会(American Marketing Association，AMA)于2004年8月经多次修订后将市场营销定义为：市场营销既是一种组织职能，也是为了组织自身及利益相关者的利益而创造、传播、传递客户价值，管理客户关系的一系列过程。这一定义始终围绕"客户价值"展开，强调了"管理客户关系"的重要性。

在这里，我们采用对市场营销研究与传播极具影响力的美国营销学家菲利普·科特勒(Philip Kotler)在其《营销管理》(第15版)中的定义："市场营销关乎人类与社会需要的识别与满足。最简洁的市场营销定义是'有利可图地满足需要'。"[①]该定义反映了市场营销的实质内容，即以交换为中心，以客户需求为导向，通过协调企业资源使客户需求得到满足，并且在此基础上达成工商企业所追求的目标。其强调了三点：

(1) 强调营销是一个管理过程，包括一系列活动，从辨别需求到变成有利可图的商机，需要开展一系列活动并加强管理，才能达到预定目的。这一系列活动包括对市场环境的调查研究，对营销机会的确定，设计与生产能满足特定需求的产品，对产品进行宣传以引起消费者的购买欲望，为产品销售建立一个渠道以方便消费者购买，为产品定价，在购买过程中甚至购买前后向消费者提供服务，等等。由此可以看出，营销不同于销售，也不同于推销，销售或推销是营销的一部分。

(2) 强调营销是以满足消费需求为出发点与归属点的，识别需求的目的是满足需求，这就是出发点。实现有利可图的商机是指实现"双赢式"交换，对金融机构而言，"赢"即达成既定目标。对于消费者而言，"赢"表现为能最大限度地满足自己期望的需求。能实现"双赢式"交换则意味着需求得到了满足，这就是归属。

(3) 强调营销以达成交易为最终目的。营销的目的就是努力实现交易，使交易双方都有利可图，消费者特定的消费需求能得到满足，企业在向消费者提供需要的产品或服务中达成所追求的目标。由此可见，金融营销就是金融行业通过发现市场需求，提供符合市场需求的金融产品，借助满足市场需求而获取利益的行为。

上述观点说明市场营销的概念具有四个要点：

(1) 确定目标市场。客户对任何一种产品(或服务)的需求所形成的整个市场是巨大的，而且需求是有一定差异的，每家企业的经营能力都是有限的，难以满足整个市场的需求。同时，企业之间争夺市场的竞争是长期的、激烈的，每家企业为了能最大限度地实现资源优化配置，取得竞争优势，也为了能更好地满足客户需求，实现以客户为中心的准则，就必须确定满足何种特定需求，这就是确定目标市场。

(2) 掌握客户需求。由于客户不一定能清楚地表达或不一定能意识到自己的需求，因此要使客户对消费的产品(或服务)感到满意，前提是企业必须清楚地掌握客户需求的真正内容有哪些、具体的需求是什么、最关注的需求是什么(企业响应需求)，能否接受某种被引导的需求(企业引导需求)，能否创造出某种需求(企业创造需求)。为使客户满意，需要对目标市场中的客户需求做深入、全面、仔细、准确的考察，以便实现响应需求、

---

① 〔美〕菲利普·科特勒、凯文·莱恩·凯勒：《营销管理》(第15版)，何佳讯、于洪彦、牛永革译，格致出版社2016年版，第5页。

引导需求、创造需求的营销策略。

（3）开展整体营销。市场营销是企业为满足目标市场消费需求,在竞争市场中开展的一系列活动,也是企业内部的管理过程。它要求企业协调和运用一切市场活动手段,各职能部门为了提高企业整体竞争力而加强相互之间的联系,这样才能使客户需求转变为对本企业有利可图的商机。这样的活动被称为整体营销。整体营销包括两方面的内容：一是企业要将产品（或服务）的开发与生产、分销、促销、定价等活动针对目标市场有机结合地予以使用,从营销策略上满足客户需求；二是企业里负责营销的部门要协调各个职能部门的工作,从组织与思想上满足客户需求。

（4）强调盈利能力。市场营销追求的不仅仅是利润,更是要帮助企业达成多种目标。为此,企业应注意长远利益,培植能比竞争者更好地满足客户需求的盈利能力。强调盈利能力,才能使企业增强对环境变化的适应性,提升核心竞争力,长期地、最大限度地达成企业持续发展所确定的各项目标。由此可知,金融营销观念就是指金融行业以满足客户需求为中心来指导销售金融产品（或服务）的思想。

根据企业在销售产品（或服务）过程中是否以满足消费需求为核心,可将指导企业销售产品（或服务）的思想分为传统的与现代的两大类。传统的指导思想（也称传统观念）包括生产观念、产品观念与推销观念。生产观念是以生产为中心来指导企业开展销售活动的思想,即企业注重提高劳动生产率和采用广泛的销售策略来销售已生产的产品,以期获得更大的经济利益。产品观念是指企业沉湎于自我陶醉而非客户需求,以强调产品（或服务）的质量、功能、特色为中心来指导销售活动的思想。推销观念是指以推销为中心来指导企业销售的思想,即企业认为客户不会主动购买产品（或服务）,只有经过推销,客户才会购买。尽管上述观念强调的具体内容有所不同,但有一点是相同的,那就是都忽视或无视消费需求的满足。现代的指导思想（也称现代观念）主要是指市场营销观念,是以客户需求为中心来指导企业销售产品（或服务）的思想,即企业达成经营目标的关键在于正确确定目标市场的需求,并且比竞争者更有效、更有力地传送目标市场所期望满足的东西。

从上述各种定义我们可以看出,市场营销的概念经历了生产观念、产品观念、推销观念、市场营销观念等几个阶段并不断走向成熟。现代市场营销具有十分丰富的内含,并以客户需求为营销管理的核心。

2. 金融营销的含义

根据市场营销的含义可以推导出,金融营销是指金融行业以满足客户需求为中心来指导销售金融产品（或服务）的思想。金融营销的研究内容主要包括金融服务与金融服务市场、金融环境与金融营销系统及其运行、金融客户需求及其行为、金融市场细分与目标市场、金融产品管理、金融产品定价管理、金融产品分销管理、金融产品促销管理、金融服务质量管理、金融客户关系管理、金融营销风险管理、金融营销战略与计划管理等。[1]

---

[1] 王方华、彭娟编著：《金融营销》,上海交通大学出版社,2005。

金融营销是企业市场营销在金融领域的发展,首先在银行界得到应用。1958年,全美银行协会会议最早提出了"银行营销"的概念,但直到20世纪70年代人们才真正意识到营销在金融机构中的重要作用,从而开始了以金融营销为中心的经营管理。

1972年8月,英国的《银行家》(The Bankers)杂志把金融营销定义为:"把可盈利的银行服务引向经过选择的客户的一种管理活动。"与工商企业的市场营销相比,金融营销本质上是一种服务营销,其活动的标的、主客体、目的要求以及实现方式都有其自身的特点。服务营销是企业在充分认识到满足客户需求的前提下,为充分满足客户需求在营销过程中所采取的一系列行动。

20世纪90年代以后,中国的一些学者也讨论了金融营销的概念,主要观点包括"金融企业营销是以金融市场为导向,通过运用整体营销手段以金融产品(或服务)来满足客户的需求与欲望,从而达成金融企业的利益目标"[1],以及"金融营销是指金融机构以分析金融市场客户需求的具体内容与细节特征为出发点,以其特定的金融营销机制为基本运作框架,用适应社会金融需求的金融产品(或服务)去占领金融市场,巩固和发展金融业务并达成其自身金融经营目标的动态管理过程"[2]。

根据市场营销的定义,金融营销被定义为:"金融机构通过交换、创造和出售他人所需所求的金融产品与价值,建立、维持和发展各个方面的关系,以实现各方利益的一种社会和管理过程。"[3]

菲利普·科特勒对金融营销的阐述为:"金融营销是指金融机构以市场需求为核心,各金融机构采取整体营销的行为,通过交换、创造和销售满足人们需求的金融产品与服务价值,建立、维护和发展与各方面的关系,以实现各自利益的一种经营活动。"[4]

以上定义各有侧重,综合来说,金融营销是金融机构对金融产品的营销活动,指金融机构以市场需求为基础,以客户为核心,利用自己的资源优势,通过创造、提供与交换金融产品(或服务),满足客户的需求,达成金融机构的营利目标的一系列社会与管理活动。

正确把握金融营销概念需要注意以下两点:

(1)金融营销所处的金融市场环境复杂性高、综合性强以及变化频繁,因此金融营销相对市场营销而言是更加综合的分析及问题解决的过程。金融营销是一项复杂的工作,既包括与金融市场及金融产品提供和销售相关的各项活动,如金融营销环境分析、市场研究、市场预测与市场细分,也包括产品开发、价格制定、销售渠道拓展和促销等,还覆盖了售后服务、组织管理等各项工作,是一项综合性的管理活动。

(2)金融营销中的客户对金融产品的需求有很大的差异性,因此在金融产品的营销过程中要更加注意"以客户为中心"的理念。客户的需求是金融机构开展营销活动的出发点。金融机构的客户包括现实客户与潜在客户,从业务规模上又分为两大类:一类是

---

[1] 龚维新主编:《现代金融企业营销》,立信会计出版社,1994,第7页。
[2] 陶婷芳、施祖辉:《上海金融业营销现状剖析》,《财经研究》1998年第1期。
[3] 万后芬主编:《金融营销学》,中国金融出版社,2003,第9页。
[4] 王方华、彭娟编著:《金融营销》,上海交通大学出版社,2005,第27页。

企业客户,如国内与国外的工商企事业单位、金融机构及政府部门;另一类是零售客户,主要是个人客户或投资者。不同的客户面临不同的问题,有着不同的金融需求,金融机构必须从客户的角度出发,认真分析、研究其需求,制定出与市场相符合的营销战略,提供令客户满意的服务。

二、金融营销的构成要素

金融营销是金融机构以满足客户需求为中心的活动,它具有以下几个基本的构成要素。

(一) 金融营销的主体

金融营销不同于其他的企业营销,是由金融机构开展的。金融机构是从事金融业务的机构,是一国金融体系中最重要的组成部分。随着现代经济的发展,金融机构的类型也日益丰富,一般地,我们可以把金融机构分为存款型金融机构、契约型储蓄机构和投资型金融机构三大类。[①]

1. 存款型金融机构

存款型金融机构是从个人和机构那里吸收存款并发放贷款的金融机构,能够创造派生存款,影响货币供应,因此在一国的金融系统中具有重要地位。这类机构包括:

(1) 商业银行。其主要通过吸收支票存款、储蓄存款和定期存款等来筹集资金,用于发放工商业贷款、消费者贷款和抵押贷款或购买政府债券,提供广泛的金融服务。无论在哪个国家,商业银行拥有的总资产规模都最大,提供的金融服务也最全面。

(2) 储蓄银行。其是专门办理居民储蓄并以吸收储蓄存款作为主要资金来源的银行。储蓄银行在西方不少国家是独立的金融机构,其名称各异。

(3) 信用社。其是一种互助合作性质的金融组织,资金主要来源于合作社成员缴纳的股本和吸收的存款,资金运用主要是向会员提供短期贷款、消费信贷和票据贴现,此外还有一部分用于证券投资。

2. 契约型储蓄机构

这类机构以合约方式定期、定量地从持约人手中收取资金,然后按合约规定向持约人提供服务或养老金,包括:

(1) 保险机构。其是专门经营保险业务的机构,主要分为人寿保险机构以及财产和意外灾害保险机构。其资金来源主要是保费收入,资金主要用于理赔和投资等。人寿保险机构主要针对人的生命、身体健康等提供保险服务,保险赔偿额可以准确地加以预期;而财产和意外灾害保险机构主要是针对火灾、盗窃、车祸、自然灾害等各种事件造成的财产损失提供保险服务。

(2) 养老基金。其是以年金的形式向参加者提供退休收入的一种金融机构,资金主

---

① 叶伟春编著:《金融营销》(第二版),首都经济贸易大学出版社,2012。

要来自劳资双方的资金积聚及运营积聚资金所获得的收益。

3. 投资型金融机构

这类机构主要以金融市场上的投资活动作为主要业务,包括:

(1) 投资银行。其是最重要的投资型中介机构,主要从事一级市场的证券承销业务与二级市场的证券经纪和自营业务,同时也开展资产证券化、私募、风险投资和并购等资本市场运作活动。

(2) 共同基金,又称投资基金。其是一种间接的金融投资机构或工具,通过发行股票或权证募集社会闲散资金,再以适度分散的组合方式投资于各种金融资产,以获取收益。投资基金可以发挥组合投资、分散风险、专家理财和规模经济等优势。

(3) 货币市场共同基金。其投资对象仅限于安全性高、流动性强的货币市场金融工具。

(4) 金融机构。其通过出售商业票据、发行股票或债券以及向商业银行借款等方式来筹集资金,并用于向购买汽车、家具等大型耐用消费品的个人客户或小型企业发放贷款。

(5) 财务机构。其是由企业集团内部集资组建的,主要为企业集团内部各下属企业筹资和融资提供服务,促进其技术改造和技术进步。财务机构的主要业务有存款、贷款、结算、票据贴现、融资性租赁、投资、委托以及代理发行有价证券等。

(6) 信托机构。其是作为受托人,按委托人的意愿,以自己的名义,为了受益人的利益或者特定目的管理或处分信托财产,主要开展资金信托、动产信托和不动产信托等业务。

(7) 金融租赁机构。其是为解决企业设备添置过程中的资金不足而开展融资租赁业务的金融机构。金融租赁机构的主要业务包括动产与不动产的租赁、转租赁、回租租赁业务等。

(二) 金融营销的客体

金融营销的客体不是一般的企业产品,而是金融产品与金融服务。

狭义的金融产品是由各家金融机构创造的在金融市场上进行交易的各种金融工具,广义的金融产品包括狭义的金融工具及各种无形的金融服务。金融产品是金融机构针对不同客户的不同金融需求提供的,是交易者在金融市场上实现货币资金转让的证明,反映了特定的筹资需要和筹资特点,也体现了一定的金融理念。

20世纪70年代以来,国际金融创新不断推进,各种新型金融产品层出不穷。总体来讲,金融产品可以分为两大类:一类是基础金融产品,包括货币、黄金、外汇、票据等;另一类是在基础金融产品之上派生出来的衍生金融产品,包括期货、期权、互换等,它们的交易必须依赖于基础金融工具。

作为金融市场的客体,金融产品一般具有四个基本特征,即偿还性、收益性、流动性和风险性。其相对于其他产品也具有一些特点,主要包括:①存在形式上的无形性。金融产品看不见、摸不着,不采用任何具体的物质形式来展示,而是以账簿登记、契约文书等形式来呈现,人们购买某个金融产品,并不一定非要持有具体的金融资产,而只需保存代表该资产的某种凭证即可。②本质上的一致性和可替代性。金融产品与一般实物产品不同,其使用价值和价值是重合的,它是一种价值尺度的表现,谁持有它,就意味着持有该价值尺度背后的任何商品和劳务,使自己的需求得到满足。这种产品的一致性赋予了不同金融产品可替代性和极易被其他金融机构所仿效的特性,从而加大了竞争的难度。③表现形式上的多样性。金融产品虽然在质的方面没有太大的差异,但是在形式上因期限、流动性、承担的风险、发行者的不同而有较大的区别。筹资者可以利用不同金融产品的这些差异吸引不同的金融投资者;投资者也可以利用这些差异进行合理的资金投向选择,达到自己参与金融活动的目的。①

(三) 金融营销管理过程

金融营销管理是一项复杂的工作,包括与金融市场及金融产品销售相关的各项活动,一般可以分为分析、计划、执行、评估与控制四个阶段。

分析阶段是最基础的部分,金融机构要通过对金融市场的调查研究,了解市场对金融产品的需求及客户、竞争者的动向,为制订营销计划与确定营销战略提供依据。计划阶段是金融机构在分析的基础上,根据自身条件确立合适的营销目标,选择有利的目标市场,制定组合策略。执行阶段则是按照既定的营销目标与策略进行具体的营销活动的过程,也是达成预期目标的关键所在。为了提升营销工作的效果,在制订营销计划时还应该设定衡量计划执行状况的标准,以便对执行过程进行合理的评估与控制,及时发现问题并采取有效措施对计划进行调整,使营销活动更加符合实际。同时,控制的结果又可作为制订新营销计划的依据。

达成金融营销目标所必需的各种经营要素所组成的体系称为"金融营销系统"。一般来说,金融营销系统由金融营销环境与市场分析系统、金融营销战略与计划系统、金融营销组合系统、金融营销组织与控制系统四部分组成。

(1) 金融营销环境与市场分析系统。金融营销是在一定的环境条件下开展的,不仅受到各种微观因素(即与金融营销有关的各个经济主体)的影响,也受到各种宏观因素的制约。金融机构必须对各种信息进行收集、整理、分析和判断。

(2) 金融营销战略与计划系统。金融营销战略一般包括探查、分割、优先和定位四个要素。在营销战略的指导下,金融机构可以制订营销计划,对资源的输入与输出进行具体配置,并规定时间进度与各方的具体职责,以减少营销活动的盲目性,提高金融营销的效率。

(3) 金融营销组合系统。金融营销组合系统指金融机构为了达成营销目标所选择的一系列营销方式和手段的组合,主要策略包括产品策略、定价策略、地点策略、促销策略、政治权力策略和公共关系策略。

---

① 吴浩:《我国金融营销发展对策探究》,《魅力中国》2010年第7期。

（4）金融营销组织与控制系统。金融机构需要设置不同的营销岗位，确定相关人员的责任，并对他们之间的关系进行一定的协调与控制，合理、迅速地传递信息，对营销计划的执行情况进行评估与反馈，并随时调整。

第二节 金融营销的发展历程

一、全球金融营销的发展历程

美国在卖方市场向买方市场转换的过程中，于20世纪初创立了"市场营销"，它着重研究销售渠道与广告技术，借以扩大产品销售，在一定程度上缓解了"卖难"的问题。然而，由于当时理论研究的局限性，在买方市场日益发展后，"卖难"问题依然突出。为了有效地解决"卖难"问题，20世纪50年代"现代市场营销"观念得以确立，它与早期创建的"市场营销"有着根本区别。现代市场营销强调实现产品销售是工商企业的综合业务活动，工商企业必须接受营销观念，选择目标市场，开展整体营销，才能从根本上解决"卖难"问题。

新理论以全新的概念与理念指导工商企业的生产和销售活动，不但有效地解决了"卖难"问题，而且使工商企业活动步入满足消费、引导消费、创造消费的轨道，促进了工商企业的发展，也有力地推动了美国经济的前行。因此，我们可以说金融市场营销是市场营销原理在金融领域应用与创新的产物。市场营销在中国约定俗成的译法有两种：从企业经济活动角度译为"市场营销"（简称"营销"），从学科角度译为"市场营销学"（简称"营销学"）。

相对应地，金融营销也经历了不断演化的过程。金融行业包括银行业、保险业、证券投资业等。金融营销研究通常以美国银行业营销为代表，美国银行业营销的产生与发展经历了以下阶段：

1. 漠视转入引进阶段（20世纪50年代）

20世纪50年代中期之前，资金在美国是稀缺资源，客户为了满足对资金的需求不得不求助于商业银行。商业银行不担心自身产品的销售，因此并不关注营销问题。对此，菲利普·科特勒有着绝妙的描述：主管贷款的商业银行高级职员目光呆滞地把借款人安排在大写字台前比自己低得多的凳子上，居高临下、颐指气使，阳光透过窗户照在孤立无援的借款人身上。借款人正努力地诉说着借款的理由，冰冷的银行大楼宛如希腊神殿般让人不寒而栗……20世纪50年代后期，各类非银行金融机构纷纷建立与发展，在储蓄和贷款业务方面与原有商业银行展开了竞争。结果这些非银行金融机构不但动摇了原有商业银行的垄断地位，而且使其产品首次陷入了销售困难的局面。为了更多地销售自己的产品，一些商业银行开始模仿工商企业，采用广告与其他推销手段来扩大其产品销售。全美银行协会在1958年首次提出金融行业应该树立市场营销观念的观点，推动银行业引进营销学,将银行业营销理论研究与实践相结合。

2. 促销、友好服务、金融创新快速转换阶段(20世纪60年代)

20世纪60年代初,金融产品零售业务发展迅速,争夺客户的竞争异常激烈。相当一部分商业银行误认为营销就是广告与促销的代名词,自己的任务就是做好广告宣传把客户吸引过来,把产品卖出去,若要卖得多、卖得快,就要强化广告与促销,因此银行业呈现出繁忙的促销景象。尽管促销能带来销量的增长,但是无法长久维持这一销售美景。这个现象推动一些商业银行寄希望于通过提供友好服务来培养忠诚客户。它们开展职业培训、示范礼仪,改善服务环境,力图打破以往冷峻的形象,努力营造温馨友善的氛围以吸引客户。结果是率先提供友好服务的商业银行得到了丰硕的回报。随即又引起了更多商业银行的仿效,使整个银行业步入友好服务轨道。

这种雷同的服务使客户难以根据服务态度来选择为其服务的商业银行。20世纪60年代末,一些商业银行认识到金融业务的本质是满足客户需求。它们发现客户需求在不断地变化,金融创新应该是一项最具竞争潜力的营销活动,于是开始加强对客户需求及其购买行为的研究。同时,政府对金融的管制有所放松,为此银行设计出多种金融产品来满足不同的需求,如大额可转让定期存单(CD)、可转让支付命令(NOWs)、自动转账服务(ATS)等。这样做既扩大了资金来源,又提高了资金运行质量,还增加了客户收益。

3. 服务定位阶段(20世纪70年代)

商业银行产品因缺乏专利性而极易被模仿,一种新金融产品推出之后,竞争者在半年内就可以"克隆"成功,使开发新产品的商业银行失去竞争优势。为谋求有利的竞争地位,商业银行将目光转向不易被竞争者模仿的营销技术。通过研究,它们发现没有一家商业银行能为所有客户提供其所需的一切服务,因此商业银行应在确定服务对象方面下功夫,应该有所侧重,将主要产品和服务集中于某类客户,在该市场上谋求更高的占有率。这种认识推动银行业进入服务定位阶段。所谓服务定位,是指商业银行强调市场细分与目标市场选择及定位,努力为客户树立一个鲜明的形象,将自己与竞争者区分开来,便于客户选择能最大限度地满足其需求的商业银行的活动。在此阶段,出现了致力于服务特定客户的形形色色的商业银行:有以大企业为重点客户的,也有致力于为中小企业服务的;有偏重于稳健的投资银行业务的,也有偏重于投资风险大但收益高的银行业务的;除了提供传统业务的商业银行,还有提供保险、旅游、所得税安排、投资、财产托管、国际贸易等服务的"金融超市"。

4. 系统营销阶段(20世纪80年代至今)

20世纪80年代后,西方金融业迅速发展,进一步推动了金融营销管理与改革。商业银行对营销有了更全面且深刻的认识,意识到营销不是孤立的广告促销、产品创新或服务定位活动,而是企业的整体活动。要达成商业银行的各项目标,就必须对营销环境进行认真的调研与分析,充分认识客户需求,结合本银行的竞争力,发掘营销机会,制定营销战略与技术,综合运用产品、分销、促销、定价策略为目标客户服务。

案例 1-2　美国及日本的金融营销模式

美国的金融营销模式

花旗银行(Citibank)利用各种传播渠道,在电视、印刷品、户外、店头等广告媒体上以及包装、促销、营销事件与推广等渠道上进行协调,奏响了整合营销传播的交响乐。客户通常能够接收不同的营销传播信息,如广告、直邮、电话咨询等,同时,他们也会受到周围朋友的影响。花旗银行的整合营销传播还定义了新的、广义的传播概念,重新界定了银行营销的传播范围,它没有局限于传统的功能性广告活动,如销售促进、直接营销等,而是考虑得更加广泛,综合使用了新闻宣传、广告、公关等传播手段,相对集中地传递信息。在信用卡业务上,花旗银行更是不惜重金进行营销与宣传。花旗银行每年投入在信用卡上的广告费用惊人,通过这种努力,花旗银行的标语"不仅是 VISA 卡,而且是花旗银行 VISA 卡"得到了全世界的认同。

过去,美国银行(Bank of America Corporation)每年平均用于电视、报纸、杂志和电台的广告宣传费用就达 5 000 万美元之多,而且许多广告的持续时间长达一年。有观察人士发现,无论是国际还是美国国内重大赛事,美国银行都会准时出现在赞助商的名录中。据统计,美国银行赞助的项目包括部分奥运会项目、全美高尔夫球赛、6 支美国橄榄球队、5 支棒球队、3 支美国职业篮球联赛(NBA)球队和 2 支曲棍球队。据悉,美国银行每年的经费预算中约有 5 000 万—5 500 万美元专门用于体育项目的赞助。这一数字意味着,美国银行在全美企业赞助排行榜上居第 16 位,并当之无愧地成为美国银行业体育赞助的"老大"。

日本的金融营销模式

日本的信用卡企业一直把正确把握客户需求作为头等大事,通过开展各种调查活动来判断日本国内信用卡应用的需求及动向。其中,JCB 日本信用卡公司的市场调查活动尤为令人瞩目。2000 年以来,JCB 日本信用卡公司每年都组织相当的人力、物力开展"信用卡综合调查"活动。调查对象不仅包括 JCB 会员,还涵盖了非 JCB 会员等大众人士。围绕信用卡的消费问题,通过调查来了解、掌握大众消费活动的意识及状态。特别值得一提的是,在调查中,JCB 日本信用卡公司结合客户的消费意识、消费观念区域性的特点,对各地区客户的消费意识和信用卡意识进行分析,并以此为基础来探求不同地区对不同目标客户的把握方法。

据俄罗斯塔斯社 2014 年 5 月 26 日消息,JCB 日本信用卡公司希望将支付系统引入俄罗斯市场,阿尔法银行将可能成为其结算银行。阿尔法银行处理中心经理季姆梁杰夫称,双方已初步达成一致。为此,JCB 日本信用卡公司的系统需要获得俄罗斯中央银行的支付系统运营许可。季姆梁杰夫称,若一切按计划实施,首批潜在客户将是经常前往中国、日本、韩国的客户,且随着JCB日本信用卡公司的设施在俄罗斯的发展,其将继续获得新的客户。

2016年10月,JCB日本信用卡公司支付系统的俄罗斯运营商——JCB日本国际信用卡(欧亚)公司(JCB International Eurasia)在俄罗斯中央银行进行注册,该系统的结算中心是俄罗斯阿尔法银行。"我们看到了俄罗斯市场的巨大潜力,计划在2016年年底前发行大约300万张信用卡。"JCB日本信用卡公司的总裁说。他还介绍说,该支付系统已经与几家俄罗斯银行签署了协议。

(资料来源:《全球第三大支付系统JCB正式进军俄罗斯》,https://www.cifnews.com/article/13490,访问日期:2023年12月6日。)

二、中国金融营销的发展现状

同国外金融营销七十多年的发展演进过程相比,中国的金融营销是从改革开放以后才开始的,具体来说应该是近几年随着市场的开放、竞争的激烈,以及中国金融行业尤其是银行业的率先觉醒,相关企业才意识到营销的重要性。等客上门的时代已经一去不复返了。目前,中国各家商业银行已经开始意识到银行要关注公共关系、树立良好形象,并且开始做广告、搞宣传,提供上门服务和主动发展客户等。但与美国商业银行的金融产品与服务营销相比,中国商业银行特别是国有商业银行市场营销体系的建设还停留在比较低的层次,对市场营销的认识也是不系统、非理性和非专业化的。中国的金融营销尚未真正进入建立金融行业营销文化的阶段和以客户为中心、满足与创造客户需求的阶段。

在以前计划经济金融行业垄断时期,金融机构似乎不需要营销。但是随着中国金融体制的不断改革,以及金融市场的不断完善,中国金融行业营销的必要性也受到越来越多的关注。具体表现为如下四点:

1. 中国金融行业的市场化程度不断加深

开展市场营销是中国金融体制改革的需要。金融体制改革打破了国有商业银行"皇帝的女儿不愁嫁"的传统垄断格局,使之真正面向市场,成为"自主经营、自负盈亏、自担风险、自我约束"的市场主体。为了在竞争环境中谋求自身的可持续发展,国有商业银行必须面对市场,遵循市场规律,从市场需求出发,树立"科学的市场营销"理念,在满足客户需求的基础上,开发、研制、推广适销对路的金融产品及服务,并最终以此寻求盈利。

2. 市场需求发生变化

开展市场营销是市场需求多样化的需要。随着中国经济的快速发展,特别是经济发展质量的不断提高,居民的收入及消费水平有了较大幅度的提升,金融理念也随之不断深化,对金融产品和服务的需求呈现出多样化的态势。此时,金融行业面对的客户不仅包括有存款、贷款需求的客户,而且包括要求享受存款、贷款、汇兑、结算、理财、信托等全方位、深层次金融服务的客户,他们不仅需要商业银行为其提供进入证券、保险、基金等投资领域的产品,而且希望在理财咨询、投资顾问、投资组合、融资方案设计、信息咨询等方面享受更加方便、快捷、优质、高效的服务。市场需求的这一变化,要求金融行业必须与之相适应,重视市场调研,分析市场机会,找准市场定位,根据客户的不同需求提供个性化、特色鲜明的金融产品及服务,而这些要求必须借助于科学的市场营销理念及其营销策略的实施才能得到满足。

案例 1-3　招商银行"点金贸易金融":满足经济全球化新需求

中国自1978年改革开放以来,一直积极参与经济全球化进程,目前更是成为推动全球化的主力军。在经济全球化的背景下,中国已成为当今世界最具活力的经济体之一,吸引了来自世界各国的投资。截至2022年年底,中国累计设立外商投资企业超过112万家,累计实际使用外资超过19.7万亿元人民币,这在中国利用外资乃至对外开放进程中具有标志性的意义。中国已成为全世界吸收外资最多的国家之一,连续30年居发展中国家首位。

经济全球化背景下,跨国企业对商业银行金融服务需求的特点

主要包括五个方面:

一是全球化。跨国企业的部分经营活动虽然在国内,但其仍是全球一体化经营的,因此,商业银行对外商投资企业金融服务需求的分析应更多地从全球的角度进行,对其资信的判断也应从全球的角度进行。

二是中心化。越来越多的跨国企业在中国设立控股企业或地区总部,以统一管理和协调在中国国内的业务活动,建立统一的采购中心和分销渠道,并统一资金调拨和控制现金流量等。与上述趋势相匹配,跨国企业在中国的财务管理也日趋集中,对商业银行的金融服务提出了全国范围内乃至亚太地区资金集中管理和统一的要求。

三是个性化。跨国企业并不满足于商业银行为其提供的一般化的服务,而是往往结合自身的经营特点和经营管理、财务管理的需要,要求商业银行为其专门设计业务品种和提供量身定制的服务,商业银行个性化服务的能力与水平也成为其选择主要合作伙伴的条件之一。

四是时效性。跨国企业自身的运作效率很高,要求往来商业银行提供高效的结算和融资服务。

五是低成本。跨国企业往往要求以最低的服务价格获得最好的服务,以降低全球财务成本。客观上,跨国企业常向各家商业银行直接询价,如融资利率、结算手续费、结售汇价格等,以达到争取优惠条件、降低价格的目的。

招商银行"点金贸易金融"服务品牌的推出背景

2017年,受国际金融危机的影响,外资银行正在积极推进去杠杆化的进程。外资银行去杠杆化意味着它们不得不退出市场或主动收缩业务。由于中资银行在此次金融危机中所受冲击较小，因此给中资银行加强与世界500强等顶尖跨国企业合作留下了一定的市场空间和客户资源，为中资银行创造了机会。招商银行"点金贸易金融"服务品牌正是顺应这一经济形势而推出的。

招商银行"点金贸易金融"服务亮点

招商银行从企业的视角出发，整合提炼出"八大套餐"系列，以满足不同类型企业在不同结算方式、不同贸易环节、不同贸易条件下的结算和资金需求，为企业提供从采购、生产到销售整个贸易链的一揽子解决方案，帮助企业实现更便利的贸易。这"八大套餐"包括联动、物流金融、账款融资、保理、船舶出口、避险理财、集中管理、在线服务等。招商银行期望凭借其在境内外、离在岸、内外贸、投商行等资源的联动和整合方面，以及在专业领域、科技平台等方面的优势，满足不同客户全方位、深层次、个性化的贸易金融需求。针对不同类型的客户提供差异化的贸易金融服务，是招商银行套餐服务的一大亮点。其中，比较有特色的包括以下两个方面：

1. 联动套餐

联动套餐是招商银行专为"走出去"和"引进来"的跨国企业设计的方案，帮助企业实现境内外、离在岸资源的合理配置和有效运用。在中国金融行业国际化水平相对落后的客观现实条件下，离岸银行业务作为成熟的商业银行服务渠道，可以将离岸业务与在岸业务相结合，为开展跨国投资的中资企业提供低成本、一体化的境内外金融服务，满足企业日益增长的金融需求。

招商银行通过其离岸业务与在岸业务的有效协同和资源整合，将客户的在岸金融需求与离岸金融需求进行有机结合，实现了离岸金融服务和在岸金融服务的无缝对接，借助网上银行的技术平台，开发、创新了离在岸联动的一体化金融服务模式。招商银行离岸业务以客户为中心、以产品为依托、以技术手段为支撑、以优质服务为宗旨，为客户提供包括资产、负债、中间业务等在内的离在岸联动一体化金融服务，全面满足不同类型客户不同层次的需求。

2. 物流金融套餐

物流金融套餐服务于中小企业，协助企业盘活存货和应收账款，突破融资瓶颈，提高供应链管理水平。

物流金融是指在面向物流业的运营过程中，通过应用和开发各种金融产品，有效地组织和调剂物流领域中货币资金的运动。这些资金运动包括发生在物流过程中的各种存款、贷款、投资、信托、租赁、抵押、贴现、保险、有价证券发行与交易，以及金融机构所办理的各类涉及物流业的中间业务等。在物流金融中涉及三个主体，即物流企业、客户（资金需求方企业）和金融机构。物流企业与金融机构联合起来为资金需求方企业提供融资，这三方主体对物流金融的开展都有非常迫切的现实需要。

（资料来源：作者根据公开资料整理。）

3. 金融行业的竞争态势日趋严峻

中国金融行业尤其是银行业将日益呈现多元化的竞争格局。首先,银行业由工、农、中、建、交五大国有商业银行垄断的市场格局已被打破,全国性或跨区域的商业银行主力军,如招商银行、中信银行、光大银行、平安银行等12家新兴的股份制银行,正占据着越来越大的市场份额。其次,证券机构、信托机构、保险机构等非银行金融机构提供了类似于商业银行的融资服务,对传统银行业也造成了一定的冲击。最后,也是最重要的,在中国加入世界贸易组织(WTO)之后,早就觊觎中国金融市场的外资金融机构纷纷进入中国。外资银行有丰富的国际金融交易经验,有先进的管理理念、优质的服务等优势。这无疑会对中国金融行业产生深远的影响,中外资金融行业间的营销大战难以避免。

4. 科学技术的进步要求金融行业开展市场营销

现代科学技术,特别是现代电子、通信技术的迅猛发展和广泛应用,为金融行业开展市场营销工作奠定了坚实的技术基础,促进了金融行业业务经营的科技含量迅速提高,并逐步形成了商业银行发展与电子计算机、通信等现代高科技紧密结合的发展格局。同时,电子技术、通信技术的广泛应用也改变了金融行业传统的存款、贷款业务范围,为其迅速增加服务品种、拓宽服务领域、扩大营销范围提供了广阔的天地,使其在市场竞争中更具优势,积极开拓目标市场,寻求盈利空间。[①]

三、中国发展金融营销的对策

1. 构建动态战略规划系统

这要求根据国家经济金融政策和国际金融形势的发展,结合各金融机构自身的业务特点、机构人员的设置情况,运用金融营销的理论与方法,充分地研究市场、竞争者和客户,进行市场细分,确定目标市场。在此基础上,对企业的所有营销业务做出总体、系统的规划与部署,并能根据市场和金融条件的变化适时调整,以确保各项业务在金融营销中稳定、健康发展。

2. 建立完善的营销组织体系

高效、灵活的营销组织是保证金融营销各个环节高效运作、协调一致的润滑剂。完整的营销工作应将外部营销与内部营销进行有机结合。金融机构应做好以下几方面的工作:首先,要建立起专门的市场营销部门,以研究市场和客户需求、制订切实可行的营销方案;其次,要加强对广大员工,特别是在第一线工作的员工的教育与培训;再次,要制定工作准则与服务标准,做到统一化与制度化;最后,要协调与处理在部门、专业协同运作过程中出现的各种问题,提高市场营销的整体化程度。

3. 重视企业文化在金融营销管理中的推动作用

有效的营销决策取决于科学的营销管理。企业经营管理机制是否健全,企业运行中

---

① 王方华、彭娟编著:《金融营销》,上海交通大学出版社,2005。

的组织、计划、控制是否有效,是企业营销能否成功实施的关键。在强调以人为本管理模式的今天,企业文化功能的重要性日益显现。优秀的企业文化不仅能塑造良好的企业形象,更能对企业的营销活动产生巨大的整体推动效应。因此,应该加强企业文化建设,从企业的软硬件环境入手,踏踏实实地设计与实施文化建设方面的内容。

4. 培植与引进金融营销人才

金融产品竞争的背后是金融人才的竞争。在知识经济时代,金融机构活动中更强调"新型复合型人才",指的是掌握并熟练运用现代科学技术并能创造性运用现代营销技能,且能不断进行新的知识汲取、积累和更新的人,从人才学的角度讲就是"通才"。金融营销人员必须具备全面的素质,包括基本素质(品行、涵养、行为举止等)、专业知识、业务操作能力及社交能力。能否造就一批高素质的金融人才队伍是营销战略及金融机构经营成败的关键。

5. 加快金融创新步伐,提高市场竞争力

金融行业的传统业务获利空间越来越小,资产收益率也呈下降趋势,在这种情况下,金融营销必须更加注重创新,通过金融产品的不断创新提高市场竞争力,只有这样才能保证商业银行在市场营销过程中始终处于主动地位。当前,金融创新的主要领域是中间业务。因此,金融机构可以按照功能差异、对象特殊、技术领先、利益兼顾等原则,全方位地开展高起点、高科技、高收益的中间业务,中间业务不能仅局限于代收代付业务,要向深层次发展,重点是向客户理财、资产(信贷)评估、投资咨询、财务顾问等方向发展。①

第三节 金融市场概述

金融市场是实现各种金融资产(或金融工具)交易的市场,是各种交易活动和交易关系的总和。

金融市场是商品货币关系发展的产物,只要存在商品货币关系,就必然会有金融资产的交易活动,也就存在金融市场。当然,随着经济的发展,金融市场的形态也在不断变化。在现代社会,随着计算机和通信技术的发展,金融市场突破了地域和空间的限制,不再拘泥于固定的场所,而是包括了大量无形的、跨区域的金融市场。

一、以商业银行为代表的金融机构简介

金融机构是金融市场的主要参与者,是金融市场不可或缺的重要组成部分。在中国,金融机构呈"分业经营,分业管理"的格局,即不同性质的金融机构必须在规定的业务范围内经营,并设立相应的监管机构。因此,从广义上说,金融机构包括商业银行、证券、基金、保险等经营机构,中国人民银行、证监会、国家金融监督管理总局等监管机构,交易

---

① 吴浩:《我国金融营销发展对策探究》,《魅力中国》2010年第7期。

商、结算、登记、托管等中介服务机构。从营销角度看，经营性金融机构是市场营销的主体，因此这里主要介绍商业银行、证券、基金等经营性金融机构。本书重点讨论商业银行中的金融营销问题。

金融产品是指由金融机构创造的、可供资金需求者与供给者在金融市场上进行交易的各种金融工具，广义的金融产品是指金融机构向市场客户提供的一切服务，如存款、贷款、转账结算、委托理财、咨询等。只要是金融机构提供的，能满足人们某种欲望和需求的各种金融工具与服务，都可以列入金融产品的范畴。

以商业银行为例，英国学者阿瑟·梅丹（Arthur Meidan）把商业银行市场营销定义为：把可盈利的银行服务引导至目标客户的管理活动。"可盈利的银行服务"是商业银行向客户提供的各种服务，包括存款、贷款、代理支付、结算、委托业务等各种有偿服务。由此可见，商业银行市场营销是指从客户的需求和欲望出发，利用自己的资源优势选择目标市场，合理运用各种营销手段，把可盈利的银行金融产品和服务销售给客户，以满足客户需求并达成银行利润最大化目标的一系列活动。①

案例 1-4　中国建设银行苏州自贸区支行：面向生物医药领域的特色银行

生物医药产业在苏州由来已久、地位超然。2006 年，想要发展特色产业的苏州工业园区把目标投向了高附加值、前景广阔的生物医药产业，得益于中国与新加坡两方政府间的合作，园区很快就引入了大量外资企业，如美国的强生、英国的葛兰素史克、日本的卫材等。2008 年金融危机时生物医药产业的突出表现、2009 年若干生物和医疗政策的出台，让苏州工业园区发展生物医药产业的信念更加坚定。2010 年，工业园区开始在小分子创新药研发与产业化方面发力，大量创业企业落地苏州。2015 年，生物医药产业开始获得资本市场的青睐，大批生物医药企业上市，截至 2022 年年底，苏州工业园区已培育境内外生物医药上市企业 24 家。2022 年，苏州市委、市政府发布《苏州市推进数字经济时代产业创新集群发展的指导意见》，提出要重点聚焦电子信息、装备制造、生物医药、先进材料四大主导产业，其中，生物医药产业更是被列为一号产业。

中国建设银行江苏自贸试验区苏州片区支行（以下简称"自贸区支行"）就位于苏州工业园区这一生物医药产业的高地——包括 2 000 多家生物医药企业、年产值超过千亿元、规模年增幅超过 20%，故自贸区支行也就因地制宜地推出了"金融+生物医药"的服务。

为了更好地宣传医药知识、服务医药企业，自贸区支行在员工培训和网点环境展示上下足了功夫。第一，在员工培训方面，自贸区支行要求负责人、对公客户经理、个人客

---

① 潘天芹：《我国商业银行的市场营销问题》，《浙江金融》2005 年第 4 期。

户经理、其他员工均要掌握生物医药产业相关知识。自贸区支行负责人王松刚认为：只有具备相应的知识积累，了解产业周期特点，了解产业细分赛道特色，才能和企业谈到一起，才能捕捉企业需求，才能帮助企业解决发展困难。第二，在网点环境展示方面，自贸区支行精心打造了具有生物医药特色的物理网点，设立了生物医药科普区、生物医药发展史展示区来介绍生物医药领域的最新发展动向以及每个方向的代表性企业、苏州生物医药产业的发展等。精心的布局能让客户在办理业务时获取生物医药方面的知识，同时也能起到宣传和推介园区企业的作用。

除此之外，针对园区想要引进企业来完善产业链的迫切需求，自贸区支行积极联合各方资源，创造同业交流机会。为此，其专门划分了区域来举办小型沙龙、企业路演，安排交流会议、专业培训，自投入使用以来，这里已经为不少投资机构、生物医药企业、行业协会等提供了服务。王松刚说："我们的目标是深入探索如何将金融与产业融合，以特色网点为载体，整合产业、企业、投资机构、院所等各方资源，构建生物医药生态链，更好地为企业、企业家和员工提供全生命周期的服务。"

数据显示，截至 2023 年 2 月，自贸区支行累计服务了区域内超过 850 家生物医药类企业，给予授信支持超过 107 亿元，贷款投放总量超过 26 亿元，其中自贸区支行的生物医药类业务量占到了一半以上。

（资料来源：《为服务好生物医药产业，这家银行网点"大变样"》，"今日建行"微信公众号，2023 年 4 月 4 日，访问日期：2023 年 12 月 6 日。）

商业银行市场营销的概念于 1958 年在全美银行业联合会会议上被首次提出。此后，市场营销被广泛运用于商业银行的经营管理中。经过多年的发展，市场营销已经成为西方发达国家商业银行谋求竞争优势和提高经营效益的最重要的工具之一。[①]

1. 中国商业银行市场营销现状

中国银行业的发展经历了许多曲折。从中国人民银行单一银行时期到国家专业银行时期，直至各大银行完成体制改革前，中国银行业长期处于卖方市场，根本不需要市场营销。随着各大商业银行体制改革的完成，中国银行业进入了竞争时代，各大商业银行开始认识到市场营销的重要性，并对其展开了探索，取得了不小的进步。但总体来看，中国商业银行的市场营销水平较西方发达国家还有很大差距。市场营销手段和策略仍处于初级阶段，营销战略也未形成合理、完备的体系，市场营销整体上仍然处于探索阶段。

随着 2006 年 12 月 11 日中国按照国际规则对外资银行实行全面国民待遇，中国银行业的对外开放也由批发业务扩展到零售业务，由部分中心城市扩展到全国各地。中国商业银行必须面对大量拥有成熟市场营销策略的外资银行，竞争更加激烈。此时，认清中国商业银行市场营销中存在的问题，并采取相应的应对措施是当务之急。

---

① 罗宁：《我国商业银行市场营销问题》，《合作经济与科技》2008 年第 16 期。

中国商业银行市场营销主要存在以下问题：

（1）对市场营销认识不足，营销行为存在偏差。中国商业银行尚未树立起以客户为导向的市场营销理念，不能根据客户的需求自觉地调整营销策略，开发新产品；大多数业务是以应付客户的需求为主，缺乏开拓新领域的意识。这使中国商业银行疲于争夺现有的客户资源，忽视了以具有前瞻性的市场营销策略指导银行发展、吸引潜在客户的发展要求。

（2）商业银行市场营销缺乏总体策划与创意，具有很大的盲目性和随机性；商业银行个体形象不鲜明，缺乏市场感染力。目前，中国商业银行对于自身的定位和目标客户的选择大都比较模糊，在此情况下组织的市场营销活动往往缺乏针对性和吸引力。商业银行自身形象的不明确，也使市场营销的效果大打折扣。

（3）市场研究与开发还未成为商业银行自觉的营销行为。中国商业银行在市场研究方面基本处于跟随、模仿、一哄而上的阶段，市场营销行为趋同化明显。具体来说，存在四点不足：一是对客户的现实金融需求的研究不足；二是产品品种单一，质量不高；三是市场缺乏细分，产品定位不突出；四是对客户未来需求的研究不足。

（4）促销手段组合缺乏系统性。中国商业银行的市场营销实施过程，一般都表现为单一的、独立的行为，缺乏系统、协调的实施计划，因此往往难以达到预想的效果。

（5）客户经理营销队伍过于庞大，功能单一。商业银行实施管理体制改革后，客户经理制度被引入商业银行的日常经营活动中。但众多客户经理各自仅负责一块内容，服务功能单一，缺乏"一人通"式的客户经理负责制行为，使客户经理制的作用大打折扣。

2. 中国商业银行市场营销未来发展对策

（1）进行市场细分，明确市场定位。客户是商业银行赖以生存和发展的基础，在客户需要商业银行提供质量越来越高的差异性金融产品的形势下，商业银行必须用战略性的眼光来分析客户的潜在需求，解决客户的现实需要，并将为特定客户群体量身定制的金融产品推销给他们。美国市场学家温德尔·史密斯（Wendell Smith）在20世纪50年代中期提出了市场细分的概念。所谓市场细分，就是根据消费者之间需求的差异性，把一个整体市场划分为两个或者更多的细分市场，从而确定企业目标市场的活动过程。商业银行应在市场细分的基础上，对自己进行准确的市场定位，确定在市场竞争中与之相适应的银行形象，在竞争中做到有的放矢，达到扬长避短的目的。如中国工商银行将自身定位于"身边的银行"，招商银行将自身定位于"技术领先的银行"。金融服务定位能使客户了解相互竞争的各商业银行之间的差异，便于挑选对他们最为适合的银行，这一行为也有可能促使各商业银行分别成为某一领域的龙头。在五大国有商业银行中，中国银行应强调外汇贷款的优势；中国建设银行应依托自己传统的中长期信贷业务优势，将业务重点放在信息、电信、民航、石油、石化、公路、汽车、旅游等行业；中国工商银行应发挥人民币业务的优势，加快本外币一体化进程；中国农业银行则应拓展城乡一体化金融业务市场，如农村产业化项目、小城镇建设及扶贫项目；交通银行应在企业银行业务和资金业务上继续拓展其优势。新兴的中小商业银行则应避免盲目扩大市场规模，而应集中资源重点开拓某一类市场,突出自身特色,吸引特定的基本客户群体。

（2）制定适当的营销策略。在采取适当的市场定位战略之后,应就四大营销因素,即产品、价格、分销和促销分别制定适当的营销策略：

产品策略。商业银行向市场提供的产品实际上是一种服务,是与货币信用连接在一起的一系列服务的总和。在服务能力竞争成为市场竞争主题的今天,商业银行之间竞争的核心其实就是产品的竞争。商业银行应加快金融创新,适时适宜地引入金融期货与期权、远期外汇、货币互换、利率互换、票据发行便利等金融创新工具；改进结算手段,根据国际业务的需要开立门类齐全的信用业务；在对外贸易信贷上可推出多种国际融资手段,如提供买方信贷、卖方信贷、福费廷、信用安排限额、混合信贷,签订"存款协议"；在组织存款时,可推出大额可转让定期存单等吸引客户。

价格策略。采用适当的定价策略。商业银行的存贷款利率和服务收费标准,直接关系到对客户的激励和吸引程度,随着中国利率市场化改革步伐的加快,市场营销中的定价策略将日显重要。产品价格是否恰当,直接关系着商业银行市场营销的成败。商业银行既要考虑产品的性质、生命周期,又要考虑其他产品策略以及分销渠道等,通过成本或竞争导向的定价方法来科学定价,以提高自身的竞争力。而且在各种利率和费用的运行过程中,商业银行要密切关注成本、竞争、需求等因素的变化,适时做出调整价格的决策,以使价格在动态调整的过程中保持强劲的竞争力。

分销策略。在拓宽分销渠道方面,除了以遍布全国的分支机构网点为基础,借助自助银行、电话银行、网上银行、自动柜员机和POS（销售终端）机等方式,还可以借助App、网站、社交媒体平台等在线平台大大拓宽商业银行的分销渠道。

促销策略。商业银行的促销实质是一种信息的传递,目的在于刺激和指导客户的欲望。首先,商业银行应加大广告宣传力度。考虑自身的整体定位,根据所促销的产品的特点,针对客户群中绝大多数人的需求和兴趣,做到有的放矢。其次,要关注公共关系,树立良好的社会形象。现代商业银行所提供的不仅仅是具体的金融产品和服务,更重要的是"客户满意"这一抽象商品。"客户满意"能否顺利地出售,取决于客户对商业银行服务是否认同,对品牌是否接受。市场营销不仅仅是商业银行高层管理者和客户经理的工作,每个员工（包括柜台人员和外勤人员）均成为营销体系的末梢。在这样的理念指导下,商业银行实施的是客户情感经营管理。商业银行的营销犹如种树,需要长久的呵护和耐心的关注,从而与客户共同成长。最后,应积极发展网络营销。网上银行和网络营销使商业银行无须依靠众多的机构网点和庞大的员工队伍便可获得较大的市场份额。

（3）建立一支有营销管理经验的金融职工队伍。市场的竞争,归根结底是人才的竞争。营销是一种专业知识,需要专门的教育和训练。要想赢得市场,就必须有一大批具有业务知识、精通国际管理、善于开拓创新的新型复合型营销人才。同时还要强调对现有员工的培训,不断向他们传播新的金融知识和国外金融营销经验。[①]

---

① 肖崎、庄铁丽：《商业银行市场营销的国际比较及对策建议》,《商业研究》2004年第5期。

案例 1-5　平安银行零售转型之路

近年来,"得零售者得天下"已成为银行业的一大共识。平安银行借鉴国际零售业务百余年的优秀经验,在客户分层、精细管理和个性营销等方面不断深化,逐步探索出了一条属于自己的零售转型路径。

2016年年底,谢永林出任平安银行董事长。以打造"中国最卓越,全球领先的智能化零售银行"为战略目标,贯彻"科技引领,零售突破,对公做精"的十二字方针,对零售业务、对公业务、同业业务分别提出"3+2+1"策略,"零售新王"的蜕变之旅就此正式开启。

2017—2019年,平安银行做大零售业务体量,加大信贷投放力度,从本行管理对公资产(Liability under Management, LUM)出发,以新一贷、汽车金融、信用卡三大尖兵圈占市场,零售贷款、营收、净利占比均近六成。

2019年至今,平安银行提高零售转型质量,以LUM带动本行管理零售客户资产(Asset under Management, AUM)增长,推进财富管理和私人银行业务快步发展。LUM主要对应零售贷款,AUM则是包括存款、理财等在内的零售客户管理资产,即以零售信贷投放拉动管理资产提升。2021年,零售AUM达到3.1万亿元,近年始终保持20%以上的增速高速增长。其中,2021年私人银行客户AUM较上年年底增长24.6%,达到1.4万亿元,在整体AUM中占比高达44%,且从2019年开始私人银行客户AUM增速始终高于整体零售AUM增速,其高端客群的竞争能力可见一斑。

平安银行零售转型方法论——"五位一体"模式

"五位一体"模式就是由开放银行、AI(人工智能)银行、远程银行、线下银行、综合化银行协同构建的数据化、智能化的零售客户经营模式。这套模式以数据为基础,人工智能为内核,通过对客户画像的精准识别,以及基于场景数据的精准分析,高效组织内部各类资源,为客户提供精准服务。

第一,开放银行的目的是拓客,可以细分为"走出去"和"引进来"两个抓手。"走出去"方面,平安银行为各行业客户定制保障方案,比如针对客户与商家之间存在的缴费后商家不履行权益的问题,开放银行就会上线一个相关系统,先冻结客户给商家的资金,在客户的需求得到满足后,平安银行才会将这笔钱给商家。"引进来"方面,平安银行通过数字口袋App、开放银行小程序等经营平台,将不同的商业生态嫁接至平台上,如引入"高德打车"小程序,通过商业生态间接为客户提供各类金融服务。

人工智能银行、远程银行、线下银行又被称为"ATO"(AI+T+Offline)模式,也可统称为"随身银行",主要目标是留住客户。人工智能银行方面,推出"人工智能+客户""人工智能+投顾""人工智能+风控"服务营销和管理体系,为客户提供一体化、无缝、便捷的极致体验。远程银行方面,升级嵌入多种金融科技和服务的平安口袋银行App,并推出支持行内员工移动作业、互动交流的口袋银行家App。线下银行方面,推出"轻型化、社区化、智能化、多元化"的零售新门店,整合打造智能化线上线下相融合(Online Merge Offline, OMO)

服务体系,通过综合化、场景化、个性化打造智能化银行。

综合化银行是平安银行零售"五位一体"的基石所在。通过对基础服务能力进行整合并输送至以人工智能银行、远程银行、线下银行为一体的服务矩阵中,实现对客户的高效、优质服务与经营,然后再通过开放银行触达更广阔的客户群体,最终沉淀数据与能力并回传至综合化银行中,形成经营服务闭环,持续驱动迭代。2017年上半年,平安银行启动"凤凰计划",推动三大App整合——将原执行直销银行功能的橙子银行、执行借记卡功能的口袋银行、信用卡App合并为新口袋银行App,将贷款、理财、信用卡、支付等业务功能集中到一条全零售产品线上。

(资料来源:作者根据公开资料整理。)

二、其他金融机构及主要产品简介

1. 保险机构

保险是集合具有同类风险的众多单位和个人,以合理计算风险分担金的形式,向少数因该风险事故发生而受到经济损失的成员提供保险经济保障的一种行为。从形式上看,保险有互助保险、合作保险、商业保险和社会保险等几种类型。

保费收入是保险机构的主要资金来源。保险机构的资金运用则是通过银行存款、购买债券、购买证券投资基金(间接投资股市)等途径,达到保值增值的目的。

保险机构设计各种类型的保险产品,通过一定的营销方式,吸引人们购买从而获得保费收入。财产保险机构的产品主要有机动车辆保险、企业财产保险等。人寿保险机构的主要产品就是寿险,占此类产品保费收入的70%以上,其余部分为健康险和人身意外伤害险。

案例1-6 中国人寿"丧事喜办、死亡营销"饱受争议

2021年5月初,一则中国人寿宣传"客户意外身故获赔120万元"的视频在网络上流传。视频显示,数名中国人寿的工作人员抬着一张写有"张某某(本文匿名)先生意外身故获赔1 200 000元"的放大版理赔单,笑容满面。

中国人寿"丧事喜办",进行"死亡营销"的行为引发热议,舆论哗然。接着,中国人寿重庆分公司发布致歉声明,证实了该事件的真实性。

据致歉声明,中国人寿重庆永川支公司相关工作人员出现不当宣传行为,造成恶劣影响。公司已向客户家属当面致歉并取得谅解,同时对支公司经理进行免职处理,并对其他相关人员开展批评教育。

对此有专家认为,这种涉及个人隐私的理赔案例即便打"擦边球",也是违反公序良俗的。保险机构一直缺乏正常有效的宣传推销工具,碰到这种舆论热点事件,无所不用

其极,一方面显示出保险机构对客户缺乏基本的尊重,另一方面也反映出其缺乏正常、正规的宣传渠道。

"拿人命做营销不但突破了行业底线、道德底线,也涉嫌违反法律,法律也是以人情为底线的,如果这种宣传让绝大多数人感到心理不适,那它绝对是存在问题的。"文渊智库创始人王超表示。

此外,浙江晓德律师事务所的陈文明律师进一步指出,该宣传行为明显违反了原银保监会(现国家金融监督管理总局)的规定。《保险营销员管理规定》第三十六条规定,保险营销员从事保险营销活动,不得有下列行为:(一)做虚假或者误导性说明、宣传……(十六)泄露投保人、被保险人、受益人、保险公司的商业秘密或者个人隐私。

对于上述"拿人命做营销"的行为,陈文明认为,这种对保险机构赔偿能力的宣传,不仅有损公序良俗,而且挑战道德底线,是一种不当营销行为,应当抵制。同时,该宣传实名公布被保险人的身份信息,侵犯了其个人隐私权。

"保险机构为了获得更多的业务作出了不当宣传,依据《中华人民共和国保险法》及相关法律规定,应当受到处罚。同时,该行为也反映出保险机构制度不完善、管理不到位等问题。"陈文明总结道。

(资料来源:《中国人寿:危险的"死亡营销"》,http://www.bmronline.com.cn/index.php?m=content&c=index&a=show&catid=23&id=5203,访问日期:2023年12月6日。)

2. 证券机构

证券机构是资本市场上从事证券发行、证券买卖及相关业务的金融机构。它在金融市场上的作用是:一方面充当股票和债券发行的承销商,另一方面充当投资者买卖有价证券的经纪人。证券机构本质上是在资本市场上为投融资双方提供专业服务的中介机构。

目前中国的证券机构有约140家,其主要业务包括:投资银行业务——为企业提供上市服务;经纪业务——为机构和个人提供投资交易服务;代客理财业务——为非专业客户的资金或投资提供专业管理服务;自营业务——用自有资金从事以股票交易为主的投资业务。

案例1-7　抓住春节档营销,证券公司各显神通

1. 招商证券:2022年度账单

年度账单是每年年底不可或缺的营销形式,是提升客户互动率、归属感及传递品牌文化的重要法宝。招商证券年度账单的特色功能是借助游戏帮客户回顾2022年四个季度的热门投资赛道。

图 1-1　招商证券 2022 年度账单

2. 海通证券：开门红集卡活动

集卡活动存在已久，一直是提升客户活跃度的重要手段。客户下载海通证券 App 后，做任务集齐 8 张福卡，即有机会赢得百万元好礼。

图 1-2　海通证券开门红集卡活动

3. 光大证券：新春抽好签

新年求福签寄托了人们对新年的期许，光大证券"开年新春抽好签"以新颖的交互形式、特别的专属签文，给予客户诚挚的问候，进而拉近与客户之间的距离。

图 1-3　光大证券"开年新春抽好签"活动

（资料来源：作者根据公开资料整理。）

3. 基金机构

基金是资本市场证券投资基金的简称。基金机构就是管理运作基金的专业机构。基金机构通过发行基金,将投资者分散的资金集中起来,由专业管理人员分散投资于股票、债券或其他金融资产,并将投资收益分配给基金持有者。基金机构聘请优秀的投资人才管理旗下的基金,收益主要来自基金管理费。基金管理费按基金净资产的固定比例提取。

基金按是否可赎回分为开放式基金和封闭式基金。开放式基金的基金份额总额和持有总数不固定,基金份额可以在基金合同约定的时间和场所申购或者赎回,随时根据市场供求状况发行新份额或被投资人赎回。封闭式基金核准的基金份额总额在基金合同期限内不变,基金份额持有人不得申请赎回基金,基金资本总额及发行份额在未发行之前已确定下来,不能被追加、认购或赎回。

案例 1-8 基金机构广告纷纷"挤"地铁

"坚持做长期正确的事""用长期业绩说话""近3年旗下主动权益类基金加权平均收益率175%"……从2021年开始,基金机构的广告悄然出现在北京、上海、深圳等地的地铁站,并迅速火爆出圈,中融基金、汇添富基金、嘉实基金、中欧基金等都进行了相应的广告投放。

图 1-4 银华基金在地铁站投放的广告

基金机构选择在地铁站投放广告有很多原因。首先,2020年是我国公募基金飞速发展的一年,根据中国基金业协会的数据,截至2020年12月底,我国公募基金资产管理规模合计为19.89万亿元,较2019年年底增长34.7%,基金管理规模让基金管理机构有信心、有财力加大宣传力度。其次,基金日渐成为家庭资产配置的选择,客户规模的暴增和门槛的降低让基金广告不断走向地铁站、电梯间、机场、高铁站等人流集中、关注程度高的公共场所,地铁广告的触达人群多为城市白领、上班族,而这也是公募基金重点关注的消费人群。

地铁广告对基金机构的帮助主要在于建立品牌形象、抢占客户心智,而非推广具体产品。这从广告内容上就可见一斑,毕竟目前基金机构的广告内容多为企业品牌、产品业绩、长期投资理念,而少有对基金经理和具体某只基金的宣传。原因有两方面:一是公募基金仍处于发展普及期,大部分人对基金机构的品牌认知程度比较低,多持观望态度,宣传的主要目标应是通过频繁"刷脸"来抢占认知,帮助潜在客户熟知企业名称和口号,建立品牌形象,进而与客户建立信任关系;二是地铁广告天然不利于度量品效,其流量和转化难以跟踪计算,不像抖音、天猫、微博等平台可以清晰计算广告投放的产出。

据相关人士称,基金机构在地铁站投放广告很有成效,但还有一些内容表述方面的问题需要注意。从目前的情况看,基金机构广告的表述,如"近3年旗下主动权益类基金加权平均收益率175%""8年的总收益率是64.90%""业绩回报超16倍"等仍应更谨慎。

(资料来源:作者根据公开资料整理。)

本章小结

1. 金融营销是指金融行业以满足客户需求为中心来指导销售金融产品(或服务)的思想。正确把握金融营销概念需要注意以下两点:金融营销所处的金融市场环境复杂性高、综合性强以及变化频繁,因此金融营销相对市场营销而言是更加综合的分析及问题解决的过程;金融营销中的客户对金融产品的需求有很大的差异性,因此在金融产品的营销过程中要更加注意"以客户为中心"的理念。

2. 金融营销的构成要素包括金融营销的主体(存款型金融机构、契约型储蓄机构、投资型金融机构)、客体(金融产品与金融服务)及管理过程(分析、计划、执行、评估与控制)。

3. 全球金融营销自20世纪初创立之后经历了漠视转入引进阶段,促销、友好服务、金融创新快速转换阶段,服务定位阶段,系统营销阶段四个阶段。

4. 中国金融营销发展现状具有金融行业的市场化程度不断加深、市场需求发生变化、金融行业的竞争态势日趋严峻及科学技术的进步要求金融行业开展市场营销等特点。

5. 中国主要的金融机构包括商业银行、保险机构、证券机构及基金机构等,各机构都推出了自身的金融产品。

思考题

1. 结合中国和世界主要国家金融营销的发展历史,分析中国和其他国家金融营销的发展特点及主要差距。

2. 总结并分析商业银行金融营销的主要策略,并结合实际给出改进意见。

3. 总结中国当下金融市场主要的金融产品,并分析这些产品营销策略的异同。

第 2 章

金融市场营销战略规划

知识目标

- 了解金融机构战略规划的基本概念和步骤；
- 掌握金融市场细分的原则和策略；
- 了解金融市场竞争战略的意义和目标。

技能目标

- 能够运用所学知识独立完成基本的金融机构战略规划；
- 结合所学知识分析金融机构实际市场细分策略和不同的竞争战略。

在竞争激烈的金融市场上，企业的营销部门需要从整体上把握营销战略规划，选择恰当的市场定位。营销计划和战略正是联结企业外部市场环境与内部营销活动的桥梁，也是企业整体营销战略的核心。后续的调研、具体营销方案的实施都依赖于营销战略与定位。

自 2000 年之后，中国的金融机构内才开始出现较为系统的营销战略规划，而后随着股份制银行的兴起、基金和券商的发展，金融系统各部门开始注重品牌塑造和产品差异化的打造，市场定位的重要性慢慢显现，从而逐渐形成了较为完整的营销战略和定位的决策流程。而随着 2008 年国际金融危机的爆发以及互联网金融的飞速发展，金融机构在制定营销战略时，在风险控制和创新力度方面都进行了加强并取得了突破，从而呈现出和传统企业营销战略更为不同的特点。本章将从战略规划、市场细分和竞争战略三个角度进行详细介绍。

案例 2-1　中国工商银行：人口老龄化下的适老化营销

为了积极响应人口老龄化国家战略，中国工商银行 2021 年设立"工银爱相伴"品牌服务体系，立足产品、服务、权益、活动四个方面，划分强化账户安全保障、营造便利渠道服务、力推财富保值传承、打造适老尊享权益、实施长效主题活动、开展外部展业合作六大板块，全方位满足老年客户的需求。

其中，营造便利渠道服务包括两类：一是为老年人提供人工客服助老专线、幸福生活版手机银行等线上适老化服务，二是在网点设立"工行驿站"来进行线下适老化改造。

在线上服务适老化改造方面，中国工商银行围绕老年人"想用不会用"、子女"想办不能代办"的痛点，特别打造了针对老年人的"幸福生活版"手机银行 App，通过调大字号、简洁页面、语音读屏、语音交互操作、增加辨识度来提高阅读流畅度和操作灵敏度；通过求助功能、屏对屏服务、子女代缴功能等解决个别突发问题；通过安全向导、安全提示、智能监测程序、更严格的转账权限来防范安全风险。"幸福生活版"手机银行 App 于 2019 年 7 月推出，截至 2021 年年底，中国工商银行 55 岁及以上客户中已有超过一半的客户开通了手机银行。

在线下网点适老化改造方面，中国工商银行对网点的硬件设施、自助工具等进行了改造，具体包括安置专属座椅和设置爱心窗口，使用大字标识方便老年人辨别，配备老花镜、助听器、轮椅等老年用品，对行动不便的老年人提供上门服务等。

（资料来源：《"适老"金融｜工商银行：适老化贴心服务》，https://finance.sina.com.cn/money/bank/gsdt/2022-04-06/doc-imcwipii2709733.shtml？r=0&tr=12，访问日期：2023 年 12 月 6 日。）

第一节　金融市场营销战略规划概述

一、金融市场营销战略规划的概念

对于金融行业人士来说,"战略"一词是指由最高级主管人员或董事会成员做出的有关机构同其周围环境之间关系的决策的类型。换句话说,"金融市场营销战略规划"指的是一些观念性的超越界限的决定,这种决定确定了整个金融服务营销组织的框架和发展趋势,提供了下述问题的答案:

(1) 就综合金融服务机构提供的服务/产品和所服务的客户而言,它应当从事哪些特殊业务?

(2) 就重点、适时、优先而言,金融服务机构应当追求什么样的行动方针?

(3) 应当怎样获取资源以及怎样运用这些资源实现更有效的经营运作?

(4) 哪种主要的市场机会同最高管理层所确定的目标、任务最为匹配?

营销战略规划是企业计划或战略规划的重要组成部分,因此,金融机构的营销战略必须同其整体发展目标及规划紧密结合。

二、金融市场营销战略规划的意义

市场营销战略的制定就是企业在市场营销的观念及发展趋势下,为达成企业的经营目标,在一定时期内对市场营销发展进行一个总体的设想和规划。战略的实施要经过一番事前规划,通过一系列的调查研究等考核实施该战略是否具有价值可行性。规划在市场营销战略中起着很重要的作用,而且对于每一位营销管理者来说,都是必须注意的重点。

对于金融行业营销来说,战略规划有着重要的意义。

1. 增强企业各部门间的协作意识

提前做好市场营销战略规划,不仅是为了减少以后运营中可能出现的损失,在一定程度上也会增强企业各部门间的协作意识,市场营销战略规划此刻就成为指导和协调各部门协作的核心。实施战略规划可以让各部门形成一个整体的工作系统,为满足市场需求而共同努力,进而更好地达成企业的整体发展目标。

2. 为管理创造有利条件

为什么市场营销战略规划可以为管理创造有利条件?主要是因为战略规划的实施会让高层决策者从整体利益、全局利益出发,高瞻远瞩地考虑问题。规划对未来发展中可能遇到的各种情况制定了相应的解决措施,这有利于企业在面对实际问题时有条不紊地及时处理,而且战略规划的制定还可以加强各部门间的信息沟通,避免"沟通不畅致使管理不顺"的情况发生。

3. 避免营销管理实施的盲目性

实际上,制定市场营销战略规划的主要目的就是降低营销过程中遇事不知所措的盲目性,而提前规划就可以通过各种详细的调查,从整理出来的信息中了解产品营销的主要方向。也就是说,战略规划使营销管理者必须仔细地观察、分析市场信息及发展动向,并对市场未来的发展趋势做一个评估,这样就会更有利于明确和决定未来企业营销发展的方向。

4. 缓解突发事件波动的影响

市场本来就是不断变化的,谁也不知道下一刻会发生什么,只有及早做好评估与预防,才能在企业发展过程中保持处变不惊的态度。营销战略规划的制定就是为意外事件留有一定余地,减轻或消除预料之外的市场波动对企业发展造成的影响,可以有效缓解或者及时避免突发事件造成的混乱,让处理事情的主动权时刻掌握在企业自己的手中。

对企业市场营销管理来说,制定详细且具有可行性的科学、严密的营销战略规划,不仅可以促使企业在发展中增加利润,树立起良好的企业形象,还可以提高企业在市场中的竞争力和应变能力,保证企业在变幻莫测的市场中维持生存和发展。而且管理者需要注意,要实现企业的快速发展,就必须善于发现良机并及时调整战略规划,保证企业的经营管理与不断变化的市场环境相适应。[1]

案例 2-2　中国建设银行:新冠肺炎疫情笼罩下的线上营销

近年来,全线上流程、全客群开发的数字化银行理念深入人心,新型冠状病毒肺炎疫情(以下简称"新冠肺炎疫情")的突发让满足线上金融服务需求的重要性和迫切性愈发凸显。

疫情防控期间,为保障金融市场平稳有序运行、满足客户日常金融业务诉求,中国建设银行推出线上视频评议、全自动化审批放款、远程"面对面"业务处理等功能,实现金融服务的线上迁移……首先,中国建设银行面向小微企业推出"建行惠懂你"线上贷款服务,小微企业可以在线上完成贷款额度测算、预约开户、贷款申请、支用还款等流程,并有云税贷、云电贷、云义贷、账户云贷、信用快贷、账户云贷等多种产品可供选择。其次,中国建设银行还推出促活产业链服务来帮助企业复工复产,如向企业供货商提供贷款助其摆脱周转困境,包括推出"建融智合"平台帮助企业寻找供货商,以及推出"e医通"为医院上游供应商提供资金支持来助力药品供应。除此之外,中国建设银行还针对企业远程办公的需求,推出"企业线上经营工具箱"服务,实现财务人员足不出户在线办公,推出"银企直联+现金池"产品来线上调配集团内部母子企业资金。

在金融服务之外,中国建设银行也积极助力民生,与跨界场景无缝对接,主动适配在

---

[1] 朱捷、刘铭:《从产品营销到文化营销——浅谈商业银行营销模式的选择》,《现代营销》2012年第11期。

线购物、在线问诊、在线教育等各类跨界场景应用,积极参与智慧政务、智慧社区、智慧校园、智慧企业等智能化网格管理建设。比如,中国建设银行"善融商务"平台主动联系当地优质蔬果生鲜供应商,快速上线商城服务,为群众打通线上购买渠道;"慧点单"服务为医院、商户及百姓开启线上点单模式,降低人员流动感染风险;"线上菜篮子"服务集合京东到家、美团买菜、多点、中粮我买网、光明菜管家等各地生鲜龙头商户,保障人民生活需求。

(资料来源:《"藏不住"的数字化版图:建设银行的战"疫"答卷》,"今日建行"微信公众号,2020年3月10日,访问日期:2023年12月6日。)

三、金融市场营销战略规划的内容

营销战略的定义有几种,最为流行的是菲利普·科特勒的定义,他认为营销战略是一套可供选择的方法、政策和规则,为企业的营销活动提供指导(确定标准及综合分配原则),其中一部分是固定独立的,另一部分则应顺应环境和竞争状况的变化。

阐述营销战略分三个主要步骤。

(一)进行市场分析,完成市场细分

为了确定目标市场,第一步应该调查主要的环境趋势、机会和金融机构将面临的风险。对于每一个潜在的市场都应该进行细致的调查,以便确定其主要特征。对于金融机构来说,每个市场中可能只有某些部分是欲进入该市场的金融机构所感兴趣的:或是因为金融机构忽略了客户的特殊需求,或仅仅是因为金融机构的业务更符合某种类型的需求。市场细分应当建立在不同客户的需求之上。但适当地应用一些与市场相关的变量数据(如人口统计学、地理学、行为学等方面的数据)也是必要的。

(二)选择目标市场,确定金融机构的营销目标

对目标市场的选择基于下面一系列因素:已经开展的服务,市场份额的可得性以及各种(或可选择)市场的真实性。必须先确定目标市场的需要,然后才能发展营销战略规划。

目标的确定非常重要,它可以为金融机构的发展预期提供清晰准确的意见,为运作业务的管理人员提供政策指导。以商业银行这类金融机构为例,一般说来,商业银行的目标包括以下内容:

1. 利润

商业银行的主要业务是为公众存款和来自股东的所占比例较少的资金提供融资服务。只有获取足够的利润才能保护资金和存款利息,使资本增值,并不断提高股东的股息和红利。

2. 成长性和规模

成长性也许应作为一种目标,因为可观的规模通常可以作为一种竞争优势,可以看

成企业活力的标志。然而,经营规模的扩大并不意味着规模效应一定会显现,也不能保证维持较高的利润水平。

3. 市场份额

市场份额的扩大通常会使竞争能力得到提高。但是,目标份额一般是指在所选择的客户群中占有较大比例的份额,并非就整个市场而言。

除利润、成长性和规模以及市场份额外,许多商业银行可能还会对风险分散和多样化服务感兴趣。虽然以上某些目标可能短时间内就显示出了重要性,但长期而言,它们最终的贡献还是在于实现收益率的最大化。[①]

(三) 营销资源的配置

确定了目标市场之后,下一步就应该提出一个综合意见,即针对目标市场,考虑竞争者的具体情况,确定订立何种类型的报价,也就是如何配置营销资源。这项工作是通过营销组合来完成的(地理位置、业务推广、产品和服务以及价格政策)。

营销资源的配置,应当依据环境分析和对金融服务机构资源的评价来进行。环境分析有助于明确地阐述初步的目标方案管理工作的第一步应该是什么,试图确定未来的机会和目前的业务及客户中存在的风险。注意力应放在反映客户需求和愿望发生变化的迹象上,尤其是当这些迹象同法律事件、科技进步和发展相关联的时候。

金融机构的资源评价涉及和包括资产(资源)、职员、市场状况、管理和技术能力以及对外部压力的敏感程度。进行这种评价的目的,不仅仅在于调查现有资源的优势、劣势,还在于研究哪些资源适用于未来的情形,以及通过何种途径可以获取未来的资源,这为未来营销战略的规划提供了基础。介入一个新的商业机会的时间和方法同样至关重要,在某种程度上,这些因素可能受制于经济条件或竞争者的行为。

营销资源的配置同样需要这样一些条件,即创立营销组织、信息系统、计划编制系统和保证在目标市场实现金融服务预期的控制系统。

当目标市场和客户需求已经确定,营销目标也已经在考虑到环境和竞争约束等因素的情况下陈述清楚时,为了迎合目标市场的需求,应当进行营销资源的配置。

四、金融市场营销战略规划的过程

金融机构在进行营销战略规划时,通常要经过两个步骤:战略环境的分析,战略的制定和实施。

(一) 战略环境的分析

企业及其经营单位的生存和发展,与环境以及环境的变化有着密切关系。把握环境的现状和发展趋势,利用机会,避开威胁,是企业及其经营单位完成经营任务的基本前提。

---

① 陈秋宇、焦瑞:《浅析我国企业关系营销战略中的问题及对策》,《中国商贸》2011年第23期。

构成战略环境的因素有很多,可分为主体环境因素、一般环境因素和地域环境因素。构成主体环境因素的,是与企业的业务运转有直接利益关系的个人、集团,如股东、客户、金融机构、交易关系单位、竞争者以及其他有关机构和团体。一般环境因素指社会、经济、政治、法律、文化和科学技术等因素。地域环境因素则是上述环境因素产生的地理范围,包括国内环境因素和国际环境因素。有关战略环境的因素变化的结果,或对企业及其活动产生有利的影响,或产生某些不利的影响。战略环境分析最终必须回答:有关环境因素将在何时发生变化,发生变化的可能性有多大,这种变化对企业或该项任务来说是机会还是威胁,会带来多大影响,以及应当采取何种对策。

企业发展战略规划体系的制定,是企业在现代市场经济中长远发展的有效保障。对于企业来说,需要对其进行全面分析,从而制定出符合自身发展方向的战略规划体系。

企业在具体进行环境分析时,通常包括以下两个方面的内容:

1. 外部环境分析

企业外部环境中涉及范围最广的因素是宏观环境因素,如经济、技术、政治、法律、文化等。需要注意的是,在宏观环境各因素中,同一特定因素对不同组织所产生的影响,在范围、程度、作用上都可能不同,有时甚至大相径庭。例如,新出台的一项针对某一产业的政策,可能会对某些组织发挥促进作用,或许会催生一批行业和企业;然而却会对其他一些组织构成威胁甚至造成灭顶之灾。所以,在进行外部环境分析时,很重要的一点就是要分析、识别出这些至关重要的因素。

在对宏观环境分析有了初步了解后,需要进一步认识比宏观环境更细分的层次,即行业环境。可以认为,宏观环境是企业的间接环境,而行业环境则是企业所处的直接环境,对企业行为和绩效会产生直接影响。众所周知,行业是生产相同产品或者提供相同或相似服务的组织的集合。需要指出的是,过去行业之间的界限泾渭分明,而现在却呈现出越来越多的交叉融合。因此,在进行行业环境分析时,应注意其历史动态性。

行业环境分析的基本目的,就是要评价一个行业的总体经济吸引力。处于经济上极具吸引力行业(威胁程度低而机会程度高的行业)的企业,其平均绩效将优于处于经济上缺乏吸引力行业(威胁程度高而机会程度低的行业)的企业。当然,行业分析不应是对行业威胁和机会的简单罗列,这样的罗列既不全面也难以抓住关键要素。高质量的行业分析,要求分析人员具有扎实的理论功底和对行业的深刻理解,同时还须掌握系统的、行之有效的行业分析工具和方法。

竞争环境分析涉及与企业形成直接竞争关系的对象以及与此相关的竞争利益和竞争强度。其中,竞争对象既包括企业的直接竞争者和潜在竞争者,又包括替代品生产商、上游供应商和下游批发商、零售商及最终消费者。本章第三节将对企业的竞争战略做全面、系统、直观而明确的分析。

利益相关者是指那些能够影响企业绩效,或受企业绩效影响并对企业绩效有索取权的个人或团体。利益相关者往往为企业提供了某种资源,如资金、劳动、环境等,因此,他们关心这些资源的运用方式与结果,并具有取得利益的权利。由于这些资源可能会对企业的生存、竞争和盈利产生至关重要的影响,因此,利益相关者的权利便可通过这些资源的撤回而生效。当企业绩效达到或超过利益相关者的期望时,他们通常就会选择继续支持该企业从而获利。

2. 内部环境分析

内部环境分析主要包括两个方面:价值链分析,以及资源和能力分析。

价值链分析主要包括三个基本内容,即识别和界定价值活动、确认每项活动的价值贡献和成本、确认价值链的结构性因素。为了清楚地认识竞争优势的来源和增强优势的有效途径,往往需要对创造价值的过程进行细化分解,比如把销售活动分解为促销、广告、销售队伍管理等。价值链的不同反映了企业在历史、战略以及实施战略的途径等方面的不同,同时也代表着企业竞争优势的一种潜在来源。需要指出的是,价值链的异质性不仅是指企业价值链的构成不同,还意味着每一类价值活动的重要性也不相同。因此,在识别和界定价值活动时,要注意区分、分离不同属性的活动,选取主要环节,在分解过程中做到详略得当。

资源是指组织在向客户提供产品或服务的过程中,所拥有或控制的能够达成战略目标的各种生产要素的集合。资源可以分为有形资源、无形资源和人力资源三类。能力,通常指完成某项任务所必备的心理和行为条件,包括完成这项任务的有效方式以及与此相对应的个性心理特征。能力原本属于心理学范畴,即个体为顺利完成活动而经常、稳定地表现出来的心理特征。这种心理特征总是和人所要完成的一定活动联系在一起,离开了具体活动,既不能表现人的能力,也不能发展人的能力,能力反映了个体在某一工作中完成各种任务的可能性。现在,对能力的理解早已突破个人、个体特征的范围,团队能力、企业能力概念的使用已十分普遍,尤其是企业能力,已成为当前企业理论的一个极其重要的研究专题。一般地,企业能力指企业能够将其资源加以整合以完成预期任务和达成预期目标的作用力,或在更宽泛意义上,将资源转化为社会财富的作用力。须知,资源固然是企业开展经营活动的基础和前提,但资源本身却并不能自动创造价值,资源的利用效率很大程度上取决于企业对它们的作用力和生产力。企业能力体现为在整个价值链活动中使资源不断增值,并成为企业绩效与竞争优势的决定性因素。

(二)战略的制定和实施

在制定战略规划时,战略实施者应首先明确组织必须完成的事情以及如何完成好它们,然后考虑尽快进行必要的内部变革。实施者的行动应集中在如何使价值链活动、内部经营与实施战略一致上,这需要一系列的"匹配关系"。如组织的能力和资源必须与战略的需求相匹配,特别是当选择的战略是以能力或资源方面的竞争优势为基础时;财务资源的配置必须能够为各部门有效承担其战略任务提供人力和运营预算资金。这些"匹配关系"的力量越大,成功实施战略的可能性就越大。另外,企业的薪酬体系、政策、信息系统和运营活动,都需要在必要时为实施战略而做出相应的调整;否则,就可能成为实施战略的障碍。

1. 战略实施存在的问题与应对措施

战略实施包括战略执行计划的制订、战略执行、战略评估和反馈三个阶段。每个阶段都会面临一些具体的问题。

(1) 在战略执行计划制订阶段,最突出的问题是对战略意图的理解不到位。企业战略在形式上表现为有形和无形两种:有形的是战略的书面表述,无形的是战略表述中隐含的战略意图。如果战略实施者仅看到了书面的战略,而没有理解战略制定者的意图,则在战略执行计划制订阶段就容易出现偏差。

(2) 在战略执行阶段,最突出的问题是战略计划与实际执行的不符。战略执行计划制订的基础既包括对未来外部形势的预测,也包括对内部能力的判断。而在战略执行过程中产生偏差的原因,既可能是战略计划本身存在问题,也可能是对未来的预测出现了偏差,还可能是内部执行能力不足或努力程度不够。在实践中,以上三种原因往往纠缠在一起,难以分辨和处理。

(3) 在战略评估和反馈阶段,最突出的问题是对战略执行的评估与激励不足。为防止出现大的偏差,在战略执行过程中应保留评估和反馈机制。实践表明,阶段性的评估和激励对于战略执行有非常显著的促进作用。然而,在进行评估和激励时,又往往缺乏系统的评估工具和有效的组织机构。这种情况在很多企业中屡见不鲜,虽然大部分企业都建立了战略发展部,但建立专门的战略评估部门的却凤毛麟角。

为了在战略实施过程中减少或防止出现上述问题,提高企业战略执行的效率,企业战略管理者必须采取相应的预防措施。

第一,在战略执行计划的制订过程中保持沟通。任何战略执行计划的制订,都至少需要企业中层管理者的参与。在战略执行计划制订过程中,必须不断交流沟通以达成共识。战略执行计划的制订最终形成的战略文本固然重要,但更重要的是各方在战略执行计划制订过程中的深入沟通和对战略意图的充分理解。很多企业的战略看似相同,但放在不同的企业背景下,所包含的战略意图却大相径庭。只有大部分中层以上管理者深刻领会了企业的战略意图,战略才可能被有效执行。

第二,在战略执行中保持柔性。由于战略执行计划的制订内含大量的预测和假设,因此在执行过程中根据实际情况进行及时调整十分必要。战略调整一般有以下三种可能:一是外部环境发生了重大变化,导致原有战略目标无效而被迫调整;二是内部资源条件发生了变化,或是原来对内部的各种假设中某些重要的假设条件缺失,从而不得不改变战略目标;三是定期对战略进行评估和微调。为了保证战略规划的严肃性,调整不宜过于频繁,一般以年度或半年度为宜。战略执行过程中出现各种问题在所难免,但应分清问题的主次,辨别什么是需着力解决的战略推进的关键问题,什么是可暂缓处理的次要问题。

第三,在战略评估中突出重点。战略评估的重要性是不言而喻的,没有正确的评估,不仅会失去对战略执行的有效控制,而且难以产生有效的激励和合理的处罚,继而也就难以保证下一阶段战略的有效执行。但战略评估不是事无巨细、等量齐观、平均使用力量,而是要突出重点。

2. 战略实施的基本原则

在战略实施中应遵循以下五项基本原则:

(1) 统一领导原则。高层管理人员作为战略推进领导核心,对企业战略的理解最为深刻,对企业现状和外部信息的掌握也最为全面。然而,即便是他们,在战略制定和执行的初期,对战略的理解也会出现偏差。最有可能不断纠正高层管理人员对战略理解偏差的人,就是企业的一把手。从这种意义上讲,战略制定和实施是"一把手工程"。

(2) 次优选择原则。战略实施是一个系统工程,执行时需要将目标分解为明确、具体、可控制的分目标,然后由各部门执行。一般地,推行新战略会部分改变甚至全部改变组织的既有结构和行为方式,从而打破原有的利益格局,引起内部矛盾和冲突,协调和疏导在所难免。现实操作中,很多企业不得不降低原有的计划目标,以平衡各方的利益,减少执行的阻力。实际上,在不妨碍总体战略目标达成的前提下,为使战略得以顺利实施,合理、有限度地退让或妥协有时是必须付出的代价。

(3) 阶段目标原则。阶段目标就是把企业的总体战略目标分解为一个个具体而明确的短期目标,并明确这些目标应该达成的时间和标准,以便评估、检查和纠偏。在进行目标分解时,要特别注意阶段目标之间的相互协调和配合。

(4) 坚韧原则。在战略实施过程中,会碰到各种各样的问题,如正常的生产经营活动受到影响,销售额和利润短期下滑等。随着战略的深度推进,企业的各种潜在问题也可能表面化、公开化、尖锐化,这些都是战略实施过程中可能出现的正常现象。面对这些问题,战略实施者最应该做的是思考如何在当前条件下解决问题,而不是放弃既定战略。战略实施者应具备良好的心理素质,不怕困难、不惧失败、百折不挠、坚忍不拔、锲而不舍。

(5) 权变原则。战略权变贯穿于整个战略执行过程。不仅战略目标可以进行权变调整,执行的方式、时间、人员、资源配置等,也需要视情况的变化进行权衡变通。实际上,在战略制定之初就需要为以后的执行留下权变空间,以便在意外情况发生时,能保持战略执行的灵活性,达成战略的底线目标。在实际工作中,有必要对可能出现的重大问题做出预案,同时建立战略信息系统和反应机制。当执行出现偏差时,能灵敏地察觉并迅速地做出反应。

第二节　金融市场细分

一、金融市场细分的概念和作用

1. 金融市场细分的概念

市场细分是营销学中重要的基本概念之一,同时也是极为重要的营销策略和营销工具。它适用于任何行业、任何企业的营销活动。因此,金融市场细分的定义实际上也就是市场细分的定义。市场细分是商品经济发展到一定阶段的产物。剖析西方商品经济发展的历史,可见市场细分的产生经历了"大量市场营销—产品差异市场营销—目标市场营销"三个阶段。

市场细分的客观依据是消费者需求的差异。这是因为市场是需要某种商品的消费者的集合。在整体市场中,由于消费者所处的环境、经济收入、文化修养、个性等的差异,消费者对同一商品在规格、式样、价格、服务等方面呈现出不同的喜好,从而产生不同的需求,也就是说市场是由不同的需求构成的,人们可以运用一定的因素与方法将整体市场分解成具有不同需求的细分市场。因此可以说,消费者的需求差异是市场细分的客观基础。需要指出,这并不意味着根据需求差异就可以将整体市场无限制地分解成无数个子市场。因为从营销角度来说,这种做法一则违反规模经济原则;二则消费者在社会中以一定群体的形式存在,群体对个体行为有影响,同一群体的消费需求相似。

金融市场细分是金融机构采用一定的标准,运用一定的方法,在金融整体市场中识别不同金融需求的客户,将需求大致相同的客户予以归类,组成若干个金融子市场的活动。金融市场细分的依据是金融客户的需求差异。

2. 金融市场细分的作用

金融市场细分有以下作用:

(1) 便于发现市场机会。市场机会是指市场上客观存在的未被满足或未被充分满足的消费需求。通过市场细分,金融机构能根据竞争者的市场占有情况来分析市场需求未被充分满足的程度;也能根据市场的现状和已经上市的产品,在比较中寻求新的市场机会,开拓新的市场,夺取市场优势地位。

(2) 是制定营销组合策略的基础。不同的细分市场对金融产品的需求存在差异性,金融机构只有针对特定的细分市场,才能更好地提供符合客户要求的金融产品。

(3) 有利于发挥金融机构自身优势,提高经济效益。金融机构可能在特定领域具有某一方面的优势,在进行市场细分之后,就可以选择一个能充分发挥自身优势的细分市场来满足其需求,做到金融机构内部资源的优化配置,以最小的投入获取最大的产出。①

案例 2-3　平安银行"八大客群经营"策略

平安银行采取人工智能银行+远程银行+线下银行的"ATO"模式,真正实现了"全客群经营"。例如,针对年轻客户,平安银行通过消费金融、信用卡等业务帮助其解决住房、购车、消费等实际需求;在客户财富积累阶段,平安银行为客户提供专业资产配置服务,做好财富的保值增值;在客户有家庭、孕育后代后,平安银行还可以及时提供教育、医疗、

---

① Yang Nan, "Marketing Strategy of the Network Bank" (paper presented at the 2010 IEEE 2nd Symposium on Web Society, Beijing, China, August 16-17, 2010).

财富传承等多元化服务。同时,也真正做到了数据驱动下的精细化经营,可以在合适的时机、合适的场景为客户提供合适的服务,这对于零售业务的成本控制至关重要。2020年,平安银行明确提出零售"八大客群经营",这八大客群分别是"董监高(董事、监事、高管)""超高净值""小企业主""理财金领""精明熟客""颐年一族""年轻潮人""有车一族",以探寻每个细分客群真正的价值所需,并以此作为业务出发点。

例如,平安银行针对"颐年一族"推出了"颐年门店",通过人性化的网点布局,以及有针对性的金融服务,精准覆盖老年群体的金融需求。具体来看,其升级推出了大字版存折、大字版回执单,以及大字版业务自助办理设备,该设备操作界面简单,常用功能一目了然,此外还设立了健康监测专区等。同时,平安口袋银行App上还专设了"颐年专区",集中展示老年群体最常用的金融服务,包括账户查询、转账交易、存款及理财和网点预约等,以及一些老年群体关心的生活服务及优惠活动,如生活缴费、养生健康、本地优惠等。

(资料来源:《锚定八大细分客群,平安银行以"五心"打造有温度的金融》,https://finance.ifeng.com/c/84tXmEnFEa4,访问日期:2023年12月6日。)

二、金融市场细分的原则和标准

(一) 金融市场细分的原则

金融市场细分的实施,应有利于金融机构制定最佳营销战略,取得最好的经济效益;有利于满足客户的差异化需求;有利于营销活动的具体操作。

因此,金融市场细分应遵循以下原则:

(1) 可量性原则,即各细分市场的规模、效益及可能带来的业务量的增加是可以被具体测量的,各考核指标可以量化。

(2) 可入性原则,即市场细分后,能通过合理的市场营销组合战略打入细分市场。如果细分后的目标市场不能进入,可望而不可即,这对金融机构而言就是一种浪费,从而就也失去了对其进行细分的意义。

(3) 差异性原则,即每个细分市场的差别是明显的,每个细分市场应对不同的促销活动有不同的反应。

(4) 经济性原则,即所选定的细分市场对于金融机构来说必定是有利可图的。

(二) 金融市场细分的标准

市场细分是选择目标市场的基础。为了保证市场细分的效果,需要明确市场细分的标准。所谓市场细分的标准,就是根据何种因素来细分市场。由于需求差异是市场细分的客观基础,因此凡是能影响客户需求差异的因素都是市场细分的标准。

由于金融客户可以分为个人与机构两大类,因此金融市场细分标准也应分别阐述。

1. 个人客户市场细分标准

影响个人客户需求差异性的因素错综复杂,在不同时期、不同区域、不同社会经济环境下，区分的标准和重点不尽相同。但从总体上讲，人口标准、地理标准、心理标准和行为标准是个人客户市场细分的主要依据。

（1）人口标准。人口标准是指根据人口统计指标来细分市场。它之所以成为市场细分标准，是因为客户的金融交易欲望、对金融产品的爱好、使用金融产品的频率等与人口统计指标有直接的因果关系。人口统计指标比其他任何标准都容易掌握。金融机构可以根据客户的年龄、收入、职业、受教育程度等具体因素来细分市场。比如，按年龄划分，可将市场划分为18岁以下客户群，这个细分市场的客户不是现实的客户，但他们是潜在客户；18～23岁客户群，这个细分市场的客户比较容易接受新生事物，具有强烈的现代消费意识，通常是消费新的金融产品的领头羊；24～28岁客户群，这个细分市场的客户处于适婚年龄，是储蓄和个人消费信贷的主要客户；29～45岁客户群，这个细分市场的客户处于家庭生命周期中的满巢期，需要较多品种的金融产品，如信用卡、储蓄、消费信贷、个人理财等；46岁至退休客户群，这个细分市场的客户通常关注退休后的生活质量，已着手进行退休后的生活安排，他们会更多地关心积蓄及其他金融产品可能带来的利益；已退休客户群，这个细分市场的客户会根据自己的财富与健康情况有针对性地选择某些金融产品，同时对金融机构的服务质量有较高的要求。

（2）地理标准。地理标准是指金融机构根据客户所处的地理位置来细分市场。它之所以能成为市场细分标准，是因为处在不同地理位置的客户有不同的需求和爱好，地理位置差异使企业营销工作的难易、成本也不同。地理位置资料比较容易搜集与分析。金融机构可以根据国别、地理位置、区域发展、城市规模等因素来细分个人客户市场。比如，根据地理位置可将国内的客户细分为东部沿海客户群、中部地区客户群、西部地区客户群。金融意识在这些地区呈现出明显差异，呈由东向西逐步减弱的态势，客户对金融产品与服务需求的强度也由东向西逐渐减弱。

（3）心理标准。心理标准是指根据客户的生活方式（人们对工作、消费、业余爱好的态度）、个性、价值观念等因素来细分市场。它之所以成为市场细分标准，是因为消费需求差异不仅由人口统计指标所致，也会受心理因素影响。随着商品经济的逐步发展，心理因素对客户需求的影响将越来越大，它更能解释人们难以理解的超出常理的购买行为。金融机构可以根据客户的个性、生活方式等因素来细分个人客户市场。以银行业为例，保守型的客户选择商业银行产品时总是更关注安全、可靠、风险小的品种，对收益大、风险高的金融产品往往不是很关心甚至拒绝接受。激进型客户的行为恰恰与其相反，他们更关注收益大、风险高的投资产品。

（4）行为标准。行为标准是指根据客户的购买时间、地点、所追求的利益、使用频率、对某种品牌的忠诚度等因素来细分市场。它之所以成为市场细分标准，是因为这些因素反映的消费需求差异容易被企业掌握，而且能明确地帮助企业规划可行的营销方案。金融机构可以根据客户参与金融交易的目的、对金融产品的忠诚度、金融产品的使用程度、购买金融产品的频率等因素细分个人客户市场。比如，按参与金融交易的目的划分，个人客户可以被细分为利益型客户、方便型客户、安全型客户、身份型客户。利益型客户较看重金融产品所能带来的实际收益,诸如利息率的高低;方便型客户在购买金融产品时更看重服务态度和质量;安全型客户则多选择信誉好、实力强、经营稳健的金融机构的产品为购买对象,以保证财产安全;身份型客户则会选择在著名金融机构那里购买能体现其社会地位与身份的金融产品。[1]

2. 机构客户市场细分标准

机构客户(也称企业客户)是金融机构批发金融产品和金融业务的主要对象。就目前中国金融机构的现状而言,信贷业务、中间业务的主要客户为机构客户,其业务量占九成之多;而机构客户的存款对于金融机构而言,其筹资成本较储蓄成本要低,因此优良的机构客户已成为金融机构竞相追逐的对象。重视机构客户市场细分的研究,为其提供所需要的特色服务,是维系机构客户、建立良好关系的基础。

影响机构客户市场细分的标准主要包括以下几个:

(1)机构客户规模。通过机构客户年度营业额、总产值、固定资产总值、资本总额、资产规模、职工人数等因素评估机构客户规模,根据其规模大小,可将机构客户细分为大型企业、中型企业与小型企业。不同规模的企业有不同的金融需求。如英国以年营业额为标准将企业客户分为大、中、小三种不同规模,并揭示了它们对金融产品与服务的需求。

(2)机构客户性质。根据机构客户性质,可以将其分为工商(含交通、建筑业)企业客户群、政府机构客户群、中介机构客户群等。它们对资金供应及需求、金融产品与服务的需求是不尽相同的。对比工商企业客户群与政府机构客户群可以发现,在经济转轨中,工商企业客户群一方面由于历史包袱沉重,另一方面由于产业结构调整难度大、时间长、耗费资金多,需要金融机构提供信贷资金予以支持,是资金需求者;政府机构客户群资金相对富余,是资金提供者,二者对金融产品与服务有不同的需求。

(3)机构客户产业类别。产业类别是指第一、第二、第三产业。随着产业结构优化调整,第一、第二产业的产值在 GDP(国内生产总值)中的比重呈逐年下降态势,这两类企业数量占企业总数的比例也逐年降低;第三产业的产值在 GDP 中的比重逐年上升,企业数量占企业总数的比例也逐年提高。这三类企业在发展中遇到的机遇和挑战不同,对金融产品与服务的需求也不同。金融机构可以据此对机构客户进行细分。

(4)机构经营范围。根据机构经营范围的差异,可将其分为以内贸为主的客户群(以下简称"内贸企业")与以外贸为主的客户群(以下简称"外贸企业")。内贸企业是指所生产的产品主要在国内销售,其经营范围局限于国内。内贸企业对金融机构的主要需求是国内结算业务。外贸企业主要从事进出口贸易,其生产与经营的产品主要销往国外,外贸企业对金融产品和服务的需求较内贸企业更为多元化,包括诸如国际信贷、融资租赁、信用证结算、银行保函、信息咨询等业务。因此,外贸企业对金融产品和服务的要求较内贸企业更高。

---

[1] Ugur Yavas and Emin Babakus, "Relationships between Organizational Support, Customer Orientation, and Work Outcomes: A Study of Frontline Bank Employees," *International Journal of Bank Marketing*, 2010, 28: 222-238.

案例 2-4　Meta 携手 Dowsure 推出中小企业商业贷款计划

2022 年 12 月，社交平台 Meta 通过与第三方独立借贷平台 Dowsure 合作，在中国首次推出面向中小企业的商业贷款计划，旨在帮助中小企业及时获得资金支持，实现业务的跨越式增长，进一步顺利走向世界舞台。

Meta 近期发布的《2022 全球中小企业状况报告》显示，后疫情时代，中小企业在走向复苏的同时，在市场需求和现金流方面仍面临严峻挑战，今年还要应对全球通胀带来的压力。许多企业在出海的过程中，资金方面存在需求急、额度高、周转快、频率高等痛点，尤其是难以通过传统渠道及时获得无抵押贷款。为此，Meta 推出商业贷款计划，为中国出海企业提供安全、可靠和及时的贷款解决方案，助力中国企业出海。

具体来说，Meta 的中小企业广告客户可以通过 Dowsure 申请商业贷款，贷款申请的评估、批准、支付及回款皆由 Dowsure 及其合作金融机构独立决策和执行，Meta 不会参与。有需要的企业在线上提交申请表后，由 Dowsure 进行具体的评估审核，并在 2 个工作日内反馈申请结果，如果申请成功，资金将在 2～5 个工作日内发放给申请企业。

（资料来源：《让 Meta 合作伙伴为中小企业提供无抵押贷款服务》，https://reachtheworldonfacebook.com/small-business-loans，访问日期：2023 年 12 月 6 日。）

三、金融市场细分策略

金融市场细分策略，即通过市场细分选择目标市场的具体对策，经过对各个细分市场营销价值的评估和互相比较，各个细分市场的"前景"已清楚地呈现在面前，金融机构可以进入目标市场选择相应的活动。

（一）金融市场细分的策略

在细分市场选择中，金融机构有三种不同的策略可以运用：一是将所有的细分市场看成一个目标市场（无差异目标市场）；二是将各个细分市场分别作为一个特定的目标市场（差异目标市场）；三是只选择其中部分细分市场作为目标市场（集中目标市场）。因为选择目标市场是为了进行目标市场营销，如果目标市场不同，营销策略也就不同，所以，上述三种情况分别构成无差异市场营销策略、差异市场营销策略和集中市场营销策略。[①]

1. 无差异市场营销策略

实行无差异市场营销策略的金融机构，是把整个金融市场作为一个大目标，针对个人客户和企业客户的共同需要，制订统一的营销计划，以达到开拓金融市场、扩大金融产

[①] Francisco Muñoz-Leiva et al., "Detecting Salient Themes in Financial Maketing Research from 1961 to 2010," *The Service Industries Journal*, 2013, 33: 925-940.

品销售的目的。这种策略往往强调客户的共同需求,而忽视了其差异性。采用这一策略的金融机构,一般实力强大,有广泛而可靠的分销渠道,以及统一的广告宣传方式和内容。在实际操作时,只需推出单一的产品和标准化服务,设计一种营销组合策略即可。如商业银行针对客户存款安全性的需求,只需要制定安全保障策略,以单一金融产品、单一价格、单一促销方式和单一分销渠道就可予以满足。再如中国的银行发行国库券,也是采用这种策略。

金融机构采取无差异市场营销策略的优点是:大量同质的销售使得金融产品平均营销成本低,并且不需要进行市场分割,可节约大量的调研、开发、广告等费用。但是这种金融市场营销策略也存在许多缺点,即对于大多数金融产品来说是不适用的。随着中国整个国家特别是一些发达城市经济的发展,人们对于金融机构和金融产品的观念处于一个剧烈改变的过程之中,更强调个性化的产品和服务;金融市场也同样出于多种原因而不断地进行着动态变化,所以一种金融产品长期被所有客户接受的情况是极少的。当几家同类大规模金融机构都同时采用这一策略时,就会形成异常激烈的竞争,因此从客观上来看应改变这一无差异市场营销策略。

2. 差异市场营销策略

实行差异市场营销策略的机构,通常是根据客户的不同类型、不同层次的需求特点,将整体市场划分为若干分割市场并作为其目标市场,并针对不同的目标市场制定和实施不同的营销组合策略,多方面或全方位地开展有针对性的营销活动,满足不同客户的需求,不断扩大金融产品的销售。以美国花旗银行为例,它在根据客户不同情况提供多层次服务方面,一直处于领导地位。对于大众市场,花旗银行提供各种低成本的电子服务,如信用卡和邮购银行业务等;对于高收入的客户,它提供广泛的私人银行业务;对于富有的、中上阶层的客户,它提供更加个性化的服务。当然,进行差异市场营销需要金融机构改变经营观念,由单一服务转向多功能服务;降低各种营销成本;开展国际化的业务;投入于计算机和网络设备的建设并弘扬良好的企业文化;等等。在这些方面,中国的金融机构还有很长的路要走。①

采用差异市场营销策略的优点是:多品种,针对性强,能满足不同客户的需求,特别是能繁荣金融市场。但是,由于金融产品品种多,销售渠道和方式、广告宣传的多样性,营销成本会大大增加。这样,无差异市场营销策略的优点,在某种程度上就变为差异市场营销策略的不足之处。

3. 集中市场营销策略

无差异市场营销策略和差异市场营销策略都是以整体金融市场作为金融机构的营销目标,试图满足包括个人和企业在内的所有金融客户的需求。集中市场营销策略相对而言是从较为微观的角度着手,其目标市场更加具体和细化,它指金融机构既不面向整个金融市场,也不把力量分散到若干个分割市场,而是集中力量进入一个或几个分割市

---

① 胡朝举:《全球化条件下的中国商业银行市场营销战略思考》,《改革与战略》2012 年第 4 期。

场,提供高度专业化的金融服务。采用这种市场营销策略的金融机构,不是追求在整体市场上占有较大的份额,而是为了在一个或几个较小的分割市场上取得较高的占有率,甚至居于支配地位。其具体做法不是把力量分散在广大的市场上,而是集中金融机构的优势力量,对某分割市场采取攻势营销战略,以取得市场上的优势地位。比如,某些商业银行确定的市场营销策略是成为世界上最大的债券和商业票据交易商;而一些保险机构则将其所有的资源都放在赛马比赛的保险项目上,虽然交易量不大,却能够独占这一分割市场。

一般来说,实力有限的中小金融机构,可以采用集中市场营销策略。由于它们的营销对象比较集中,金融机构就可以集中优势力量,为充分满足这部分客户的需求而努力,以取得客户的信任和偏爱,从而增加金融业务量、利润额和提高投资收益率。并且,随着金融产品分销渠道和广告宣传等的专一化,不仅金融机构的营销成本逐步降低、盈利增加,而且金融产品和机构的声誉也得到提高。但是应该看到,采用集中市场营销策略,风险一般都比较大。因为所选的目标市场比较狭窄,一旦有突发情况,很容易导致经营的失败。出于这种原因,金融机构往往又要将经营目标分散于集中市场营销策略之中,根据具体情况加以选择实施。

(二) 影响目标市场选择策略的因素

目标市场不同,营销策略也就不同。营销策略的制定是以目标市场为基础的。三种不同的目标营销策略各有其特点,企业在选择时应考虑下列因素:

1. 企业营销能力

企业营销能力包括企业内部的人力、物力、财力、信息资源、企业声誉等因素。企业营销能力的强弱制约着企业对目标市场的选择。强者选择的自由度较大;反之,弱者通常采用集中市场营销策略。无差异市场营销策略与差异市场营销策略通常适用于有较强营销能力的企业。

2. 消费需求特点

消费需求差异明显与否也制约着目标市场的选择。倘若需求差异显著,适宜采用差异市场营销策略或集中市场营销策略;反之,则应采用无差异市场营销策略。

3. 产品所处生命周期阶段

在市场销售过程中,产品的销量会经历由少而慢的增长至快而多的增长、销售稳定直到减少的过程。它体现了消费需求的变化:注重共同需求—差异需求—新的需求。因此,企业在选择目标市场时必须把握这个特点。起初,企业可采用无差异市场营销策略;而后,就应采用差异市场营销策略或集中市场营销策略。

4. 竞争者市场策略

企业还需要根据竞争双方营销能力的比较来确定营销策略。如果竞争者采用无差异市场营销策略,则本企业宜采用差异市场营销策略或集中市场营销策略。如果竞争者已经采用差异市场营销策略,则本企业应进一步细分市场,采用差异市场营销策略或集中市场营销策略。

案例 2-5　　创新体制机制，坚定服务"三农"战略

2016年9月，中国邮政储蓄银行(以下简称"邮储银行")实施三农金融事业部制改革，正式成立了三农金融事业部；11月，邮储银行第一批试点5家省级分行三农事业部改革顺利完成。

服务"三农"是邮储银行的战略定位和历史使命。邮储银行自成立以来在"三农"服务领域成绩显著，"三农"服务体制、机制卓有成效。之所以单独成立三农金融事业部，是因为邮储银行自成立以来，始终坚守服务社区、服务中小企业、服务"三农"的战略定位，在"三农"金融服务领域取得了一些成绩，也积累了一些经验。这些成绩的取得和经验的积累，坚定了邮储银行服务"三农"的信心，开拓了其服务"三农"的思路。在国家经济结构调整和供给侧结构性改革的大背景下，为进一步做好"三农"金融服务工作，在借鉴国内外同业经验与结合自身实际的情况下，邮储银行决定成立三农金融事业部，实现"三农"金融业务专业化经营管理。这既是落实中央文件的要求，也是邮储银行实施差异化经营，更好地服务"三农"的战略需要。

首先，邮储银行设立三农金融事业部，是加快构建广覆盖、可持续的农村金融服务体系，全面激活农村金融服务链条的重要组成部分，将为"三农"发展提供强有力的金融支持。

其次，在增速换挡、产业转型、市场化改革、农村金融需求繁荣的大背景下，实施三农金融事业部制改革，是邮储银行在深刻洞察商业银行经营管理特点和内在规律基础上的重大战略选择，将有利于其进一步强化差异化竞争优势。

最后，邮储银行经过多年的发展，服务了大量的"三农"客户，积累了相对丰富的业务经验，"三农"金融服务能力和服务水平得到了快速提升。但同时，其也看到"三农"金融业务服务面还不够全面的问题，通过三农金融事业部制改革，有利于资源的配置、组织结构的调整，进一步释放活力，提升"三农"金融业务的专业能力和服务水平，提高"三农"市场的开拓能力和竞争能力。

三农金融事业部是邮储银行"三农"金融业务的综合部门，按照全行战略规划，统筹推进"三农"金融业务各项经营管理工作，包括政策研究、制度制定、业务管理、产品研发、营销管理、信贷管理等。原则上按照"地域+客户"确定三农金融事业部管理边界。将县域机构全部纳入三农金融事业部；县域以外的涉农企业类客户，由三农金融事业部相关部门提出直管客户名录，按照"名单制"进行营销服务和管理。

三农金融事业部的业务范围主要包含三大方面：

一是提供农村地区基础金融服务。实施农村地区负债、结算、银行卡业务的营销与管理，提供全国范围内异地存取款及汇兑服务，办理"绿卡通""福农卡""新农合"健康卡等农村特色银行卡产品，方便农民存取款；实施农村地区代收付、理财、代理销售金融产品(基金、保险、国债、贵金属等)等中间业务营销与管理，为农民生活提供便利，丰富财富管理渠道，满足农村客户资产保值增值需求。

二是拓宽农村金融服务渠道。优化物理网点覆盖,延伸农村金融服务"最后一公里",负责农村地区网点迁址、建立服务点,解决部分县域或村镇金融服务的空白问题;负责农村地区网点装修、功能分区及性能优化等,改善农村金融服务硬件条件;依托网络优势开展自助终端助农取款工作,实现农村居民小额取款"不出村、零成本、无风险";提供电话银行、手机银行、电视银行、微信银行等电子服务渠道,拓宽农村金融服务触角;推广农村手机支付等新型支付业务,创新支付工具,改善农村支付服务环境。

三是办理各类涉农贷款。办理农村地区小额贷款、个人商务贷款、小企业贷款及农业产业化龙头企业贷款等业务;围绕农村土地、农机具、林权及水域租赁权等进行抵押、质押物创新,办理农村承包土地的经营权抵押贷款、农机购置补贴贷款、水域滩涂养殖权抵押贷款、新型农业经营主体贷款、互助担保贷款等业务,支持农村特色产业,满足"三农"客户群体的融资需求;办理再就业小额担保贷款、"青年创业"贷款、"妇女创业"贷款等业务,加大金融扶贫力度,服务农村地区弱势群体;办理农业产业链贷款,为龙头企业及其上下游的企业或农户提供供应链融资、订单融资、现金管理等综合金融服务,带动农业产业链上下游企业或农户的发展;办理新型城镇化消费贷款服务业务,面向中低收入阶层开展个人保障房贷款服务,改善农村地区居住和消费环境;支持新型城镇化建设、农村地区社会事业、农业农村基础设施建设等领域的资金需求,促进农村地区经济发展。

(资料来源:《中国邮政储蓄银行成立三农金融事业部》,http://money.people.com.cn/n1/2016/0909/c42877-28704940.html,访问日期:2023 年 12 月 6 日。)

第三节　金融市场竞争战略

一、金融市场竞争战略的含义和目标

1. 金融市场竞争战略的含义

金融市场竞争战略是指金融机构通过采取进攻性或防守性行动,在金融行业中占据进退有据的地位,成功地应对五种竞争力量[①],从而为金融机构赢得超额投资收益的一系列行动。

在对金融行业的产业结构进行分析的基础上,金融机构应该结合自身的资源优势选择适当的竞争战略。竞争战略应以不断变革为实质,以使金融机构的经营能力适应千变万化的外部环境,实现机构资源的最佳配置。因此,选取契合内外部环境的竞争战略,是金融机构获得竞争优势的关键。

金融机构的竞争战略不是孤立存在的,它存在于金融机构的战略体系中,与金融机构的经营战略相一致。金融机构的经营战略是企业的总体战略,竞争问题则是金融机构

---

① 参照迈克尔·波特(Michael Porter)提出的五力模型。

经营战略研究的核心问题之一,即研究金融机构如何在行业中竞争,提高其在所处行业或市场中的竞争地位,研究如何发挥金融机构的某种优势或独特功能以获得、维持和加强竞争优势,达到其增强产品或服务的竞争力、提高市场占有率和增加利润收入等目的。所以,竞争战略是金融机构经营战略的具体化和重要组成部分。[①]

2. 金融市场竞争战略的目标

金融机构要想长期维持优于产业平均水平的经营业绩,根本基础是获取持久的竞争优势。金融机构相对其竞争者可能有很多优势与劣势,其中两种基本的竞争优势为低成本和差异性。一家金融机构所具有的优势或劣势的显著性最终取决于该金融机构在多大程度上能够对相对成本和差异性有所作为。成本优势和差异性优势为产业竞争结构所左右,这些优势源于金融机构具有比竞争者更有效地处理五种竞争力量的能力。

竞争优势的两种基本形式与金融机构寻求这种优势的活动境况相结合,就可推导出在金融行业中创造高于行业平均经营业绩水平的三种基本竞争战略:成本领先战略、差异化战略和目标集中战略。

每一种基本竞争战略都涉及通向竞争优势的截然不同的途径以及目标的选择。成本领先和差异化战略是在多个细分金融行业的广阔范围内寻求竞争优势,而目标集中战略是在单个狭窄的细分行业中寻求成本优势(成本领先战略)或差异化(差异化战略)。推行每一种竞争战略所要求的具体实施步骤因金融行业的不同而有很大差别,正如特定金融行业中可行的基本竞争战略互不相同一样。尽管选择和推行一种基本竞争战略绝非易事,但它们却是任何金融机构都必须认真探索的通向竞争优势的必由之路。

竞争优势的获取是制定任何竞争战略的核心所在,是各基本竞争战略的目标。创造竞争优势要求金融机构做出选择——如果金融机构要获取竞争优势,就必须选择它所要获取的竞争优势的类型以及活动于其中的境况。"事事领先,人人满意"的想法只会导致平庸的竞争战略和低于行业平均水平的经营业绩,因为它常常意味着金融机构根本没有任何竞争优势。

二、金融市场基本竞争战略

金融机构的核心竞争优势有两种类型:低成本和差异性。能够实现这两种竞争优势的竞争战略则有三种:成本领先战略、差异化战略和目标集中战略。这三种基本竞争战略在架构上的差异远甚于上面所列举的功能上的差异,成功实施它们需要不同的资源和技能,这也意味着金融机构在组织安排、控制程序和创新体制上有很大差异。其结果是,金融机构保持采用其中一种竞争战略对获得成功通常是十分必要的。现将三种基本竞争战略在这方面的通常含义列举如下,参见表2-1。

---

① Fatima Vegholm, "Relationship Marketing and the Management of Corporate Image in the Bank-SME Relationship," *Management Research Review*, 2011, 34: 325-336.

表 2-1　基本竞争战略对基本技能和资源的要求

基本竞争战略	通常需要的基本技能与资源	基本组织要求
成本领先战略	• 持续的资本投资和良好的融资能力 • 良好的工艺加工技能及对工人严格监督 • 所设计的产品易于制造 • 低成本的分销系统	• 结构分明的组织和责任 • 以满足严格的定量目标为基础的激励 • 严格的成本控制 • 经常、详细的控制报告
差异化战略	• 强大的生产营销和市场营销能力 • 对创造性的鉴别能力 • 很强的基础研究能力 • 在质量或技术上领先的企业声誉 • 在产业中有悠久的传统或具有从其他业务中得到的独特技能组合 • 得到销售渠道的高度合作	• 在研究与开发、产品开发部门之间的密切协作 • 重视主观评价和激励,而不是定量指标 • 有轻松愉快的气氛,以吸引高技能工人、科学家和创造性人才
目标集中战略	针对具体战略目标,由上述各项组合构成	

1. 成本领先战略

成本领先战略是指通过有效途径,使金融机构的全部成本低于竞争者的成本,以获得同行业平均水平以上的利润。成本领先战略可以为商业金融机构在市场上赢得成本方面的竞争优势,从而为商业金融机构提供一种能与各种竞争力量相抗衡的保护措施。成本领先战略可以说是一种比较传统的竞争战略,但仍然是现代市场营销活动中比较常用的战略。执行成本领先战略需要一些基本的条件,如要有高效率的设备,要控制间接费用,以及降低研究开发、服务、销售、广告等方面的成本。要做到这些,必须在成本控制方面进行大量的管理工作,不能忽视质量、服务及其他领域的一些工作,尤其要重视与竞争者有关的降低成本的情况。同时,要想有效地发挥这一战略的作用,市场条件应该是:金融产品的市场需求具有较大的价格弹性;行业中所有的金融机构本质上提供的是一种标准化的通用产品或服务,很难进行特色经营以使得不同金融机构的产品之间具有差异;客户的转换成本较低;等等。

成本领先战略的优点在于只要成本低,尽管面临强大的竞争力量,但总可以在本行业中获得价格竞争优势。其缺点是:容易被竞争者模仿;过于注重成本而容易忽视客户的需求变化;往往因为定价处于成本的底线,一旦竞争者发动进攻,回旋余地就比较小;为拥有高效率的设备而投资过多;等等。①

2. 差异化战略

差异化战略是指为使金融机构的产品与竞争者的产品有明显的区别、形成与众不同

---

① 李俊霞:《商业银行营销策略比较与启示》,《企业研究》2013 年第 16 期。

的特点而采取的战略。这种战略的重点是创造被全行业和客户都视为独特的产品和服务以及金融机构形象。实现差异化的途径多种多样，如产品设计、品牌形象、技术特性、销售网络、客户服务等，只要这些差异化是被某些客户视为有价值的，就可以为金融机构带来竞争优势。当商业金融机构有可能通过多种途径提供客户所希望的产品或服务，客户对于产品或服务的需求与用途具有多样性，且行业中还只有为数不多的金融机构采取产品差异化战略时，该战略尤其适用。

该战略的优点是：构筑起金融机构在市场竞争中的特定进入障碍，有效地抵御其他竞争者的攻击；利用了客户对金融机构推出的差异化产品或服务的偏爱和忠诚，减弱了客户的议价能力；可以获得较高的利润。其缺点在于：保持差异化往往以高成本为代价，而且并非所有的客户都愿意或能够支付这种差异化所带来的较高价格；为了实施差异化，金融机构有时不得不放弃获得较高市场占有率的目标。

3. 目标集中战略

目标集中战略是指金融机构通过满足特定客户群体的特殊需求，或者集中服务于某一有限区域市场，来建立自身的竞争优势及其市场地位的战略。金融机构采取何种途径来获得竞争优势取决于金融机构的内外部环境。由于资源有限，一家金融机构很难在所有产品市场展开全面的竞争，因此需要瞄准一定的重点市场，以期产生巨大、有效的市场力量。此外，一家金融机构所具备的特殊的竞争优势，也只能在产品市场的一定范围内发挥作用。

金融机构采用目标集中战略所依据的前提是，自己能比正在更广泛地进行竞争的竞争者更有效或效率更高地为其战略目标服务，其结果是，或由于更好地满足了战略目标的需求而取得产品差异，或在为该目标服务的过程中降低了成本，或二者兼而有之。尽管目标集中战略与成本领先战略和差异化战略有一定联系，但三者之间仍存在区别。后两者的目的都在于达成其全行业范围内的目标，但目标集中战略却是围绕着一个特定目标而建立起来的。

实行目标集中战略具有以下几个方面的优势：经营目标集中，可以将金融机构所有的资源集中于某一特定战略目标之上；熟悉产品的市场、客户及同行业的竞争情况，可以全面把握市场，获取竞争优势；由于产品和服务高度专业化，在质量和价格方面可以实现规模效益。这种战略尤其适用于中小金融机构，即中小金融机构可以以小补大、以专补缺、以精取胜，在小市场做成大生意。但目标集中战略也会面临以广泛市场为目标的竞争者，以及该行业中也采用目标集中战略的其他金融机构、替代品等方面的威胁。

案例 2-6　兴业银行发力体育营销，冠名支持"兴业银行杯"

2022 年 6 月 10 日，由兴业银行上海分行冠名支持的 2022 年"兴业银行杯"上海城市业余联赛线上运动会正式启动。该比赛依托科技的力量，通过搭建线上运动平台，采用人工智能、大数据分析手段,指导市民居家科学健身,满足广大人民群众的多元化体育健身需求,助力线上全民健身活动有序开展,预计将惠及近千万上海市民。

以线上运动会为起点,2022年"兴业银行杯"城市业余联赛也正式拉开序幕。业余联赛包含线上、线下两大场所,共设联赛项目、品牌赛事活动、系列赛、X项目四大板块。业余联赛将贯穿2022年全年,预计举办足球、篮球、排球、乒乓球、羽毛球等相关赛事不少于6 000场,参与人数将达千万。

这并不是兴业银行上海分行第一次参与体育公益事业,近年来,上海马拉松、2020年上海静安国际半程马拉松暨女王跑上海站、2020年上海市民运动会健身健美公开赛、2020年"约战普陀"羽毛球系列挑战赛、2020年徐汇区市民体育节精英跑接力赛、2021年中国龙舟公开赛暨上海苏州河城市龙舟邀请赛等运动赛事上都出现过兴业银行上海分行的身影。

兴业银行上海分行相关工作负责人表示,下一步兴业银行上海分行还将坚守初心和使命,在赛事管理的数字化转型、体教融合事业、体育工会系统建设、体育产业发展等多个领域进一步深耕,提供全方位的金融服务保障,更好地支持上海市体育事业的健康发展,积极打造本地一流银行、主流银行的价值品牌,展现企业的社会责任与担当。

(资料来源:《积极致力打造本市一流银行、主流银行品牌价值 冠名支持2022年"兴业银行杯"城市业余联赛今开幕》,https://branch.cib.com.cn/ShangHai/features/20220926_4.html,访问日期:2023年12月6日。)

三、金融市场竞争定位战略

竞争定位战略是指商业金融机构根据其所处的竞争位置和竞争态势来制定竞争战略。按照商业金融机构在金融市场上所处的竞争地位的不同,可以将其分为市场领导者、市场挑战者、市场追随者和市场补缺者四种类型。

1. 市场领导者战略

处于市场领导者地位的商业金融机构一般被公认为市场领袖,它控制着其他商业金融机构的行为,在金融市场上所占的市场份额最大,并且在战略上有多种选择权。市场领导者在进行市场定位时,往往充分利用"第一位"的指导思想,在客户心目中留下深刻的印象。商业金融机构"第一位"的定位特点表现在资产规模最大、金融产品最先创新、多样化经营、成本优势、优良服务等多个方面。

处于市场领导者地位的商业金融机构几乎都是多样化经营的。如德意志银行是德国最大的商业银行,向国内外客户提供全面的商业银行业务,包括开展国内和国际收付业务;办理各种数额和期限的多种货币存款;向个人、企业、政府和团体提供贷款;开出和处理各种信用证、保函、投标及履约保证书;为国际贸易筹资;从事项目贷款和租赁;经营外汇、金属和证券的买卖;发行和包销债券;从事信托业务;等等。德意志银行既是一家商业银行,又是投资银行和经纪人,其多样化经营在德国国内客户心目中留下了"第一位"的印象。

金融机构实施"第一位"定位策略的主要目的是向更多的公众宣传自身的优势和市场领导者地位。发展和巩固"市场第一位"的有利地位可以从以下三个方面进行努力：

（1）扩大总市场规模。市场领导者通常是总市场规模扩大的最大受益者，因此，市场领导者应时刻注意外部环境的变化，抓住每一个市场机会，扩大服务的总市场规模。一般可采取下面几个战略：①市场渗入战略。市场渗入战略是指在现有市场上挖掘和发展潜在客户，使其变成企业的实际客户。②开拓海外市场战略。处于领导者地位的商业金融机构，经营到一定程度时，在国内继续扩大市场已经存在明显局限，这时应把目标瞄准其他国家的金融市场。③新市场战略。指在现有市场以外，依靠金融产品和服务的创新以及及时推出新的金融产品和服务项目来开拓新的市场，吸引新的客户。

（2）保持现有的市场份额。处于领导者地位的商业金融机构，除展开进攻、争取更大的市场份额之外，也应采取措施守住原来已有的市场份额，保持市场领导者地位。每一家金融机构都会遭受竞争者的进攻，竞争者包括：新进入的金融机构，包括国内的和国外的；试图改变自己地位的原有竞争者。处于领导者地位的商业金融机构面对它们的挑战时，可采取三种战略来巩固自身的市场领导者地位：①继续发挥本身的优势，加大市场进入的难度；②对竞争者的攻击及时做出反应；③减少竞争者进攻的诱因。

（3）扩大市场份额。处于市场领导者地位的金融机构可通过不断创新金融产品、利用成本优势持续领先、保持高额的营销费用支出、增加分支机构网点设置等策略来扩大市场份额。

2. 市场挑战者战略

市场挑战者是指在行业中仅次于市场领导者，位居第二及以后位次，试图超越竞争者甚至取代市场领导者地位的金融机构。大多数市场挑战者的目标是增加自己的市场份额和利润，减少对手的市场份额。市场挑战者往往是不满足于自身的竞争地位，为达成提高市场份额的目标而对其他金融机构发起攻击的竞争者。市场挑战者进攻的金融机构既包括市场领导者以及与其同等实力的金融机构，也包括一些小金融机构，如市场补缺者。

市场挑战者应根据不同的竞争者来确定不同的战略目标：

（1）"攻击"市场领导者。这一战略的风险大，潜在利润高。挑战者须仔细调查研究市场领导者的弱点和失误，如有哪些未满足的客户需求，有哪些是客户不满意的地方，从而确定自己进攻的目标。

（2）"攻击"与自己实力相当者。商业金融机构应该仔细调查研究竞争者是否满足了客户的需求，是否具有产品创新的能力，如果在这些方面有缺陷，就可以作为"攻击"对象，其目的是夺取它们的市场阵地。

（3）"攻击"小金融机构。对一些经营不善、缺乏资金的小金融机构，可夺取其客户，甚至这些小金融机构本身。

市场挑战者要想成功地发起进攻，除根据自身的实力来决定攻击的竞争者外，还可

以采取一定的攻击策略。市场挑战者战略包括：①

（1）正面进攻。正面进攻是集中全力向对手的强项而不是弱项发动进攻。如进攻者可以利用价格和服务创新攻击对手。决定正面进攻成败的关键是金融机构的实力，即享有较多资源（人力、物力和财力）的一方将取胜。降低价格是一种有效的正面进攻战略，要使降价竞争得以持久并且不损伤自己的元气，必须投入大量的研究与开发经费，降低产品成本。

（2）侧翼进攻。侧翼进攻就是集中优势力量寻找和攻击对手的弱点。寻找、攻击对手弱点的主要方法有：①地理性侧翼进攻。寻找对手忽略或绩效较差的产品和地区加以攻击。②细分性侧翼进攻。寻找对手尚未重视或尚未覆盖的细分市场作为攻击的目标。侧翼进攻使各金融机构的业务更加完整地覆盖了各个细分市场，进攻者较易收到成效，并且避免了攻守双方为争夺同一市场而造成的两败俱伤的局面。

（3）包围进攻。包围进攻是在多个领域同时发动进攻以夺取对手的市场，向市场提供比竞争者更多的产品和服务，并且更加质优价廉，使客户乐于接受。其适用条件是：①通过市场细分未能发现对手忽视或尚未覆盖的细分市场，补缺空当不存在，无法采用侧翼进攻策略。②与对手相比拥有更大的资源优势，制定了周密可行的作战方案，相信包围进攻能够摧毁对手的防线和抵抗意志。

（4）迂回进攻。迂回进攻是避开对手的现有业务领域或市场，进攻对手尚未涉足的业务领域或市场，以增强自己的实力。具体有三种办法：①开发与对手无关的产品，实现产品多元化。②以现有产品进入新地区的市场，实现市场多元化。③发展新技术、新产品，取代现有产品。

（5）游击进攻。游击进攻是向对手的有关领域发动小规模的、断断续续的攻击，其目的是逐渐削弱对手的市场力量，达到瓦解和骚扰的目的。游击进攻适用于小金融机构打击大金融机构。采用的主要方法是在某一局部市场上有选择性地降价，开展短促的密集促销，向对方发起相应的法律行动等。

市场挑战者的进攻战略是多样的，一个挑战者不可能同时运用所有战略，但也很难单靠某一种战略取得成功。通常是设计出一套战略组合即整体战略，借以改善自己的市场地位。金融机构在做出挑战决策前必须发现竞争者的弱点，否则便会失败。总而言之，市场挑战者战略带有明显的进攻色彩，那些期望尽可能快速发展的雄心勃勃的金融机构一般会采用这种战略。

3. 市场追随者战略

处于市场追随者地位的金融机构，在规模、实力等方面均次于市场领导者和市场挑战者。这类金融机构的营销战略应以模仿市场领导者或挑战者的行为为主，并尽可能形成自己的特色。市场追随者实施的营销策略和行动要力求避免直接扰乱领导者的市场，以免招致领导者的报复。处于市场追随者地位的商业金融机构可选择下面两种战略：

---

① Constantine Lymperopoulos, Ioannis. E. Chaniotakis, and Magdalini Soureli, "A Model of Green Bank Marketing," *Journal of Financial Services Marketing*, 2012, 17: 177–186.

（1）全面模仿。处于市场追随者地位的金融机构可以及时全面地模仿市场领导者的行为。如市场领导者推出一种新型财务咨询服务，在市场上初获成功，这时市场追随者应及时向现有细分市场提供类似的财务咨询服务，巩固现有的客户关系，防止他们转移。追随者对领导者的模仿应及时，应尽可能与领导者接近，如领导者引进ATM（自动取款机），方便了客户，提高了营业效率，追随者则必须迅速在自己的细分市场上提供ATM或改善服务以方便客户，否则追随者已有的客户就有可能转而选择领导者。处于市场追随者地位的金融机构必须做到以下几方面：密切注视市场领导者的一举一动，对市场领导者经营业务的变动做出及时、灵活的反应；高层管理人员具有敏锐的观察力和长远的目光，能主动地细分市场和集中目标市场，注重盈利而不追求高市场份额。

（2）部分模仿。是指市场追随者在有显著吸引力的金融业务上，追随和模仿市场领导者；在其他一般的金融产品或服务项目上，保持自身的特色或优势；而在内部资源的配置和经营活动上，则保持自己与众不同的风格。

4. 市场补缺者战略

市场补缺者是避开竞争者而选择空缺市场加以占领的金融机构。市场补缺者竞争战略是那些资产规模小、竞争实力较弱的小金融机构所采取的战略。这类金融机构基于自身的条件，往往避免同市场领导者和挑战者的冲突，充分利用大金融机构忽视和放弃的市场来开发新的金融产品或服务，起到拾遗补缺的作用。实施这种战略的途径是专业化经营。金融机构的专业化经营使其有可能开拓自己的特殊市场。这类市场的规模不大，通常是大金融机构不愿意从事的业务领域。对于小金融机构来说，这些市场不仅能带来稳定的利润，而且风险较小。所以，小金融机构通常可以定位于这些被大金融机构忽视的特殊市场以避免与大金融机构碰撞。[①]

对市场补缺者来说，这些小市场必须有足够的市场潜力和购买力，利润有增长的潜力，对主要竞争者不具有吸引力；同时，金融机构还要具有占有该市场的能力，金融机构已有的信誉足以对抗竞争者。作为市场补缺者要完成三个任务：创造补缺市场，扩大补缺市场，保护补缺市场。金融机构在选择补缺市场时，多种补缺市场比单一补缺市场更能降低风险，增加保险系数。

案例 2-7　平安银行的追随者战略：仿照民生银行的事业部制

2013年8月，平安银行召开事业部启动大会，宣告3个行业事业部（能源矿产金融事业部、地产金融事业部、交通金融事业部）、11个产品事业部（信用卡及消费金融事业部、私人银行事业部、金融市场事业部、小企业金融事业部、贸易金融事业部、离岸金融事业部、投资银行事业部、资产托管事业部、机构金融事业部、金融同业事业部、票据金融事业部）、1个平台事业部（公司网络金融事业部）成立，企业结构正式从"总-分-支"调整为

[①] 孙积莲：《金融机构营销战略的演进与障碍分析》，《中国市场》2012年第22期。

"事业部制"。

事实上,这不是行业内首个完成事业部制转型的案例。2007年下半年,民生银行就率先改革,正式启动事业部制,成立了地产金融事业部、能源金融事业部、交通金融事业部、冶金金融事业部四个行业金融事业部,以及贸易金融、投资银行、金融市场三大产业事业部,以及中小企业金融事业部。在民生银行改革之后,招商银行、光大银行、平安银行、交通银行等股份行的事业部制改革也在继续深化。

平安银行的事业部制显然具有自己的鲜明特色。"平安银行事业部分为行业事业部、产品事业部、平台事业部。各个事业部的架构都是按照'以客户为中心'和'流程银行'管理要求设计的,在人、财、物上被赋予更大的自主权,在专业领域内深耕客户、创新产品、管理风险,有利于提升对市场的快速反应能力,提高业务运行效率,提高资源的配置效率。"在时任平安银行行长邵平看来,该行事业部是聚焦专业化、集约化,以"综合金融"和"互联网金融"装备起来的,是一种具有鲜明平安特色的事业部体制。

事业部制改革具有特殊的时代意义。2007年之前,大部分商业银行都根据行政区域划分采取"总-分-支"的结构,并以各个分行作为利润中心。同时,各家银行主要依赖存贷款利率来获得利润,因此普遍采取了便于扩大存款规模的分级管理体制。这种以分工理论为基础的"部门银行"体制所带来的行政化色彩、条块分割、运作低效、管理粗放,与现代商业银行市场化、专业化、扁平化的经营模式显然相悖,经营模式急需转型。目前,国际上主流的商业银行,如花旗银行、汇丰银行、荷兰银行等,无一例外地采取了事业部制的组织模式。

邵平表示,事业部是平安银行基于"以客户为中心"的理念,按照"流程银行"的要求,实行由成本中心向利润中心的转变,对重点行业、重点业务进行嵌入式管理,专业化、集约化经营的重要举措,承担着该行转型发展的重要任务。事业部的全面启动,在平安银行的发展史上具有里程碑式的意义。

未来,平安银行各事业部将继续围绕资源禀赋、仓储物流以及与老百姓衣食住行息息相关的行业和产业链,以客户为中心,整合银行内部的产品、服务和营销资源,为全产业链上的客户提供融资融智、撮合、线上电商等专业化的服务,塑造"综合金融"与"互联网金融"两大特色,形成持续的竞争优势。

(资料来源:《聚焦专业化集约化 平安银行全面实施事业部制》,https://bank.pingan.com/about/news/1377509650462.shtml,访问日期:2023年12月6日。)

本章小结

1. 金融机构在进行营销战略规划时,通常要经过两个步骤:战略环境的分析,战略的制定和实施。

2. 金融市场细分要遵循可量性、可入性、差异性和经济性原则。金融市场细分的标准根据客户的不同分为个人和机构客户两类。

3. 在细分市场选择上,企业有三种不同策略可以运用:无差异市场营销策略、差异市场营销策略和集中市场营销策略。根据自身条件和市场细分的不同,选择合适的策略对于金融营销过程非常重要。

4. 金融市场竞争战略是指金融机构通过采取进攻性或防守性行动,在金融行业中占据进退有据的地位,成功地应对五种竞争力量,从而为金融机构赢得超额投资收益的一系列行动。

5. 金融机构的核心竞争优势有两种类型:低成本和差异性。能够实现这两种竞争优势的竞争战略则有三种:成本领先战略、差异化战略和目标集中战略。

6. 竞争定位战略是指商业金融机构根据其所处的竞争位置和竞争态势来制定竞争战略。按照商业金融机构在金融市场上所处的竞争地位的不同,可以将其分为市场领导者、市场挑战者、市场追随者和市场补缺者四种类型。

思考题

1. 回顾金融营销战略的规划过程,阐述内部和外部环境分析各自的侧重点,并举例加以分析。

2. 阐述个人和机构客户细分标准的差异。在你能想到的商业银行中,哪些银行个人客户的营销策略最有特点?分析其策略与其他商业银行的不同点。

3. 简述金融机构主要使用的几种市场细分策略。以你最熟悉的一家当地商业银行为例,试分析其在市场细分方面的营销策略。

4. 2013年以来,民营商业银行的监管政策逐渐放开,未来金融机构的经营主体将更具多样性。回顾关于竞争战略的知识,试分析一家新的民营商业银行进入市场后,应该采用什么样的竞争战略。

第 3 章

金融营销环境分析

>>> 知识目标

- ➤ 掌握营销环境与金融活动之间的关系；
- ➤ 了解营销宏微观环境的相互关系。

➡ 技能目标

- ➤ 知晓不同环境下应该如何实施营销方案；
- ➤ 掌握金融市场调研的具体方法。

金融营销作为一种营销活动，和其他任何行业一样，都是在一定的社会政治、经济、文化环境中进行的，既受到环境的影响，又会对环境产生一定的反作用。就像人类处于一个动态的生态系统中一样，金融机构不断应对环境变化所带来的挑战，成功或失败取决于金融机构对环境的认识和分析。因此，只有了解营销环境的特点才能更好地认识环境对金融机构的作用，并以此作为依据，分析这些作用如何影响金融机构的营销活动。

案例 3-1 嘉实基金开启"黑话"式营销，积极拥抱年轻基民

在保本理财产品退出历史舞台的当下，基金成为越来越多普通人理财的选择。同时，90后基民的跑步入场，使基金行业不仅要面对越来越庞大的客户人群，更在营销模式上经历着一场新的跃进与变革。在全新的投资者市场环境下，基金机构对于占领客户心智，让投资者成为理解、信任自己的长跑队友，有着迫切而又必要的需求。

为此，嘉实基金推出了《姚局车友圈》节目，由嘉实智能汽车的基金经理姚志鹏作为主理人，与车圈友人进行对话。这种聊天式的"教育"，把赛道、数据、产业、逻辑等晦涩的内容，以通俗易懂的方式传递给普通投资者，让他们真正理解、认同，并将理性购买以及长期持有的概念深植于心。相比以前基金经理站在高台上一味地灌输，这种沟通方式别有趣味、让人身临其境、轻松愉悦，可以将知识低空传递给客户。

除了在各大社交媒体上进行深度内容布局，嘉实基金还借用了平台的力量，在支付宝上为嘉实智能汽车股票基金量身定制了隐藏驾驶人格的趣味测试。对于电商、快消等行业来说，在网页上与用户交互的玩法也许并不新鲜，但在基金行业中却属于少数派。在年轻客户喜爱的购买渠道，运用年轻人熟悉的语言体系，将新奇的性格标签与软性的投资知识进行植入式的投教，更易激发客户了解产品的冲动。

（资料来源：《让投资更贴近生活 嘉实基金"黑话"式营销的坚守与创新》，https://finance.eastmoney.com/a/202208052472233080.html，访问日期：2023年12月6日。）

第一节 金融营销环境概述

现代金融行业的发展，不仅是资本的聚敛和运作，更是市场、文化、人才和信息等各方面系统协调的结果。尤其是当世界经济格局呈现出"大经济"循环圈时，金融业务向复杂化、多样化和综合化方向发展，金融机构的并购，金融集团、金融超市、金融百货公司等的出现加剧了企业之间的竞争。金融机构要想在竞争激烈的开放环境中获得竞争优势和可持续发展，就必须以更积极、主动的姿态面对市场环境，及时调整经营管理重点，使客户价值与活动成本能匹配。因此，金融机构充分了解其所处的营销环境将有助于更好地面对内外部的竞争局面。本章主要介绍金融机构开展营销活动所面临的宏微观环境，并讨论竞争者对金融营销的影响。

一、金融营销环境的概念

美国著名营销学家菲利普·科特勒在其《营销管理》一书中写道：企业的营销环境是由企业营销管理职能外部的因素和力量组成的。这些因素和力量影响营销管理者成功地保持和发展同其目标市场客户交换的能力。也就是说，金融营销环境是指与金融机构有潜在关系的所有外部力量的一个体系。因此，对环境的研究是金融营销活动最基本的课题。

随着我国加入世贸组织后外资银行的大量涌入，我国商业银行面临着国际同业的激烈竞争。因此，商业银行必须在分析、考察加入世贸组织后所面临的各种有利或不利的条件时从深层次挖掘，以寻求对自己而言有优势的营销策略着眼点。[①]

由于金融产品与一般商品有所区别，金融营销活动与一般商品的营销活动也是有区别的，但它们同时又都属于这个社会的经济活动，它们所处的环境也是相似的，因此，金融营销环境是指对金融营销及经营成果有着潜在影响的各种外部因素或力量的总和，它是金融机构的生存空间，也是金融机构开展营销活动的基本条件。

包括商业银行、保险机构和证券机构在内的任何金融机构，都不是独立存在于经济社会中的，它们周围的环境是复杂多变的，但同时又是稳定的，可以说是处于一个动态的平衡系统之中。只有了解营销环境的特点，才能更好地认识到环境对金融机构的作用，从而着手分析这些作用是如何影响金融机构的营销活动的。对待环境变化的正确态度可以概括为如下几点：

（1）应该把环境变化看成正常现象。总体来看，环境的变化是好事，环境不改变，就不会有社会进步，金融机构也就不会找到其业务发展新的增长点，因此，否认环境变化只会是掩耳盗铃。

（2）决策时不要突破环境的限制，包括目前的限制和潜在的限制。金融机构制定新的营销策略时，要尽可能地避免脱离现实，既不要突破现实环境条件的制约，也不要太超前地设计和营销一些在很长时间内都不能适应市场状况的金融产品。要从环境变化中识别出金融机构可能会面临的商业风险，避免投资浪费，如不要再开发和推广那些在金融市场中已经饱和或随着环境的变化即将被淘汰的金融产品。保险机构在这一点上要尤为注意，因为随着外部环境的变化，一些险种已经失去了对客户的吸引力。

（3）对环境变化持积极态度，努力从变化中识别出金融营销的机会。当察觉到变化能给自己带来好处时，就应该主动促使变化的发生和发展，并设法加以利用。

二、金融营销环境的特点

金融机构应重视对金融营销环境的研究和分析，对自己所处的环境状况做出科学合理的评价，这是其适时、适度地调整营销策略，改善环境，促进可持续发展的前提条件。

---

① 于宁：《入世后我国商业银行营销环境分析及对策》，《经济与管理》2003年第1期。

金融营销环境具有以下特点：

1. 差异性

金融营销环境的差异性不仅表现为不同金融机构受不同环境的影响，而且表现为同样一种环境因素的变化对不同金融机构的影响也不相同。由于外界环境因素对金融机构的作用有差异性，因此金融机构为应对环境的变化所采取的营销策略也各有特点。例如，中国工商银行可能会选择增加分支网点来满足其日益增长的个人业务，而花旗银行则可能会根据自身的特点设置ATM和开发网上银行来应对这一环境的变化。

2. 多变性

构成金融营销环境的因素是多方面的，每一个因素又都随着社会经济的发展而不断变化。这就要求金融机构根据环境因素和条件的改变，不断调整其营销策略。

3. 相关性

金融营销环境不是由某一个单一的因素所决定的，而是要受到一系列相关因素的影响。例如，金融产品的价格不仅受到市场供需关系的影响，还受到国家政治和经济政策的影响。金融营销因素相互影响的程度是不同的，有的可以进行评估，有的就难以估计和预测。

4. 复杂性

金融机构面临的营销环境具有复杂性，具体表现为各环境因素之间经常存在矛盾关系。同时，金融机构还必须遵守政府的各项法律和规定，既要创造和满足个人与企业客户的需求，又要使企业的行为符合政府的要求。

5. 动态性

营销环境通常都是在不断发生变化的。尽管根据变化程度的不同，可以分为较稳定的环境、缓慢变化的环境和剧烈变化的环境，但变化是客观存在的。总体来说，变化的速度呈加快趋势。每一家金融机构的小系统都与社会大系统处在动态的平衡之中，一旦环境发生变化，这种平衡便被打破，金融机构必须快速反应并积极适应这种变化。

三、金融营销环境与金融活动之间的关系

1. 环境与金融机构的关系

金融行业作为一个开放的组织系统，与外部环境有着千丝万缕的联系。同时，金融行业又是一个区别于一般企业的特殊行业，受环境的影响和制约更加明显。

（1）金融机构的经营对象特殊。一般工商企业为社会提供的是具有使用价值和价值的有形商品，而金融机构经营的却是具有社会一般等价物职能和作用的货币、凭证、股票和保险，并提供货币的收付、借贷以及与各种货币运动有关的或者与之相联系的金融服务。因此，金融机构的业务活动更具有广泛性，几乎遍及社会经济的任何一个角落，受到的环境影响也就更为显著。

（2）金融机构是整个社会经济活动的关键。金融机构的业务活动影响着整个社会的发展。随着世界经济的发展，特别是对于我国这样迅速发展的国家，社会对金融机构的依赖程度正变得越来越深。此外，金融机构也是一个国家和世界联系的重要途径。正是金融机构的这些特殊性，决定了其对整个社会经济的影响要远远大于任何一家企业。而反过来，金融机构受整个社会经济的影响也较任何一家具体的企业更为明显。

2. 营销环境对金融营销的影响

金融营销的环境是不断变化的。而这种变化对金融营销活动所产生的影响主要有两类：一类是有利影响，给金融机构带来新的市场机会；另一类则是不利影响，给金融机构带来威胁。对于环境威胁，金融机构如果不能及时发现并采取有针对性的营销策略，就会影响其生存和发展。

必须指出的是，金融机构面临的许多营销机会并不具有相同的吸引力，也不是所有威胁因素对金融机构都构成同样的压力。金融机构必须根据影响程度和发生的可能性对其进行分类并予以评价，即通过分析环境的方法，认识哪些环境因素的威胁最大或最小，哪些环境因素的机会最具吸引力，从而采取相应的营销策略。因此，为提高金融营销活动对外部环境的应变能力，消除不利因素的影响，金融机构要加强对环境的预测和监视工作，建立科学的监视和预测体系，分析和识别由环境变化所带来的主要机会与威胁，并及时采取对策抓住机会和规避风险。

第二节　金融营销的宏观环境

金融营销的宏观环境是对包括金融机构在内的各行各业都产生影响的各种因素和力量的总和，一般由政治和法律、经济、社会、科学技术等因素构成。宏观环境的变化、发展对企业来说是相对不可控的，对金融机构的营销和经营有巨大的潜在作用，也会影响金融机构中长期计划和发展战略的选择。因此，企业必须关注它们，并做出适当的反应，通过企业内部的制度、营销战略的调整来适应宏观环境的变化。研究金融机构所面临的宏观环境，不仅可以对营销活动进行指导，同时也可以为研究微观环境打好基础。比如，技术环境除了直接为金融机构的营销活动提供机会，也大量地通过客户、竞争企业等对金融机构的营销活动产生作用；社会的规范、价值观、信念等影响着人们对金融机构的态度、兴趣，以及对金融产品的好恶，因此在一定程度上能增加或减少客户对这些产品的选择机会。

一、政治和法律环境

政治和法律环境的稳定与否是金融机构经营的基础条件，政治和法律环境对于金融机构的营销活动具有重要影响。政治和法律环境主要包括社会安定程度、政府对经济的干预状况、政府的施政纲领以及相关政策、各级政府的运行情况、政府部门的办事作风、社会团体利益的协调方式、法治建设情况、各种法律法规体系以及司法程序等。

1. 政治环境分析

政治环境指企业市场营销的外部政治形势和状况可能给金融营销带来的影响。对国内政治环境的分析要了解党和政府的各项方针、路线、政策的制定及调整对金融营销的影响。

金融机构的特殊性质决定了它受国家政治环境影响的程度是相当高的。以银行业为例,政治环境的稳定是商业银行顺利经营的保障性条件,政局不稳会导致社会动荡、经济环境混乱,对商业银行的业务开展相当不利;政局不稳还会导致国家在世界舞台上地位下降,造成货币大幅贬值,加重商业银行的资金负担。例如,政治活动和突发的政治事变可能使商业银行遭受巨大的违约风险与挤兑风险。因此,商业银行必须高度重视和密切关注政治环境的变化,以便及时采取防范和应变措施。

此外,对于发展国外业务、进军海外的金融机构而言,需要分析的则不仅仅是本国的政治环境,国际政治环境同样应该成为考虑的重点。对国际政治环境的分析要了解"政治权力"与"政治冲突"对企业营销的影响。政治权力指一国政府通过正式手段对外来企业的权利加以约束。"政治权力"对市场营销活动的影响往往有一个发展过程,有些方面的变化,企业可以通过认真的分析研究预测到。"政治冲突"指国际上重大事件和突发事件对企业营销活动的影响,包括直接冲突与间接冲突两种。直接冲突包括战争、暴力事件、绑架、恐怖活动、罢工、动乱等给金融营销活动带来的损失和影响;间接冲突主要指政治冲突、国际上重大政治事件带来的经济政策的变化,国与国、地区与地区观点的对立或缓和常常会影响其经济政策的变化,进而使企业的营销活动或受到威胁,或得到机会。

2. 法律和政策环境分析

世界各国都颁布了法律法规来规范和制约金融机构的活动。金融机构一方面可以凭借这些法律维护自己的正当权益,另一方面也应该依据法律规定来开展日常的营销活动。

与金融营销活动有关的法律法规有很多,因此金融机构在开展业务时要受到法律特别是金融法律的制约。金融法律环境主要包括国家和中央银行颁布的有关法律法规和规章制度,在我国主要包括《中国人民银行法》《中华人民共和国商业银行法》《中华人民共和国票据法》《中华人民共和国担保法》《中华人民共和国证券法》《中华人民共和国保险法》等。这些法规都是金融机构经营和营销活动的行为准则。商业银行必须自觉接受中国人民银行和国家金融监督管理总局的监管,证券机构必须接受中国证券监督管理委员会的监管,而保险机构则必须接受国家金融监督管理总局的监管,金融机构需要依法、依规运作,保护客户的利益,严格执行各项业务操作程序,防范和化解金融风险。而政府制定这些法令,一方面是为了维护金融市场秩序、保护平等竞争,另一方面则是为了维护客户的利益、保证社会的稳定。

我国金融机构对国内市场营销法律环境的分析,主要包括国家主管部门及省、自治区、直辖市颁布的各项法规、法令、条例等。金融机构了解法律条款、熟悉法律环境,既可以保证自身严格按法律办事,不违反各项法律,有自己的行为规范,同时又能够用法律手段保障自身的权益。金融机构营销人员应熟悉和了解相关经济法规、条例。对法律环境的分析,除了要研究各项与国际、国内市场营销有关的法律、规定,研究有关竞争的法律条例规定,还要了解制定、执行相关法律规定的政府部门的职能与任务。只有这样才能使金融机构的营销人员全面了解、熟悉自身所在的金融机构所处的外部环境,避免威胁,寻找机会。

法律以规范和调整较为稳定的经济关系、利益关系、行为关系为主,具有连续性和强制性调控的特点;而政策以调整具有波动性、易变性的经济利益关系为主。一般说来,在较长时期内适用的规定和制度,多采用法律规范、法律约束的方法;而短期内适用的规定和制度,则通常采取政策的形式。

对金融机构来说,国家政策的影响是相当明显的。我国的市场开放和市场经济政策为我国金融机构带来了质的变化。在计划经济时期,我国的工、农、中、建四家商业银行(当时被称为四大专业银行)完全是按照计划体制来经营的,几乎所有的经营活动都在国家的控制之下,基本不用考虑如何营销的问题。而随着国家政策的变化,商业银行开始按照市场规律经营;随着充满活力的市场和激烈竞争的到来,银行业的经营翻开了崭新的一页,可见政策对于金融机构开展营销活动的影响有多大。而我国的西部大开发政策同样也给我国金融机构带来了发展机会,西部大开发对于金融机构的吸引力是不言而喻的,对其适应新环境、制定新策略的能力也是一个考验。

当然,目前我国的金融立法还不是很完善,在一定程度上限制了金融机构的营销活动。但是我国目前政治稳定,同时也正在加大力度为金融机构创造一个良好的外部环境,这都给金融机构带来了发展的良好机遇。

案例 3-2 《中华人民共和国数据安全法》正式实施,数字营销何去何从

2021 年 11 月 1 日,《中华人民共和国个人信息保护法》正式实施,其将与《中华人民共和国网络安全法》及《中华人民共和国数据安全法》一起,全面构筑中国信息及数据安全领域的法律框架。

国家相关法律法规的出台,不仅意味着从法律角度明确消除了数据活动的灰色地带,也标志着数据安全正式上升到国家层面。大数据即将进入一个更加注重数据安全、隐私安全的新发展阶段。而对于依托大数据分析及洞察的数字营销行业而言,显然将产生深刻的影响。

《数字营销市场》期刊邀请了卫瓴科技创始人杨炯纬、商帆科技 CEO(首席执行官)张国庆、LinkedME 创始人兼 CEO 齐波、Merkle 效果媒体负责人马骏及 Majorel 迈睿中国数据智能营销总监齐振亮五位专家,一同解读这些法律法规的颁布及其对数字营销行业

的影响和意义。

根据五位专家的分享,新法律法规对数字营销行业的影响主要有如下几点:

(1) 数据无法获取或获取成本偏高。原来用户数据的获取和使用不需要得到用户的明确授权,所以获取数据成本低。而现在用户数据的获取将需要单独取得用户授权,大大降低了可触达用户的比例。

(2) 跨企业主体的用户行为的交叉使用可能会受到限制,因此将需要更长的时间才能建立对每个用户的数据模型。

(3) 广告主归因变难,一些ID(身份识别号码)之间的映射和跨渠道归因等的实施基础可能受到冲击,广告主添加第三方的监测代码来进行"归因"变得越来越有难度。

面对以上影响,五位专家提出了以下对策:

(1) 最小数据原则,不向客户过度索权。

(2) 改用更具匿名性和非永久性的ID。对用户个人隐私数据的使用应慎之又慎,目前最普遍的以手机号作为用户基础ID的方法可能会行不通。

(3) 加密和寻找替代标记来定位用户,提升对内容上下文的理解能力。

(4) 发展对有限数据进行深度挖掘的技术。

与数据安全相关的一系列法律法规的出台,短期内会对数字营销行业带来冲击,使数字营销效率变低、效果变差、成本变高;但长期来看,这样做利大于弊,数据的使用和操作会更加规范,消费者和广告主之间的信任得以增加,消费者得到保护,消费市场会更加繁荣,营销的需求会更加旺盛,数字营销行业也会更加繁荣。

(资料来源:《〈数据安全法〉今日正式实施,将会给数字营销行业带来哪些影响?》,https://www.sohu.com/a/487124065_121124366,访问日期:2023年12月6日。)

二、经济环境

经济环境是金融营销活动所面临的外部社会条件及一定范围内的经济情况,包括经济增长速度、发展周期、市场现状和潜力、物价水平、投资和消费趋向、进出口贸易以及政府的各项经济政策,如财政税收政策、产业政策等。经济环境是对金融营销环境影响最大的环境因素,是整合经营活动的基础。

1. 经济发展阶段

对经济发展阶段的划分,比较流行的是美国学者沃尔特·罗斯托(Walt Rostow)的"经济成长阶段理论",他将世界各国的经济发展归纳为以下五个阶段:①传统经济社会;②经济起飞前的准备阶段;③经济起飞阶段;④迈向经济成熟阶段;⑤大量消费阶段。凡属前三个阶段的国家均称为发展中国家,而处于后两个阶段的国家则称为发达国家。

2. 个人客户的收入水平

在我国这样一个人口众多的大国中,金融机构的个人业务占据相当大的比重,而这些个人金融业务完全依赖于个人客户的收入,但个人客户的也并非把全部收入都用来

购买金融商品和接受金融服务,金融支出只是他们收入的一部分。因此,在研究个人客户的收入时,要注意以下五点:

(1) 国民收入。这是指一个国家物质生产部门的劳动者在一定时期内(通常为一年)新创造的价值的总和。

(2) 人均国民收入。这是指用国民收入总量除以总人口。这个指标大体上反映了一个国家的经济发展水平。根据人均国民收入,可以推测不同的人均国民收入相应地消费哪一类金融产品或服务,在什么样的经济水平上形成怎样的金融消费水平和结构,以及可能会呈现出的一般规律性。

(3) 个人收入。这是指所有个人从多种来源中所得到的收入,对其可进行不同方面的研究。一个地区个人收入的总和除以总人口,就是个人平均收入。该指标可以用来衡量当地个人客户市场的容量和对金融产品的吸引力。

(4) 个人可支配收入。这是指在个人收入中扣除税款和非税性负担后所得的余额。它是个人收入中可以用于投资、购买保险等金融产品和服务的部分。

目前,消费信贷市场启动的时机已基本成熟,原因如下:首先,我国有越来越多的年轻人开始接受贷款消费、分期付款消费、信用卡透支消费等观念,特别是刚刚参加工作不久,有稳定收入又有消费欲望的年轻人,他们对住房和高档次的耐用消费品有着较高的要求,这为个人消费信贷发展提供了广阔的空间。其次,城乡居民收入稳定增长,生活水平得到提高,购买力发生了变化。与前几年相比,我国城乡居民的购买力大大提高。最后,新的中产阶层正在出现。多种所有制结构造就了我国一批中产阶层,一部分高级白领、企业家、企业主等的财富聚积很快,这就为个人理财业务提供了广阔的市场空间。

(5) 个人可任意支配收入。这是指在个人可支配收入中减去用于维持个人与家庭生存不可缺少的费用(如房租、水电、食物、燃气、衣着等开支)后剩余的部分。这部分收入是消费需求变化中最活跃的因素,也是金融机构研究营销活动时所要考虑的主要对象。因为个人可支配收入中维持生存所必需的基本生活资料部分,一般变动较小、相对稳定,即需求弹性小;而满足人们基本生活需要之外的这部分收入所形成的需求弹性较大,可用于购买保险、金融投资产品等,所以是影响金融产品销售的主要因素。

3. 个人客户的储蓄和信贷水平

个人客户的储蓄一般有两种形式:一是商业银行存款,增加现有商业银行存款额;二是购买有价证券。

储蓄是我国银行业长期以来的主要资金来源之一,虽然随着经济的发展,我国的商业银行开始认识到中间业务对于商业银行的重要性,但是我国有14亿人口,而且老百姓的储蓄观念依然很难改变,因此存款业务依然是商业银行目前赖以生存的重要资金来源。影响储蓄的因素有:

(1) 收入水平。一个人、一个家庭,只有当收入水平超过支出水平时,才有能力进行储蓄。

(2) 通货膨胀。当物价上涨接近或超过储蓄存款利率时,货币的贬值将会刺激消费、抑制储蓄。

（3）市场上的商品供给情况。当市场上商品短缺或产品质量不能满足个人客户需要时，储蓄会上升。

（4）对未来消费和当前消费的偏好程度。如果个人客户较注重未来的消费，则他们宁愿现在较为节俭而增加储蓄；如果个人客户重视当前消费，则储蓄倾向较弱，储蓄水平降低。然而，随着人们对资本的理解日益成熟，个人客户不仅能以货币收入购买他们所需要的商品，还可以通过借款来购买商品，所以个人客户信贷也是影响金融机构特别是商业银行营销活动的一个重要因素。

（5）宏观经济走势。一个国家或者地区的宏观经济走势对于金融机构的日常营销活动同样具有很大的影响。这种经济走势对于金融机构的业务影响最为明显。在经济快速发展、形势大好的时期，金融机构往往不愁业务的开展，各行各业都离不开各种金融产品或服务，可以说是供不应求。因此金融机构往往只需要加强金融产品的风险控制即可实现业务的发展。而在经济低迷、形势不容乐观的时期，金融机构则直接受到影响，经济活动的减少影响了它们的业务量，因此金融机构更需要在营销活动上下苦功夫，保证在宏观经济走势下滑的情况下维持自身的发展。当前的营销环境分析既包括宏观环境分析，也包括企业所处行业的行业分析。[①] 离开了宏观环境和具体行业的分析，营销活动就无从谈起。

三、社会环境

社会环境是指一定社会形态下的社会成员共有的基本信仰、价值观念和生活准则，并以此为基础，形成风俗习惯、消费模式与消费习惯等社会核心文化、社会亚文化和从属文化。社会核心文化有较强的持续性，社会亚文化比较容易发生变化，从属文化价值观念常能提供良好的市场机会。这些因素对于金融产品和服务的需求特点与消费模式均具有不同程度的影响。因此，金融机构营销人员也需要对社会环境进行研究分析，以提供金融营销决策的依据。

1. 社会文化环境

社会文化是企业环境的重要组成部分。从某种意义上讲，一定时间、空间的社会文化状态，总是决定着这一特定时空条件下的金融营销行为。社会文化环境主要是指一个国家、地区或民族的文化传统，如风俗习惯、伦理道德观念、价值观念、宗教信仰、审美观、语言文字等。文化是在人们的社会实践中形成的，是一种历史现象的沉淀，人们在不同的社会文化背景下生活和成长，在不知不觉中形成了各自不同的基本观念和信仰，成为他们的一种行为规范。而金融营销同其他行业的营销活动一样，是在一个非常广阔且复杂的社会文化背景下开展的，面对的是不同的价值观念、伦理道德观念、风俗习惯等。因此，要做好金融营销工作，就必须了解和熟悉各种不同的社会文化环境。

---

① 程伟力、谭淞：《我国金融营销初探》，《市场营销导刊》2004年第2期。

第一，人们的生活方式、价值观念、风俗习惯和购买行为会影响每个成员的生活与工作，因此不同社会阶层的客户有着不同的购买行为。根据收入、财产、文化教育水平、职业和社会名望等社会标准，我们可以分出不同的社会阶层。同一阶层通常有相同的价值观念、生活方式和相似的购买行为。对于金融行业而言，在营销活动中识别不同客户所属的不同社会阶层，有助于更好地进行市场细分和定位，能够为各个不同层次的客户和企业提供优质的服务。比如，对于我国广大的农民，保险机构的业务可能更集中在农作物上；对于城市中的中等收入者，保险业务可能更集中在养老方面；而对于那些高收入者，则可能要集中开展健康和财产保险业务。银行业务同样如此，对于社会地位较高的客户，商业银行仅仅提供普通的金融业务显然是不能满足他们的需求的，而对于低收入、社会地位较低的客户而言，为他们提供复杂的金融服务可能会浪费营销资源。因此，只有认识到不同阶层的特征，才能在营销过程中做到有的放矢，增强营销活动的针对性。

第二，不同的文化背景下，客户的购买行为也有较大的差异。由于地域的差异，各个地区和民族的人在长期生活习惯的影响下，具有不同的文化背景。他们在不同的价值观、风俗习惯和审美观以及与核心文化同时存在的亚文化影响下，对金融产品和服务的认知度与态度也是不同的。这一点对于我国的金融机构而言的确是一个巨大的挑战。我国幅员辽阔，各个地区和民族的文化差异为金融机构开展营销活动造成了一定的困难，分析这些文化环境对营销的影响，是金融机构拓展新地区、开发新业务过程中的关键。同样，对文化背景的研究在金融机构拓展海外市场的过程中也是相当关键的。

此外，作为金融机构内部的文化环境，企业文化同样可以影响金融机构的营销活动。企业文化不仅可以在金融机构中确立营销的观念，还决定了金融机构的市场营销策略。但是，企业文化并不是一朝一夕就可以形成的，它需要金融机构确立目标并经过长期的坚持才能有效树立起来。

2. 人口环境

人口作为社会经济生活的主体，与社会经济发展有着密切的联系。一切社会的经济活动都离不开一定数量的人口，人口是包括金融产品在内的一切产品的消费者，金融机构的活动同样要围绕着人的需求而展开。人口与社会经济发展的关系在宏观上界定了人口与金融机构发展的关系。

金融市场同普通的消费品市场一样，是由具有购买欲望与购买能力的人所构成的，因此，人口的数量、分布、构成、教育程度以及在地区间的移动等人口统计因素，就形成了金融营销中的人口环境。人口状况将直接影响金融机构的营销战略和营销管理，其中，保险机构的市场营销与一国人口环境的联系可能更为密切。人口环境及其变动对市场需求有着深刻的影响，制约着金融营销机会的形成和目标市场的选择。因此，多角度、多侧面地正确认识人口环境与金融营销之间所存在的不可避免的深刻联系，把握住人口环境的发展变化，是金融机构把握自己的行业特点和资源条件、正确选择目标市场、成功开展市场营销活动的重要决策依据之一。

人口环境对于金融营销的影响主要体现在人口规模和人口结构两个方面。人口规模也即人口数量,指总人口的多少。人口绝对量的增减(即人口规模的大小)虽说只是从数量上影响金融机构的业务量,但由于人口数量的增减会导致社会总体消费量的增减,进而促进或者阻碍消费品生产企业的业务,因此最终还是体现在这些企业金融业务量的增减上。作为世界上人口最多的国家,我国金融市场的发展具有极为广阔的前景,目前,世界著名的金融机构也已经认识到我国的巨大市场,正在接踵而来并且扩展其相关的业务,值得我国金融行业关注。

人口构成包括自然构成和社会构成,前者包括性别构成、年龄结构,后者包括民族构成、职业构成、教育构成等。以性别、年龄、民族、职业、教育程度相区别的不同消费者,由于在收入、阅历、生活方式、价值观念、风俗习惯、社会活动等方面存在差异,因此必然会产生不同的金融消费需求和消费方式,形成各具特色的消费群体。我国目前一些城市的人口老龄化情况对于保险机构而言是挑战,但更是机遇。一方面,老龄化带来了寿险风险的增加,另一方面,巨大的老年人市场为保险机构提供了发展的空间。

随着经济发展而产生的贫富差距的扩大,金融机构特别是商业银行和证券机构如何能够抓住大客户、培养他们的忠诚度,同时又不放弃数量众多的中小客户,是它们在营销过程中需要考虑的环境因素。

案例3-3　老龄化背景下,第三支柱养老金融产品涌现

2022年年底,我国60岁以上人口达2.8亿,占总人口的19.8%,相比之下,2021年我国60岁以上人口占比为18.9%,2020年为18.7%,表明我国人口老龄化程度逐步加剧。

我国养老体系由三大支柱构成,第一支柱是国家主导的基本养老保险,立足于保障基本需求;第二支柱是用人单位主导的企业年金和职业年金,用于发挥补充作用;第三支柱是家庭或个人安排的储蓄型养老保险和商业养老保险,旨在满足多样化的养老需求。其中,截至2021年年底,第一支柱规模达6.4万亿元,第二支柱规模达4.4万亿元,第三支柱规模仅为0.7万亿元。随着人口老龄化程度的加剧,养老资金缺口不断加大、养老保障体系失衡问题日益严重,发展第三支柱被提上日程。

我国第三支柱养老金融真正提上发展日程不过5年。2018年,随着《关于开展个人税收递延型商业养老保险试点的通知》《养老目标证券投资基金指引(试行)》的颁布,保险、公募基金机构纷纷布局第三支柱,启动了税延养老保险试点、面向养老领域的公募FOF(一种专门投资于其他证券投资基金的基金)筹集。2021年公布的《关于开展养老理财产品试点的通知》、2022年公布的《关于印发商业银行和理财公司个人养老金业务管理暂行办法的通知》,明确了商业银行和理财子公司从事个人养老金业务的具体要求,工银理财、建信理财、招银理财等纷纷试点养老产品。2022年,国务院公布《关于推动个人

养老金发展的意见》,账户制个人养老金政策正式落地,个人养老金发展的顶层制度驶入快车道,这一年也被称为个人养老金发展元年。

发展第三支柱个人养老金制度是对所有金融机构的一次大考,也是所有金融机构的一个新机会:商业银行要创新养老储蓄、理财机构要发展养老理财、公募基金要筹集养老目标基金、保险机构要开发税延养老保险和专属商业养老保险。

(1) 养老储蓄方面,2022年11月,中国工商银行率先在广州、青岛、合肥、西安、成都5个城市发行特定养老储蓄产品,中国农业银行、中国银行、中国建设银行也陆续推出特定养老储蓄产品。目前,试点产品主要包括整存整取、零存整取、整存零取三种类型,涵盖5年、10年、15年、20年四个期限,每5年为一个计息周期,目前定出的利率约在4%左右。

(2) 养老理财方面,自2021年12月试点以来,一年内10家试点理财机构共发行50只养老理财产品,募集资金规模超1 000亿元,工银理财、建信理财、招银理财、光大理财是最早被批准的4家企业,现已发行37只养老理财产品,募集资金规模超680亿元。目前,养老理财大多为5年期封闭式运作模式,投向聚焦于固定收益产品,业绩比较基准为年化5%~8%。

(3) 养老FOF方面,自2018年8月首批14家基金机构旗下养老目标基金获批以来,我国养老目标基金市场规模持续扩大,截至2022年1月18日,市场上已成立的养老目标基金共174只,其中目标日期基金78只,目标风险基金96只,市场规模已突破千亿元。

(4) 养老保险方面,个税递延型养老保险产品于2018年开始推广,截至2021年,产品累计保费收入达到6.3亿,参保人群约5万人;专属商业养老保险产品可附加分红、健康保障、万能账户等功能以满足不同的养老需求,自2021年5月开始试点,截至2022年2月,6家试点企业累计承保保单7.18万件,累计保费达4.72亿元。

(资料来源:《养老:我国养老理财发展的最新实践、问题与建议》,https://mp.weixin.qq.com/s/f2boB8dQVbfrP_uX3-Vt8w,"文旅研报"微信公众号,2023年3月13日,访问日期:2023年12月3日。)

四、科学技术环境

科学技术环境是技术变革、发展和应用的状况,是技术知识财富和社会进步相结合的产物。技术的变革不仅直接影响金融机构的经营,还和其他环境因素相互依赖,共同影响金融机构的营销活动。近几十年来,科学技术突飞猛进,科技革命对于社会经济的发展产生了巨大而深刻的影响,新的科学技术一旦与社会生产密切结合起来,就将直接或间接地促成各产业之间的变化交替。新兴产业会不断出现,传统产业将被改造,落后产业则将被淘汰,产业结构内部也会发生重大变化。新技术的出现、新装备的采用以及新行业的兴起,极大地改变了企业生产经营的内部因素和外部环境,这既为企业带来了竞争压力,也提供了市场机会,迫使企业经营决策发生改变,并对金融市场产生深远影响,从而促使金融机构不断调整其营销策略。

1. 新技术引起金融营销策略的变化

这一变化给金融机构带来巨大的压力,同时也改变了企业生产经营的内部因素和外部环境,引起了金融营销策略的以下变化:

(1) 产品策略。由于科学技术的迅速发展,商业银行、保险机构和证券机构等金融机构开发新产品的周期大幅缩短,产品更新换代加快,开发新的金融产品成了企业开拓新市场和赖以生存发展的根本条件。因此,这也要求金融机构不断寻找新市场,预测新技术,时刻注意新技术在产品开发中的应用,从而开发出给客户带来更多便利的新产品。比如,精算技术的发展就给保险机构带来了开发新产品的机遇。

(2) 分销策略。由于新技术的不断应用、技术环境的不断变化,人们的工作及生活方式发生了重大变化。网络技术的发展给金融机构的营销渠道带来了巨大的变化,商业银行过去一味追求增加营业网点的营销策略随着 ATM 和网上银行的出现而有所改变,如今客户可以通过电脑或手机办理许多复杂的银行业务;同样的情况也出现在证券机构身上,网上炒股已经逐渐取代了营业厅中为办理业务而排起的冗长的队伍。

(3) 价格策略。网络技术等科学技术的发展及应用,同样降低了产品的成本,此外还使企业能够通过信息技术加强信息反馈,正确应用价值规律、供求规律、竞争规律来制定和修改价格策略。

(4) 促销策略。科学技术的应用引起促销手段的多样化,尤其是广告媒体的多样化、广告宣传方式的复杂化。网络的发展使得促销手段丰富多彩,在降低营销成本的同时还提高了广告的效率。

当然,技术环境的变化并不总是对金融行业有利,金融机构在得到机遇的同时也面临着威胁。网上银行的发展是迅速的,但目前它还是受到了安全技术的限制,如果商业银行不能解决好这个问题,那么这项技术的实际应用就会大打折扣。

案例 3-4 招商银行信用卡中心:使用 AIGC(生成式人工智能)技术发布的品牌营销稿件

写代码、写情书、写文章、做题……在大多数人认为人工智能只是一个华丽而遥远的概念时,基于深度学习框架的 ChatGPT 已经具备了全面侵入人们日常生活的能力。

ChatGPT 是由 OpenAI 公司于 2022 年年底向用户开放试用的聊天机器人,并于 2023 年 3 月发布了进阶版本 GPT 4.0,其对问题的理解能力之强和对价值观类问题的回复效果之好迅速引起业界轰动,为内容生成、内容分发领域带来颠覆式技术创新。

招商银行信用卡小试牛刀,发布了一篇名为《ChatGPT 首秀金融界,招商银行亲情信用卡诠释"人生逆旅,亲情无价"》的推文,这是国内金融行业首篇使用 AIGC 技术发布的品牌稿件:"生命的舞台上,我们都是基因的载体,生物学的限制对我们的行为产生了影响。但是,当我们思考亲情时,却发现它是一种超越生物学的'利他'行为。如果说基因给我们的生命带来了基础,那亲情便是对生命的深刻赋予。它不由基因驱使,而是一种慷慨的选择……"亲情之于人生的意义在人工智能的笔下娓娓道来。

从文章的整体成色来看,其或许暂时无法呈现这一专业领域的最高水准,但在对亲情这一涉及多领域、跨学科的命题进行分析时,ChatGPT通过逻辑自洽的立体陈述展现出多重视角的思辨能力。

(资料来源:《ChatGPT还有什么不会?招行信用卡用它写出金融业首篇AIGC》,https://sghexport.shobserver.com/html/baijiahao/2023/02/09/958866.html,访问日期:2023年12月6日。)

2. 新技术引起金融机构经营管理的变化

金融机构经营管理包括战略管理、组织管理、资本管理、负债业务管理、资产业务管理、资产负债综合管理、中间业务管理、市场营销管理、风险管理和经营绩效管理等内容。① 技术革命既可以对金融机构经营管理提出新课题、新要求,又可以为改善经营管理效果、提高经营管理效率提供物质基础。

从传真机、打印机的大规模应用,到用电子信息代替凭证的无纸化交易,再到人工智能、超自动化、物联网、区块链、云计算、软件即服务、无代码开发平台等技术的全面发展,我国金融机构经营管理的方式不断改变,效率和质量也不断提高。

技术革命是管理改革或管理革命的动力,它向管理提出了新课题、新要求,又为企业改善经营管理、提高管理效率提供了物质基础。计算机的出现标志着技术发展进入了一个新的历史阶段。目前,发达国家许多企业在经营管理中都使用电脑、传真机等设备,这对于改善企业经营管理、提高企业经营效益起了很大作用。

目前,我们已处于一个科技高速发展和广泛运用的时代。金融机构运用现代化技术的能力已成为衡量其竞争能力强弱的重要标志。地理位置的优越已不是现代金融机构业务兴盛的必要条件,资产或资本的多少也不再是衡量商业银行价值的唯一标准。随着电子计算机、现代化通信和一系列信息技术的广泛运用,金融机构可以设计出更多、更新的产品和服务,并能准确、便捷、高质量、多渠道地将之提供给客户,也使其业务从繁杂、低效趋向简单、自动化,从而使得经营效率提高、营销成本降低。

随着技术的进步和观念的更新,银行业营销的供给与客户的需求将更加容易达到均衡,未来金融消费的趋势实际上指明了银行业营销模式的发展方向。当前,很多消费形式已经在我国商业银行中普及开来。② 其他金融机构或许在某些方面可以做到与银行业媲美,但是整体来看,还是银行业的营销拓展更加吻合未来金融消费的趋势。

---

① 骆志芳、许世琴主编:《金融机构经营管理》,经济科学出版社,2020。
② 刘金华:《银行业的营销发展优势》,《市场营销导刊》2006年第1期。

案例3-5　科大讯飞助力浦发银行数字化转型

自2018年起,浦发银行便开始布局人工智能相关技术领域,与科大讯飞在前沿技术领域进行专题创新研究与实践,将智能技术融合到前端的营销服务和后端的管理、经营决策等领域,积累了丰富的合作成果。

2018年,浦发银行和科大讯飞合作建立智能交互联合实验室,用智能语音技术赋能银行客服系统,推出智能客服和语音质检服务,为其数字化经营奠定了坚实的基础。

(1)智能客服:实现呼入业务的全部接管和分层分类营销下的智能外呼,提供更好的交互式客户体验。

(2)语音质检:对浦发银行信用卡中心客服中心实现全量语音质检,账单分期电话销售成功率有效提升,超长通话时长和投诉大幅下降。

2019—2020年,双方进一步开启了全面数字化经营探索。以"客户体验、智慧运营、精益管理"为目标,深化智能语音交互领域的应用,并推出语音识别、语音合成、语音翻译、智能审核、智能外呼等新功能。

(1)语音识别:支持中英文混合识别模型,提高复杂语音环境下的语音识别效果。

(2)语音合成:建立高拟人化声优音库体系,提升客户体验。

(3)语音翻译:为对公开户智能审核场景提供多语种翻译功能。

(4)智能审核:在流贷合同审核领域进行了防伪比对、要素抽取、章程解析等功能开发,降低操作风险,有效地减少工作量和降低人力成本。

(5)智能外呼:基于营销、催收等不同场景配置外呼对话流程,基于场景、客户画像实现"千人千面"的外呼策略,提高服务完成率和触达效果。

2021年,双方持续探索金融领域的场景应用,将智能语音应用于质检风控平台。

(资料来源:《深度合作数字化转型,科大讯飞助力浦发银行智能化实践》,"讯飞金融科技"微信公众号,2021年11月26日,访问日期:2023年12月3日。)

第三节　金融营销的微观环境

金融营销的微观环境是营销过程中所面临的个体环境,它对金融机构的营销活动产生了重要的直接影响,并决定了金融机构的生存和发展。因此,金融机构在开展营销活动时必须对其加以重点关注,主要包括供应商、中间商、客户、竞争者、社会公众以及金融机构内部参与营销决策的各部门。

一、客户

俗话说:"谁赢得了客户,谁就赢得了市场。"客户是金融营销活动服务的对象,是企业一切活动的出发点和归宿,也是金融机构的目标市场。因此,客户是企业营销活动中最重要的环境力量。金融机构的客户包括集体性客户（企事业单位、组织和社会团体）和个体性客户（城乡居民）两类。其中，集体性客户可根据行业、规模、所有制性质和经营状况的不同进行细分；个体性客户也可依据收入水平、职业、年龄、受教育程度和社会阶层等的不同划分为不同的层次。

1. 客户需求和行为分析

客户对金融营销的影响往往通过其需求和行为的变化发生作用。金融机构应根据客户的需求，以及影响客户行为的因素、购买过程、收益、信誉度和特征等制定相应的营销决策，并根据客户的变化来调整营销策略。

（1）客户需求分析。对客户进行分析的核心是需求分析。金融机构的营销策略因客户需求在不同时间和空间条件下而有所不同。而不同类型或层次的客户需求存在差异，金融机构应实施差异化营销策略。随着我国经济的快速发展，客户对金融产品和服务的需求也发生了巨大的变化。现在，衡量市场需求的基本要素包括金融产品和服务的种类与范围、客户对金融产品和服务的潜在需求、客户对金融产品和服务的现实需求、大市场客户群体与目标市场客户群体、地理区域、特定需求的时间跨度（时期）、营销环境（不可控因素）和营销方案（可控因素）等。金融机构可以根据不同的需求要素，进行不同的营销策略配置，达成企业的营销战略目标。

（2）影响客户行为的因素分析。影响客户行为的因素可分为外部因素和内部因素。外部因素包括文化、社会阶层、相关群体、家庭、声望和地位等。内部因素关系到客户的思维过程，即客户本人心理活动的各个方面，包括客户的心理因素和个人特征，如生命周期、品格、职业等，个人特征对客户行为的影响作用较大些。金融机构可以通过对影响某一类客户群或某个客户行为的内外部因素进行分析，研究出更适合客户的金融产品和服务或营销策略，让客户更满意于金融机构的服务。

（3）客户购买过程分析。在客户购买过程中，金融机构可以通过营销活动对客户产生影响。因此，对这一过程进行分析，有助于金融机构向客户提供有针对性的产品和服务。购买过程主要分为以下三个阶段：

第一，认识阶段。该阶段是客户对市场上的各种金融产品和服务产生感性认识、明确需求动机的阶段。此时，客户并没有决定购买，而是对感兴趣的金融产品和服务的各个方面进行调查了解，广泛地收集相关信息，加强自己对该产品和服务的了解。金融机构在该阶段的主要任务就是为客户提供充分有效的信息及咨询服务，解答客户的疑问，通过宣传和社会影响力来调节与引导客户的需求。

第二，购买阶段。该阶段是客户在调查了解金融产品和服务后，决定购买什么、购买多少、何时何地向哪家金融机构购买以及采取什么方式购买。这些问题的答案确定之后，客户才可能开始具体实施购买决策，与金融机构直接交往并建立实际的信用关系。金融机构在该阶段的服务重点，应放在提供高质量的服务上，为客户提供满意的产品、消除其购后顾虑。

第三，购后评价阶段。该阶段是客户购买后自身感觉与反思对比的过程。客户在一家金融机构购买了某种产品或接受了某种服务,一方面,客户在对这家金融机构以前的宣传与现在的服务态度、服务质量和产品种类等方面进行对比;另一方面,客户将该金融机构的产品和服务与其他金融机构的服务和产品进行比较,以判断自己购买这家金融机构的产品和服务是否值得、是否受益。如果客户感到满意,说明该金融机构的产品和服务是成功的。因此,金融机构在该阶段的服务重点是注意收集已购买产品和接受服务的客户的反馈意见,并积极主动地与客户进行联系,帮助他们解决购买之后出现的各类问题,并根据客户的意见来改进金融机构的服务。

(4)客户收益分析。金融机构是中介服务机构,其业务开展均涉及投融资活动,客户经济实力的雄厚与否直接关系到金融机构的生存基础。因此,进行必要的客户收益分析有利于企业抓住关键客户,实现金融机构整体资源配置效率的提升。

(5)客户信誉度分析。客户是金融机构的"上帝",讲究信用、遵纪守法的优质客户群将有利于金融机构各项业务的顺利开展,并有效降低经营风险。反之,如果客户的信誉度较低甚至不讲信用,金融机构将面临极大的经营风险。

(6)客户特征分析。客户可分为个体性客户和集体性客户。其中,个体性客户的特征包括年龄、职业、受教育程度、收入以及种族成分;集体性客户的特征包括环境因素(国家政治制度、领导制度,所在地区的经济状况、法治状况、社会发展趋向与舆论导向、上级政策与管理水平)、组织因素(组织目标、内部政策、决定程序、工作程序、组织结构、系统特征以及资金来源与成本、需求水平、技术变化、人事制度和管理规章),以及人际因素(决策人职权、地位、形象、影响力,法人或业务主管及业务人员的个人因素等)。

对于金融机构而言,其个体性客户一般指个人客户,集体性客户一般为企业客户。

第一,个人客户。随着我国经济的快速发展、个人财富的不断积累,个人需求也发生了根本性的转变。由传统简单的资金存取,买卖股票、基金和购买保险,向更为复杂的按揭、投资理财等方面发展。抓住个人客户的特点,分析他们的爱好和消费习惯,将有利于金融机构争夺个人客户。

相对于企业客户,大多数的个人客户没有全面、专业的金融知识理论,因此金融机构向个人客户进行金融产品营销时更像是一般意义上对普通商品的营销。目前,尽管有些金融机构营销人员对各类金融产品和服务了如指掌,然而,在解释与推销金融产品和服务的过程中,以纯粹的科学分析方法如统计数字、图表、排名或评级等抽象而枯燥的方式向客户介绍金融产品和服务,对客户的吸引力不高,甚至可能会产生负面效果。很多理财顾问在给毫无金融背景知识的个人客户讲解时,满口的金融专业术语,使客户感到疑惑与恐惧。其实,商业银行的个人金融产品除在开发方面与普通的商品有所区别外,在营销方面的理念则与一般商品完全一致,从制定价格、设计销售渠道、做广告搞促销到销售人员与客户的接触,都可以按照一般的营销活动方法来进行。当然,如果能够根据客户的偏好设计具有创新性的营销手段,无疑将会提高销量,达到出奇制胜的效果。

第二,企业客户。企业客户同样是金融机构的重要服务对象。企业客户与个人客户存在较多的不同之处:一是企业客户所涉及的资金规模远远大于个人客户;二是企业客户对金融业务种类和业务范围的需求也要比个人业务更为丰富、广泛、复杂；三是企业客户拥有自身专业的理财团队，因此对金融机构的专业技能要求更高。

针对企业客户，金融营销的重点并不能仅仅放在提高服务质量和售后服务上，而应不断创新各类金融产品，根据不同的客户需求开发多样化、个性化的产品。企业业务不再是经营类似于消费品的简单商品，也不能仅依靠广告和诱人的促销推广来提升企业形象。商业发展公司（Business Development Company，BDC）称，B2B（企业与企业之间的交易）机构应该将其收入的2%～5%用于营销，而对B2C（企业与消费者之间的交易）机构来说这一比例通常更高，为5%～10%，可见金融机构应对不同的客户类型采用不一样的营销策略。因此，金融机构应通过经常性的沟通和信息共享机制，以及积极拓宽企业客户投融资渠道来构建彼此之间和谐互信的关系，从而促进企业客户业务的增加。

2. 金融机构的一切营销活动都以满足客户的需求为中心

客户的差异性和易变性一方面导致了金融营销的不确定性，另一方面也为金融机构改善经营、注重营销、开发新产品、培育新客户、提高竞争力和实现健康稳定的发展提供了原动力。因此，金融机构应在产品开发前进行必要的客户意愿和信息分析，以更好地进入或发展某一市场。但金融机构应注意这些调查问卷是否真实反映了被调查者内心的需求，因此，这还有待金融机构进行进一步的分析和研究。[①]

二、竞争者

菲利普·科特勒这样评价竞争：忽略了竞争者的企业往往成为绩效差的企业；仿效竞争者的企业往往是一般的企业；而获胜的企业往往在引导着它们的竞争者。因此，开展对竞争者的分析是我们在营销过程中不可忽视的一个环节。竞争者的多少及其活动的频率是决定金融机构能否盈利的一个因素。一定时期内，当市场需求相对稳定时，提供同类产品或服务的金融机构越多，某金融机构的市场份额就可能越小；竞争者的营销手段较先进，客户就可能转向它们，对本机构金融产品的需求就会下降。因此，分析和研究竞争者的状况，直接关系到金融营销策略的选择和运用。市场是由许许多多的行业竞争者组成的，从宏观的角度来看，我们可以分析竞争者的数量以及它们所占的市场份额；而从微观的角度来看，每一家竞争企业的营销战略和策略同样是我们需要分析的重点。一般来说，我们可以从以下几个方面对竞争市场以及竞争者进行分析：

（1）竞争者的数量。随着经济的飞速发展，我国目前已形成一个开放度大、竞争性强、多种金融机构并存的多元化金融格局，金融机构面临着严峻的挑战。我国巨大的市场是吸引如此众多竞争者进入的原因之一，但竞争对于市场中的每一家金融机构来说都是机会与挑战并存的。此外，越来越多的外资金融机构的进入，使得我国金融机构的竞争结构发生了变化，外资金融机构的进入，既带来了资金，也带来了先进的经营理念、经营技术和管理手段，这对于国内的金融机构来说是一种挑战。但是从另一个角度来看，

---

① 鲁诗剑：《如何做好市场营销调研工作》，《现代金融》2005年第2期。

外资金融机构在给国内金融机构带来巨大压力的同时,也给了这些企业发展的动力,有利于它们增强自身的实力,在竞争中提升自己。当然,作为营销环境的分析对象之一,竞争者的数量还是相当关键的,这有利于判断市场的竞争激烈程度。

(2) 竞争者的市场份额。衡量市场份额大小的指标主要是市场占有率和市场集中度,而市场集中度又是市场结构的衡量指标。市场占有率是指在一定时期内,企业所生产的产品在市场上的销量或销售额占同类产品销售总量或销售总额的比例。市场占有率可以作为每一个竞争者在市场中的地位的评价指标,通过它,可以将竞争者和自己的实力进行比较。而在具体的分析过程中,我们可以对市场份额进行细分。在一般情况下,每家金融机构在分析其竞争者的市场占有率时,必须考虑三个变量:①市场份额。竞争者在有关金融市场上所拥有的销售份额。②心理份额。这是指在回答"举出金融行业比如保险机构中你首先想到的一家企业"这一问题时,答案所反映的竞争者的客户在全部客户中所占的比例。③情感份额。这是指在回答"举出你乐于接受其业务和服务的金融机构"这一问题时,答案所反映的竞争者的客户在全部客户中所占的比例。如果心理份额和情感份额下降的话,短期市场份额再高,长期最终也会呈现出下降的趋势。事实证明:在心理份额和情感份额方面稳步进取的企业最终将获得较高的市场份额和利润。而市场集中度则是指市场份额的集中程度,也即领先、具有较强竞争力的金融机构的数量,从中我们可以判断出市场的结构以及进入的难易程度。若市场集中程度高,就意味着市场份额被少数实力强的金融机构所瓜分,进入难度较大;若市场集中程度低,则意味着虽然市场中竞争者众多,但是并没有实力超强的企业,进入难度相对较小。

(3) 竞争者的营销策略。对于金融机构来说,确认自己的竞争者并不困难,而一旦确定竞争者,就要分析它们的战略、目标、优势与劣势以及运行模式。而在进行金融营销时,研究竞争者就不能不分析其金融营销策略。竞争者的营销策略和具体的营销活动会直接影响到其对客户的吸引力,而对客户的吸引力正是所有金融机构争夺的焦点。在竞争分析过程中,金融机构需要对竞争者的营销战略和营销策略进行整体研究,虽然竞争者的营销战略并不能简单地从调查分析中得到,但是通过对竞争者的具体营销策略的分析,金融机构还是可以从对方的营销组合策略(如定价策略、产品策略、促销策略和网点设置的分布策略)中得到许多有用的信息,比如竞争者的定价策略是什么,提供产品或服务的数量有多少与品种有哪些,运用什么促销手段,通过何种渠道以及如何进行网点设置进入市场,如何通过广告等宣传方式树立竞争者在客户心目中的形象、获得信誉和进行品牌推广等。在对竞争者营销活动进行全面分析的基础上,根据自身的特点和优势,选择和实施营销策略,才能知己知彼、百战不殆。

三、公众

金融营销活动中的公众是指对一个组织达成其目标的能力有着实际或潜在影响的群体。这个群体具有某种共同点,其共同之处会影响企业达成目标的能力。一家企业在追求自身营销目标的同时,必须对周遭各种类型的公众具有充分的认识和分别做出应对,并对公众如何看待企业予以回应。

1. 金融机构的外部公众

（1）金融机构的股东和投资群体。这部分公众对金融机构的存在和未来发展起着至关重要的作用，因为他们是企业真正的所有者。

（2）媒体。这是指服务于所在市场的报纸、杂志、电视、电影、广播、邮件、互联网、户外广告等。这些媒体对金融机构的报道会影响一般公众对金融机构的看法。

（3）金融机构所服务地区的一般公众。他们对金融机构的认识和印象直接影响到金融机构吸引新客户与维持旧客户的能力。

（4）政府机构。政府机构是掌握国家政策和法规的"公众"，因此，金融机构管理者在制订营销计划时，必须认真研究这部分"公众"引导方向的发展变化。

（5）公民行动团体。一家金融机构在开展营销活动时，可能会遇到消费者保护组织、环境保护组织等的质询。一方面，这部分组织会监督金融机构的营销活动；另一方面，它们也促进了金融机构的发展。

2. 金融机构的内部公众

（1）董事。董事是金融机构的高级管理层，他们掌握着企业现在和未来的命运。因此，他们对企业的看法和态度将决定企业的生死存亡。

（2）雇员。雇员对金融机构的看法和态度都会影响其与客户及内部关系的处理方式。金融机构与各类公众的有效沟通和良好关系的建立，是树立良好企业形象以及提高自身商誉的重要方法。

四、内部环境

日益激烈的行业竞争使得金融机构的营销活动变得日益复杂，营销部门在金融机构中的地位也会随之提高，这不免会引发各部门之间的矛盾。因此，分析金融机构面临的内部环境、处理好各部门之间的关系、提高协调合作的能力是其开展营销活动的关键。

以商业银行为例，由于营销部门和其他部门之间是相互合作的，营销计划的执行要依赖于商业银行组织中的每一个部门，尤其是数据处理、系统与操作、人力资源或人事、财务会计、投资、法律服务、审计等部门。各个职能部门的相互配合情况决定了商业银行部门的关系及协调合作对营销活动的影响。

以商业银行为代表的金融机构在实际运行过程中可能会产生很多矛盾，这些矛盾的来源多种多样，主要包括以下几个方面：

（1）不同部门对一些问题的不同看法。不同部门面临的具体工作不同，它们的视角存在较大差异，对自己的认识及对别人的评价也不同。金融机构虽然可以保证使各个部门都在企业的总体目标指导下运作，却很难保证所有部门之间都做到协调合作。比如，营销部门要求在有利可图的情况下尽量满足客户，因此它们往往希望为广告、推销等活动提供充足的预算，同时，他们也认为财务部门将资金管得太紧、过分保守、不敢冒险，使企业丧失了许多机会；财务部门则认为营销人员只是在预测一种机会，他们很难具体说明营销预算的增加能给企业带来多少的销售额增长，这与金融机构中财务部门所追求的稳妥风格不一致，这样两者之间便产生了冲突。

（2）各部门的权力之争。有的部门在业务开展的过程中倾向于强调本部门的重要性，提高自己的地位，甚至想成为业务活动的领导者，控制其他部门。而其他部门则不甘于受控于人，从而会产生争夺领导权与控制权的斗争。

（3）不同部门的利益不同。不同部门为了争夺本部门的利益，可能会出现矛盾与摩擦。如操作部门最关心的是日常工作能否顺利、精确、及时地完成（如票据处理要准确、账户要平衡等），避免失误或因其他问题而引起检查人员的注意，客户的满意程度则往往排在次要位置；但营销部门要求的不仅仅是顺利与及时地完成工作，更要使商业银行的产品能最大限度地满足客户的需求，追求利益的最大化。

（4）个别部门行为不当。在银行运作的过程中，如果有一个或几个部门采取了不当行为，使其他部门受到损害，则势必会引起其他部门的报复行为。

（5）营销部门内部也存在一定的冲突。我们同样也不能忽视营销部门内部的各种冲突和矛盾所引起的不良环境，部门内讧必然会耗费许多时间与精力，使金融机构丧失更好的发展机会，从而削弱企业的竞争能力，影响其战略目标的达成。

因此，从分析中可以看出，金融机构开展营销活动，除在机构中设置营销部门、加大营销力度之外，更重要的是在机构中提倡营销的观念，组织和协调好各个部门的工作。只有所有部门的所有人都认识到营销对于机构发展的重要作用，各自出力在机构中营造有利于开展营销活动的环境，才能保证营销活动整体规划的顺利推进。以商业银行为例，其可以从以下几个方面来开展营销活动：

（1）开展内部营销，提升服务理念。商业银行一方面要通过确立全面的服务营销观念，真正树立"以服务为向导，以客户为中心"的服务营销理念，把以客户导向、利润、全员努力和社会责任为基础的全面的市场营销观念作为其市场营销的指导思想；另一方面要通过内部评估的方式，检查内部支持系统的有效性，并且通过强化管理，建立有效的激励机制等来充分调动员工的积极性，增强员工的客户导向服务意识，通过对内部员工的培养影响商业银行外部客户，使客户满意。

（2）缩小差距，提高服务质量。商业银行服务的质量主要由四个方面的差距来界定：客户预期和管理人员对客户期望的感知之间的差距，管理人员对客户预期的感知与所界定的服务规范之间的差距，所界定的服务规范与实际交付的服务之间的差距，以及所交付的服务与沟通承诺的服务之间的差距。因此，通过缩小这四个方面的差距，往往可以大大提高服务质量。对于这四个方面的差距的缩小，商业银行可以从一线员工入手，通过事先定制并完善人力资源管理系统，确保员工愿意提供优质服务，同时激励他们保持以客户为导向、以优质服务为理念的服务行为。这样，内部员工满意度、忠诚度提高了，就会通过规范、有效的操作，与客户进行良好的沟通，将优质的服务提供给客户，以缩小上述各项差距，进而提高服务质量。

（3）加大网上银行业务的创新力度。一方面，在操作界面和页面结构方面加强人性化设计,充分考虑客户的思维和操作习惯,增加对客户的吸引力;另一方面,将商业银行在信息咨询、投资顾问、家庭理财等方面具有的丰富经验与网络信息交流的快捷性相结合,为客户提供全面的在线理财服务。要加强与外资金融服务机构的合作。管理理念的更新需要技术实力的支持。无论是在网站设计理念和技术方面,还是在后台整体管理技术及流程再造等方面,我国中小商业银行与外资网上银行都存在很大差距。通过借鉴和引进外资金融服务机构在构建网上银行系统的技术上已具备的丰富管理经验来提高竞争力,是我国中小商业银行实现网上银行管理和技术水平跨越式发展的重要手段。①

(4) 发展中间业务,创新服务产品。在个人金融领域,商业银行应全力打造线上化、数字化、场景化、智能化的个人金融产品和服务体系,争取不断拓展手机银行服务边界、持续丰富手机银行非金融服务、切实保护客户资金安全、提升财富管理能力、推动国际化建设,聚焦跨境业务、私人银行、消费金融、信用卡等特色品牌,持续提升业务竞争力。在企业金融领域,商业银行应加大对科技创新、绿色金融、中长期制造业、民营经济、小微企业、乡村振兴、基础设施、进出口贸易等领域的资金支持力度,对应收账款质押贷款、信贷资产证券化以及与结算业务有关的各种新产品进行研究和开发,对贸易融资、人民币银团贷款、票据贴现、股票质押贷款等业务进行推广。此外,在资本市场上,要不断加强与保险机构、证券机构、信托机构的合作,进而拓展商业银行中间业务新领域。

案例 3-6　京东金融借贷业务投放低俗广告引众怒

2020年12月,京东金融在抖音等短视频平台投放的一系列借贷广告引发广泛批评,被网友嘲为"雷人""无下限"。为此,短短三日内,京东金融两次公开道歉,承认其投放的借贷广告"一味追求业绩",存在严重的价值观问题。

事情源于一条引发热议的京东金条广告,广告内容如下:飞机客舱内,一个身着迷彩服的中年男子因母亲身体不适,想要请空姐帮忙开窗或者换座位,遭到其他乘客反对。空姐提出升舱方案,但"需支付升舱费1 290元",该男子看着手机上两位数的存款余额面露难色。这时,一位身着西装的男士提出"升舱的钱我来出"。随后,他拿过身着迷彩服的男子的手机,将其京东金融借款额度15万元调出,称"这是你在京东金条的备用金,以后紧急用钱的时候可以随取随用,就不怕被人笑话了",并介绍京东金条借款"万元日息1.9元,还没有一瓶水贵",进一步打消借款人的顾虑。

事实上,网络借贷的广告宣传方式一直饱受诟病,其夸张的营销手法、诱导超前消费等行为也曾被监管部门关注。监管部门向市场平台及消费者都曾发出警告和提示。

(资料来源:《再道歉!京东金融低俗营销犯众怒,"雷人"借贷广告屡禁不止,央媒呼吁"重拳惩治"》,https://new.qq.com/rain/a/20201218A0ECLE00,访问日期:2023年12月6日。)

---

① 方琦:《我国中小银行网络银行业务经营绩效的实证研究》,《中国商界》2009年第10期。

第四节　金融营销市场调研

一、金融营销市场调研的含义与特点

所谓金融营销市场调研,是指对金融产品或服务从金融机构到达客户的过程中所发生的全部经营活动资料进行系统和客观的搜集、整理、分析、评估,以了解金融产品或服务的现实市场和潜在市场,为金融机构决策提供客观依据的一种活动。金融机构进行市场调研一方面是为了了解经营环境的变化,寻找新的市场机会,扩大营业额;另一方面也是为了提高自身的经营效益,改善经营管理水平。金融市场调研的内容涉及一切与金融营销活动有关的经济、社会、政治和日常活动范围内的行为、需求、动向等方面的情况、问题及其变动,具体包括客户调研、金融产品和服务调研、市场需求调研、广告调研等。[①]

从金融营销市场调研的含义中我们可以看出它具有以下几个特点:

1. 营销调研方法的科学性

金融营销调研活动必须使用科学的研究方法,在调研活动的整个过程中都要按照科学的原则和步骤来进行。

2. 营销调研的系统性

一项营销调研活动需要对研究程序有周密的规划和安排,金融机构营销人员一般要遵循既定的研究程序和日程安排去开展活动。

3. 营销调研程序的客观性

它要求金融机构营销人员在研究活动中以公正和中立的态度对信息进行收集、整理与分析,而不应受个人或其他权威人士价值取向的影响。

4. 营销调研程序的针对性

它是指金融营销调研往往是针对某个特定的营销问题而展开的,它并不是金融机构组织中一项连续的营销职能,而是根据需要间断进行的。

5. 营销调研的局限性

金融营销调研只是金融机构信息管理的工具和手段,它能够在一定程度上提供营销决策所需要的信息,降低决策风险,但是它不能保证决策一定是正确的。

二、金融营销市场调研的内容

1. 客户行为调研

了解客户的购买行为是营销管理的一项基础性工作,它所得到的信息是金融市场细分及市场定位等战略决策的依据,也为市场研究提供基础数据。客户是市场的主体和中

---

① 鲁诗剑:《如何做好市场营销调研工作》,《现代金融》2005 年第 2 期。

心,也是金融营销的出发点和归宿。对客户的研究关系到金融营销目标与营销能力的合理规划,乃至金融机构的存亡。研究客户要重点掌握其金融交易行为,由此来规划金融机构的营销战略与战术,促使客户接受金融产品或服务。由于各家金融机构的营销能力都是有限的,而客户需求又是十分庞大、复杂、多变且有差别的,因此任何一家金融机构都难以满足整个市场的需要。同时,市场竞争是不可避免的,为了充分发挥企业的竞争优势,任何一家金融机构都应扬长避短,而开展目标营销是实现扬长避短的唯一途径。目标营销是指针对目标市场开展的营销活动,其中目标市场选择是核心,与其密不可分的还包括市场细分、市场定位与营销组合。

客户行为调研主要是对客户的购买行为进行的调查,即研究社会经济、文化、心理因素对其购买决策的影响,以及这些因素在消费环节、分配环节和生产环节所产生的作用。其具体内容包括:客户的经济和信用状况及变动趋势;不同地区或不同民族的个人客户和企业、团体等的需求、习惯和购买动机有哪些不同;金融产品和服务的购买决策者、使用者、实际购买者以及他们之间的关系如何,客户喜欢在何时何地以何种方式购买,他们对金融产品和服务有哪些要求和反应;客户对金融产品和服务的使用次数与购买次数,以及每次购买的品种和数量;新的金融产品和服务进入市场,哪些客户最先购买,其原因和反应是什么;等等。

2. 金融机构调研

金融机构的营销调研是指商业银行等金融机构对所有可能影响其整体经营管理或基本决策的市场信息进行搜集、整理、归纳、解释和分析的全部过程,包括营销调查和营销研究或分析两个方面,其功能就在于使管理层在对有关市场真实掌握与了解的基础上做出正确的营销决策。银行业对营销调研的重视是其营销成熟的标志,因为营销调研是商业银行开始系统采用营销手段以促进业务发展的起点。

从我国的情况看,随着近年来金融体系的急剧变革和宏观经济走势的不明朗,商业银行的运作环境发生了深刻的变化,银行业的竞争态势几近于白热化程度。在这种情况下,商业银行为了维持自身的生存空间,不得不日益重视营销手段的作用。商业银行的经营过程,某种程度上就是市场营销的过程。商业银行营销是以金融市场为导向,以客户为中心,充分利用自身的优势,把自己的产品销售给客户,从而实现盈利的活动。商业银行强化市场营销,是实现可持续发展的必然选择。市场营销的根本在于确定好"4P",即Product(产品)、Price(价格)、Place(分销渠道)、Promotion(促销)。为了保证营销活动的针对性,了解市场就成为前提条件,例如:①现有各类客户的数量;②影响客户对商业银行偏好的因素;③自身与其他商业银行的差异性;④客户需要哪些还未提供的金融服务等。因此,营销调研应运而生。

商业银行作为服务行业,是在每天与客户的交往中办理业务的。这意味着商业银行必须达到一定的服务水平才能吸引客户。高水平的服务通常体现在两个方面:一是主观方面,即商业银行员工热忱的服务态度;二是客观方面,指服务条件的改善。当主观方面的积极性得到较充分的发挥时,改善客观条件则意味着成本的提高。这就要求商业银行确定一个成本和效益之间达成平衡的最优服务水平。这一目标只有在经过营销调研、对客户的需求能够正确把握的基础上才能达成。营销调研有助于建立并规范商业银行与市场之间的沟通渠道。通过营销调研获得的数据反馈到商业银行，经过缜密的分析得出正确的结论，商业银行未来的经营活动就可朝着盈利的目标开展。此外，营销调研还可以用来检验商业银行当前的经营活动成效，据此做出适当的调整，以提高经营效率。另外，利用营销调研所获得的数据，可使广告、促销、公共关系等其他营销手段得到恰当的运用。

营销调研主要有三种功能：一是确定市场细分的标准和各细分市场的特征；二是为营销计划的制订提供依据，并对营销计划的实施效果进行检验；三是对营销活动的结果做出分析。

下面对这三项功能做出具体的分析：

第一，确立市场细分的标准和各细分市场的特征。所谓市场细分，是指根据主体（客户）的异同将市场划分为若干个小的单位，以便对客户的需求进行精确、具体、真实、细致的把握，从而发现新的市场机会，有针对性地满足客户。市场细分的标准极为广泛，个人客户的市场细分标准有：①人口因素，如年龄、性别、家庭状况、收入、职业、学历等；②地理因素，如客户所在的区域及人口密度、交通状况等；③心理因素，如客户的消费习惯、风险偏好、对品牌的忠诚度等。通过从多维度进行市场细分，商业银行可以更全面地了解各细分市场客户的需求特点、偏好、心理特征等，为制定差异化的营销策略提供依据。对企业客户市场则可以按不同因素划分为不同类别：①按规模因素，如销售额、资产总值、员工人数等划分为大型企业和中小企业；②按行业因素细分为高科技行业、传统行业、服务行业等；③按所有制形式细分为国有企业、民营企业、三资企业等。市场细分的目的是发现不同客户群体对银行业务的特色偏好，以便商业银行确定目标客户群。因此，市场细分的标准选择并非任意的，必须满足商业银行拓展业务的需要，所以，不经过营销调研，市场细分工作必然寸步难行。

第二，为营销计划的制订提供依据，并对营销计划的实施效果进行检验。营销调研在某种程度上是制订有效计划的工具，通过营销调研可观测市场的变动，并反馈到计划进程中，使计划得到调整，以适应市场的未来变化并对此做出预测。商业银行可由此更有效地达成其目标。美国银行营销学界的调查表明，大多数商业银行的营销计划都不够理想，其主要原因就是调研不到位。从实际情况看，西方国家的商业银行往往过于偏重营销决策，而忽略了营销的其他方面。此外，在产品、理念及广告攻势等营销手段投放市场之前，先行通过营销调研对其进行检测，可使商业银行的营销手段发挥更好的作用。

第三，对营销活动的结果做出分析。营销调研的主要手段是统计分析，由此可通过量化的方法对营销活动的结果进行比较精确的检测。这一功能可分成三个部分：①利用商业银行内部数据对各类客户的账户情况，如账户总数、新开户数、销户数及余额进行分析，据此确定商业银行所提供的产品与服务的效果。②分析外部因素，如商业银行的知名度、广告的影响力、账户增减及客户对商业银行的偏好。这些信息可用来确定商业银行营销组合手段的效果,如某项广告相对于整个市场或某一细分市场的效果。应加强对客户的研究,积极培育核心客户。① ③形象设计与市场细分的周期性重复。通过这样一种经常性的分析可及时判断市场结构是否发生变化,市场份额是否得到保持,商业银行是否偏离了其长期目标。

三、金融营销市场调研的作用

1. 有利于发现市场机会

金融营销环境瞬息万变,无法预测;金融产品创新层出不穷,客户心理及需求变化万千;原有的一些金融产品和服务可能已到达其生命周期的尽头,而一些新产品和服务则不断进入市场;激烈的竞争既使得金融市场难以进入,同时又创造出新的机遇让金融机构去选择和捕捉。因此,在决定把新的金融产品或服务投入市场之前,必须通过营销调研,帮助金融机构发现市场机会和问题,探寻问题发生的原因和根源,以便金融机构制定合适的市场营销策略。

2. 监测和评价营销活动

在竞争激烈的市场环境中,金融机构考虑更多的应是如何使自己的营销活动适应市场变化的需求,不断创造出新的金融产品和服务,以引导市场需求变化。因为金融机构的决策者必须了解客户,掌握自己所占市场份额的大小,摸清竞争者的行动,观察自己的营销活动是否在按计划进行。只有认真仔细地研究当前的市场信息,金融机构决策者才能了解营销战略的实施状况,并依据市场调研所得的信息,分析、研究自己在市场上的优势与劣势,及时对自己的营销活动进行必要的调整、评估和修改,以保证营销战略的成功实施。

3. 预测金融市场发展趋势

营销调研不仅可以使金融机构认识到营销环境的基本状况,及时检验决策效果,还可以对未来的营销市场发展趋势进行分析、研究与判断,进而做出科学的预测。任何变化发生之前总会有预兆出现,市场调研可以寻找这些预兆和非正常现象,并以此来预测未来市场可能发生的变化及其趋势。尽管预测金融市场的变化比较困难,但是金融机构市场调研所提供的信息能使企业决策者对金融市场的变化趋势做出较为准确的估计,从而制定出比较合理的营销策略,战胜竞争者。商业银行应积极提供全方位的营销服务,强化集约经营,只有这样才能更好地实现可持续发展。②

4. 衡量营销方案效果

金融机构可以根据市场调研所收集的数据资料及售后反馈的信息,分析客户要求得到满足的程度,客户需求、偏好变动的趋势,以及企业经营中的优势和薄弱环节,对现行

---

① 程伟力、谭淞:《我国金融营销初探》,《市场营销导刊》2004年第2期。
② 李洁:《浅议商业银行的营销调研》,《中国农业银行武汉培训学院学报》2002年第4期。

的营销方案成果进行衡量和评价,并据此认定现行的营销方案是继续实施还是需在某种程度上加以修改或调整,对市场可能出现的问题提出解决方案及建议。

案例 3-7　Attest:让消费者研究变得简单

Attest 成立于 2015 年,是一个消费者研究平台。Attest 触达了 58 个国家/地区的 1.25 亿人,让其客户在多元化的受众群体中找到需要的细分市场,进而对品牌表现、消费者画像、创意测试、产品开发进行准确的市场调研。

Attest 的客户 PensionBee 是一家养老金提供商。某天,PensionBee 接到客户的电话投诉,称希望将石油企业排除在养老金的投资之外。PensionBee 的一位客户洞察经理称:"我们不确定这些是持少数意见的直言不讳的客户,还是他们的观点代表了我们大多数客户。"于是,该经理和她的团队使用 Attest 进行了广泛的消费者调查,了解了 PensionBee 的客户希望如何投资他们的养老金,以及他们希望提供者在多大程度上考虑投资过程中的道德问题。通过调查他们了解到,客户对无化石燃料基金的需求很大。

"我们使用来自 Attest 调查的证据来游说我们的基金经理创建一个全新的主流基金,"该经理称,"无化石燃料计划不包括拥有石油、天然气或煤炭储量的企业,以及烟草企业和有争议的武器制造商。取而代之的是,使用专门创建的可持续性指数,更多地投资于符合巴黎协定的企业。"

在向客户推出无化石燃料计划后的短时间内,PensionBee 已经收到了总额高达 4 500 万英镑的订单。推出一年后,PensionBee 对 4 000 多名投资者进行调查时发现,89% 的人对该计划感到满意。

(资料来源:作者根据公开资料整理。)

本章小结

1. 金融营销环境是指对金融营销及经营成果有潜在影响的各种外部因素或力量的总和,它是金融机构的生存空间,也是金融机构开展营销活动的基本条件。

2. 为提高金融营销活动对外部环境的应变能力,消除不利因素的影响,金融机构要加强对环境的预测和监视工作,建立科学的监视和预测体系,分析和识别由环境变化所带来的主要机会与威胁,并及时采取对策抓住机会和规避风险。

3. 宏观环境的变化、发展对企业来说是相对不可控制的,对金融机构的营销和经营具有巨大的潜在作用,也会影响金融机构中长期计划和发展战略的选择;微观环境会对金融机构的营销活动产生重要的直接影响,并决定金融机构的生存和发展。

4. 金融营销调研活动必须使用科学的研究方法,金融营销调研往往是针对某个特定的营销问题而展开的,它并不是金融机构组织中一项连续的营销职能,而是根据需要间断进行的。

思考题

1. 思考和对照本章阐述的营销环境概况,分析哪种环境最有利于开展金融营销活动。
2. 思考金融机构所面临的宏观环境是如何对金融活动产生影响的。
3. 思考微观环境作为个体环境是如何决定金融机构的生存和发展的。
4. 定义金融营销市场调研,并讨论它有什么目标。

第 4 章

金融市场客户行为

知识目标

- 了解金融市场客户的分类和行为特征;
- 了解影响个人客户的内在和外在因素;
- 了解影响机构客户金融交易行为的因素。

技能目标

- 培养分析金融市场客户行为及其影响因素的能力;
- 根据金融市场客户的行为特征制定相应的营销策略。

对消费者及消费者需求和要求的理解是营销的指导哲学,与其他营利性组织一样,金融机构的营销目标是最大限度地满足客户的需求,从而实现企业盈利。市场定位要求企业从客户的角度看待自己的业务。这要求对客户的心理和行为有更为广泛的洞察,包括什么能打动客户、他们对企业及其产品的认识和态度以及对自己决策过程的理解。其中有些现象只要观察客户的活动就很容易理解,但是也有很多行为只有通过深入的调查才能掌握。金融服务的这种无形和复杂的性质增加了进行客户研究的难度。

过去,金融机构因为对客户关注不够而受到批评,因此已经开始慢慢采用营销学的理念了解客户。与从前相比,现在的客户市场更加知识化、专业化,而客户也越来越精明和挑剔。既然服务消费的比例也开始提升,那么,那些不重视其客户的金融机构,未来发展的不确定性将明显提高。客户的需求直接受其心理和行为的影响,在了解客户存在个体差异的基础上,金融机构的营销人员应意识到,最有效的方法在于分析各个市场组成部分的不同需求和愿望,然后设计一套营销组合以满足这些需求。因此,金融机构的成功,在很大程度上取决于其对客户行为的可靠性分析。

案例 4-1　社区银行:为客户着想的商业银行

家住宁波镇海炼化社区的居民发现,社区里新开了一家门面不大但布置温馨的商业银行网点,而让他们惊喜的是,这家商业银行的下班时间比正常银行的下班时间要迟很多,一直开到晚上八点。该银行网点内部除了有儿童游玩区,据说还能量血压呢。

该银行网点就是光大银行宁波分行旗下首家社区银行——镇海炼化社区银行。目前,除光大银行外,宁波至少还有民生银行和中信银行等几家银行开始布局社区银行,有几家社区银行已经完成选址,开始装修。

相比以往的商业银行网点,社区银行的概念更像是"金融便利店":面积更小,人员更少,自助设备齐全,服务更加亲民。

据光大银行宁波分行相关人士介绍,与以往商业银行支行网点不同,社区银行的面积一般都比较小,光大银行镇海炼化社区银行目前的面积只有近50平方米;与自助银行也不同,除提供各种自助设备外,还有2~3位工作人员值守。

以光大银行镇海炼化社区银行为例,目前,市民可在该网点进行零售业务咨询和体验电子银行服务等;通过自助设备还可以完成现金存取、转账、代扣代缴等;通过该行电子银行渠道,还可以实现理财购买、个人结售汇、资金归集、黄金基金等各类投资理财交易。

与传统的金融网点不同,社区银行的营业时间基本执行"错时营业":根据小区居民的需求营业,营业时间一般都会延长。以光大银行镇海炼化社区银行为例,该行周一至周日营业,每日营业至晚上八点,大大方便了周边居民办理业务。

除了金融产品和服务,社区银行的特点还在于其提供的非金融服务上。社区银行其实就是一个很亲民的金融便利店,除提供银行传统金融产品和服务外,差异化的非金融服务才是打造的重点。社区银行其实是商业银行服务与社区服务的嫁接,以后还可能出现附带托儿所的社区银行、书店模式的社区银行,甚至是类似咖啡馆的社区银行。

(资料来源:作者根据公开资料整理。)

第一节 金融市场个人客户及行为分析

长期以来,银行界一直运用单纯的金融分析来研究其客户,尤其重视对贷款供应量、透支范围、信用等内容的分析。值得探讨的是,这一分析只能说明一部分问题,因为从实际结果来说,这种分析只注重了表面现象。隐藏在这些金融分析背后的是客户的行为特性,为了对金融分析有一个全面的了解,我们需要对客户的态度和行为特征进行细致的考察,在分析客户时忽略这些因素就等于忽略了存在于客户个体之间的心理差别,这些差别源于客户的个性、文化背景、社会阶层、消费态度、需求、动机等因素。

客户的行为特征基本上受下列两类因素的影响:一是外在因素;二是内在因素(见图4-1)。

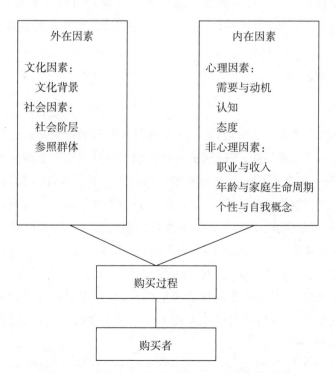

图4-1 影响金融市场个人客户行为的主要因素

一、影响个人客户行为的外在因素

影响金融服务的外在因素包括文化背景、社会阶层和参照群体。总体来看,影响个人客户行为和态度的外在因素有很多,主要分为文化和社会两个方面。

(一)文化因素

文化是指某个国家、某个社会在一定的物质基础上,通过实践建立起来的价值观、道德理想和信仰习俗的综合体。这种作为观念的文化虽然是看不见、摸不着的,但生活在某种文化环境中的人仍能感觉到它的存在。文化是影响人们欲望和行为的基本因素,对客户的购买行为具有强烈而广泛的影响。世界各地的人们有着同样的基本需求,但因其不同的文化背景,满足这些需求的方式大相径庭。也就是说,文化不同,人们的价值观念、审美观念、民族特征、生活方式都不尽相同,因此不同文化背景下人们的购买行为也各不相同。总体上来说,中国人崇尚节俭、喜欢储蓄,购买行为比较保守,而欧美人则喜欢提前消费,注重信用。文化的不同还影响着商业银行分支机构的设立。例如,拥有大量外国移民的国家,在移民集中的主要城市有专门为满足本国人的需求服务的金融机构。在英国存在着上百家小的商业银行分支机构,其中有一些仅为迎合特定群体的需要。至于在海外的美国人,他们一般都愿意在大通曼哈顿银行或第一公民银行存钱;在海外的亚洲人一般也只认同他们自己国家的国民银行。除明显的文化影响外,还存在这样的事实:有些服务,比如说移民国和移出国之间的资金汇寄业务,只能由其自己国家的金融机构提供。这些因素使得一些商业银行可以在本地区以外有优势的地区设立独特的分支机构,以抓住这一特有的细分市场,并且发展到较大的规模,获取较丰厚的利润。

(二)社会因素

1. 社会阶层

社会中存在着各种不同的阶层,客户对金融服务的购买行为是社会阶层的函数。不同阶层对金融服务的需求不同,其区别更多地存在于各阶层使用金融服务的强度上而不是在阶层内部,同一社会阶层的需求具有相对的同质性和持久性。例如,社会阶层较低的人趋向于借入资金供个人使用,而社会阶层较高的人则趋向于为消费以外的其他项目借入资金,比如说企业贷款、提高家庭生活质量的贷款等。不同阶层对信用的使用持不同态度。社会阶层越高的人越倾向于将信用卡作为方便的支付工具,而社会阶层越低的人越倾向于用信用卡作为消费信贷。[①] 从开发储蓄市场的观点来看:社会阶层较高的客户储蓄能力一般较强,一个人所属的社会阶层越高,其储蓄倾向也就越强。社会阶层较低的人即使有储蓄行为,其储蓄目的在本质上也是属于非投资性的,主要动机是出于安

---

① John Slocum and H. Lee Mathews, "Social Class and Commercial Bank Credit Card Usage," *Journal of Marketing*, 1969, 33: 71–78.

全保证,而且通常选择某种有形资产的形式。

所有这些方面对商业银行服务市场的划分都很重要,不同社会阶层的存在构成了市场细分的基础,商业银行可以制定特殊的营销战略去开发某一特定的细分市场,为某些特定阶层的客户提供服务。不同社会阶层之间存在很大的心理差别,要真正拥有某个细分市场,就必须根据特定阶层客户的目标与期望有针对性地开展营销活动。

在众多影响社会阶层划分的因素中,商业银行应该特别重视收入这个因素,因为其一切服务都与客户的经济状况紧密相关,商业银行的所有业务都必须建立在适合客户收入水平的基础之上。但是,尽管收入常常被作为市场细分的基础,但它并不是在任何情况下都是决定经济行为的最重要的因素。

2. 参照群体

参照群体是指能直接或间接影响人们的态度、行为和价值观的群体,如朋友、邻居、同学、同事、社团等,它是影响客户行为最重要的因素之一。以参照群体的标准和规范为自己的行为提供指南,是客户同其他人发生联系的需要。这种需要出现在购买过程的评估阶段,它的重要性将在下文中阐述。这种"发生联系的需要"的影响可以概括如下:①当提供给客户的信息与客户从其参照群体中获得的信息一致时,客户对这种产品的态度将会更积极。②相应地,当提供给客户的信息与其从参照群体中得到的信息不一致时,客户就会迅速表现出否定的态度。③当有关参照群体的要求不能确定,而接收到的信息又相反时,产品或服务的不确定性程度就会提高。

参照群体为客户提供了可供选择的消费行为与模式。由于感情相投、观点相近、信仰一致,参照群体往往能够影响群体中某一个体的行为方式。在商业银行产品的购买行为中,尤其是对于缺乏消费经验与购买能力的客户来说,他们经常无法确定哪家商业银行更值得信赖、服务更周到、产品更合适。在这种情况下,客户对参照群体的依赖超过了对其他方面的依赖。在选择银行时,人们可能会将舆论引导人或其他专家的行为作为选择指南。在商业银行营销中,有两个数字比例需要提到,即 1∶8 与 1∶25。也就是说,如果 1 个客人选择了某家商业银行或购买了其产品,就会使 8 个人产生购买动机;反之,如果客户中有 1 个人认为产品或服务不好,就会影响 25 个人的看法。

这些结论指出了这样一个事实:参照群体通常被当成评价金融服务机构所提供信息的基础,这也就意味着,广告必须以特定目标区域客户所属的参照群体的知识为基础。

(1) 家庭。人在其整个人生历程中所受的家庭影响来自两个方面:一方面是自己的父母,另一方面是配偶、子女。一个人的购买决定在一定程度上受到家庭的影响,这种影响是潜移默化、无法抗拒的,学生市场的情况尤其如此。实证研究表明,对于第一次开立账户的学生来说,父母的影响仅次于商业银行分支机构地点的影响,居于第二位。学生离家越近,开账户时成为其父母所选择的商业银行的客户的可能性就越大。因此,客户越是年轻,他们的购买决定受其父母影响的可能性越大。虽然这些影响并非完全控制性的,但是商业银行已认识到这一影响的重要性,为获取年轻人市场做出了种种努力。年轻人获得服务的便利性以及商业银行对年轻人"储蓄习惯"的鼓励构成了抓住这一市场的关键环节。

(2) 社会地位和角色。每个人一生中都会加入许多群体,而且在每一个群体中都有其特殊的角色,每一种角色又都代表着一种地位,反映社会对他的评价。人们在购买产品时往往会根据自己在社会中所处的地位和角色,选购某些具有地位标志的商品来表明其社会地位和角色。在联系年龄和生命周期等概念的情况下,社会地位和角色所产生的影响更加明显。例如,当客户是孩子时,其所受影响主要来自父母;当独立生活未婚时,他们做出的决定则部分以社会经济因素为基础,部分以心理因素为基础;为人父母后,他们又依次对他们的孩子施加影响。我们从中可以看出,在生命周期中,可以划分出几个截然不同的阶段,每个阶段的决定还会受到一些偶然因素的影响。这意味着在转换角色的基础上,贯穿整个生命周期的客户行为也会发生改变,因此购买决定也会随之改变。商业银行必须善于识别这种差异,能够区分这些特定的细分市场,这样才能更好地利用影响客户购买行为的社会地位和角色这一因素,从中获取更大的经济效益。

案例 4-2　影响客户选择商业银行的外部因素

客户通常是怎样选择一项金融服务的?商业银行是否有必要指明选择过程和标准?当然,不同的客户有不同的要求。一般来说,有两种因素影响客户对商业银行的选择:商业银行离住处或办公室、商业中心的距离;客户与商业银行的关系(比如,是否有亲戚朋友在该银行工作)。因此,我们可以将客户的选择标准分为三类:商业银行某类的服务优惠、商业银行的距离、客户与商业银行的关系。通过采访客户可以了解到有关金融服务选择决定的一系列性格特征。商业银行推行的特色服务对客户的选择具有重要意义,这一点可通过实例进行解释。如果我们将四个主要因素:友好的员工、优质服务、贷款审批、预算帮助分别列为 4、5、-1 和 4(尺度范围从 +5 至 -5),就可以得到客户的偏好指标为 $(4 + 5 - 1 + 4)/4 = 3$。

我们可以用偏好指标来预测客户所喜爱的商业银行及其服务(指标越高意味着商业银行受青睐度就越高)。选择商业银行的最终决定取决于三个因素的相对重要性:距离、关系和优惠政策。客户可以根据自身的具体情况对这三个因素进行选择,让我们这样来考虑,客户对这三个因素的权衡如下:①与商业银行的距离 N_1;②与商业银行的关系 N_2;③服务的优惠 N_3。

客户完全根据自己对这些商业银行的看法,从三个方面的因素出发权衡每一家商业银行。最后,通过比较,选出最中意的商业银行。例如对商业银行 A,三方面因素的值为:距离4,关系1,优惠政策3。我们可以据此得到如下加权平均值:

$$(4 N_1 + N_2 + 3 N_3)/3$$

总之,我们尽力去预测客户的选择步骤是为了更好地了解客户是怎样进行选择的,虽然客户可能并不一定完全按照这个步骤行事。

(资料来源:〔英〕亚瑟·梅丹,《金融服务营销学》,王松奇译,中国金融出版社,2000。)

二、影响个人客户行为的内在因素

(一)心理因素

心理因素主要指需要与动机、认知、态度。

1. 需要与动机

人们为延续和发展生命所必须占有的某些客观物质的需求称为需要。随着人类社会文明的进步,人对客观物质的需求越来越多,层次越来越高,越来越社会化。美国心理学家马斯洛根据需要对延续和发展生命的重要程度与产生次序,将其依次分为生理的需要、安全的需要、社交的需要、受尊重的需要、自我实现的需要五个层次。动机是指人们为了满足某种需要而引起某种活动产生的推动力,意思是由于存在没有被满足的需要,因此人们产生了某种内心紧张,并想方设法解除这种内心紧张。这会使人们根据自身条件与外界环境选定一个目标,并力图针对这个目标从事一种活动,这样就形成了动机。不同的需要形成了不同的动机,动机引发行为。金融交易中的动机通常表现为求安全、求实惠、求方便、求高收益等单一或复合动机。正是由于存在不同的动机,因此才引发了不同的交易行为。

2. 认知

简单地说,认知是被理解了的感觉。人们通过看、听、嗅、摸等活动对某个商品的各种属性产生反应,获得感觉,随后由大脑对感觉到的信息进行综合分析,形成对商品各种属性的理解,从而形成认知。心理学研究表明,人们所感觉到的事物并不一定都会形成认知,其中的奥妙就在于人们的认知有一定的主观意识性、理解性、选择性。主观意识性是指客户对产品(服务)的认知要受到世界观、兴趣、受教育程度、生活条件等因素的制约。如对消费信贷,受教育程度较高的年轻人容易接受,而受教育程度较低者则不易接受。理解性是指客户借助过去的知识经验及受教育水平理解眼前的事物。选择性是指选择性注意、选择性曲解和选择性记忆。选择性注意是指人们在众多事物或信息中会更多地关注到自己最迫切需要的或最新的或期待的或出乎预料的事物及信息。不想使用消费信贷的客户是不会注意这些相关信息的。选择性曲解是指人们对感觉到的刺激物进行理解时,通常会按照自己的想象去解释,具体怎样解释则取决于本人的经历、知识水平、爱好与当时的情绪。如某家商业银行向某客户提供十次服务,只要有一次不够好,该客户就可能会十分重视这一次不好的服务,从而得出该商业银行服务不好的结论。选择性记忆则是指人们会忘记大多数事物或信息,但是却会记住与自己态度、经验一致的事物或信息。如在众多的同类商品广告中仅记住了自己所喜爱的某个商业广告。

3. 态度

态度是人们对某个事物所持有的持久性、一致性的评价与反应,它体现了一个人对某种事物所具有的特殊感觉或一定的倾向。态度在内容上包括三个相互关联的成分:一是信息,即自己认可的看法;二是情感,即态度在情绪上的反映;三是行为,即客户采取某种行动的倾向。态度在很大程度上影响着客户的行为。由于态度具有相当的一致性,因此就会使人们不必对感受到的所有事物做出新的反应;又因为态度是人们对某个事物的持久性评价,所以它并不容易改变。因此,任何一家企业,都最好是以自己的产品去适应现有的客户态度,而不是去尝试改变客户的态度,除非为改变态度所花费的巨大投入肯定能够超额收回。研究表明,长期以来影响金融机构个人客户态度的因素主要有产品便利性、安全性、服务质量。

(二) 非心理因素

非心理因素主要是指职业与收入、年龄与家庭生命周期、个性与自我概念。

1. 职业与收入

由于从事不同职业的人在兴趣爱好、生活方式、消费习惯等方面存在差别,对金融交易的需求、金融产品信息的掌握、金融产品风险的态度等方面表现不同,因此金融交易行为也存在不同。收入与职业有密切的联系,不同的职业有不同的收入,同时,收入导致消费水平与消费结构不同,也引发金融交易需求的不同。如高收入者更倾向于用多余的钱购买股票,而低收入者更倾向于将多余的钱储蓄起来。

2. 年龄与家庭生命周期

个人由于年龄的不同,参与金融交易的意向和能力是不同的。如正式就业前的年轻学生对商业银行产品的需求小,一旦这些人学成就业,将成为各类金融机构争夺的客户。退休老人收入偏低,年老多病但有医保,因此其参与金融交易的欲望较低、能力较差。子女教育及成长的阶段、就业态度等因素共同决定了家庭处于哪个生命周期阶段。

3. 个性与自我概念

个性是指一个人独特的个人特点和特征的总和,它导致相对一致和持久的反应。研究表明,使用 ATM 的客户比较敢于接受新事物,有好奇心且积极主动。自我概念是指尽可能使自己的行为符合理想形象,如果商业银行推出网上银行服务时将其宣传为精力充沛的,那么自认为生活节奏快且精力充沛的客户就会积极尝试这项服务,借以建立自我概念。

案例 4-3　年龄、地域对客户信用卡使用偏好的影响

2022年1月，瞭望智库主办的"第六届新金融论坛"在北京举行。论坛上，瞭望智库与光大银行联合发布了《2021消费金融行业发展白皮书》（以下简称《白皮书》）。《白皮书》对不同区域、不同年龄和不同身份的金融客户进行调查分析，发现了不少有趣的现象。

第一，安全性是客户的关注焦点之一，各年龄段客户均如此。客户主要对信用卡被盗用盗刷、个人信息泄露、信用卡丢失等方面存在担忧。其中，80后客户的安全意识较90后更强，且他们更关注境外用卡安全。

类别	担忧内容	80后	90后
个人信息安全问题	担心个人信息泄露	45%	45%
	担心盗用盗刷	49%	44%
财产安全问题	担心信用卡丢失	43%	37%
	担心无密码刷卡问题	33%	32%
	担心信息无法接收、无法查询	15%	12%
使用安全问题	担心退款无法查询进度	16%	9%
	担心押金退还无法查询进度	13%	9%

图 4-2　商业银行信用卡不同客户担心的安全因素

第二，不同年龄层使用信用卡的需求有显著差别。85前客户较85后客户更看重积分、安全和便捷，95前客户更重视安全和（优惠）活动，95后作为新晋客户还没有对信用卡形成比较明确的偏好，但他们中的一部分人已经开始使用花呗等信用产品。

驱动因素	85前	85后	95前	95后
积分	58%	49%	43%	32%
安全	53%	41%	54%	33%
功能	41%	40%	41%	37%
活动	37%	41%	50%	32%
授信额度	37%	38%	31%	35%
便捷	37%	24%	35%	35%
费率	29%	24%	29%	21%
增值权益	25%	25%	22%	25%
客服	22%	24%	28%	31%
习惯	22%	24%	23%	25%
外形	12%	14%	18%	24%

图 4-3　不同年龄层信用卡使用驱动因素

第三，地域层面，不同类型城市的客户需求也呈现明显异同。相同的是，无论是一线、新一线还是二线、三线城市的客户，都很重视信用卡积分能带来的权益和价值。不同的是，各类城市的客户各有侧重，如三线城市客户更关注产品授信额度，而新一线城市客户则认为安全、功能和（优惠）活动应该并重。

	一线	新一线	二线	三线
积分	48%	44%	44%	43%
安全	44%	46%	45%	38%
功能	40%	44%	39%	34%
活动	38%	45%	41%	34%
授信额度	34%	31%	34%	44%
便捷	34%	30%	32%	35%
客服	27%	25%	28%	20%
费率	24%	30%	22%	26%
习惯	23%	23%	22%	29%
外形	22%	13%	17%	13%
增值权益	22%	25%	24%	25%

图 4-4　不同城市级别信用卡使用驱动因素

（资料来源：《〈2021 消费金融行业发展白皮书〉在京发布》，https://www.sohu.com/a/515578190_162758，访问日期：2023 年 12 月 3 日。）

三、金融购买决策过程

金融市场客户的金融交易行为决策过程与有形商品市场或其他无形商品市场中客户的购买行为决策过程是一样的，包括认识需要、搜集信息、评估信息、决定交易、事后评价等活动。

（一）认识需要

行为科学指出，人的行为是在动机驱使下为了达成某个目标所进行的一系列活动，而动机又是由没有被满足的需要引起的，因此客户接受某种金融产品（或服务）的行为是客户感受到需要某种金融产品（或服务）并转化为动机的产物。这就说明客户产生对金融产品（或服务）的需要是其行为发生的原动力。

动机处在一个更加抽象的心理层面上，而需要处在一个更加具体的客户层面上：客户不是为产品本身而购买产品，而是为了产品能够提供的益处。因此，很多产品只是达到目的的一个手段，而金融服务大多提供的也只是用于达到目的的手段。

基本金融需要包括以下几个方面：

1. 现金提取

客户经常需要用现金进行日常交易，因此存在许多资金转移工具来满足这种需要，比如 ATM、信用卡、支票以及能够简单迅速转移资金的电话银行。

2. 资产安全

这涉及两种子需要，一种是关于个人资产有形的安全（比如防止偷窃），商业银行最基本的职能之一就是保证这种安全；另一种是避免个人资产的贬值，因此，客户需要利用他们的资金争取回报。

3. 资金划转

这指的是能够周转资金的需要。科技的重大进步已经使之成为可能，并且减少了人们对于现金的依赖。

4. 延期付款

以合理的成本对商品(或服务)延期付款已经成为获得商品(或服务)越来越重要的一种手段,各种信用卡、贷款和抵押满足了这种需要。

5. 财务咨询

随着金融产品数量的增加和复杂程度的提高,客户需要更多的信息和建议来做出合适的购买决策。财务咨询本身并不是一种必要的解决方法,但是也许能够借此找到其他合适的解决方法。

因此,金融机构营销人员应认真识别与营造能使客户对金融产品(或服务)产生需要的特定的外部环境。营造特定的外部环境需要做好两件事:一是要努力发掘与金融产品(或服务)有关的驱动力,驱动力是迫使个人采取行动的强烈的内在刺激力量;二是有效地规划刺激,强化需要。刺激包括刺激物(即能满足某种特定需要的金融产品或服务)和诱因(即有关金融产品或服务的信息)。驱动力与刺激相结合会产生强烈的需要并被强化,进而推动金融交易的发生。

(二) 搜集信息

不同的金融产品(或服务)能带给客户不同的利益及风险。为了提高使用金融产品(或服务)的收益,降低或避免风险,客户往往需要对不同的金融产品(或服务)进行评估,而评估的前提是必须掌握信息。因此,接受某种金融产品(或服务)必然要先搜集信息。对此,金融机构需要掌握客户的信息来源及客户对各种信息来源的态度,以便科学合理地传播信息,并使客户对本企业金融产品(或服务)的信息产生认同感和一定的记忆。一般来说,客户有四个信息来源:一是个人来源,这是客户从家庭、朋友、邻居、同事等处获取的,对来自该来源的信息客户较为信任。二是商业来源,主要是从各类广告、金融机构职员宣传、金融机构提供的咨询服务中获取的,这是客户能够得到最多信息的途径,但客户对其信任度较低,通常只起到告知作用。三是公共来源,这是客户通过各种新闻报道、官方机构公布的资料、客户权益组织的评价获取的,客户对此较为信任。四是经验来源,这是客户使用某种金融产品(或服务)后的切身感受,对客户今后的行为影响最大。

(三) 评估信息

客户会对搜集的信息确定评估内容、评估标准和评估方法,并进行具体评估,由此形成相应的态度,为做出购买决定缩小思考的范围。评估内容指产品(或服务)的属性以及企业形象。金融产品(或服务)的属性主要由收益性、风险性、便利性、流通性、品牌名声构成。评估标准则是针对每个属性所设定的等级层次及每个层次的具体要求,以利于对评估内容做出客观评价。需要指出的是,评估标准是由客户自己设定的,不同客户设立的标准可能不同,但它并不影响各客户对信息的评估。评估方法则是评估的技术、技巧,它也是由客户自由选择的。评估方法有以下几种:

（1）理想模式，即客户先确定理想标准，然后拿现实去对比，将所有属性都满足自己需要的产品（或服务）确定为购买对象。

（2）重点模式，即客户仅仅考虑其认为最重要的属性，只要这些属性合乎其设定的标准，就确定为可接受的产品（或服务）。

（3）逐项考虑模式，即客户先将其认为需要评估的属性按重要程度由高到低依次排列，然后对不同产品（或服务）比较第一属性，淘汰不合标准的产品（或服务）；再对第二属性进行评估，淘汰不合标准的产品（或服务）……依此类推，直至剩下最后一个产品（或服务），此时该产品（或服务）将被客户视为可决定购买对象。

（4）期望值模式，即客户先确定产品（或服务）应评估的属性，并规定每个属性的得分标准，根据属性的重要性给每个属性规定一个权数，而后对每个产品（或服务）进行评估，具体评估每个属性的得分，并根据属性得分乘以逐项属性的权数计算出逐项属性期望值，此后将每项属性期望值求和，得到该产品（或服务）总的期望值。用同样的方法再计算其他产品（或服务）总的期望值。最后从所有产品（或服务）中选择总期望值最大者作为购买对象。

（四）决定交易

通过评估，印象最好的产品（或服务）可能成为满足客户需求的目标，此时客户仅有采用意愿，还未形成交易决定（购买决定）。由采用意愿转化为购买决定，客户还需继续克服来自他人的反对意见，以及能预期的或不能预期的环境变化带来的不利影响。一旦决定交易（决定购买），客户就实施具体的购买活动（或称交易活动）。这个活动主要包括具体的交易时间、交易地点、交易方式及交易的产品（或服务）种类。

（五）事后评价

客户完成交易后，仍会对自己的交易行为进行检验，重新衡量此次交易活动是否正确，检验满意程度，以决定今后遇到同样的需要时要采取的行为。所以，客户参与金融交易行为的结束并不意味着交易行为过程的结束，此时金融机构面临的是比前几个阶段更为复杂艰巨的任务——掌握客户的使用感受，协助客户肯定交易行为，以保持忠诚的客户队伍。客户的金融交易行为及其决策过程向金融机构营销人员揭示了购买行为的实现是不同阶段活动共同作用的结果。在每个阶段，客户都有可能改变主意从而影响购买行为的发生，营销人员应该掌握每个阶段都能与客户有效沟通的技巧，推动购买行为的发生。

案例 4-4　信息披露准确性对金融产品购买行为的影响

销售不当的金融产品在印度很普遍，通常是由买卖双方之间的信息不对称造成的：一方面，卖方掩盖了产品的特性；另一方面，买方对产品的了解不够，无法提出相关问题。在印度的金融服务领域，过去曾记录过几起销售不当的案例，包括保险代理人推荐的产品是会给他们带来更高佣金的产品,而不是更适合买方的产品;或者向有兴趣购买定期存款产品的客户推销投资产品、保险产品。

2021年4月,印度金融服务业曝光了一起这样的事件——印度商业银行Yes Bank向高净值个人和城市散户投资者提供了不准确的风险和回报信息,进而增加AT1债券(银行补充一级资本金债券)的销售。调查此事的SEBI(印度证券交易委员会)发现该银行向个人投资者歪曲、操纵和错误出售了这些AT1债券。

为此,印度一家研究机构开展了一次调查,向303名受访者提供了一个假设情景——他们有价值6 700美元的储蓄,必须投资于长期投资产品,该产品是一种假想的"高回报债券",具有与AT1债券相似的特征。其中,171名受访者将收到以不准确的披露方式披露的信息,而另外的132人将收到以准确的披露方式披露的信息(这两个群体在整体社会经济特征方面相似)。最终发现,准确的信息披露可以将客户投资于高风险金融产品的概率降低80%~90%,从而保护他们的权益。

(资料来源:作者根据公开资料整理。)

四、社会及经济变迁对金融服务需求的影响

过去几十年,许多重要的社会和经济趋势影响了(实际上还将持续影响)个人金融服务市场。实际上,经过这一段时间,金融机构已经看到了"传统"金融服务客户的变化,下文总结了其大体的发展趋势。

(一)更加成熟的客户

金融机构的传统服务对象绝大多数是比较年轻(40岁以下)的男性。然而,由于中国人口年龄结构的变化,这个服务重心已经转移至年长一点的年龄层了。

人口统计变化的最终结果就是,将来会由更少的工人来供养同样数目的退休者,政府会发现越来越难以满足社会养老金的需要。对于金融机构而言,尽管这提供了在个人养老金以及其他能够产生收入的投资方面的机会,但对很多潜在客户来说似乎没有什么吸引力。

人口老龄化的影响也可以通过已经不堪负荷的公共医疗服务体现出来,虽然很多人还相信国家会提供医疗保险,但残酷的现实是确实有越来越多的人必须自己承担这一切,虽然前景对许多人来说似乎并不是很有吸引力,但金融机构还是存在长期保险产品方面的机会。

(二)女性客户的重要性提高

对金融服务目标定位有很大影响的一个社会趋势就是职业女性的增加。出于经济方面的需要,或为了提高个人生活水平,或纯粹为了个人成就,越来越多的女性开始谋求职业成功,并且正在逐渐缩小与男性在收入上的差距。此外,已经成为母亲的职业女性的经济活动也增加了。在考虑生命周期的其他一些变化的同时,这些问题也是不能忽视的。

（三）收入来源的变化

客户收入和资产水平是影响金融服务消费程度最重要的因素之一。过去20年里，客户已经总体上变得富裕起来。职业的变化趋势对金融市场客户有着各种各样的影响，这些变化包括：自己做老板以及兼职（特别是男性），临时工的增加和稳定工作的减少。这意味着传统的生命周期现金流正在发生改变。一般而言，离婚、暂时性失业、遗产继承以及照料老人的要求等因素彻底改变了现金流。另外，工作不确定性的增加和就业间隙不能保证长期抵押担保，推动了储蓄市场的发展。

遗产继承作为财富的来源之一，与纯粹的工资收入相比变得越来越重要。继承财产会带来横财效应，这是近期出现的一种现象，它本质上描述的是已经通过抵押拥有自己房产的人，又从父母那里继承获得免抵押的财产，这些受益者绝大多数处于其收入最高的阶段。改革开放以来，拥有私人财产的人开始增加，导致这种横财效应的产生，这意味着有不断增多的一次性大笔资金注入经济体系，或者作为消费开销，或者用于寻找投资渠道。这毫无疑问对金融服务也有重大意义，特别是在咨询遗产计划和投资等需求方面。

（四）更加机动的客户

一般来说，金融机构的客户对商业银行或其他金融服务机构都是很忠诚的，这一方面在很大程度上是由于他们的一种长期的习惯或者没有其他选择。如果想要换一家金融服务机构，需要耗费时间和精力寻找合适的金融服务供应商，填写必要的表单并等待所有的审批程序，客户不愿意再重复这一过程，因此只要需求在一定程度上被满足，客户就更乐于维持现状。甚至有人因为对复杂的办理流程感到不耐烦或对办理资格的审查没有信心而不愿更换账户。此外，要比较不同的金融机构及其不同的服务，从而获得可靠有用的信息也很困难。因此，很多客户就会直接补续保险单而不会考虑更换一家供应商。

另一方面是由于客户对众多金融服务，例如活期账户、储蓄账户或者信用卡无法进行选择和判断。这些本质上都是连续的服务。开一张支票、进行一次储蓄或者还清信用卡负债都同属连续过程中的一次性交易，无法决定也就限制了更换的机会。

然而最近，客户越来越多的机动性取代了这些所谓的忠诚和惯性问题，更换金融服务供应商的倾向有所增加，有很多原因导致了这一变化。第一，客户变得更加"精明"，对金融服务更加了解，这就使得客户更有信心更换金融服务供应商。第二，大众媒体也定期报道有关投资机会和"最佳购买"的有关信息，金融方面越来越多的信息也使得客户能提出更多的批评意见，而对错误销售的报道则让客户更加谨慎。

金融机构本身也要对客户的这种过于自由的行为承担部分责任，虽然很多金融机构承认留住客户以及提升其忠诚度的重要性，但同时它们也采用激进的战略争取客户，从而鼓励了客户更换金融服务供应商的行为，尤其在抵押市场，折扣、现金回赠以及低利率等手段都被用来从其他供应商那里吸引客户。金融机构首先要试图改变这种误解：通过代表客户安排一切事宜，或解决所有可能出现的财务错误来促使某人更换银行账户是很困难的,或者是要面对很多问题的。

此外,当今的经济环境也让客户更加了解不同金融机构的交易方式。金融中介机构佣金和收费标准的硬公开政策使得金融产品的价格更加透明,也成为购买者在选择金融服务供应商时的一个重要因素。

(五) 更加有社会意识的客户

客户显示出越来越多的社会意识,这对购买决策和消费都产生了很大的影响。客户不仅更倾向于投资,同时也希望他们的资金能通过合适的方式进行投资。这就为很多金融机构提供了商机,一个例子就是所谓的"道德"投资的发展,合作银行以此作为自身的特点,向人们展示自己的与众不同。

案例 4-5　新冠肺炎疫情对家庭财务决策的影响

2020年3月,世界卫生组织(WHO)正式宣布2019年新冠肺炎疫情为大流行病(Pandemic)。为了减缓病毒的传播,许多国家都采取了封锁政策,这些政策的实施,一方面保护了人们免受病毒威胁,但另一方面却对人们的财务状况构成了威胁,并大大降低了他们的生活质量。世界卫生组织认为,新冠肺炎疫情不仅是一场流行病学危机,也是一场心理和金融危机,也就是说,不仅人们的健康受到威胁,他们的财务状况和心理稳定性也受到威胁。

有学者展开了一项研究,使用来自四个国家(美国、英国、南非和墨西哥)的调查数据,调查新冠肺炎疫情对人们储蓄、投资和消费支出决策的影响。结果显示,在美国,受访者表示他们会多储蓄、少投资、少消费;在英国,受访者表示自己会增加储蓄和投资,减少消费支出;在南非,受访者的回答表明他们将减少储蓄和投资,而消费支出没有变化;在墨西哥,受访者预计他们将减少储蓄、投资和消费支出。除此之外,人们的消费支出偏好也会发生变化。比如,增加家庭在某些类别商品或服务,如食品、医疗保健上的支出;减少酒精、娱乐、奢侈品、交通和教育方面的支出;不会显著改变慈善捐款……

(资料来源:Yasser Alhenawi and Atefeh Yazdanparast, "Households' intentions under financial vulnerability conditions: is it likely for the COVID-19 pandemic to leave a permanent scar?" *International Journal of Bank Marketing*, 2022, 3: 40。)

第二节　金融市场机构客户及行为分析

一、金融市场机构客户分类

广义而言,商业银行的机构客户也是金融产品的客户。其购买行为与上一节所论述的金融市场上的个人客户的购买行为有许多相似之处,但又存在重要区别。商业银行营销人员对机构客户及其购买行为应有更加深入的了解。

机构客户主要指企业法人以外的非个人客户,包括政府机构、事业单位法人、社团法人等。商业银行对这类客户的传统称呼是"非生产流通领域客户"。随着中国事业单位市场化改革、国家财政投入的加大和财政支付方式的变革,机构客户的金融需求日趋广泛和多元化,其地位特殊性、行业垄断性、管理系统性、职能强制性、经营规范性、收入稳定性和低风险性等特点使这一群体对商业银行的综合贡献度日趋突出,成为商业银行积极争夺的优质客户群体。目前,根据组织机构类型,一般可将机构客户市场划分为企业市场、事业机构市场和政府市场三大类。

(一)企业市场

企业市场由购买金融产品和服务的各类企业机构组成。

(1)按行业不同划分。一般可划分为工业企业市场、农业企业市场、商业企业市场、进出口企业市场等。

(2)按机构大小划分。一般可划分为大型企业市场、中型企业市场、小型企业市场等。

(3)按资本结构不同划分。一般可划分为私人企业市场、国有企业市场等。

(4)按地理位置不同划分。一般可划分为国内企业市场和跨国企业市场。国内企业市场还可细分为西部地区企业市场、东部沿海地区企业市场、中部地区企业市场等。

(5)按企业潜在风险划分。一般可划分为高风险企业市场、低风险企业市场等。

(二)事业机构市场

事业机构主要包括学校、医院、科研机构以及各种具有活动经费的协会、基金会等。它们通常是社会资金的盈余部门,大量的闲置资金成为商业银行重要的低成本资金渠道来源。随着中国的教育制度改革和医疗制度改革,学校、医院除需要国家投入的资金之外,也对商业银行资金产生了需求,尤其是医疗、教学、科研等固定资产投入所需的商业银行贷款,成为商业银行资产业务的一个重要投放渠道。

(三)政府市场

政府部门和政府机构在获得预算收入或经费之后,以及支付之前会形成暂时的资金沉淀,成为商业银行低成本资金的重要来源。其机构的庞大和支付的多样性,使得政府市场在整体市场中占有较大的份额。一方面,商业银行对政府机构主要是开展负债业务和中间业务,其中负债业务的贡献度较高,政府存款占商业银行对公存款相当大的比例,且其存款较稳定,周期长、成本低,属于优良的负债业务。① 另一方面,中央政府或极个别地方政府在财政收支发生暂时性的不平衡或出现财政赤字时,或者为了扩大基础设施而需要投入巨额资金时,以发行国库券和各种中长期政府公债的方式从金融市场筹措资金,也成为商业银行中间业务的一个重要组成部分。

---

① 钱红旭:《加快机构业务发展的措施》,《现代金融》2011年第1期。

二、机构客户购买行为和需求特征

商业银行向某机构客户提供金融服务时,必须了解该机构客户的需求、资源、政策和购买程序,同时必须考虑到在客户市场中不常见的某些问题:①与一般客户购买商业银行服务相比,机构客户购买商业银行服务所要达成的目标更为多样化,包括获取利润、降低成本、满足员工需求及承担法律义务、履行社会职能等;②在购买决策方面,机构客户中的参与者更多,尤其在一些重大的购买项目中更是如此,这些参与者代表不同的部门,所采用的决策标准也不尽相同;③购买人员必须遵守其机构所制定的各项规章、政策、限制要求;④机构客户所应用的购买工具,如报价、建议书等都是一般客户购买过程中比较少见的。尽管各机构客户的购买行为不完全相同,但商业银行还是可以发现机构客户行为中的某些共性,从而有利于改进自己的营销战略计划或策略。与个人客户相比较而言,机构客户还具有下列主要特征:

(一) 客户数量较少,但交易规模和数量较大

在机构客户市场上,客户大多数是企业,与个人客户相比数量要少得多。从产品服务和销售的角度来看,商业银行无法知道个人客户究竟有多少,他们到底是谁,但却可以大体了解某一部门的机构客户有多少,分别是哪些企业。与个人客户相比,机构客户所需的资金额更大,涉及的服务项目也更多。通常,机构客户的购买规模取决于该机构本身的规模大小。由于机构客户的数量较少,那些大宗客户就具有举足轻重的地位,因此商业银行要特别注意保持与机构客户间业务关系的稳定性。

(二) 业务选择较稳定,随意变更关系商业银行的可能性相对较小

由于机构客户的购买决策都是由购买决策小组讨论后做出的,也就是购买决策的参与者较多,每个人在决策过程中扮演特定的角色,其购买过程较复杂,因此,一项决策一旦做出就会相对固定,在对商业银行的选择上也是如此。所以商业银行一旦获得某个机构客户,就要提供最为周到的服务,增强其忠诚度。商业银行间的竞争日趋激烈,一旦机构客户成为别家商业银行的客户,要想转变其购买决策必将花费更高的成本和付出更大的代价。

(三) 需求具有衍生性

机构客户尤其是企业客户对商业银行服务的需求有很多是由客户对该机构客户的需求衍生出来的。例如,某企业产品在市场上供不应求,急需抓住机会扩大再生产,这时就需要从商业银行借贷以购买机器设备与厂房,即企业产生了贷款的需求。若企业借贷后,市场情况发生变化,销售额下降,企业还贷能力出现问题,自然又会影响商业银行的资金。鉴于此,商业银行营销人员还必须关注与机构客户密切相关的最终客户市场的变化情况。

(四) 机构客户通常都有特定的生命周期和特定周期下的金融需求

在企业开业阶段,需要低利率的贷款,如政府担保的小企业贷款和商业银行提供

的贷款;在企业扩张分销网络阶段,需要信用卡零售商服务和厂房设备租赁服务,如企业商铺租赁购置专项贷款;在更新产品时,需要业务顾问和专营服务及厂房设备贷款;在开展出口贸易时,需要出口融资和信用证业务;在企业职工需要保险和退休计划服务时;企业健康发展进入扩张阶段,将收购、兼并其他企业,需要财务顾问服务和股本融资等。为切实满足企业的需要,商业银行应该经常了解企业情况,并评估企业的财务状况、业务性质和运营的市场状况,对处于不同阶段的企业,通过一揽子服务方案的实施,给予相应的资金支持。例如,在资金上扶持成长型企业,提高成熟初期型企业的贷款比例,强化对成熟后期型企业的综合服务,积极开拓中间业务,寻求新的利润增长点,追求阶段性最佳利润回报。

案例 4-6　不同行业的金融服务需求差异

从资产结构看,企业外部融资需求与行业属性具有一定的关联,固定投资大且回收期较长的行业,贷款需求量较大;反之则较小。比如,建材、制造等传统行业,固定投资大,对贷款的需求量也大。从企业经营特点看,能源类生产企业原材料采购量大且较分散,在原材料采购过程中现金结算占较大比重,企业对现金服务的要求较高,如四川攀枝花市的某能源企业每月大约需要 1 000 万元现金用于采购结算;流通、零售型企业相对更重视金融服务产品的快捷性,讲求时间效率,对短期融资需求较大;而旅游、饮食类民营企业一般只需要存款、贷款和结算服务。从商业银行提供贷款的情况看,各行业存在显著差异。其中,能源、房地产等行业的平均贷款额较高,都超过 200 万元,而餐饮、零售、运输等行业平均贷款额很少,不超过 10 万元。

表 4-1　各行业贷款需求分布

行业	企业数(家)	平均贷款额(万元)	行业	企业数(家)	平均贷款额(万元)
机械	4	3 815	房地产	9	280
电子	2	120	建筑	8	8 213
化工	3	30	建材	7	34
家具	8	20	饲料	11	14
能源	2	320	养殖	3	6
食品	13	10	零售	7	0
纺织	5	27	餐饮	7	3
运输	3	6	其他	15	460

(资料来源:作者根据公开资料整理)

三、影响机构客户金融交易行为的因素

（一）环境因素

环境因素包括政策与法律法规、经济前景、利率、市场状况、技术发展等具体因素。这些因素直接或间接地影响机构客户的金融交易行为。以机构客户中的工商企业为例，如果经济处在衰退时期，工商企业就会减少对厂房或设备的投资，并且想方设法减少存货，这样就会减少商业银行贷款。金融机构营销人员在这种情况下采用刺激总需求的做法来扩大贷款规模收效是不大的。

（二）组织因素

组织因素是指机构客户自身的职能部门设置、经营目标、金融交易政策、程序和权限等具体因素，这些因素也会影响机构客户的金融交易行为。如大型工商企业的贷款需求通常由企业内相关部门负责人经过多次会议研讨决定贷款的用途、数量、方式，反映出其参与金融交易有着严密的政策、权限和程序。一些中小企业，尤其是处于创业阶段的家族式企业，内部缺乏科学合理的职能部门设置，也缺乏严格的金融交易制度与程序，通常由"家长"决定金融交易行为。两个规模不同的工商企业，组织因素的差异必然导致它们的金融交易行为存在明显的差异。

（三）人际因素

人际因素是指机构客户中有权参与金融交易的各个参与者之间的关系、融洽程度以及他们对交易行为的影响力。参与者所拥有的不同利益、职权、地位、性格、说服诱导能力，都影响着人际因素。以机构客户中的工商企业用于购买某项先进设备的企业贷款为例，在该金融交易行为中，生产部门率先提出购买先进设备代替老设备，以降低职工劳动强度、提高产品质量、增加产品产量；设备采购部门经考察认可建议，并初步测算设备款提交财务部门；财务部门根据财务状况提出同意购买的意见和贷款方案（含金额、选定的金融机构），并上报给企业负责此项工作的管理者审批；该管理者同意后，将贷款方案提交董事会最终审核；商业银行审核该企业资信后同意提供贷款。自此，企业就将与其所选择的金融机构发生金融交易行为。

四、机构客户购买决策过程

（一）机构客户购买决策的参与者

由于组织机构每次购买涉及的金额相对较大，并会对其经营目标的达成产生影响，因此，参与决策的人数较多是其购买行为的特征之一。相对而言，大组织或较重要的购买，其决策过程比较复杂，专业化程度较高，参与的人数较多；而较小的组织或涉及金额较小的购买，其决策过程往往比较简单，或者是采取习惯性的做法，参与的人数较少。小组织的购买决策往往由个人做出，而不是由一组人做出。但是，不管决策是由多人做出还是由个人做出，在决策过程中，都会有许多角色参与，并对决策产生各种各样的影响。

市场营销中通常将组织中购买行为的决策单位称为购买中心或采购中心,购买中心由所有参与购买决策过程的个人和集体组成。通常包括下列人员:

1. 倡议者

倡议者指提出和要求购买的人。他们可能是组织将购买产品(或服务)的使用人或其他人,如司机、财务人员等。

2. 使用者

使用者指组织中将使用产品或接受服务的人。他们在决定是否购买方面具有重要作用。在许多场合,使用者往往还承担着倡议者的角色。

3. 影响者

影响者指能够影响购买决策的人。他们的评价、建议、设想等将对决策产生影响。影响者对决策产生影响作用的大小,视其本人的身份、职务、专业水平、所提供的情报信息的可靠性和重要性不同而有所差异。一般而言,专业技术人员、专家和权威人士等的影响作用较大。

4. 购买者

购买者指正式的有权选择供应商并安排购买的人。购买者的主要任务在于选择卖主和进行常规的交易谈判。当然,购买者也可以对是否购买、产品种类等提出看法。

5. 决定者

决定者指组织机构中有权决定购买的产品和供应商的人。决定者一般是组织中的高级管理人员,但也可以是中级或低层级的管理人员,这取决于他们的职权范围。在简单的、少量的购买中,购买者往往也就是决定者。

6. 控制者

控制者指有权或能够控制信息流向购买中心有关人员的人,如组织机构的电话接线员、办公室的接待人员、总经理秘书、技术人员等。他们有权或有能力阻止营销人员同购买中心的有关人士接触,阻碍信息流入购买中心。

由上可见,各种组织机构都以不同形式存在着购买中心,购买中心的人员构成及其对每一次购买活动所产生的作用的大小取决于购买的产品种类、成本、相对重要性和复杂性、所带来的竞争意义和战略意义,以及购买中心成员对风险的态度等。对于每一次或每一种购买,购买中心的成员构成并不会完全相同,每个成员所起的作用也不会始终不变,因此,营销人员应当清楚地知道谁是决策的参与者,他们将会在决策的哪些方面起作用,其影响力如何,决策者通常采用的评价标准是什么,决策者之间的人际关系如何,以便采取适当的方法,有效地影响决策成员。

(二)机构客户购买决策的程序

商业银行只有了解机构客户购买过程各个阶段的情况,才能采取适当的措施,去满足客户在各个阶段的需要,成为现实的商业银行产品(或服务)的销售者。机构客户购买

过程的繁简,取决于其购买情况的复杂程度。一般情况下,机构客户对商业银行产品(或服务)的购买过程包括以下步骤:

1. 明确需求

与个人购买过程的情况相似,机构客户的购买过程始于认识组织的需求。当机构客户发现通过获得某种产品(或服务)能够解决组织的某一问题或满足组织的某一需求时,其购买过程便开始了。觉察问题可能由组织的内部刺激引起,也可能由外部刺激引起。就内部因素而言,可能是由于组织决定推出一款新产品,需要新购生产设备和原材料,或者是认为现有的商业银行的产品(或服务)不尽如人意,需要寻找新的商业银行。就外部因素而言,机构客户可能是看到了商业银行的广告,或者接到了某商业银行推销员的推销电话,说他们可以提供质量更优的产品(或服务)。通常一个机构客户选择商业银行的首要动机是其具有获得信贷服务的需求,而且批准或拒绝贷款是机构客户建立或终止与商业银行关系的最主要原因。同时,机构客户也需要非信贷服务,如票据结算业务、结汇、售汇、付汇业务、电子印鉴业务等。

2. 确定购买目标和规格

觉察到某种需求之后,机构客户接着就要拟订一份需求要项说明书,确定所购买商业银行产品(或服务)必须达成的目标及规格,也就是产品(或服务)必须产生的作用。与购买信贷服务相比,这一步骤与购买非信贷银行服务有更多的联系。在这一阶段,机构客户通常会进行价值分析,以降低接受服务的成本。企业还会就其想要购买的商业银行服务向银行咨询,并可能要求企业的律师或独立会计师来指导有关的业务开展。因此,商业银行在这一阶段有必要先在律师或会计师事务所等机构中建立起良好的信誉。在这一阶段,机构客户将具体制订几套购买方案,并根据其详细的需求来评判服务之间的区别。例如,企业制订了几套为雇员购买薪金直接存款服务的方案,其中有几家商业银行可供选择,机构客户将详细研究几家商业银行提供的服务。机构客户的评估可从多方面着手:咨询相关指导机构,查询网络信息,打电话给其他企业请其推荐好的商业银行,观看商业广告,等等。最后,机构客户会归纳出一份合格商业银行的名单。在此阶段,商业银行应该特别重视广告宣传,并在各种商业指导或指南、宣传机构中登记自己银行的名字,争取在市场上树立良好的声誉。

3. 选择商业银行

这是机构客户在购买商业银行服务中最为关键的一个环节。机构客户选择商业银行的标准通常包括位置、商业银行职员的专业水平和态度、商业银行地位和规模、贷款政策、非信用服务范围、商业银行的声誉以及服务的便利性等。企业的规模和企业所在行业的不同决定了其对这些标准的重视程度也不同,大的跨国企业对商业银行的地位和规模、国际网络及国际服务的范围很重视,而小的机构客户则认为,贷款政策、商业银行职员的专业水平和态度更为重要。显然,机构客户对商业银行的选择过程比个人对商业银行的选择过程涉及的因素更多而且更为复杂。在机构客户看来,一家商业银行与另一家商业银行的服务的差别是很小的,因此在商业银行为机构客户提供服务时,个人和人际因素格外重要,这暗示着商业银行营销人员的能力和行为将是十分重要的。有研究表明,商业银行营销人员要经常与那些有能力很快做出决定和采取行动的机构高级职员保持联系,联络业务并沟通感情,这些人需要得到特别的关注,商业银行要使他们感到,商业银行需要其所在机构的业务,关心他们的需求。这些只能通过人际联系、个人间的接触才能做到。同时,商业银行应该与客户建立多层联系,商业银行高层管理人员也必须花费大量的时间拜访重要客户,与他们交流。需要强调的是,对中国人来说,商业银行能树立起"尊重客户"的形象非常重要,因此商业银行营销人员在与机构客户高级职员的单独接触中要充分重视这一点。

4. 正式购买

机构客户一旦对商业银行做出选择之后,便会与所选择的商业银行签订协议,正式购买该商业银行所提供的产品(或服务)。商业银行应争取在向机构客户提供优良服务的同时,与之建立一种长期的关系并促使其成为自己的忠诚客户。

5. 满意度评估

在这一阶段,机构客户将对机构内部对于商业银行所提供的产品(或服务)的满意度情况进行评估,如果满意,机构客户就会继续接受现有的商业银行所提供的产品(或服务),否则其将做出新的选择。因此,商业银行的任务就是要掌握机构客户用以判断商业银行是否令其满意的共同标准,并做出相应的努力。

案例 4-7　光大银行为科技企业量身定制"个性化"金融产品

恺利尔环保科技有限公司是一家主营污水处理及废气处理设备研发制造的民营科技企业。由于处于初创阶段,且具有轻资产等特征,按商业银行传统信贷评审思路难以获得融资支持,在创业之初就遭遇了融资难困境。

科技型小微企业有过硬的技术、市场前景广阔的产品,理应有好的出路。但现实却并非如此,像恺利尔环保科技有限公司这样遭遇融资困难的企业不在少数。

怎样让科技型企业在向商业银行融资时不再吃"闭门羹"? 又怎样让商业银行贷款放得"踏实"? 光大银行认为,要解决好"资金饥渴"与"轻资产"这对矛盾,核心是要突破传统信贷思维,创新抵质押担保方式,针对不同领域和不同发展阶段的科技型企业量身定制"个性化"金融产品。

在了解到恺利尔环保科技有限公司的困境后,光大银行迅速组织专门的人员对该企业的商业模式进行深入考察。光大银行认为,该企业服务的节能改造项目未来的收益可以成为其还款来源的有效保证,因此大胆向其提供了第一笔175万元的贷款。

实践也验证了光大银行的眼光。恺利尔环保科技有限公司从光大银行获得的第一笔贷款,成为其成功起跑的"助力器"。不久后,该企业已经成为苏州工业园区科技领军企业,得到了市场资金的青睐。

在服务科技型小微企业时,光大银行发现,融资难问题仍是企业发展的最大掣肘。企业生产和发展需要较大额度的中长期资金支持,但因科技型企业主要资产为无形资产,缺乏足够的抵押物,商业银行不愿承担过高的授信风险;企业想通过资本市场直接融资,但因资产规模和盈利限制,难以找到可行的途径;想找其他合作方或投资方,又缺乏较好的沟通渠道和平台,因此,企业往往会延误甚至错失发展的宝贵机遇。

在长期实践过程中,光大银行从发展战略、市场定位、信贷政策、网点建设和金融服务等方面不断创新,推进科技和金融的结合试点来建立多元化、多层次、多渠道的科技投融资体系,为科技型小微企业创造了良好的融资环境,提供创业扶持和特色服务。

针对不同领域和不同发展阶段的科技型企业,光大银行量身定制金融产品,不断改进业务机制流程,先后开发推广了节能融易贷、支票易、税贷易等金融产品,以金融服务支持"双创"事业,让科技型企业不再着急等"贷"。

(资料来源:作者根据公开资料整理。)

本章小结

1. 金融市场客户分为个人客户和机构客户,影响其购买决定的因素有不同之处。

2. 影响个人购买者行为的因素主要包括两类:外在因素(文化因素和社会因素)和内在因素(心理因素和非心理因素)。

3. 金融市场客户的金融交易行为决策过程与有形商品市场或其他无形商品市场中客户的购买行为决策过程是一样的,包括认识需要、搜集信息、评估信息、决定交易、事后评价等活动。

4. 机构类客户主要指企业法人以外的非个人客户,包括政府及政府机构、事业单位法人、社团法人等。商业银行对这类客户的传统称呼是"非生产流通领域客户"。

5. 机构客户主要指与商业银行发生业务关系的各企事业单位及政府机关。商业银行向某机构客户提供金融服务时,必须了解该机构客户的需求、资源、政策和购买程序,同时必须考虑到在客户市场中不常见的某些问题。

6. 影响机构客户的金融交易行为包括环境因素、组织因素、人际因素。

思考题

1. 文化因素对个人客户的市场购买行为会产生哪些影响?
2. 机构客户与个人客户相比有哪些不同的特点?

第 5 章

金融营销品牌和定位

知识目标

- 掌握金融营销品牌的含义与作用;
- 了解金融营销品牌的设计与推广策略;
- 了解金融营销品牌的含义与原则。

技能目标

- 培养和掌握金融营销品牌各阶段的营销策略与方法;
- 培养识别市场上各金融营销品牌定位的方法。

目前国内金融行业尤其是银行业的竞争越来越激烈,由于营销观念、营销方式的类似,各金融机构虽然陆续推出了大量金融产品,但这些产品在种类、结构、功能上都比较接近,使大批客户"朝三暮四",营销效果长期得不到提升。要解决这一难题,金融品牌营销至关重要。[①]

随着社会的快速发展和前沿技术浪潮的兴起,中国金融行业市场化、信息化、全球化趋势凸显,中国金融市场的竞争由机构竞争、价格竞争、服务竞争、技术竞争、人才竞争迅速转为以"金融品牌"为核心的企业综合素质的竞争。金融品牌在市场中进行适当的定位,不仅会使金融产品和服务为更多的客户所接受与认可,而且能使金融机构充分利用和发挥自身的资源,针对竞争者的不足,做到扬长避短,在市场竞争中保持优势。[②]

为了创建"金融品牌",金融机构首先需要充分整合企业资源优势,不断创新服务产品,注重金融科技的应用,为客户提供个性化的优质服务;在此基础上,构建完善的品牌建设和管理体系,加强营销传播设计、企业文化建设、社会责任履行。

英国咨询公司 Brand Finance 发布的"2021 年全球品牌价值 500 强"榜单中,中国总入选品牌数为 84 个,其中金融品牌有 23 个,占比为 27.38%。中国工商银行以 727.88 亿美元的品牌价值排名第八,已经连续 5 年位列前十强,也一直是中国排名最高的品牌,一定程度上彰显了中国金融品牌强劲的发展实力。

案例 5-1　中国建设银行:品牌是怎样"炼成"的?

2014 年,中国建设银行在伦敦推出了首只以人民币计价的国际货币市场基金。面对人民币国际化的浪潮,中国建设银行始终秉持"以客户为中心"的理念,通过精准的市场判断和贴心的金融服务,在全球树立起自己的品牌。

从助力中石化成功发行 50 亿美元国际债券,到积极为锦江航运设计用以拓展航线的融资结构;从为吉利收购沃尔沃提供境内独家并购贷款,到力促长江三峡集团并购葡萄牙电力公司成功,中国建设银行始终以严谨的态度和优质的服务满足企业的各种金融需求。

而在服务中小企业"走出去"上,中国建设银行同样不遗余力。一次,福建南星大理石公司因海外订单大增而急需贸易融资贷款,在当时境内人民币贷款额度一度吃紧的情况下,中国建设银行通过细致周密的安排,成功敲定了境内外联动的融资方案,有效解决了客户的燃眉之急。

2023 年,Brand Finance 联合英国《银行家》杂志发布"2023 年全球银行品牌价值 500 强"榜单。中国建设银行以 626.81 亿美元的品牌价值位居全球银行品牌价值第二,这也

---

① 张武、杜志刚:《银行业品牌营销创新之我见》,《河北金融》2010 年第 7 期。
② Christine T. Ennew, Mike Wright, and Jan Kirnag, "The Development of Bank Marketing in Eastern Europe: The Case of Slovakia," *The Service Industries Journal*, 1996, 4: 443-457.

是中国建设银行连续6年进入全球最具价值银行品牌榜单。

约翰内斯堡、东京、纽约、悉尼、多伦多、伦敦等一连串的金融名城,在地球上勾勒出中国建设银行海外布局的版图。而随着对巴西BIC银行控股权股份收购的完成,中国建设银行不仅成为首家以并购方式进入巴西的中资银行,更在广袤的南美洲大陆上建起一个宝贵的业务支点。2022年,该行已在全球31个国家和地区设立近200家分支机构,为近4万家客户提供了跨境人民币服务。

虽然中国建设银行不是海外机构数量最多的商业银行,海外业务的历史也并非最久,但其清晰的布局思路和快速的发展势头令人刮目相看。在乘势拓展海外互联网金融业务的同时,中国建设银行十分重视海外业务的本土化,深耕当地市场。

"每个地区都有独特的风土人情,因此我们要求海外分支机构一旦符合条件,就立即开展本地化进程。"中国建设银行内部管理人员说道。如2022年,中国建设银行海外分支机构共有1 345名员工,其中外籍员工1 033名。中国建设银行每年也会积极参与当地的环保、扶贫等公益项目,以树立良好的企业形象,其中约翰内斯堡分行还因此受到当地政府的表彰。

为了深耕海外市场,中国建设银行为每一家海外分支机构都制定了不同的发展模式,引导各机构结合自身发展阶段及所在地市场的特点和监管要求、区位优势等因素,着力打造自己的特色业务和比较优势。此外,中国建设银行总行还持续引导海外分支机构服务当地经济发展,以求从"以跟随为主"向"跟随"和"落地"并重转变。

(资料来源:作者根据公开资料整理。)

第一节　金融营销品牌概述

一、品牌的含义

品牌是市场营销的有力武器,品牌策略是产品策略的一个组成部分。以品牌来建立产品的市场地位并培养客户对本企业产品的"品牌偏好",是企业进行市场营销的重要策略之一。随着中国金融体制改革的深化、金融领域对外开放的扩大,以及市场竞争强度的加大,金融机构纷纷引入市场营销理念,对品牌策略的实施运用也更加重视。

品牌是由文字、符号、标记、图案或设计等要素或这些要素的组合构成的,用以识别产品或服务,并使之与竞争者的产品或服务区别开来的商业名称及标志。品牌通常包括品牌名称和品牌标志两部分。品牌名称,也称品牌或品名,是品牌中可以用语言称呼的部分,如"牡丹卡""家乐福""奥迪"等;品牌标志,又称品标,是品牌中可以被记认、易于记忆但不能用语言称呼的部分,通常由图案、符号或特殊颜色等构成。比如,中国工商银行的品标,是用圆圈围绕的"工"字,这也是该行的行徽。品牌,就其实质来讲,是一种承诺,是销售者对购买者的承诺。比如,交通银行的"外汇宝"这一品牌实际上是一项使客户得到"交易手段新、报价及时、方便快捷"的外汇交易服务的承诺。客户识别出这一承诺，并通过信息沟通及实际使用经验认同这项承诺，就赋予了品牌真正的存在价值。

二、金融营销品牌的含义

金融营销品牌简称金融品牌，指为金融产品而设计的名称、术语、符号或标志，其目的是用来辨认金融机构各自的产品或服务，并使这一特色金融产品或服务与其他金融机构的产品或服务相区别。金融营销品牌，就是指金融机构通过对金融产品品牌的创立、塑造，树立品牌形象，以加强自身在金融市场上的竞争力。金融营销品牌与物质产品的品牌有所不同，前者一般包括金融营销的产品名称、式样、外形、色彩、识别暗记，以及金融产品提供者的名称和有关合法印章、签字、背书等要素。金融产品的品牌与物质产品的品牌的区别主要表现为：一个金融产品通常就是一个品牌，每个品牌都必须有该产品提供者的名称和标记等。

中国学术界对金融营销品牌的关注始于 1999 年左右。早期论文旨在宣扬构建金融营销品牌的重要性，并以案例分享的形式指导实践，如赵辉详细介绍了金融营销品牌的概念、国内外金融营销品牌战略发展。[1] 林谦完整地回顾了深圳银行业品牌竞争从法人品牌竞争到产品品牌竞争再到客户品牌竞争阶段的发展历程，进而从操作层面为商业银行提出六大品牌竞争策略。[2] 2014 年互联网金融爆发后，对互联网金融营销品牌的营销方式、策略、问题的探讨日益增多，唐悦基于互联网金融品牌传播现状研究指出，金融机构应采取差异化的品牌信息传播策略，重点要基于企业自身特点灵活转换。[3] 邓恩指出，在品牌传播认知阶段，互联网金融企业需要线上线下多渠道进行品牌传播，但需要找出品牌传播的主线，这条主线将完美展现出企业的核心价值，而企业的核心价值不仅仅代表企业本身的利益，还需要与目标客户的真实需求相匹配。[4] 总之，伴随着技术的发展、金融机构的改革、金融产品的创新，金融营销品牌也会不断丰富其内涵。

三、金融营销品牌的作用

品牌的作用可从企业、客户等方面来透视。具体来讲，金融营销品牌的作用主要表现为：

（一）降低客户选择风险

金融行业是以服务性为主的行业，其产品在很大程度上是一种有形的承诺，如票据、保险金等，以及无形的服务如结算、保险理赔等。票据由《中华人民共和国票据法》和《中

---

[1] 赵辉：《关于构造我国商业银行品牌战略的思考》，《金融论坛》2003 年第 3 期。
[2] 林谦：《金融品牌、差异化营销与银行核心竞争力——对深圳银行业品牌竞争的实证分析及其策略思考》，《金融论坛》2004 年第 5 期。
[3] 唐悦：《互联网金融品牌"造节"营销策略分析——以中国平安第四届财神节为例》，《传播力研究》2018 年第 17 期。
[4] 邓恩：《新消费主义视角下互联网金融品牌传播模式创新研究综述》，《商业经济》2023 年第 1 期。

华人民共和国合同法》界定成为功能唯一且为消费者所熟悉的规范化产品,但诸如信用卡等电子货币及保险险种等在功能种类方面仍存在很大的差异,而在无形服务方面的差异则可能更大,每家企业的服务水平都会有不同的特点。因此,客户购买金融产品时会面对一定的风险,他们在购买过程中也必然会尽力降低这些风险,选择比较优良的服务。实践证明,建立良好的金融营销品牌有利于客户认识、了解并信任这种金融服务。

(二) 有助于市场开拓

由于金融产品的多样性和金融服务的广泛性,任何一家金融机构,都不可能满足所有客户的所有需求,只能通过市场细分、市场定位等策略,在市场上找到一个恰当的位置,寻求差异化优势,从而扬长避短,以最小的投入获得最大的产出。而金融营销品牌则有助于企业在特定的细分市场上建立差异化优势,吸引并留住客户,从而获得更大的市场份额。

(三) 树立金融机构形象

作为提供金融产品的企业,培育具备信息力、知识力、文化力、形象力的名牌产品,有助于避免低层次的或单一的价格竞争,在更高的层次上寻求竞争优势,创造良好的经济效益和社会效益,树立现代金融机构形象。如果企业在实施企业形象识别系统(Corporate Identity System,CIS)战略的基础上,对具体的产品和服务再实施品牌策略,将会更加丰富、深化金融行业 CIS 的内涵。

(四) 有助于金融机构实施关系营销战略

从关系营销理论来看,培育并留住优质客户对金融机构非常重要。企业须从长远战略发展的高度来认识企业与客户的关系,投入足够的力量发展与客户的长期合作关系。而金融营销品牌作为无形资产,所体现的是与客户的紧密关系,因此,树立品牌意识、实施品牌策略有利于金融行业的市场开发和优质客户培育,并能帮助企业避免只着眼于短期利益而采取的某些短视的、不规范的营销行为。

案例 5-2　民生慧管家:企业家级客群服务专属品牌

民生银行成立于 1996 年,是中国第一家由民营企业发起设立的全国性股份制商业银行,具有十余年的私人银行业务经验。截至 2021 年年底,民生银行私人银行客户已超过 3.8 万户,管理金融资产超过 5 300 亿元。

2022 年 3 月,民生银行依托私人银行业务带来的客群基础优势,推出"民生慧管家"服务,旨在为企业家级客群提供特色定制化服务,打造极致服务体验,这是客户服务向高质量发展转型的一次创新之举。

具体来看,"民生慧管家"针对企业家级客群,从个人、家庭、企业、社会四大维度,打造八大服务体系,满足其财富管理和传承、融资投资、风险保障、生活休闲等需求,致力于成为企业家的专属管家、全能管家、财智管家、银行业专家、全行业专家。

其中,八大服务体系包括慧金融、慧投资、慧经营、慧投行、慧家业、慧传承、慧名仕、慧生活。"慧金融"提供专属定制结构性存款、专享消费贷款、极速汇款、7天见证开户及专享专席等服务,以专属、丰富、极速、便捷提升基础产品体验,打造企业家级客群专属的极致存贷汇服务。"慧投资"是资产配置管家,汇集权威机构顶级专家,提供资本市场及地产领域深度交流、个性化定制研究、专享研究策略报告等服务。"慧经营"是企业经营管家,提供企业发展研究及行业深度调研服务,解析大势变化,解构行业前沿动态。"慧投行"是资本运营管家,提供涵盖股票质押融资、股票回购、大宗减持、员工及高管股权激励、大股东增持等投融资一体化服务。"慧家业"是家庭产业服务管家,精选法律、税务、教育机构,汇集行业顶尖专家形成专享智囊团,打造以客户为中心的定制化服务模式,高效响应、优先服务、私密专享。"慧传承"是家族传承管家,以长期稳健的家族财富管理服务理念,提供家族信托及家族宪章定制服务,满足客户企业治理、财产规划、风险隔离、身份筹划、家族治理等多元化需求。"慧名仕"是企业家俱乐部,举办慧享系列活动,提高生活品质,搭建吸纳专业知识、交流传承经验、碰撞创新思维、创造合作机会和分享生活方式的个性化交流平台,实现品牌及圈层赋能。"慧生活"是品质生活管家,打造运动、康养、出行和生活贵宾权益体系。

(资料来源:作者根据公开资料整理。)

四、金融营销品牌的特征

(一)金融营销品牌的背后是特定的客户群体

菲利普·科特勒教授在他的《营销管理——分析、计划、执行和控制》一书中强调,品牌暗示着特定的客户。如果我们看到一个20多岁的学生使用牡丹白金卡,一般会感到很吃惊,因为牡丹白金卡是中国工商银行发行的,主要面向年消费额在人民币10万元以上的成功人士的信用卡。反之,由于客户的品牌选择常常彰显其社会地位和品位,因此,当一位事业有成的企业家面临办卡选择时,相较于普通卡他更可能选择牡丹白金卡。也就是说,品牌暗示了购买或使用产品的客户类型,即品牌的背后是客户。

(二)金融营销品牌是金融机构与客户之间的无形纽带

金融机构设计、建设、经营品牌,客户最终拥有品牌。金融机构服务品牌是金融机构通过金融产品对客户最庄严、最重要的承诺。金融机构设计品牌的目的就是通过有效的品牌运作,使客户信任、接受品牌及其标定的产品,进而通过销售产品获得预期收益。品牌在产品和客户之间起着桥梁或纽带作用。企业借助品牌实现有关产品及相关信息的输出,客户通过品牌了解其标定下产品的质量、特色及服务等信息,并据此决定是否购买。企业与客户的这种信息传递是在市场中实现的。

(三)金融营销品牌是市场竞争的焦点

近年来,随着我国民众生活水平的提高以及金融行业对外开放步伐的加快,金融市场需求差异化程度日益提高,金融市场竞争日趋白热化。品牌有利于产品识别、产品促销,从而产生差异性,降低产品价格弹性,带来长久利益,有品牌的产品和企业在品牌的光环下,攻城略地抢占大量市场份额,获利丰厚,而没有品牌的企业在深陷价格战苦海的同时产品却无人问津,每况愈下。所以,金融机构间争夺的不只是客户的消费,更是客户的心智和信任,金融营销品牌的争夺是重中之重。

(四) 金融营销品牌是企业的优质资源

金融营销品牌能给企业带来财富,同样的产品贴上不同的品牌标签,就可以卖出不同的价格,市场占有能力也有很大的差异,这是人们所共知的。这种由品牌带来的超值利益是品牌的价值体现,是由品牌这种特殊的资产生成的。把品牌称为特殊资产,不仅是因为它无形,而且还因为它的真实价值并未在企业财务状况中反映出来。

金融营销品牌是金融机构的无形资产,它虽不像土地、房屋、机器设备等有形资产那样可观,但是它同样具有可交换的属性。不仅如此,品牌资产还能够产生价值,用其投资能给企业带来收益,利用品牌资产盘活有形资产进而使企业增值即是证明。

第二节 金融营销品牌管理策略

金融营销品牌管理策略的范围很广,主要包括金融营销品牌设计、金融营销品牌生命周期理论与各阶段营销策略、金融营销品牌推广与评估等内容,下面一一介绍。

一、金融营销品牌设计

(一) 品牌设计概述

市场上的个人金融产品品牌众多,各有特色。按照不同的划分标准,个人金融产品品牌可形成不同的种类。

1. 按照品牌的完整性划分

按照品牌的完整性划分,品牌可分为完全品牌和品名品牌两种。

完全品牌是个相对的概念,是相对于只有品牌名称或只有品牌标志的品牌而言的。完全品牌是指既有品牌名称又有品牌标志的品牌。这种包括了品牌名称和品牌标志两部分的完整品牌,既便于传送,又便于通过视觉牢记(人们接收到的外界信息中,83%是通过眼睛这一视觉器官获取的)。比如,中国建设银行的"乐当家"品牌,通过艺术化处理过的品牌名称加上卡通化的房子造型对树立其品牌形象起到了巨大的促进作用。

品名品牌是指只有品牌名称而没有品牌标志的品牌。名称是个人金融产品品牌的核心,对金融机构品牌策略的实施有着重要的影响。一个好的名称将更容易建立起高效的个人金融产品品牌。品牌名称是个人金融产品品牌传播过程中不可缺少的部分,而正是由于这一点,无品牌标志也可以实现品牌传播(有的需对名称进行艺术加工,以增强视觉认知),于是许多金融机构采用这种有品牌名称、无品牌标志的品牌设计形式。这种品牌设计简单明了,可以减轻人们的辨识压力。很多个人外汇投资品牌,比如交通银行的"外汇宝"、中国银行的"汇聚宝"、中国工商银行的"汇市通"等均属于此类品牌设计。

2. 按照品牌的寓意划分

个人金融产品品牌的寓意,体现了金融机构对客户的告知。例如,告知品牌标定下个人金融产品的功能、效果或对客户的深情与关爱,蕴含的企业经营理念等。依据品牌的寓意,品牌可划分为功能性品牌、效果性品牌、情感性品牌等。

功能性品牌有中国建设银行的"速汇通""汇款直通车""一卡通"、中国工商银行的"理财金账户""金融 e 家"等。

效果性品牌有中国建设银行的"汇得盈"、汇丰银行的"卓越理财"等。

情感性品牌则更为多见,如中国建设银行的"龙卡"(龙的传人用龙卡),中国工商银行的"生肖卡""幸福贷款",广发银行的"真情理财"(用心为您,增值每一天),等等。

(二)品牌设计的内涵与原则

品牌设计是品牌运营的基础。蕴含美感、富有感召力的品牌是品牌经营获得理想效果的必要前提。个人金融产品品牌设计得好,容易在个人客户心目中留下深刻的印象,也就容易打开市场销路,增强品牌的市场竞争力;个人金融产品品牌设计得不好,会使得客户看到品牌就产生反感,降低购买欲望。正如孔子所说:"名不正,则言不顺;言不顺,则事不成。"为了使客户更好地认知品牌,需要为个人金融产品和品牌取个动听、别致、富有文化内涵及感召力的名字。与此同时,品牌名称也需要创造。实践证明,品牌名称不仅仅是一个简单的文字符号,对于一个品牌而言,品牌名称也是企业整体的化身,是企业文化、经营理念的缩影和体现。富有感召力和亲近感的品牌,不仅有利于增强宣传效果,而且能缩短企业与客户之间的距离。[①]

金融产品品牌设计一般应遵循以下几个基本原则:

1. 简洁醒目,易读易记

来自心理学家的一项调查分析结果表明,人们接收到的外界信息中,83%的印象来自视觉,11%借助听觉,3.5%依赖触觉,其余的源于味觉和嗅觉。基于此,为了便于人们认知、传播和记忆,个人金融产品品牌设计的首要原则就是简洁醒目,易读易记。为了符合这个要求,不宜把过长的和难读的字符串作为品牌名称,也不宜将呆板、缺乏特色的符号、颜色、图案用作品牌标志。只有简洁醒目,才便于人们识别和记忆。例如,中国建设银行的"要住房,到建行"就一目了然,朗朗上口。

2. 构思巧妙,暗示属性

一个与众不同、充满感召力的品牌,在设计上不仅要做到简洁醒目,易读易记,还应该充分体现品牌标志下个人金融产品的优点和特性,暗示个人金融产品的优良属性。例

---

① Turkes Mirela Catalina, "Concept and Evolution of Bank Marketing," *Annals of the University of Oradea: Economic Science*, 2010, 2: 1165-1168.

如,中国建设银行的"速汇通"品牌,不仅简洁易记,更揭示了该个人汇款产品安全、资金到账迅速的特点。

3. 富蕴内涵,情意浓厚

品牌大多有其独特的含义和解释。有的是一种产品的功能,有的是一个典故。富蕴内涵、情意浓重的个人金融产品品牌,因能引起客户和社会公众美好的联想而备受金融机构的青睐。中国建设银行的银行卡使用了"龙"这一极具中国特色和文化底蕴的、象征着中华民族的神物作为其品牌,"龙的传人用龙卡"大幅缩短了与客户之间的距离,并以其丰富的文化内涵、特有的情感魅力吸引着广大客户,作为五大国有商业银行的产品中较晚推出的银行卡品牌,在极短的时间内迅速被客户所熟知。

4. 别具一格,避免雷同

品牌是为了区别同类商品而诞生的。如果个人金融产品品牌名称或品牌标志与竞争者的同类商标近似或雷同,就失去了品牌的特性,从而也就失去了品牌的显著性特点的意义。品牌设计雷同或近似的结果,一方面,因缺乏显著性而不便于人们识别进而不能获得《中华人民共和国商标法》中规定的商标专有权,品牌的保护力大大降低,品牌增值的目的也就不复存在;另一方面,即使能够获准注册,也会因在宣传自己品牌的同时为竞争者的雷同或相似品牌宣传,而使品牌传播费用增多、品牌传播效果变差。鉴于此,金融机构在个人金融产品品牌设计时必须克服这个品牌运营中的大忌,使自己的品牌别具一格,具有较强的显著性。目前,各商业银行的个人外汇产品品牌设计就存在某种程度上的雷同,比如中国银行的"汇聚宝"、中国工商银行的"汇得利"、交通银行的"外汇宝"、中国建设银行的"理汇宝"与"汇得盈",这样类似的品牌设计很难在人们心目中留下独特印象,而广发银行的个人外汇产品则避开了上述关键字而命名为"丰收外汇优利",独树一帜。

5. 品牌名称与标志协调互映

品牌名称与标志协调、相互辉映,容易加深客户和社会公众对个人金融产品品牌的认知与记忆。所以,品牌名称与标志协调、相互辉映是个人金融产品品牌设计时常遵循的一个重要原则。

6. 尊重习俗,符合法律

扩大销售区域、开拓国际市场是金融机构孜孜以求的奋斗目标。然而,如果品牌设计不当,不能获得拟扩展地区的消费者的喜爱,就会影响个人金融产品的销售,甚至还会导致国际争端或伤害他国人民的感情。所以,为了扩大个人金融产品品牌的使用区域,有助于开拓市场,在品牌的设计上还应注意尊重目标市场所在地的风俗习惯和法律法规,使个人金融品牌能够突破空间限制。突破空间限制主要是指品牌突破地理文化边界的限制。由于世界各国的人受历史文化传统、语言文字、风俗习惯、价值观念、审美情趣等方面差异的影响,不同国籍和地区的人们对同一品牌的认知与联想也有很大差异。为了保证个人金融品牌名称具有广泛的适应性,冲破文化壁垒,以达成金融机构开拓市场之目标,必须广泛分析、认真研究各个国家和地区的价值观念、风俗习惯、审美情趣、忌讳偏好、文化传统等,尽可能地投其所好,避其禁忌。与此同时,在个人金融产品品牌设计中,还应重视目标市场所在国的商标法等相关法律的约束与限制。如在中国,品牌应禁止与中国或外国的国家名称、国旗、国徽、军旗、勋章相同或相似,禁止与国际组织的旗帜、徽记、名称相同或相似,禁止带有民族歧视性的文字和图形,禁止带有有损社会主义道德风尚或者其他不良影响的文字和图形。

7. 字图色美,富有个性

中国建设银行的一系列个人金融产品品牌均选用蓝色作为其品牌标志色,一方面与其总体的品牌相统一,另一方面也向目标客户群传达了企业包容大气、诚信可靠、智慧人性的形象信息。招商银行的"金葵花"理财品牌以一个艺术体化的橙黄色的向日葵为标志,橙黄色向客户传递了富足、热情、充满活力的品牌感觉。就个人金融产品品牌的字体而言,为了便于识别、增强感染力,要做到尽可能与个人金融产品属性相吻合。一些个人网上银行品牌,如"金融e家""e路通"等使用艺术化的字母"e"将产品属性明确表达出来,同时也让新一代的个人客户群体感到非常亲切。另外,字体要便于认读。品牌文字是品牌接受者广为传颂的依据,如果不能迅速辨认出来,就会影响传播,尤其是手写体书法或美术字体一定要使人们能一眼就认出是什么字,不能为了追求"美"而让受众猜字。此外,还要有充满个性的视觉形象,个人金融产品品牌图标在注重与品牌名称相关、与其寓意或内涵相映的同时,要力求简单、鲜明。

案例 5-3　蕴含深意的银行标志

中国工商银行的标志以一个隐性的方孔圆币体现出金融行业的特征,标志的中心是经过变形的工字,中间断开,使工字更加突出,表达了深层含义。两边对称,体现出商业银行与客户之间平等互信的依存关系。以断强化续,以分形成合,是商业银行与客户的共存基础(如图 5-1 所示)。

ICBC 中国工商银行

图 5-1　中国工商银行的标志

中国农业银行的标志呈外圆内方,象征着其作为国有商业银行经营的规范化。麦穗芒刺指向上方,使外圆开口,给人以突破感,象征着其事业不断开拓前进。其行徽标准色为绿色。绿色是生命的本原色,象征着生机、发展、永恒、稳健,表示其诚信高效,寓意其事业蓬勃发展(如图 5-2 所示)。

图 5-2　中国农业银行的标志

中国建设银行以古铜钱为基础的内方外圆标志,体现出明确的商业银行属性,着重体现其"方圆"特性。方,代表严格、规范、认真;圆,象征着饱满、亲和、融通。图形右上角的变化,形成重叠立体的效果,代表"中国"与"建筑"的英文首字母缩写,即两个字母 C 的重叠,寓意积累,象征着中国建设银行在资金的积累过程中发展壮大,为中国的经济建设提供服务。图形突破了封闭的圆形,象征着中国古老文化与现代经营观念的融会贯通,寓意其在全新的现代经济建设中,植根中国,面向世界。标准色为海蓝色,象征着理性、包容、祥和、稳定,体现国有商业银行的大家风范,寓意其像大海一样吸收容纳各方人才和资金(如图 5-3 所示)。

图 5-3　中国建设银行的标志

中国银行的标志以中国古钱与"中"字为基本形状,古钱图形是圆形与方孔的设计,中间为方孔,上下加垂直线,成为"中"字形状。古钱的形状代表银行,"中"字代表中国,寓意天圆地方,经济为本,颇具中式风格(如图 5-4 所示)。

图 5-4　中国银行的标志

(资料来源:作者根据公开资料整理。)

二、金融营销品牌生命周期理论与各阶段营销策略

科学技术的进步、生活方式的转变,以及消费观念的变化,都促成市场消费需求的瞬息万变,这就导致了适应特定需求的个人金融产品是短期的、暂时的,金融机构开发出的任何新的个人金融产品都不可能长期地占领市场,也不可能永远处于畅销地位。应该说,没有长盛不衰的产品,只有众所周知的品牌(即知名品牌)才能"震慑"客户,赢得市场。通过对品牌生命周期的研究,我们可以找到一条竞争制胜的道路。

在现代市场经济条件下,品牌具有及其所代表的核心产品近似的市场生命活动规律,我们把这种规律定义为品牌生命周期。品牌生命周期具有广义和狭义之分。广义的品牌生命周期包括品牌法定生命周期和品牌市场生命周期,前者是指品牌按法律规定的程序注册后受法律保护的有效使用期,后者则是指新品牌从进入市场到退出市场的整个过程。狭义的品牌生命周期特指品牌市场生命周期，包括导入期、知晓期、知名期、维护与完善期、退出期。[①]

本节所讨论的品牌生命周期是指狭义的品牌生命周期，并且假定品牌始终处于品牌法定生命周期有效期的范围内。此外，我们还认为个人金融产品品牌与其所代表的个人金融产品同时进入市场。

（一）金融营销品牌导入期营销策略

在个人金融产品导入期，个人金融产品品牌及其所代表的个人金融产品刚刚进入市场，品牌的知晓度很低，所以导入期营销策略主要以提高知名度为目标。这一时期需要准确地对品牌进行定位，花大力气宣传、提高品牌的认知度，不论是促销经费的投入，还是促销手段的运用，都要立体式、全方位地向客户发动"地毯式轰炸"，以使客户认识、了解和熟悉品牌，进而培养和建立好感、信任与忠诚。

个人金融产品导入期时间的长短，取决于个人金融产品的技术含量及促销力度。如果产品的技术含量高，与竞争者同类产品相比优势明显，促销宣传力度大，策略运用得当，则这一阶段就短；反之，则长。金融机构应集中精力做好促销宣传，扩大品牌的影响基础。

导入期具体的营销策略应注意以下几个方面：

（1）广告宣传。这一阶段的广告应以宣传新品牌为主，广告内容突出展示品牌效应，简单明了，突出文字名称，主要介绍品牌的含义、内容、特点、优势等，让客户直观地认识该品牌，并对品牌特点有一个大体的了解。

（2）网点宣传。这一阶段应以向客户分发宣传折页、粘贴宣传画为主，让光临金融机构网点的客户都能够感受到新品牌推出的气息，要求网点人员能够对品牌的含义进行解释，对该品牌的特性有一定的了解，能够让客户认识到品牌的优势，突出品牌效应。这种宣传形式为长期性的宣传。

（3）网上营销。运用线上渠道进行推广，对品牌产品类别、功能、特点等予以生动展示，加强客户对产品的了解。

（4）媒体宣传。在新媒体环境下，信息的生产规模、内容类型、传播途径大幅增多，为了提高宣传效率，金融机构需要依托客户的观看场景、社交场景、消费场景来构建可以与客户建立深度互动关系的广告投放策略。

（二）金融营销品牌知晓期营销策略

通过导入期的宣传介绍，个人金融产品品牌逐步被市场所接受，品牌所代表的个人金融产品销量迅速增长，进入金融营销品牌知晓期。

在个人金融产品品牌知晓期，要充分利用已对个人金融产品品牌产生认同和信赖的目标客户，进行品牌传播，加快传播速度，提高传播质量和效率，缩短由个人金融产品品牌知晓期向知名期转变的时间，这种方法被称为"口碑原理"。

---

① 潘成云：《品牌生命周期论》，《商业经济与管理》2000年第9期。

所谓"口碑原理",是指以口头传播为主要形式,传播者之间相互信任或具有密切关系或者兼而有之的一种新型传播方式。口碑原理有三个重要特征:①选择性,即人们在传播信息时会以传播者认为最重要的信息作为传播对象,其可能是产品功能,也可能是质量、价格或品牌的地位等;②主观性,即人们所传播的信息是经过自己的思维加工而成的,必将带有一定的主观色彩;③高效性,由于传播者之间的关系,往往一次传播将对被传播者的购买行为和态度产生决定性影响。美国洋基洛维奇事务所与《美国周末》(USA Weekend)杂志 1996 年就口碑原理问题抽样调查了 1 000 名消费者,结果发现因亲朋好友推荐而购买新产品的占 63%,因看电视广告而购买的占 25%,通过看报纸广告购买的占 15%,通过看杂志广告购买的占 13%,通过看售点广告购买的占 13%。日本电通广告的调查也得出相似的结论。可见口碑原理在信息传播和影响消费者购买行为中占有十分重要的地位。

在个人金融产品知晓期,在运用口碑原理的基础上,采取具体的营销策略时应注意以下几个方面:

(1)大客户营销。在这一阶段,需要选择部分客户组织专场营销(客户要具有一定的代表性、扩散性、影响力),例如举办品牌专场演示会,向客户现场展示该品牌产品的内涵、功能、特点等,让客户对该品牌有一定的深度了解,并可以为客户量身定制产品方案,让客户切实感受到该品牌能够带来的效益,使得品牌形象得以深化。

(2)地域营销。选择在使用该品牌较密集的场所区域,举办现场演示活动或设立咨询台,组织形式可以多样化,组织内容可以丰富多彩,但主题是提升品牌在有效客户群体中的知名度。

(3)广告营销。新媒体环境下广告营销的形式、策略都已发生深刻变革。首先,营销形式上,自媒体平台、搜索引擎、户外广告等成为新的营销战场;其次,营销策略上,与以往选择人流量大、客户密集的地方投放广告相比,现在更注重精准性,即通过大数据来精准统计出金融机构网站的访问量,并基于访问者的人群画像(包括地域、人群、场景等)对其客户精准、定向投放广告。

(三)金融营销品牌知名期、维护与完善期营销策略

在品牌的生命周期中,时间上最难以区分的是知名期和维护与完善期。因为品牌一旦进入知名期,或者说跨入名牌行列,企业便立即面临对其已有的"知名度"进行维护与完善的问题。为了方便,也为了更切合实际,我们在此把两者结合起来进行讨论。

这两个阶段是个人金融产品品牌成熟期,品牌被广泛认知,已经形成了固定的客户群体。其所代表的个人金融产品销量大并相对稳定,销量和利润的增长达到顶峰后速度渐缓并开始呈下降趋势。由于竞争激烈,营销费用增加,成本上升。

在这两个阶段,金融机构应从战略高度出发,以目标企业形象为中心,通过传播、维护和完善良好的个人金融产品品牌形象,不断提高和维护目标社会公众对品牌的忠诚度。这期间应着力维护和完善知名品牌所代表的个人金融产品的品质形象,完善个人金融产品品牌的个性特征,维护与发展并重,以提醒式宣传为主,并针对金融机构内部条件

与外部条件的变化制定相应的应变策略,措施包括但不限于扩大宣传、上门营销,提供以旧换新服务、上门维修服务、经济补偿等。

(四) 金融营销品牌退出期营销策略

从理论上说,品牌可能从前面四个阶段分别进入退出期。在此,我们只讨论从维护与完善期进入退出期这种情况。

个人金融产品品牌出现衰退最直接的表现是其所代表的个人金融产品市场占有率、销售率、销售利润等出现较大幅度的持续下降。对此,金融机构应进行深入细致的调查研究,具体分析导致个人金融产品品牌衰退的原因,慎重做出退出或继续推广的决定。

一般来说,导致个人金融产品品牌衰退的原因主要有两个方面:

(1) 金融机构本身的失误,即金融机构在个人金融产品品牌维护与完善期策略不当。包括:①金融机构经营管理不善导致品牌所代表的个人金融产品质量不稳定,甚至持续下降;②个人金融产品设计、技术等更新换代不及时,不能适应目标社会公众的需求变化,或者是营销策略不当;③金融机构没有针对自身内部条件和外部条件的变化采取相应的应对策略。

(2) 相同或具有替代性且更具竞争力的个人金融产品进入市场竞争。

案例 5-4　百分点科技:商业银行高价值客户流失预警

百分点科技成立于 2009 年,是中国领先的大数据技术与应用服务商,可以通过自身强大的数据分析建模能力,为商业银行客户流失提供洞见,即帮助它们判断客户是否流失,找到潜在流失对象,并及时挽回客户。百分点科技的解决方案具体包括判断客户流失、建立客户流失预警模型、绘制流失客户画像。

首先,判断客户流失。传统意义上对流失客户的定义是指,客户不再继续参与原业务、不再重复购买或者终止原先使用的服务。不同商业银行对客户流失的关注角度不同,本案例主要关注高价值客户的流失问题,以观察期、稳定期、间隔期、表现期四个阶段客户的资产变动情况来定义客户是否流失。其中,观察期 4 个月,用来收集客户特征,得到客户在未流失之前的具体表现;稳定期 2 个月,用来过滤急速流失的客户,这类客户往往随机性较强,很难通过营销手段挽留;间隔期 1 个月,让商业银行对可能流失的客户进行营销挽留;表现期 2 个月,用来最终判断客户是否流失。最后发现,一个流失的客户需要满足:与观察期相比,稳定期资产均值下降≤35%;稳定期未出现资产回暖,即 2 个月内资产在持续下降;与观察期相比,表现期资产均值下降>30%;剔除稳定期就流失(资产下降超过 35%)的客户。

其次,建立客户流失预警模型。百分点科技采用逻辑回归建立客户流失预警模型,模型的因变量即为客户是否流失,自变量即为客户的年龄、婚姻状况、等级、存款理财情况等 11 个分类型变量,其中 8 个变量最终证明为显著变量。在测试集上测试模型效果,预测准确率接近 80%。

最后,绘制流失客户画像。根据上述建立的客户流失预警模型,百分点科技会绘制流失客户画像——中青年、客户等级较低、最近半年有大额交易、有个人通知存款、无个人定期存款、参与的个人投资理财较少、未来有大额定期存款到期。

(资料来源:作者根据公开资料整理。)

三、金融营销品牌推广与评估

金融机构在完成个人金融产品的品牌定位和设计之后,必须将所确立的品牌整体形象通过各种品牌影响手段的综合运用与目标客户群体进行沟通,将品牌形象传递给目标客户群体,引发客户的购买行为从而实现品牌价值,即个人金融产品品牌推广。个人金融产品品牌定位是品牌推广的客观基础,个人金融产品品牌推广是品牌建设的最终目的,也是个人金融产品品牌经营的直接结果。

(一)金融营销品牌推广策略

个人金融产品品牌推广策略主要包括渠道推广和传播推广两种。渠道推广和传播推广两种策略不是截然分割的,而是相互协调联系的,只有渠道推广和传播推广策略相辅相成,品牌的推广才能达成预期的目标。

1. 渠道推广

分销渠道是连接产品提供者与消费者的桥梁和纽带。金融机构要建立和通过各种分销渠道,才能使所提供的个人金融产品或服务满足市场需要,达成企业运营的目标。个人金融产品品牌定位、形象同样需要通过金融机构目前的各种分销渠道传递给目标客户。金融机构在个人金融市场多采用复式分销渠道,即同时采用两种或两种以上的分销渠道,如自设分支机构、客户经理等直接渠道,与网上银行、电话银行等间接渠道的整合运用。

2. 传播推广

金融机构还依赖多种传播工具如广告、销售促进、公共关系、人员推销等,以及这几种工具协调运用以达成品牌推广的目标。个人金融产品品牌在传播推广时主要有以下几个步骤:确定品牌传播推广目标对象;确定传播推广目标;确定传播推广预算;选择传播推广方式,编配传播推广组合;收集反馈传播推广效果。品牌传播推广的方式主要包括广告、人员推广、销售促进、公共关系等。

案例 5-5　中国建设银行:携手哔哩哔哩打造金融小站

如何抓住年轻受众、提升在年轻受众中的品牌影响力一直是中国建设银行转型的首要问题。2020 年下半年,中国建设银行携手视频网站哔哩哔哩(BiliBili),按照"线下网点布局、线上热点互动"的设想,合作推出"建行哔哩哔哩主题金融小站"、破次元风格的联名信用卡活动,希望借助哔哩哔哩出圈的东风,进一步拉近与年轻人的距离。

中国建设银行选择哔哩哔哩的原因主要有两点:一是哔哩哔哩2020年5月凭借短视频《后浪》火爆全网,受到年轻人的广泛关注和称赞,这是其综合考虑讨论度、流量、形象积极性后的最佳合作伙伴;二是哔哩哔哩用户的平均年龄在21岁左右,年轻、多为学生、学历高、聚集在发达地区,这与其潜在用户刚好吻合。

2020年9月10日,中国建设银行抓住"开学季"这个重要营销机会,陆续在上海、北京、天津、杭州、南京、西安、武汉、长沙、成都、广州、深圳、厦门等十多个城市的众多高校周边,将百家线下网点打造成"建行哔哩哔哩主题金融小站"沉浸式趣味体验馆,在其中设置针对年轻人的充满哔哩哔哩特色元素的标语、画板、游戏、休息厅,用以迎接返校学生。同时,中国建设银行还联手哔哩哔哩开辟了"线上基地",发起了召集令活动,邀请用户在开学话题"小电视喊你报道啦"中分享开学见闻和返校心情。

此次携手哔哩哔哩打造主题网点,是中国建设银行深耕年轻社区生态,打造"Z世代"社区生活生态圈的一次重要实践,是吸引更多年轻一代"走近"并"走进"建设银行的重要举措。

(资料来源:作者根据公开资料整理。)

(二)金融营销品牌评估方法

在创立和维护个人金融产品品牌的过程中,需要从定性和定量角度进行品牌评估,目的在于形成对个人金融产品品牌是否健康的深刻认识,明确品牌推广对个人金融业务发展的促进作用,从而为改善品牌提供基础。

1. 定性评估

品牌知名度,指知道某一品牌的消费者占所有消费者的比例。具体评价个人金融产品品牌在客户心目中的认知度与突出性,通常又分为第一未提示知名度、总体未提示知名度、提示知名度。其中,第一未提示知名度反映客户对品牌的总体记忆,最能反映品牌的知名情况。知名度是一切品牌成功的第一步,有了较高的知名度,一切才有可能。对某些个人金融产品来说它就是购买的驱动力,与个人金融产品的销量正相关,该指标可以反映某个个人金融产品品牌对某类个人金融产品的代表性程度、客户对此品牌的熟悉程度以及可能引起的认知度和好感。品牌知名度的评估层面包括品牌认知、回想提及率、品牌独占性、熟悉性等,这些也是个人金融产品品牌的重要资产之一。

品牌认知度,代表了解某一品牌的消费者占所有知道该品牌消费者的比例。品牌认知度指标可以反映人们对个人金融产品品牌内涵、特征、功能、服务内容等诸多方面的认识。它是知名度指标的一个延伸,不仅需要知其名,还要对个人金融产品品牌有一定的了解。

品牌美誉度,指认为某一品牌很好的消费者占所有消费者的比例。这一指标主要评估客户对个人金融产品品牌的品质认知和喜好程度。品质认知是客户对个人金融产品品牌属于优质还是劣质的印象；喜好程度则包括个人金融产品品牌的领导性、创新性。品牌美誉度是客户对使用个人金融产品后的直接认知，代表了该品牌在人们心目中的印象和信任感。

品牌偏好度，指打算购买某一品牌产品的消费者占所有消费者的比例。这一指标在实际评估的运用中，往往是在假设条件下，考察客户对同类个人金融产品中某品牌的选择情况，可能较少考虑个人金融产品的功能、价格等具体因素。

品牌占有率，指一定期间内某一品牌产品的销量占所有同类产品销量的比例。用此指标可以很好地反映某个品牌的个人金融产品的短期销售情况，了解该品牌的市场位置。通常，此指标可通过零售调查来获得。

品牌满意度，指消费者对某一品牌比较满意和非常满意的人数占所有消费者的比例。满意度指标之所以重要，原因在于一个客户对待某金融产品品牌的态度可能无足轻重，但所有客户对该品牌态度的总体感觉，就决定了该品牌的生存与发展。高满意度无疑对客户再次购买是一个促进因素，每一个满意的客户都是产品的宣传员，其可能影响到朋友、亲戚、同事等人的品牌选择。有资料显示：每位非常满意的客户会将其满意的意愿告诉至少12个人，其中大约有10个人在产生相同需求时会光顾该企业；相反，一位非常不满意的客户会把其不满告诉至少20个人，这些人在产生相同需求时几乎不会光顾被批评的企业。

品牌忠诚度，主要评估某品牌的价差效应（品牌溢价效应）、客户满意度、再次购买率和推荐率。价差效应作为评估忠诚度最基本的指标，指的是与其他类似产品的品牌相比，消费者愿意多大程度地额外付出。客户满意度是对消费者是否忠于某个品牌的直接评估，往往来自客户使用经验的积累；用这一指标可以把客户类型划分为忠诚客户、价格取向客户和游离客户。再次购买率指再次购买现有品牌的消费者占购买该品牌的所有消费者的比例。推荐率指购买某品牌的消费者中，有可能向亲戚朋友推荐该品牌的消费者，占购买该品牌所有消费者的比例。品牌忠诚度是个人金融产品品牌资产的核心，也是个人金融产品品牌建设与管理所要追求的最终目标。某个个人金融产品品牌拥有一批忠诚的客户——他们不会因为价格的原因而转换品牌，就像是为自己的品牌树立了一道难以跨越的天然屏障，能够有效地阻挡竞争者的刻意模仿与破坏。

品牌贡献度，指某一具体个人金融产品品牌在某一时期为金融机构带来的利润，主要用这一指标衡量某一具体个人金融产品品牌对金融机构个人金融业务的推动作用。

2. 定量评估

在个人金融产品品牌创立、强化过程的每一阶段，都必须做出努力以塑造品牌，达成特定目标。推出新的品牌或对现有品牌进行修改之后，它的受欢迎程度会随着时间的推移通过客户和其他资金持有者对品牌的反应显现出来。定量评估就是通过对品牌的销量、盈利能力、品牌目标维度、品牌本质维度、品牌手段维度等方面进行定量分析，提供品牌评估的基本线索,发现这一个人金融产品品牌的发展趋势,然后进一步采取措施以不断强化和改善品牌。①

(三)品牌推广应注意的几个问题

(1)使用金融产品的客户,常常是根据对产品和服务的期望来识别品牌的,而且不同的客户对相同金融产品的感觉及联想的程度也是不同的。所以,金融机构应根据客户的期望、感觉、联想等心理特征的不同,通过各种形式,对金融产品和品牌特征加以特别突出,以加深客户对此的印象。

(2)由于客户对品牌的认识主要是在使用中学习得来的,因此往往把品牌特点与对产品的满意程度联系在一起。这就要求金融机构一方面应该在产品的销售及相应的售后服务中强化其服务功能,另一方面应该通过广告或一些重复性的业务活动使客户强化对品牌的认识。例如,金融机构应设法以其竞争者无法模仿的方式,对客户和品牌观点形成过程施加影响,使本机构的金融品牌和竞争者的品牌在某些或者很多方面产生巨大的差异,以使客户对其品牌"铭记在心"。

(3)客户对品牌的熟悉程度也影响到他们对金融产品与服务的接受度。因此,金融机构在金融品牌的推广中,要采取一定的营销措施以得到客户的广泛认同,并且应比竞争者的同类产品和服务更具创新性。

(4)金融机构要注意分析本机构主要品牌的客户占有率及该品牌在所有客户中的占有率和品牌忠诚度,以利于金融机构根据情况改变其产品营销策略,把握主动权,积极争取客户和市场。

(四)创建成功的金融营销品牌需要考虑的因素

1. 差异化

具有良好品牌的服务企业应不断进行创新而不是模仿,创建与竞争者不同的品牌关系。比如,瑞士的部分商业银行由于把世界级富翁列为目标客户,因此自身就定位为资信最佳、服务最好、大胆创新的跨国金融服务企业,具体通过提供投资管理、税收咨询、保险、信用卡等金融业务以及加强广告宣传和公关促销活动,以差异化的竞争理念提高企业的知名度和美誉度。②

2. 提升企业声誉

在差异化的基础上,应为客户开发出重要并且有价值的服务,而不是仅仅将自己的服务同竞争者区别开来。宣传品牌表明了企业在市场中的目标,因此,具有良好品牌的企业的服务业绩要比竞争者好,在此过程中也会获得良好的口碑。

---

① 段建宇:《我国银行产业发展阶段定位及升级路径分析》,《人民论坛》2012年第29期。
② Donald J. Mullineaux, and Mark K. Pyles, "Bank Marketing Investments and Bank Performance," *Journal of Financial Economic Policy*, 2010, 4: 326-345.

3. 建立情感联系

服务通常与情感联系在一起,因此,良好的金融机构会给客户带来信任感和亲近感。它们试图超越服务的逻辑,而品牌应该反映客户的核心价值,这些核心价值往往是超越常规逻辑的。

4. 将品牌内部化

品牌关系的建立在很大程度上依赖于服务接触,因此,和客户接触的员工在这一过程中扮演着非常重要的角色。他们可以支持,同时也可以破坏塑造企业品牌的过程。具有良好服务品牌的企业都非常注重企业品牌接触内部化。

(五)创建金融营销品牌关系策略

总结起来,创建金融营销品牌策略包括以下五个方面的内容:

1. 建立金融机构品牌主导的品牌组合

金融服务是无形的,缺乏实体的展示和包装,因此,客户在购买前无法对服务产生直观感受,也无法进行客观的评价。在这种情况下,金融机构的实力、形象、口碑等往往成为直接影响客户做出购买决策和消费后评价的重要依据。客户在购买服务产品时,往往不仅关心服务的具体内容,而且十分看重提供服务的企业。他们常常根据服务的提供者来决定是否购买服务产品。可见,在金融机构的品牌组合中,其品牌理应成为重点建设的对象。

2. 创造强烈的组织联想

组织联想是指看到品牌而联想到企业,它是形成品牌特色或个性的关键因素。由于服务产品极易被模仿,因此对客户而言,提供的服务内容往往并不重要,重要的是谁在提供服务和如何提供服务。不同的企业,在提供同种服务时差别可能很大,尤其是在服务质量方面。企业人员、设备、专长等是能够直接或间接影响客户评价服务质量的组织联想的重要因素。与基于产品特色的联想不同,基于抽象的企业价值观、成员、企业资产、技术等特色所产生的组织联想有利于提高品牌的可信度。通过组织联想,企业还可以使客户建立对品牌的感情。

3. 使用全方位的品牌要素

无形性对金融营销品牌要素的选择具有重要意义。由于金融服务决策和安排常常是在服务现场之外做出的,因此,品牌回忆成为影响服务决策的重要因素。作为品牌核心要素的品牌名称应易于记忆和发音,相应的文字和标记等刺激物要仔细策划;服务产品的"外观",以及环境设计、接待区、着装、附属材料等对客户的品牌认知也有影响;其他品牌要素,如标志、人物和口号,均可以用来辅助品牌名称,向客户展示品牌,建立品牌认知和品牌形象。使用这些品牌要素的目的,是试图使服务和其中的关键利益更为有形、具体和真实。例如,许多保险机构会使用寓意强大或安全的图案作为标志,比如岩石或表示救助的双手。

4. 建立合理的金融营销品牌层次结构

随着产品和业务的多样化,金融机构需要根据不同的市场和产品特性,推出相应的品牌。一家金融机构经营的服务在品种上一般远远超过生产企业的产品种类。金融产品多样化是金融机构的一个显著特点。从横向看,金融机构建立品牌层次,有利于定位和瞄准不同的细分市场,突出不同服务产品的特征。从纵向看,服务等级可以根据价格和质量来体现,纵向延伸需要采用合作或辅助品牌策略。

5. 金融营销品牌的内在化

金融机构的员工是向客户传递品牌的重要媒介,他们可以为品牌注入生机和活力。通过员工的行为,可以将文字-视觉品牌,转化为文字-视觉-行为品牌。品牌内在化涉及向员工解释和推销品牌,与员工分享品牌理念,培训和强化与品牌宗旨一致的行为。最主要的是,员工通过参与,会关心和忠于品牌。否则,员工不会理解或相信品牌,不会自觉地成为品牌的一部分,也不会按所希望的方式行动。应记住的是,良好的营销品牌可以有效地传递和强化好的服务,但是却无法弥补差的服务。

第三节 金融营销品牌定位

一、金融营销品牌定位的含义

1972年,阿尔·里斯(Al Ries)和杰克·特劳特(Jack Trout)两位专家在《广告时代》杂志上发表了《定位新纪元》一文,首次提出了"定位"一词。此后,两人又合作出版了《定位:头脑争夺战》《市场营销的战争》《22条商规》等著作,引领了营销界的"定位"热潮。市场营销的核心就是市场定位,因为市场营销不是产品之争,而是观念之争,比如,提到饮料,消费者就会想到可口可乐;提到快餐,就会想到麦当劳;提到白酒,就会想到茅台。只有消费者在心里把商家品牌与这个行业或产品定位放在一起时,消费者才会在面临需求时首先选择这家企业,从而使该商家脱颖而出,独霸一方市场。美国市场营销大师菲利普·科特勒在《营销管理》一书中指出:营销就是定位。然而,金融机构的产品和服务是非常容易模仿的,优势产品的寿命也比较短暂。没有一家金融机构能够同时成为所有客户心目中的最佳选择,也没有一家金融机构能够提供客户所需要的全部服务。金融机构必须有选择地吸引一部分特定的客户,从而在他们心目中确立一个位置。

那么,什么是金融营销定位呢?首先,要明确定位的含义。

按照阿尔·里斯与杰克·特劳特的观点:定位,是从产品开始,可以是一件商品、一项服务、一家企业、一个机构,甚至是一个人,也可能就是你自己。定位并不是要企业对产品做什么事情,而是企业将产品在未来潜在客户的脑海里确定一个合理的位置,也就是把产品定位在企业未来潜在客户的心目中。定位可以看成对现有产品的一种创造性试验。"改变的是名称、价格及包装,实际上对产品本身完全没有改变。所有的改变,基本上都是在做修饰而已,其目的是在潜在客户心目中占据有利的地位"。菲利普·科特勒认为:定位是企业设计出自己的产品和形象,从而在目标客户心目中确立独特且有价值的地位。定位的目标是要在客户的心目中确立一个有利的位置;定位的关键是要向客户提供差异化的、有价值的产品特性。因此,定位是以了解和分析客户的需求心理为中心及出发点,设定自己的企业或产品、服务,使之具有与竞争者有显著差别的独特的形象特征,从而引发客户心灵上的共鸣,留下印象并形成记忆。企业在进行定位时要力求客户心中的企业或产品形象能与企业期望中的一致。

从企业的角度来看,营销定位是让企业或产品走进消费者内心的一种方法,是在产品高度同质化、消费者的需求日益个性化的背景下产生的。具体来讲,营销定位是指企业根据目标市场上同类产品的竞争状况,针对客户对该类产品某些特征或属性的重视程度,为本企业产品塑造强有力的、与众不同的鲜明个性,并将其形象生动地传递给客户,求得客户认同的营销活动。它是以探究消费者心理、分析造成各种干扰的竞争者为基础,力图确定一种能够契合消费者心理诉求的产品的独有特色:一是把自己与竞争者区分开来,排除干扰;二是触动消费者的心灵,在消费者心目中留下深刻的印象,最终使消费者决定购买这类产品,并将其作为首选。

由于金融营销自身的一些特点,因此应采用符合其特点的多样化营销手段,主要包括:第一,服务营销。服务营销是指在市场营销活动中,企业以产品为依托,借助人员、设备、设施等为客户提供一系列服务活动,使客户在购物过程中得到物质和心理满足的营销活动。第二,网络营销。网络技术的发展对金融机构的传统业务方式提出了挑战。尤其在银行业,与传统商业银行相比,网上银行有着较为明显的优势,能够为客户提供更为方便和快捷的服务。它打破了时空界限,提供24小时服务,不受地理位置的限制。[①]

从竞争者的角度来看,营销定位其实就是争取消费者大脑、影响消费者心智的过程,是一种心理战。营销定位不需要消耗太多资源与竞争者进行"你死我活"的促销战,而是注重让企业的产品进入和占据市场空隙,也就是从不同的角度去发现和寻找市场的空白点。要利用市场中一切有利的机会,选择合适的产品和市场进行控制与扩张,以争取更高的市场占有率、获得更丰厚的市场回报。营销定位的诉求要瞄准消费者的心智,要区别于竞争者,能让目标消费群体感知到差异并能产生联想(见图5-5),而不是从企业或产品的本身出发,尽管企业产品本身的特别之处也是非常重要的。

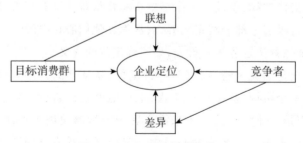

图5-5 市场定位的基本模型

---

① 崔建章:《金融营销的现状与发展策略研究》,《现代营销(学苑版)》2012年第4期。

综上所述，结合金融行业的特点，我们把金融营销品牌定位定义为：金融机构以客户、竞争者和金融机构自身为主要维度，以金融行业、金融市场等要素为辅助维度，以了解并分析客户的需求心理为中心和出发点，针对现有情况下其在市场上所处的位置，设定金融机构或产品、服务与竞争者有显著差别的独特的形象特征，向客户展示金融机构的鲜明个性，从而在目标客户心目中占据有利位置。

案例 5-6 揭秘中国首家 O2O 银行：苏宁银行定位背后暗含哪些深意？

作为中国首家 O2O（Online to Offline，线上到线下）银行、江苏第一家民营银行，苏宁银行将自己定位为"科技驱动的 O2O 银行"，一方面要做服务实业、服务中小微企业发展的领先力量，另一方面要发展金融科技和普惠金融，通过差异化的经营、特色化的服务打造金融新生态。

创新金融科技，打造新型互联网银行

苏宁银行坚守"科技密集、知识密集、风控严密、低成本运营"的经营理念，金融科技将贯穿业务全流程、全渠道、全管理，立志打造中国最具科技元素的新型银行。大股东苏宁集团的雄厚 IT 和大数据实力，以及苏宁银行自身突出的科技能力，为其科技发展打下了坚实的基础。

据苏宁银行内部人士透露，苏宁银行 IT 职能渗透高管层，从董事会到管理层都注重 IT、信息工程等领域专业人才的配置，他们从国内外网罗了多位专于大数据挖掘、生物特征识别、信息安全技术等领域的专家，致力于提升苏宁银行整体的金融科技实力。除此之外，银行突出科技人员占比，从开业初期来看，全体员工中直接 IT 人才占比就已经达到 40% 以上。这些科技人才致力于银行系统开发和业务运营维护，是银行开业和业务发展的"排头兵"。

值得关注的是，具备强大科技能力的苏宁银行，掌握了海量且多元的大数据资源，这对一家新成立的银行而言将是一笔巨大的"财富"。

依托前端消费者和后端供应商、合作伙伴等资源优势，苏宁集团建立起强大的大数据资源库，通过对有效数据的合理分析与利用，培育更多与企业经营和用户服务相关的增值业务。苏宁将把超十万家的线上线下合作伙伴、数以亿计的全渠道用户等数据资源、商户资源向苏宁银行开放共享，助力苏宁银行打造个性化、差异化的金融服务能力。另外，苏宁银行也将开发自身的数据库，分别建立对公与对私的 CRM（Customer Relationship Management，客户关系管理）系统，这可以为苏宁银行精准营销与风险控制提供宝贵的数据支持。

线上线下融合，提供全场景金融服务

在移动互联网大时代，苏宁银行一出生就带着浓重的 O2O 基因。苏宁银行定位于

"科技驱动的O2O银行",这一定位最大的特点即线上线下高度融合发展。

区别于传统商业银行,苏宁银行更注重线上布局,以用户体验为核心,以大数据应用为基础,满足中小微企业和个人用户需求;而与纯粹的互联网银行不同,苏宁银行更注重线下渠道,联合股东线下门店资源和财富中心打造实体金融体验中心,为用户带来线上、线下全场景金融服务。

作为全国首家O2O银行,苏宁银行可谓是把O2O模式贯穿到业务的全流程,具体表现为O2O获客、O2O产品、O2O运营、O2O风控,也就是说,苏宁银行在获客、服务、运营、风控等方面充分发挥了双线融合的优势。

其中,在获客范围上,苏宁银行能实现线上网民与线下群体的全面覆盖;在产品服务上,实现线上信用贷款和线下质押担保贷款;在运营上,实现线上完善产品模型和线下渠道拓展;在风控上,实现线上申请审批和线下贷后管理。

苏宁银行将大力建设线上互联网平台,打破物理网点时间和空间局限,从用户体验出发,借助社交化、移动化技术发展,大幅度提高对用户的覆盖面和服务效率,将依托苏宁银行App、苏宁金融App、苏宁易购等其他线上渠道和线下营业部等线上线下融合的O2O模式进行布局。

顺应大众消费观念升级以及大数据征信、移动互联网技术的发展大趋势,以"共创品质生活"为目标,苏宁银行将多维度了解用户的消费支付轨迹和习惯,完善风控画像,打造线上线下融合的、以供应链金融和消费金融业务为核心的金融服务平台,塑造科技、便捷、优质、专业的银行形象。

(资料来源:《揭秘全国首家O2O银行:苏宁银行定位背后暗含哪些深意》,http://news.mydrivers.com/1/539/539748.htm,访问日期:2023年12月20日。)

二、金融营销品牌定位的原则

在金融营销品牌定位过程中,全面掌握、灵活运用定位原则,是确保金融营销品牌定位成功的重要条件。金融营销品牌定位作为金融机构与目标客户的互动性活动,其成功与否依赖于企业对目标客户心智的激活。为此,总体来讲,在金融营销品牌定位过程中,企业要考虑目标市场的特征,与目标客户的需求相一致。只有这样,才能使其品牌形象真正深入目标客户的心中并占据不可替代的位置。例如,将青少年作为目标客户,就应赋予品牌朝气蓬勃、充满活力、热情奔放等特色;将成年人作为目标客户,则应赋予品牌高雅、稳重、有品位的形象。

(一)根据具体的金融产品或服务的特点定位

构成金融产品或服务内在特色的诸多因素都可以作为金融营销品牌定位所依据的原则。根据产品或服务的具体特点定位可采用"独特的销售主张"(Unique Selling Proposition,USP)策略,一个产品只提供一个卖点。USP是美国学者罗瑟·里斯夫(Rosser

Reeves)在20世纪30年代首创的,表示独特的销售主张或"独特的卖点"。以广告为例,USP是消费者从广告中主动获取的信息,而不是广告人员硬性赋予他们的。USP定位策略是在研究产品和目标消费者基础上进行的,寻找产品或服务中最符合消费者需要的并且又是竞争者所不具备的最为独特的部分。① 比如,农村信用合作社是由农民自愿入股组成的,由入股农民民主管理的,其市场定位是服务农民、支持农业和农村经济发展。

(二)根据消费者的类型定位

根据消费者的性格特征,可将消费者分为内向型、外向型、重人际、重事物等类型。金融机构的产品或服务定位通常应该根据客户的性格特征来确定,使产品个性与客户个性尽量吻合。

(三)尽量选择市场空当定位

市场空当定位是指金融机构寻求金融市场上尚无人重视或未被竞争者控制的位置,使自己推出的金融产品或服务能适应这一潜在目标市场的需要。然而,金融机构在做出这种决定时,需要对以下三个问题有足够的把握:

(1)金融机构推出的新产品、新服务在技术上是可行的;
(2)按照计划价格水平实施,即在经济上是可行的;
(3)能有足够的客户购买。

上述三个条件必须全部满足,这一定位策略才能取得成功。如荷兰万贝银行(MeesPierson)是荷兰中等规模的商业银行,其资金实力与荷兰三大金融巨头相差悬殊,因此,万贝银行无法与之正面争夺客户,只能以该行累积数十年的专有技术优势资源为支撑,奉行补缺市场定位策略。其核心业务之一便是私人银行业务——一种对服务质量要求相对高、需要专门技术支撑的具有高回报的银行业务。而且,私人银行业务对商业银行分支机构的要求不高,非常适合中小商业银行出于资本规模约束和成本考虑不能广设分支机构的特性。因此,万贝银行在荷兰设立了三家分行,其目标客户是高收入阶层。为了更好地在竞争激烈的市场上生存和发展,万贝银行避开了大多数商业银行的锋芒,只确定了两项核心业务:贸易和商品融资。现如今,万贝银行已成为该类投资银行业务领域的佼佼者,甚至荷兰目前规模最大的商业银行——荷兰银行(ABN AMRO Bank)在该业务领域也只能位居其后。

(四)区别竞争者定位

竞争者是影响定位的重要因素。考虑竞争者就是为了要给金融机构定位找一个参考系。在市场竞争日益激烈的情况下,几乎任何一个细分市场都存在竞争者,可垄断的细分市场越来越少。这就要求企业更多地考虑竞争者,以和竞争者相区别而存在,突显品牌优势。我国中小商业银行就是采用此战略区别于国有五大商业银行进行定位,取得了较大的成功。以河东农商银行为例,其凭借自身人缘地缘优势、资金实力优势、决策效

---

① Merton H. Miller, "Financial Markets and Economic Growth," *Journal of Applied Corporate Finance*, 2012, 1: 8–13.

率优势、长期耕耘"三农"的市场优势、艰苦奋斗的员工队伍优势、"小法人、大平台"的体系优势等,为本地农户、社区居民、个体工商户、小微企业主、中小微企业提供用于满足客户生产经营的经营性贷款及用于满足日常生活消费的消费类贷款,走出了一条区别于国有大行的差异化道路。截至 2021 年年底,河东农商银行实体贷款余额为 100.25 亿元,贷款户数达 22 263 户,户均贷款余额达 45.03 万元。

案例 5-7　华林证券:打造"小而精"的差异化发展道路

2022 年,华林证券实现 13.98 亿元的营业收入,其中投行业务收入达 2.12 亿元,同比 2020 年净增 62%。优秀的成绩单背后,是其深耕项目、聚焦行业、追求专业的差异化发展战略。

首先,华林证券在行业率先深耕"投行+投资"赛道,从投资角度去判断自身是否有发展前景并以此为考量的依据,更早介入企业的前期服务,减少自身在成长过程中的合规风险和成本。此外,在企业成长过程中的投融资、内部管理、销售、采购等方面,华林证券都会根据情况给予支持和资源对接,真正做到"全周期、全方位服务"。

其次,华林证券并非仅停留在对单一精品项目的打造上,更希望在一些特定行业,通过一个个项目的深入挖掘,实现对产业链全方位的探索。华林证券立足珠三角、长三角的优势产业,深入了解相关行业的特点及痛点,在充分了解行业业务特点、技术特点、财务特点的基础上,形成了在互联网、高端制造、智能装备等领域的独特优势,承做了如"消费类软件第一股"万兴科技等创新项目,以及冰川网络、麦格米特、易天股份、芯朋微等一批口碑俱佳的标杆项目。

最后,华林证券致力于打造一支专家型、学习型团队,要求员工除了解财务、法律、投行知识外,还要深入了解相关行业发展历程及未来变化趋势、前沿技术格局等。

华林证券投资银行部执行副总经理柯润霖表示:"虽然大型券商在定价、销售能力等方面具备一定优势,但很难做到面面俱到,'大'但不一定'精'。对于中小券商而言,打造差异化路线,形成部分领域的局部优势是与大型券商竞争的关键,这就需要中小券商提前布局,投入资源、人力聚焦在特定行业、特定区域、特定板块或者特定业务上,从而形成错位竞争,走出自己的特色道路。"

(资料来源:作者根据公开资料整理。)

三、金融营销品牌定位的主要方法

根据金融产品特点、市场占有率以及市场竞争状况的不同,不同品牌的定位情况也不同,主要有以下定位方法可以选择:

(一)根据金融产品属性和功能定位

金融产品本身的属性以及由此给客户带来的实际使用的"利益"(包括核心服务、便利服务及辅助服务）能使客户体会到它的定位。在某些情况下，一种新的金融品牌应强调一种属性，而这种属性是竞争者所无暇顾及的，这种定位往往容易收到成效。

（二）根据品牌的市场地位定位

根据品牌的市场地位定位有两种策略可选用：一是"首席定位"策略，即追求的是使品牌成为本行业中的领导者和第一品牌，这种定位能使品牌成为强势品牌，占有最大的市场份额。采用这种定位策略成本高、维护难度大，较适合一个行业中的龙头企业。二是"加强定位"策略，即注重巩固与加强自身在市场和客户心目中现有的地位。这种"不求最大，但求最好"的定位可以避免与实力强的竞争者发生冲突，从而使自己的优势得到巩固和提高。

（三）根据品牌的档次定位

依据金融品牌在客户心目中的价值高低区分出不同的档次，是最常见的一种定位。品牌价值是产品质量、客户心理感受及各种社会因素如价值观、文化传统等的综合反映。消费某种金融品牌所带来的情感方面的满足，往往是无形的和难以衡量的。金融品牌功能性的价值容易被模仿，而感性和冲动性的价值则较难模仿，并且它在建立品牌忠诚度方面所起的作用更大。定位于高档次的金融品牌，传达了金融产品或服务的高品质信息，同时体现了客户对它的心理认同——它具备实物之外的附加价值，如给客户带来自尊和优越感等心理满足。高档品牌往往通过高价来体现其价值。定位于中低档次的金融品牌，则针对其他的细分市场，如追求实惠和廉价的低收入阶层。例如，美国运通公司向商业人士和拥有较高社会地位的人提供价格高昂的运通卡，这种信用卡实际上和VISA卡没有什么区别，但由于它更强调信用卡的高档次而具备吸引力。

正因为档次定位综合反映了品牌价值，所以不同品质、价格的金融产品不宜使用同一品牌。如果金融机构要推出不同价值、品质的金融系列产品，应采用品牌多元化策略，以免品牌整体形象因低质产品影响而受到破坏。

（四）金融品牌的 USP 定位

USP 定位是指依据品牌向客户提供的利益定位，并且这一利益点是其他品牌无法提供或没有诉求的，是独一无二的。运用 USP 定位，在同类品牌众多、竞争激烈的情形下，可以突出品牌的特点和优势，让客户按自身偏好和对某一品牌利益的重视程度，将不同品牌在头脑中排序，置于不同位置，在有相关需求时，更便捷地选择产品。比如在理财产品市场上，招商银行"金葵花"理财强调其服务尊荣享受、超凡体验；中国工商银行"理财金账户"则追求理财带来更多的自由、自信、自然的理财新主张；中国建设银行的理财卡面向有理财需求的高端客户，提供跨省、跨国等全功能的服务。

利用 USP 定位有几点需要注意：

（1）USP 诉求的利益点是客户感兴趣或关心之点，而不是金融机构自身一厢情愿的售卖点。

（2）应是其他品牌不具备或者没有指明的独特点，在客户心目中，该点的位置还没有被其他品牌占据。

(3) 利用 USP 定位时,一般要突出一个主要的利益点。

(五) 根据品牌使用者定位

根据品牌使用者定位,是指依据品牌与某类客户的生活形态和生活方式的关联进行定位。例如,中国建设银行"龙卡"双币贷记卡就运用了这一定位战略,它在广告中选择了一位 30 岁左右、海归模样的社会精英作为其形象代言人,从而将品牌诉求对象直指 25～35 岁年龄层、受过良好教育、有着体面的工作和稳定可观的收入、具有消费主义倾向的"黄金一代"。

成功地运用使用者定位,可以使金融品牌更加人性化,从而树立独特的品牌形象和品牌个性。

(六) 根据品牌文化内涵定位

注入某种文化内涵于品牌之中,形成文化上的品牌差异,称为文化内涵定位。强势品牌群体化的出现,导致市场竞争格局发生深刻变化,文化管理与文化营销竞争已经展开。艺术化的营销工程以人性化原则为基础,以人本精神构筑品牌,以文化资源为原料;主张品牌富有精神价值和文化魅力,借文化的内涵与价值助推营销。文化内涵定位将普通的金融产品升华为情感象征物,更能获得客户的心理认同和情感共鸣,品牌价值无形中提高了。

(七) 各种方法结合定位

金牌营销品牌定位的角度和方法多种多样,到底选择其中哪一种,需要对品牌自身和金融市场、目标客户有透彻的了解。金融机构可以使用上述多种方法的结合来创立其金融营销品牌定位。

在确定了金融营销品牌定位方法后,还要周密地策划,运用品牌营销组合的各个因素去创建定位,实现选定的金融品牌形象。

四、金融营销品牌定位的过程与步骤

金融营销品牌定位的关键是金融机构要设法在自己的产品上找出比竞争者更具有竞争优势的特性。金融营销品牌定位的全过程可以通过三大步骤来完成。

(一) 确定企业的潜在竞争优势

这一步骤的中心任务是要回答以下三大问题:

(1) 竞争者的品牌定位如何?

(2) 目标市场上大部分的客户欲望满足程度如何以及实际还需要什么?

(3) 对竞争者品牌定位和潜在客户真正的利益诉求,本企业能够做什么?

要回答这三个问题,金融机构营销人员必须通过一切调研手段,系统地收集、分析并报告有关上述问题的研究结果。通过回答上述三个问题,金融机构就可以较为准确地把握和确定自己的潜在竞争优势。

（二）准确选择相对竞争优势

相对竞争优势表明企业能够胜过竞争者的能力，它既可以是现有的，也可以是潜在的。准确选择相对竞争优势就是一家企业各方面的实力与竞争者的实力相比较的过程。比较的指标应是一个完整的体系，只有这样，才能准确地选择相对竞争优势。在下列六个方面，金融机构对自身与竞争者进行分析、比较，判断究竟哪些是优势、哪些是劣势：

（1）经营管理方面，主要分析经营者素质，包括领导能力、决策水平、计划能力、组织协调能力以及应变的经验等指标。

（2）技术开发方面，主要分析技术资源（如专利、技术诀窍等）、技术手段、技术人员能力和资金来源是否充足等指标。

（3）运营管理方面，主要分析企业运营水平、运营过程控制以及职工素质等指标。

（4）品牌营销方面，主要分析营销网络控制、市场研究服务与销售战略、广告、资本来源是否充足以及市场营销人员的能力等指标。

（5）财务方面，主要分析长期资本和短期资本的来源、资本成本、支付能力、现金流量以及财务制度与理财素质等指标。

（6）产品和服务方面，主要分析可利用的产品和服务特色、价格、质量、分销渠道、服务、市场份额、形象声誉等指标。

通过对上述指标体系的分析与比较，金融机构选出最适合自身的优势项目。

（三）显示独特的竞争优势

这一步骤的主要任务是金融机构要通过一系列的宣传促销活动，将其独特的竞争优势准确地传递给客户，并在客户心目中留下良好的印象。为此，金融机构应使目标客户了解、知道、熟悉、认同、喜欢和偏爱本机构的金融产品，在客户心目中建立与品牌定位相一致的形象。金融机构应通过一切努力强化金融品牌形象，保持与客户的关系，稳定客户的态度和加深客户的感情来巩固与品牌相一致的形象。金融机构应注意客户对金融品牌定位理解出现的偏差，或由企业品牌定位宣传上的失误造成消费者对品牌形象的模糊、混乱和误解，及时纠正与品牌定位不一致的形象。

案例 5-8　潮州农商银行：坚持支农支小定位，助力乡村振兴金融

潮州农商银行自 2019 年 6 月 29 日开业以来，坚持支农支小市场定位，围绕"打造服务潮农潮商、专注潮汕特色的精品银行"战略愿景，扎牢"创特色"和"防风险"两条主线，建设乡村金融、小微金融、零售金融三大品牌，助力乡村振兴。

截至 2021 年年底，潮州农商银行各项存款余额为 358 亿元，比开业时增加 65 亿元，增幅为 22%；各项贷款余额 180 亿元，比开业时增加 57 亿元，增幅为 46%，存贷款规模持续稳居潮州市同业前列,不良贷款率连续控制在1%以内;累计创造利润13.45亿元,纳税4.72亿元;涉农贷款增速达52.71%,普惠小微企业贷款增速达77.15%,创下近年来新高,凸显农村金融主力军地位。

潮州农商银行取得如此优异的成绩,得益于其三大拳头产品——"一家亲""整村服务""好易贷"。

(1)"一家亲"贷款产品主要针对本地工商户、经营者、家庭作坊户等个体客户的融资需求,解决他们因"无流水""无抵押""纳税不够"等因素而难以获得贷款的难题。"一家亲"采用简易操作流程和自主信用等级评定模型,以借款人家庭为单位,核定借款额度,最高达30万元,最快一天即可放款。截至2022年2月底,该行"一家亲"贷款余额为11.15亿元,惠及个体客户、小微企业经营者6 699户。

(2)"整村服务"产品主要针对农民农事的贷款需求,按照"信用是否良好、主业是否清晰、党组织能否发挥堡垒作用"三大标准确定准入门槛,对辖属行政村进行整村授信。截至2022年2月底,该行整村授信已签约708个村,项目总金额达33.45亿元,已授信户数为9 329户,贷款余额为10.98亿元,占全市894个村的80%。"整村服务"是潮州农商银行村社业务的一部分,除此之外,潮州农商银行还投入1 095万元设立927台"粤智助"政务服务自助机,全面覆盖全市894个行政村,支持改善农村政务环境;与52个基层村组织结成党建联盟,派驻139名乡村振兴特派员,选聘190名"乡村服务官"担任"驻村金融助理",持续推进信用村、乡村便民服务点建设。

(3)"好易贷"是一款免抵押登记的助企纾困信贷产品,旨在解决小微企业集体土地抵押难的问题。该行运用"趋势、逻辑、抓手""三看"原理,通过"人品、产品、押品+能耗表、流量表、销售表"的原理穿透,选择合适的小微企业提供贷款,帮助小微企业破解发展过程中的堵点痛点难题。截至2022年2月底,"好易贷"贷款余额为11.28亿元,为1 851家小微企业、个体工商户提供融资服务。

(资料来源:作者根据公开资料整理。)

本章小结

1. 金融营销品牌有不同的划分方法,可以基于品牌完整性与寓意进行划分。金融营销品牌设计需要遵循一定的原则,要注意"简洁醒目,易读易记""构思巧妙,暗示属性""富蕴内涵,情意浓厚",等等。

2. 狭义的品牌生命周期特指品牌市场生命周期,包括导入期、知晓期、知名期、维护与完善期、退出期。

3. 金融营销品牌的定位是指金融机构以客户、竞争者和金融机构自身为主要维度,以金融行业、金融市场等要素为辅助维度,以了解并分析客户的需求心理为中心和出发点,针对现有情况下其在市场上所处的位置,设定金融机构或产品、服务与竞争者有显著差别的独特的形象特征,向客户展示金融机构的鲜明个性,从而在目标客户心目中占据有利位置。金融营销品牌定位有多种不同的方法,包括根据金融产品属性和功能定位、根据品牌的市场地位定位、根据品牌的档次定位、金融品牌的USP定位、根据品牌使用者定位、根据品牌文化内涵定位、各种方法结合定位等。

思考题

1. 网络金融发展迅速,请列举出你印象深刻的网络金融产品品牌,并分析其策略与定位。
2. 对于金融机构来说,为什么要加强品牌营销定位?
3. 发展日趋成熟的私人银行市场,竞争越发激烈,请思考其品牌设计与定位要考虑的主要因素。
4. 如果你是商业银行(如民生银行、兴业银行等)营销部门的从业人员,你将对本行金融营销品牌提出哪些改进意见?

第 6 章

金融营销产品策略

知识目标

- 深入理解金融产品的特性,了解金融产品有哪些类别;
- 清楚金融产品各生命周期的特点;
- 了解金融新产品的开发流程。

技能目标

- 能够从金融机构的角度,理解并运用产品组合策略;
- 能够识别金融产品所处的生命周期,并采取相应的营销策略;
- 能够在实际金融营销工作中灵活地运用金融新产品开发策略。

运用适宜的产品策略,是金融机构开发业务品种、开拓市场机会的重要途径和具体方法,是金融机构开展营销活动的首要环节。本章通过对金融产品基本特点和现有类型的介绍,引入金融产品的开发策略和组合策略,并从金融产品的生命周期角度阐述不同阶段的营销策略,从而使读者充分了解金融产品的开发过程以及熟悉如何根据不同的经营环境与要求来创造和组合金融产品。

案例6-1　商业银行瞄准汽车金融,产品创意层出不穷

2019年7月,深圳银保监局(现深圳市地方金融监督管理局)批复同意平安银行汽车消费金融中心开业,银行业获得首张汽车金融牌照,开始在这一车企林立的汽车金融市场发力。

其实,汽车金融业在中国已发展近30年,但此前的参与者主要是汽车金融机构,2019年,汽车金融机构占据汽车金融市场(1.8万亿元)的半壁江山。不过,近年来,在"房住不炒"的监管导向下,个人住房贷款或面临增长天花板,而汽车消费信贷是质量仅次于个人住房贷款的优质资产,且具有扎实的场景、较强的合规性,符合普惠金融方向,因此越来越多的商业银行开始加速布局汽车金融领域。

汽车金融产品层出不穷。平安银行开发互联网新车贷款产品,支持在线完成申请、面签、放款全流程,并持续优化线上一站式购车服务,通过口袋银行App向客户提供线上选车试驾服务;中信银行推出首款新能源车主专属信用卡"中信银行i车信用卡",一站式满足车主客户的用车需求和金融服务需求;光大银行开发出"物流通""汽车全程通"等金融场景产品,提升数字化经营能力;中国银行联合主流汽车品牌推出多款汽车金融手续费补贴产品,降低购车融资成本,并提升信用卡分期数字化服务水平,建立新能源汽车线上金融服务对接模式,打造"分期移动办公PAD"服务工具;招商银行通过"掌上生活"和"招商银行"两大App,与多家头部新能源汽车品牌联合打造"新能源专区",首创线上看车—选车—试驾"一站式"体验……

从产品形式上看,商业银行主要以按揭贷、信用卡分期的形式参与。据亿欧汽车研究,2019年两者在商业银行汽车金融中的比例约为7∶3。在购车贷款模式下,商业银行与主机厂、经销商或助贷机构合作,对符合标准的购车者发放贷款(以汽车抵押贷款为主);此外,商业银行也针对存量信用卡客户进行信用卡分期购车的产品渗透,审批效率相较购车贷款更高、产品更为灵活,但信用卡分期手续费也导致其购车成本相较传统贷款更高。

从获客方式来看,商业银行汽车金融业务分为直客式、间客式。由于商业银行在购车场景中并不占优,多数商业银行采取与经销商、汽车金融渠道服务商等合作的间客式方式开展业务。

总之,商业银行具有足够的资金实力和金融专业能力,可以开发利率更低的金融产品,为客户提供更多、更适宜的帮助。但同时,商业银行也具有客户渠道有限、汽车专业能力不足、审批门槛较高的缺点,需要不断加强合作、创新产品、实现共赢。

(资料来源:作者根据公开资料整理。)

第一节　金融产品概述

一、金融产品的概念和特征

(一) 金融产品的概念

在现代市场营销学中,产品是指可以向市场提供的能满足消费者需求与欲望的一切东西。它可能是有形的,也可能是无形的,具体的人、地方、活动、组织、主意、观念等都可能是产品的内容。当代社会,金融产品与人们的生活联系日益紧密,然而,人们对金融产品的理解却未必相同。以信用卡为例,其不仅可以让持卡人享受超前消费,同时也是一种身份的象征;对商业银行来说,它则是一种针对个人消费的信贷工具,可以带来利息和费用收入;对信用卡组织,如 VISA、银联等来说,它是一个以信息技术为支持的组织网络;对商家来说,它既可以吸引客户、促进销售,又可以降低结算风险;而对监管当局来说,它是以个人信用为基础的金融工具。从信用卡再推及其他金融产品,如储蓄、贷款、票据、债券、信托、股票、保险等,人们既可以从效用上定义金融产品,也可以从服务上定义金融产品。

从金融产品的概念中不难看出:金融产品=金融运作理念+金融工具+金融服务。金融运作理念、金融工具和金融服务是金融产品的三个组成要素,三者构成金融产品的有机整体,缺一不可。金融服务是金融机构运用货币交易手段,融通有价物品,向金融活动参与者和客户提供的共同受益、获得满足的活动。[①] 金融机构属于服务性企业,金融运作理念(获益方式)是其所提供的服务性产品的核心,金融工具则是金融机构向客户提供这种获益方式的有形载体,是金融产品的有形部分,是金融机构所依赖的金融工具,例如货币、存单、支票、信用证、信用卡等,金融机构正是通过这些工具和与之相配套的各种服务实现其向客户做出的收益承诺。

任何金融活动的参与者,不管是融资者还是投资者,其参与金融交易(投资、融资、套利等)的最终目的不外乎获取收益、实现融通、规避风险这几方面。对于投资者来说,他需要某种金融运作方案和方式(某种理念)使其投资获益,并能够保证到期收回本息。对于融资者来说,他需要某种金融运作方案和方式(某种理念)使其能够在金融市场上筹集资金,并可以为此而支付一定的费用。对于短期投机套利者来说,他也需要某种金融运作方案和方式(某种理念),以便从中获取一定的利益(价格差)。这说明客户所需要的是一种获"益"(对不同类型的需求者各不相同)方式、一种运作理念。

客户参与金融交易既不是为了获得金融工具,也不是为了"享受"金融机构的服务,而是为了获得一种可以实际运作并从中获益的理念和方式。但没有金融工具和相应的服务,仅金融运作理念似乎也不能称其为金融产品。金融工具更像一种契约,使金融运

[①] 〔英〕里兹·克劳馥、〔英〕安·诺顿、〔英〕伊恩·怀特:《金融服务业管理——变革中的致胜之道》,王琴译,上海财经大学出版社,2004。

作理念有了可靠、可信的凭据,而不是空洞的想象。相关的金融服务则是确保金融运作成功的基本手段。关于金融服务的详细讨论我们将在下一章中展开。

有着不同目标的金融从业人员或不同工作岗位的业务职员,都倾向于把自己的部门和工作当成金融产品的关键部分。金融服务行业长期以金融工具来定义产品,当金融工具同质化问题日益严重时,服务成为金融机构实行差异化战略的重要内容,但却因传统的金融产品定义而被排斥在产品要素之外。这种割裂影响着金融机构的组织结构设置、产品和技术支持设计决策。传统金融产品概念的狭隘主要源自三个方面,即学科理论的不同视角、社会的进步发展、人们观念的滞后。现代社会已经进入了信息社会、服务社会,金融行业和金融产品必须反映这些变化。金融从业人员如果固守传统理论,轻视社会和经济现实的新变化,那么金融产品概念的狭隘就是不可避免的。

延伸产品所体现的是现今在产品中所包括的附加功能与服务,而潜在产品则是将来可能扩展的部分。这些潜在部分或者是消费者尚未明确意识到、企业尚未发现的,或者是现有经济水平和技术条件不可能实现的。企业的产品所能达到的综合水平反映了一国或地区市场的发达程度,也体现了市场的竞争状况。大多数发达国家的企业竞争往往集中在产品的延伸和附加产品上,而大多数发展中国家的企业竞争则多集中在产品的期望条件上。我国金融行业长期由国家专业金融组织垄断,现正处于商业化过程中,所以,我国金融产品的水平是较低的,现有的有限竞争也主要集中在产品的品种和期望产品上,与发达国家还有相当大的差距。随着改革开放的深入,金融机构的竞争将在与产品相关的更广泛的层次上展开。

在延伸需要方面,客户需求往往是相当广泛的,竞争也是多种多样的,所以在制定产品扩展化策略时,应当注意扩展的成本。金融机构应考虑扩展费用是由自己承担还是转嫁给客户?客户是否愿意或是否有能力承担?由于竞争的持续,扩展的利益与服务很快会成为客户的期望利益与服务,这样也会激励竞争者不断寻求其他新形式的附加服务。在激烈的产品扩展化竞争过程中,由于价格竞争的升级,也逼迫一些竞争者以低价、简捷的产品服务吸引那些不愿意支付更多费用的客户,所以一些小的、名气不大的金融机构也会有市场。但应当注意的是,产品的竞争性扩展是与经济发展水平(客户的收入水平)和人们对生活质量的追求意向相关联的。否则,它就只是一种超前的、没有现实意义的消费方式。在激烈的市场竞争中,对产品的宣传大都集中在部分期望产品和延伸产品上,核心产品或一般产品通常是不需要额外宣传或投放广告的。但有两个例外:

(1)客户尚未了解或缺乏了解的、刚投入市场的新产品(仅在原产品基础上进行部分优化或改进)或全新产品(对原产品进行了颠覆性创新的产品)。

(2)作为一种竞争对比策略,当各企业都在外围竞争且难解难分之时,需要宣传核心产品与一般产品。

(二)金融产品的特征

金融产品是金融机构传递价值的载体,金融机构通过提供金融产品以满足客户的需求。金融营销组合中的其他要素是以金融产品为核心的(虽然其他因素也很重要,但它们的主要功能是促进市场接受产品),因此,了解金融产品的特征,在此基础上增加附加利益和服务,才能获得金融产品的竞争优势。具体来说,金融产品具有以下特征:

1. 无形性

金融产品在自然形态上经常是无形的,如金融机构为客户提供转账等各种结算服务。由于金融产品本身可能并不具备某些鲜明的物理或物质上的特性,因此具有较强的抽象性特征。这就使得金融产品在扩展方面可以有比较广泛的"想象"与填充空间。所以,如何通过某些"有形"的形式与特点设计,使金融产品具有吸引客户的独特"魅力",是金融产品设计与开发的关键。

2. 不可分割性和广泛性①

金融产品的无形性,使得金融机构在提供金融产品时,需要把各种相关过程,如金融产品的销售过程与服务过程等联系起来,从而使金融产品具有不可分割性。因此,金融产品在整个营销过程中需要特别注意各个环节的关联性。另外,由于金融机构面对的客户需求也是多种多样的,因此需要多样化的金融产品来满足不同层次、不同类型的客户需求。金融产品也因此具有广泛性的特点。

3. 易被仿效性和价格的一致性

金融产品并不像各种工业产品那样能够获得专利保护。任何一项被认为有利可图的新出现的金融业务或服务品种,都可能而且可以在短时期内以较低的成本被其他金融机构引入,因此,金融产品具有极易被仿效的特点。这样,一方面使得开发和创新金融产品的金融机构极难维持其创新利润,另一方面也使得某一金融机构的金融产品或服务区别于其他金融机构的产品或服务成为一件非常困难的事情。并且,由于引进金融产品的金融机构的产品开发费用较低,引进速度较快,也会造成这类产品或服务的数量快速增加。同时,由于现代信息社会及资金市场的区域化与全球化,资金价格的传递迅速且范围广泛,使得同类金融产品在国内金融市场甚至国际金融市场上出现价格基本趋于一致的情况,从而更加剧了各类金融机构之间产品与业务的竞争。

4. 金融服务与客户关系的持续性

金融服务与客户关系是具有持续性的,这和普通的商品消费不同。金融机构与客户关系的保持,取决于相互信任,以及金融机构提供的可靠的财务顾问服务等。目前,金融服务自动化程度的提高虽然使金融机构与客户面对面交流的机会减少,但金融机构仍需重视具有全面业务知识和能力的专职人员的设置,以便更好地为客户提供咨询服务。

二、金融产品的分类

(一) 商业银行金融产品

商业银行金融产品的内容十分广泛,可以将其划分为基础性银行产品、开发性顾问

---

① 周晓明、唐小飞编著:《金融服务营销》,机械工业出版社,2010。

类银行产品和其他新兴产品三大类。可以说,银行向客户提供的产品往往不是一种,而是多种产品的组合服务,这样既可以满足客户多样化的需求,也可以为商业银行带来更高的综合收益。

1. 基础性银行产品

资产类银行产品:其突出特点是风险高,因此商业银行在向客户提供此类产品时,一定要把风险防范放在首要位置。资产类银行产品主要包括票据贴现、银行承兑汇票、中期流动资金贷款、短期贷款、固定资产贷款、个人住房贷款等。

负债类银行产品:其几乎没有风险,但此项产品在竞争日益白热化的市场条件下,对商业银行的生存和发展至关重要,主要包括向中央银行借款、向同业拆借资金、发行金融债券、储蓄对公存款等。

结算类银行产品:主要包括银行承兑汇票、现金收付、银行汇票、委托收款、支票、汇兑等。

租赁类银行产品:包括经营租赁和融资租赁。

涉外类银行产品:包括资产类产品、负债类产品、外汇买卖与国际结算。

资产类产品包括对国内厂商贷款、对国内厂商贴现、对国内厂商押汇和出口买方信贷四种。负债类产品主要有吸收国内外币存款、在国外吸收外币存款、在国外发行外币债券和向国外借款四种。在进行外汇买卖时,关键是要做好风险防范工作。国际结算这一产品主要是选择好代理行,主要包括外汇资金拆借、代客外汇买卖、出口押汇、托收、汇出汇款、买入票据、贴现、进口押汇、进口代收、代售旅行支票、信用证及见索即付保函等。

2. 开发性顾问类银行产品

财务顾问银行产品:包括证券公开标价交换顾问、企业并购中的财务顾问、企业重组中的财务顾问、企业上市中的财务顾问等。

投资顾问银行产品:包括风险投资顾问、证券投资顾问等。

战略顾问银行产品:包括竞争战略顾问、营销战略顾问、发展战略顾问等。

融资顾问银行产品:主要包括投资回报测算、提供顾问意愿以及与资金提供方进行融资事宜谈判等。

信息服务指商业银行依靠自身在信息、人才、信誉等方面的优势,对这些信息以及商业银行和客户资金变动进行记录与分析,并提供给客户,以满足其业务发展需要的服务活动。

3. 其他新兴产品

其他新兴产品主要有金融期货、离岸金融、期权等。

(二)保险金融产品

1. 按照保险基金的来源分类

按照保险基金的来源分类,可分为商业性保险和政策性保险。

商业性保险的保险基金是保险人承保危险、赔付被保险人的后备资金,属于传统的保险方式,保险基金完全通过保险人收取投保人的保险费而组织起来。

随着社会的进步,为了保障社会成员的生活安定,保障社会经济活动的特殊领域,国家往往提供财政资金以补贴保险基金的保险种类,这类产品被称为政策性保险,如农业保险、社会保险等。

2. 按照保险的实施形式分类

按照保险的实施形式分类,可分为强制保险和自愿保险。

强制保险也称法定保险,是以国家颁布法律、行政法规的形式来实施的保险。强制保险带有强制性,无论被保险人是否愿意,都必须参加保险。

自愿保险是保险人和投保人双方在平等互利、协商一致的基础上,签订保险合同来实施的保险。

3. 按照保险对象分类

按照保险对象分类,可分为财产保险和人身保险。

财产保险是指以财产及其有关利益为保险标的的一种保险。财产包括有形的财产和无形的财产。后者即财产的权利,以及与财产有关的利益,如维护财产的费用支付、因法律事实或者事件而产生的财产责任等。

人身保险是指以人的生命或者身体为保险对象的一种保险。保险人对被保险人的生命或者身体因遭受意外伤害、疾病、衰老等而导致死亡、残废、丧失工作能力或者年老退休负责给付保险金。

4. 按照保险保障的范围分类

按照保险保障的范围分类,可分为财产损失保险、责任保险和保证保险。

财产损失保险是以各种财产为保险标的而实施的保险。这里的财产仅限于各种有形的物质财产。

责任保险是指以被保险人的民事赔偿责任作为保险标的的保险。

保证保险是指由保险人提供担保,负责赔偿权利人因被保证人不履行合同义务而受到的经济损失。

第二节　金融产品组合及生命周期策略

一、金融产品组合的概念

金融产品组合是指金融机构所经营的全部产品线和产品品目的组合或搭配。其中,产品线是指所提供的具有同种功能的一组金融产品或服务,如商业银行的储蓄存单就是一条产品线,包含活期存单、1年期存单、3年期存单、大额可转让定期存单等产品。产品品目是指在商业银行某条产品线内,各种不同品种、规格、质量和价格的特定产品,例如,大额可转让定期存单产品包括不同起存金额或不同存款期限的具体存单品种。所有的产品品目和产品线便构成商业银行的金融产品组合。例如,交通银行销售净值型理财产品组合,如表6-1所示。

表 6-1 交通银行销售净值型理财产品（开放式）个数统计

（开放期为 2023 年 3 月 20 日至 2023 年 4 月 10 日）

投资性质	风险等级（PR）	活期	1个月内（含）	1～3个月（含）	3～6个月（含）	6～12个月（含）	1年以上（含）	合计
现金管理类	PR1（谨慎型）	21						26
	PR2（稳健型）	5						
纯固收	PR1（谨慎型）		2					44
	PR2（稳健型）	6	18	10	6	2		
固收增强	PR2（稳健型）	5	20	9	7	6	1	97
	PR3（平衡型）		14	7	10	16	2	
混合类	PR3（平衡型）		3	1		11	3	18
权益类/商品及衍生品	PR3（稳健型）—PR5（激进型）							0
合计		37	57	27	23	35	6	185

资料来源：作者根据公开资料整理。

金融机构将金融产品进行合理有效的组合，对其产品营销方面的突出作用有：

1. 产生广告的规模经济效应

金融产品的合理组合，有利于发挥广告的规模经济效应。因为将同一条产品线中的几种产品放在一起进行宣传，可以节省产品的宣传、广告费用，并带动产品线上各类金融产品的销售。

2. 有利于树立金融产品的形象

可以对金融产品进行合理组合，进而可以统一相关金融产品的"包装"。而金融产品包装的统一，会对金融产品线的产品销售有益——产品线中的所有产品外观包装相同，却又保留自己的特点，可以使客户对该类金融产品产生深刻的印象。

3. 有利于金融产品高效率地销售和分销

金融产品线的丰富，能使金融机构为客户提供较大范围的选择余地。从一般企业的情况看，如果一家企业能够提供产品线的全部产品，则分销人员和零售商会更愿意"储存"该企业的产品，并且一条产品线的产品运输和仓储成本也比相同数量的、单独的产品项目低。而对商业银行来说，成系列的金融产品会使客户有更大的选择空间，从而刺激其购买欲望。

4. 有利于金融机构"以点带面"，促进其产品销售

一般来说，客户通常会认为一条产品线的所有产品的质量大体相同。如果一家商业银行产品线上的某类金融产品非常吸引人，出于好感或信任，客户会被带动着对其同系列产品或同类产品进行购买或投资。

案例 6-2　中信银行：面向小微企业，打造数字化产品体系

2022年4月，银保监会下发的《关于2022年进一步强化金融支持小微企业发展工作的通知》提出，银行保险机构要规范发展供应链金融，在加强风险防控的基础上，依托核心企业，整合金融产品、客户、渠道等资源，综合运用交易数据、资金流和物流信息，为上下游小微企业提供一揽子金融服务。多家商业银行以供应链金融和普惠小微贷款为抓手，通过数字化金融服务缓解了小微企业的融资难题。

中信银行推出"中信易贷"数字化产品体系，更好地满足了小微企业信用贷、随借随还、无还本续贷等各类融资需求。中信银行依托供应链大数据，构建"订单e贷、政采e贷、商票e贷"等上游供应商类产品体系，盘活核心企业上游小微企业的订单、应收账款、票据等流动资产；构建"经销e贷、信e销、保兑仓"等下游经销商类产品体系，挖掘核心企业下游小微企业信息流、资金流、物流等数据价值。中信银行石家庄分行将产品嵌入雄安新区建设资金管理区块链信息系统，实现"区块链技术"与"供应链场景"的有机结合，贷款全线上操作，有效解决小微供应商、分包商融资问题，为雄安新区建设作出贡献。

与此同时，中信银行深挖科创、外贸、物流等特色行业场景大数据价值，创新"科创e贷、关税e贷、物流e贷、银税e贷、跨境电商e贷"等纯信用、线上化场景类产品，实现小微企业"场景大数据"向"好信用"的有效转化。截至2022年5月底，中信银行已向1 000多家"专精特新"小微企业累计发放信用贷款近70亿元。

（资料来源：《金融数字化贴身服务小微企业》，https://news.esnai.com/2022/0921/233637.shtml，访问日期：2023年12月20日。）

二、金融机构常用的产品组合策略

金融机构对于产品组合策略的选取，不仅受到相关金融法规的限制，还受到其经营规模、管理水平、竞争力、市场前景和市场发展方向等诸多条件的限制。因此，金融机构在进行产品组合选择时，应考虑多方面的影响因素，并考察自身的实力、目标和条件。若金融机构具有较强的实力，且经营目标是占有更多的市场份额和增加产品销售，则其在金融产品组合中，就应增加其所提供产品品目的数量，即扩展其产品组合的广度与深度，多开发新的金融产品；反之，则应选取较窄的金融产品组合，将营销的重点放在某一种或几种金融产品上。

金融机构可以采用的产品组合策略包括：

（一）优质产品和服务取胜策略

金融机构市场形象的树立，首先取决于其产品和服务的信誉。因为客户只有通过产品和服务才能真正认识并了解金融机构。优良的产品和优质的服务，会使金融机构声名大振；而劣质的产品和低劣质服务，只能使金融机构名誉扫地。金融机构产品和服务质

量的优劣,是由客户所认定的,是在消费与购买同类产品和服务中比较、鉴别的结果。优质的产品和服务能够为客户带来更多的利益,也是金融机构与客户建立良好公共关系的桥梁。因此,优质的金融产品和服务,可以帮助金融机构形成忠实的客户群,从而有助于其在竞争中取胜。金融机构可以通过创建和推广具有鲜明特色、有代表性的金融产品或金融品牌,通过优质的金融产品和服务来树立其在市场上的独特形象,以吸引客户,占领市场。

(二) 以新取胜策略

金融机构的生命力在于不断创新,不断地开发新产品和新服务。现代科学技术日新月异,市场瞬息万变,金融机构要想在激烈的竞争中树立自己的市场形象,达成既定的经营目标,出路就在于开发出让客户愿意接受、使用甚至追求的金融产品。同时,金融机构也只有不断地开发出适应市场需求的新产品,或者根据客户的需要,提供新的业务与服务,才能在竞争激烈的市场环境中把握主动权,树立良好的市场形象,提高其信誉和地位,才能既满足客户的需求,又能达到金融机构获取利益与自我发展的目的。

(三) 以快取胜策略

兵贵神速,以快取胜,这是金融机构迎接和应对竞争的重要手段之一。金融机构的产品和服务要想在激烈的竞争环境下为客户所接受,除要有过硬的质量、合理的价格、有效的促销手段外,还要把握住准确的市场信息,在适宜的时机迅速推出新产品和服务。特别是对于在一个较为特定的阶段非常流行的产品和服务而言,更是如此。因为这类产品和服务的时效性强,机会转瞬即逝。如果推出的速度慢或者将其推向市场时已时过境迁,其就会成为"短命"的产品和服务,可能很快就会被淘汰。

(四) 以廉取胜策略

大多数的客户都有一种"偏见",愿意购买低价产品和服务,因为这样他们就可以获得一定的消费者剩余。因此,金融机构要想使自己的产品和服务迅速占领市场,在推销阶段,可以考虑将产品和服务的价格适当定得低一些,必要时甚至可以低于成本。在产品和服务的销路畅通后,结合产品质量和服务水平的提高等,逐步将价格提高到预期的水平上。采用此策略还有一种考虑是:以产品和服务的低价出售与提供为手段,把利益让给客户,从而树立起良好的市场形象,招徕更多的忠实者,牢牢地占领市场,战胜竞争者。

(五) 高档产品策略与低档产品策略

所谓高档产品策略是指在一条产品线内,增加高档、高价产品项目,以此来提高金融机构现有产品的声望。这样,一方面增加了现有产品的销售,另一方面又可以吸引高收入者购买这类产品。所谓低档产品策略是指在高价产品线中增加廉价产品项目,目的是利用高档名牌产品的声望和地位,吸引无力购买高档产品的客户,使其慕名购买名牌产品线中的低价产品。因此,经营高档产品可使金融机构的整体业务获得声誉,而经营低档产品则可增加销量、提高收益。金融机构可以根据自身情况,选择其中之一或两者同时使用。

（六）系列产品策略

通过为客户提供"全套"金融产品或"一站式"服务,使其能够获得系列产品或全套金融服务。这样,一方面可以满足客户对不同金融产品的不同需求,使其可以在一家金融机构处理其大部分甚至全部的金融活动,留住客户;另一方面,通过增加产品线、扩展产品组合的广度和深度,使金融机构能够实现经营上的规模经济并达到分散金融业务风险的目的。比如,目前在全球金融行业大量出现的全能银行业务,即为实施系列产品策略的最好例证。

三、金融产品的生命周期与特点

金融产品从开始投放市场到被淘汰而退出市场的全过程所经历的时间称为金融产品的生命周期。根据业务规模(以销售额和销售增长率为表现)的情况,通常可以将这一过程划分为投入期、成长期、成熟期和衰退期四个阶段(如图6-1所示)。

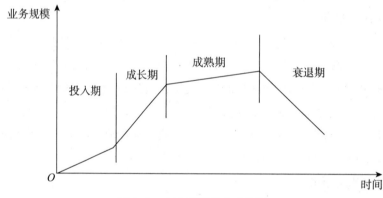

图6-1　金融产品的生命周期

影响金融产品业务规模的因素有很多,而经济形势、宏观政策、汇率、投资组合等是造成市场需求波动的常见原因,即使在成熟期,也可能存在大的波动。所以,金融产品究竟处于生命周期的什么阶段,不能仅仅由短期的业务规模波动来确定。金融产品生命周期各阶段的主要特点如表6-2所示。

表6-2　金融产品生命周期各阶段的主要特点

	投入期	成长期	成熟期	衰退期
销售额	低	快速增长	缓慢增长	下降
销售增长率	0.1%～10%	>10%	0.1%～110%	<10%
利润	负利或微利	不断增加	稳定获利	减少或下降
净现金流量	负数	逐渐增加	大量增加	增量减少
购买者	少	扩散增加	大众化	保守、减少
竞争者	少或无	模仿增多	大量	减少

四、金融产品生命周期各阶段的营销策略

（一）投入期的特点与营销策略

一种新的金融工具、金融产品投入市场，往往有一个扩散的过程，客户对其也有一个逐步了解、认识与接受的过程，同时，对其安全性的要求较高，所以这一阶段销售增长率低甚至波动不稳；购买者不多，竞争者也较少；成本高、利润少，净现金流量可能是负数，以致亏损。对于一般的金融产品而言，投入期可能很长，但也可能相当短暂，甚至一投入就直接进入高速的成长期，投入期的长短取决于该产品是否有广大的客户需求基础、投放时机、广告宣传力度及新产品营销准备得是否充分等因素。所以，投入期的营销策略应注意考察产品的需求状况，选择好市场投放时机，扩大宣传和影响，做好渠道网络布点、客户咨询、服务准备等营销工作，使客户的需求能够及时得到满足。价格策略多采取成本加成定价法，根据产品的类型、市场前景并结合竞争分析，对某些价格弹性小、客户需求急、工具新的金融产品可以采取高价入市、快速获利的方式投放市场。

（二）成长期的特点与营销策略

成长期是产品打开销路、业务量快速增长的阶段。这一阶段随着业务量的增大，单位成本将逐步降低，净现金流量增大，利润增加。此外，随着影响的扩大，利润的诱惑致使竞争者纷纷进入市场，竞争会愈来愈激烈。所以，在成长期，金融机构应增加人、财、物的投入，增设服务网点，宣传、树立企业形象，创立品牌效应，并扩大细分市场的范围。这一阶段应集中体现一个"快"字，以占领市场、提高占有率。

（三）成熟期的特点与营销策略

成熟期为金融产品业务量缓慢而相对稳定增长的阶段，这一阶段持续的时间相对较长，产品稳定获利，竞争激烈，客户也多精心选择以使自己的利益最大化，因此特别重视服务质量和金融机构的信誉。成熟期的金融机构应注重提高服务质量，运用多种促销手段强化分销，维护金融机构的信誉，注重特色宣传，发掘并开拓新的细分市场，改进产品和服务，延长产品生命周期，并随时准备投放新的金融工具与金融产品。

（四）衰退期的特点与营销策略

衰退期是产品业务量急剧下降并趋于淘汰的阶段。这一阶段，客户的兴趣纷纷转移，销量下降，金融机构的利润也快速减少甚至出现亏损，竞争者纷纷转移经营力量。所以，在衰退期，金融机构应注重减少损失，并有选择性地保留一些经营网点，维护客户的忠诚度，逐步从市场撤退。大多数金融产品的生命周期是相当长的，出现衰退并不意味着客户的需求不存在了，而是其兴趣转移了。导致金融产品衰退的原因通常有：

（1）金融机构的信用出现危机，这种危机不仅会导致一种产品的需求急剧下降，而且可能导致金融机构的倒闭甚至整个国家或世界经济大的衰退；

（2）新的金融工具的出现，特别是新技术导致服务方式的改变从而使老产品出现衰退；

(3) 金融机构被迫停止营业;

(4) 政策影响,特别是宏观调控政策,如明显不利于金融机构的经济政策的大的变动;

(5) 政局动荡或战争爆发。

第三节 金融新产品开发

一、金融新产品的概念

商业银行产品开发的形式多种多样。正如亚瑟·梅丹所说:"在给'新型'服务下定义时,有一个概念性的困难,它来自'新的金融产品'与'金融产品改进'的区别。商业银行信用卡与健康险是新型金融服务,而通过邮寄或信用卡保险进行储蓄则只是服务产品的一种改进。""创新服务产品是基本性的新产品,比较典型的含义是指:新型的技术,适当的投资,可预见的风险和具有深远意义的潜在市场价值。这些服务对于金融机构和客户同样都是新鲜的。新的产品系列是指该服务系列对金融机构来说是新的,但对市场来说却不是如此,事实上,只是这家金融机构进入了一个其他机构已经涉足领域的竞争。""另外,一项金融服务也可以被重新配套或改头换面。"①基于上述基本认识,我们从广义以及狭义的角度对商业银行金融新产品的开发加以定义。

(一) 从广义上看

商业银行对某一金融产品的任何一部分或全部进行的改变、创新或变革,均可被视为商业银行新产品的开发,因此形成多种多样新的商业银行产品形式,包括如下几种:

1. 全新金融产品

全新金融产品是指商业银行采用"新技术""新工艺""新材料"等制成的前所未有的产品。这类产品多是由于科学技术的进步或是为了满足客户某种新的需求而发明的。这类新产品的开发、推广需要相当长的时间,同时它的市场生命周期也是相对较长的。例如,美国花旗银行在1961年推出的全新的存单——大额可转让定期存单,在当时的金融市场上即为全新的金融产品;而同时期在美国市场上出现的住房抵押贷款的证券化,更成为20世纪70年代以来国际金融业务领域最重要的创新活动之一,其影响延续至今。

2. 部分新金融产品

这是指商业银行部分地采用"新技术""新工艺""新材料"等对原有的金融产品在性能等方面进行革新和提高的产品。这类产品基本上是利用科学技术的最新成果,对现有产品进行一些重大的革新而形成的。例如,目前世界上很多金融机构都大量采用了互联网技术,利用电子商务来开展其业务活动,人们可以通过网络进行各种投融资活动,金融机构的运营形式也出现了所谓"水泥+鼠标"模式,这就使得很多传统的金融产品打上了

---

① 〔英〕亚瑟·梅丹:《金融服务营销学》,王松奇译,中国金融出版社,2000,第108页。

"电子化"的烙印,成为一种部分创新的金融产品。

3. 改进型新金融产品

改进型新金融产品是指商业银行对现有金融产品的品质、特征、结构、款式、包装等做一定的改进或修正而形成的新产品。这类新产品的开发一般无须以新的科学技术为基础,只需在现有的技术水平下,对现有的产品进行适当的改进。它与现有产品的差别不是非常大,但是具有一定的特色。这类产品的市场竞争一般比较激烈。例如,1982年,美国的金融机构在可转让支付命令账户基础上开发的超级可转让支付命令账户(SuperNow账户)就属于这种类型的金融产品。再如,目前我国很多商业银行推出的信用卡,大多是在一种已经标准化的信用卡业务市场中突出自己的某种特色,以吸引部分客户,如华夏银行的"丽人卡",中国建设银行的"大众龙卡——汽车卡"等,都可以看成改进型新金融产品。

4. 仿制型新金融产品

仿制型新金融产品是指商业银行对现有金融产品只做较小的改进或修正,以突出产品某一方面的特点;或者直接仿照市场上已有的畅销金融产品,然后标上新的品牌或者冠以新的名称,在市场上推出。这类金融产品的开发不需要新的技术,开发成本较低,但市场竞争会十分激烈,金融产品的市场生命周期也相对较短。

(二) 从狭义上看

金融产品的开发可以主要看成全新金融产品的开发,即完全新型的金融产品的开发。对此,我们在前面已经有所说明,此处不再赘述。需要注意的是,从金融产品自身构成的角度看,每种金融产品实际上都是其所具有的不同特征要素,如价格、收益、风险、流动性、可买卖性、数量、期限等不同组合的结果。任何金融产品的开发,无论是局部的、微小的改动或更新,还是整体的、全新的创造,均是金融产品自身各种特征要素的重新组合与配套,需要满足金融机构适应变化的、竞争的环境的需要,适应客户的不同金融需求的基本特征。例如,从满足客户基本金融活动需求的角度,金融产品的构成与要素组合,可以是以下几种不同层次、门类的组合:

1. 需求门类

需求门类是体现金融产品门类的核心要素,是比较笼统的金融产品门类。例如,人们投资于某种金融产品,是侧重于该产品所具有的安全保障,还是其在投资收益上能够满足自身的需求,或者是能满足其流动性要求等。需求不同,金融产品所体现出的具体特征就不同。

2. 产品门类

产品门类是指能有效满足客户某一核心需求的金融产品种类。例如,主要用于满足人们保值和安全需求的商业银行储蓄业务种类,主要用于满足人们投资和增值需求的证券业务种类,等等。

3. 产品种类

产品种类是指在金融产品门类中，被认为具有某些相同功能的一组产品。例如，各种不同利率、期限、面值或收益率的金融债券，均可归属于金融债券的种类之下；商业银行储蓄业务类型，包含活期储蓄、定期储蓄、定活两便储蓄等。

4. 产品线

产品线是指在同一金融产品种类中，密切相关的，或以类似方式起作用，或出售给相同的客户群，或通过同类型的机构网点出售，或在一定幅度内做价格变动的一组产品，组成的一条金融产品线。例如，各种保险责任不同、保险利益不同、保障额度不同的人寿保险产品，即组成一条产品线。

5. 品牌

品牌是与产品线上的一个或几个金融产品品目相联系的名称或标志，可以用来区别产品品目的来源和特点，树立独特的金融机构形象特征。例如，"金葵花"是招商银行发行并树立的、在国内具有相当知名度的金融产品品牌，包含商业银行的储蓄业务、转账结算业务、国内外的汇兑业务等多种商业银行业务类型。

6. 产品品目

产品品目是指可以依据其价格、外观、利率等属性加以明确区分的具体金融产品类型。例如，我国商业银行的定期储蓄存款中，整存整取、零存零取、整存零取、存本取息等储蓄类型都属于具体的金融产品类型。

显然，商业银行在金融产品的开发中，完全可以根据需要，将上述金融产品构成的各层次、门类重新组合与搭配，从而形成全新的或者是部分创新的、富有挑战性与诱惑力的金融产品，以吸引客户。同时，如果新产品的开发侧重于金融产品要素、特征的重新组合，则使商业银行能够利用其原已具有的一些产品特性，或者是原有金融产品的市场"号召力"，从而使得创新的金融产品更容易被客户接受，并且在使用中更方便，交易成本更低。当然，商业银行也可以在现有的产品与服务范围内，把若干种金融产品与服务集中在一起形成一个新的产品或服务类型，即以市场细分为基础进行重新包装与定位，以获得一种新的金融产品，进而在客户心目中树立起鲜明的形象。因此，我们可以从更广泛的意义或角度来看待金融新产品的开发；并且，由于金融产品的独有特征，更多的时候商业银行是从广义的角度来进行金融新产品的开发的。

案例 6-3　Akulaku：出海的中国消费金融模式

Akulaku 是东南亚领先的商业银行和数字金融平台，主要在印度尼西亚、菲律宾、越南和马来西亚四个国家开展业务。该企业面向新兴市场，为用户提供数字银行、消费信贷、数字投资和保险经纪服务，满足客户广泛的金融需求，其目标是"为东南亚国家的用户提供更好、更快、更方便的数字金融服务,并为消费者和商户建立一个新的虚拟信贷和借记支付系统网络"。

作为"出海"的中国金融科技企业,Akulaku 选择海外发展有其背景因素。一方面,随着金融科技服务在国内的日渐普及,金融机构不再单纯追逐互联网流量,而从纯线上转变为线上线下相结合的强金融模式。线上流量已接近天花板,金融科技或互联网企业的获客成本不断上升。另一方面,东南亚地区在文化方面与中国相似,但市场开发程度远不如中国。近年来互联网经济不断发展,东南亚国家也不断释放人口、产业政策等红利。国内红利的逐渐消失、金融监管的日趋严格,使东南亚蕴含的巨大市场潜力更具吸引力。对标国内金融服务业发展,Akulaku 选择进军东南亚,成为金融科技企业出海的领头羊。

起初,Akulaku 主要提供信用卡产品,包括网上购物和信用卡贷款。后来,Akulaku 推出虚拟信用卡,提供交易服务和多场景支付服务,主营分期需求集中于信息家电类产品,同时还提供充值、旅游等虚拟类产品和服务。2018 年,Akulaku 从家电、旅游、手机充值等产品的在线分期业务扩展至无抵押个人贷款,涵盖从日薪贷款到汽车贷款等领域。此时,平台作为虚拟信用卡服务商,通过接入 Shopee、Elevenia、Bukalapak、Blibli 等印度尼西亚主流电商平台,为当地消费者提供消费分期服务。如今,Akulaku 已发展成为一家能提供储蓄、资产管理、中小企业贷款、联名借记卡等多样化服务的金融科技企业。

(资料来源:《Akulaku:出海的"中国消费金融模式"》,https://www.weiyangx.com/406705.html,访问日期:2023 年 12 月 20 日。)

二、进行金融新产品开发和创新的流程与程序

商业银行理财市场中不乏这类现象:销售人员利用许多客户想跑赢物价的急切心理,夸大收益,回避风险,忽略评估整体市场的潜在风险,有变相揽储之嫌。看似品种颇多的理财产品实则是简单模仿、殊途同归,同质化问题日益严重。究其原因,主要归咎于商业银行的创新能力缺乏,以及创新动力不足。[①] 由此可见,深入了解金融新产品开发和创新的流程与程序对于整个金融市场都是非常重要的。一般来说,金融新产品开发和创新的流程与程序主要包括以下几个部分:

(一)形成创意

金融新产品设计开发的第一步,即产品创意,具体是指对能够满足现有客户和潜在客户某种需求的新产品所进行的设想与构思。创意是新产品形成和推出的基础,但并不是每一个创意都能与真正的市场需求相吻合。金融新产品的创意能否最终成为现实,与产品创意形成过程的长短、难易程度及金融机构本身所拥有技术的先进程度、营销管理水平,以及创意的来源渠道甚至创意数量的多少,存在重要的关系。

---

① 许圣佳:《银行理财产品的发展现状与对策分析》,《上海经济》2012 年第 5 期。

（二）优选创意

产品创意对于开发新产品是必需的，但有了产品创意并不一定就能付诸实施，也不一定能使这种金融产品成为有发展前途的新产品。对此，金融机构可以根据其具体目标和经营能力进行创意优选，主要目的在于尽可能早地发现好的创意，并放弃不可行的甚至可能是错误的产品创意。金融机构在进行创意优选时可考虑以下因素：金融新产品的市场空间，金融新产品的技术先进性与开发可行性，金融新产品开发所需要的资源条件与其配套服务的要求，金融新产品的上市促销、营销能力，金融新产品的获利能力和社会效益评价。

（三）具体分析

在对金融产品的创意进行优选后，金融机构会得到一些有初步可行性的创意，但这些创意是否真正可行，还应经过一些具体的分析：

（1）产品概念的形式与测试。产品概念是指已经成形的产品创意，可用一定的文字或模型来表示。对产品概念的测试是指金融机构对这种成形的金融产品创意进行一定范围的客户调查。在调查中，可以要求客户对产品概念的描述是否清晰、产品的特点是否鲜明、上市后是否想购买、产品特征是否需要改进等提出意见和建议。

（2）营销分析。产品的营销分析是从市场需求出发，仔细分析产品概念的测试结果，主要是为了确定目标市场，以确定产品价格及销量。

（3）商业分析。商业分析主要是就新产品的适宜性与有益性，从经济效益和财务项目、指标等方面进行分析，包括市场调查分析、财务分析（如成本与销售额预测、现金流量分析、投资回报分析）等。

（四）产品开发

金融新产品的开发包括以下三个并列的、相互关联的部分：

（1）产品样品的设计与开发；

（2）在宣传刊物、合同书、推销材料等中向预期客户介绍该金融新产品及其特点；

（3）进行金融新产品的设计、包装，甚至商标注册。

（五）产品试销和使用调查

经过以上阶段的工作后，金融新产品基本设计完毕，但其在实践中是否可行仍不得而知，因此可以进行小规模、小范围的试销，即在选定的一定地区实际销售产品。

（六）正式推出

经过试销后，如果从信息反馈和试销的实际情况看金融新产品的开发是成功的，金融机构即可大批量地进行金融新产品的商业性生产，并将其投放市场。

在此阶段，金融机构需要根据情况，适时适宜地做出以下决策：金融新产品的推出、销售时间；金融新产品的投放地区和扩散地区；目标市场的选择与金融新产品的最终定位；具体的市场营销策略。

比较理想的金融新产品开发程序是上述六个步骤循序渐进、逐步进行，但是金融机构也可以根据情况相应地调整。最后需要注意的是，开发金融新产品时需要与客户不断地进行沟通。正如某些学者所说的，最成功的开发者们都有一个共同点：运用特定的方式在整个开发阶段与客户（特别是领先客户）不断地进行沟通。而次成功者则仅仅专注于开发最后阶段的沟通。[1]

三、金融新产品开发策略

金融新产品的开发方法即新产品的开发手段与途径是多种多样的。例如，可以通过新技术来开发新产品；也可以通过对现有产品的不足予以改进与修正，进行新功能的挖掘和创造，从而改进与革新金融产品；还可以通过仿效与模拟或者进行重新组合和包装等来开发新产品。总的来说，金融机构在开发金融新产品时可根据需要采用以下不同的策略，或将几种策略交叉使用，以达到开发新产品的目的。

（一）扩张型产品开发策略

金融机构在确立了自己在金融市场中的位置，建立起一定的业务发展空间，提供了传统或主要的业务服务之后，通过扩展现有服务、增加交叉销售的方法，将其业务向更广阔的市场推进，使其业务类型、产品品种和服务向纵深方向发展，使客户能够在一家金融机构中满足所有的服务需求。扩张型产品开发策略的好处是比较便于操作，对客户具有较强的吸引力，且能使其获得一定的收益。例如，目前很多金融机构向客户提供"一站式"金融服务，商业银行向全能式、综合式"金融百货公司"方向发展等，均可看成扩张型产品开发策略的结果。

（二）差异型产品开发策略

由于金融产品的特性与金融营销的要求，金融新产品的开发永远以金融机构所关注和实现的市场细分分析为出发点，这意味着产品创新开发者必须关注每一个重要的市场细分，明确哪里存在金融服务需求，确信他们所提供的金融产品和服务最适合这种市场细分，并可以使客户和金融机构的效用、效益获取程度达到最高。金融机构可以同时为几个细分市场服务，并且按照每个市场的不同需求，分别设计不同的产品和运用不同的市场营销组合。差异型产品开发策略，就是指金融机构根据细分市场进行特殊产品开发的一种策略。金融机构采取这种策略，是以提高自己选定的目标市场占有率为目标的。在市场细分和市场定位的基础上，金融机构放弃不相关的或无竞争力的产品和服务，而把着眼点放在少数细分市场上有特色与竞争力的产品和服务上，这样既可以降低不相关的服务所带来的成本，又可以通过垄断优势提高特色产品和服务的价格。差异型产品开发策略的特点是：根据金融机构市场细分的结果进行设计，每种产品一般只适用于满足特定人群的某一种或某几种需求。因此，金融机构需在经营特色上下功夫，并且在推销宣传中注重特色宣传，以使新产品特点突出、明确，易于被人们接受。

---

[1] Peggy Athanassopoulou and Axel Johne, "Effective Communication with Lead Customers in Developing New Banking Products," *The International Journal of Bank Marketing*, 2004, 2: 100-125.

(三)卫星产品策略

卫星产品策略是指金融机构开发出一种独立的产品,它的购买者或使用者无须是该金融机构核心账户的持有人,或者可能根本就并非该金融机构的账户持有人。这种产品策略的实质是:创造一种脱离金融机构核心服务的独立产品,目标是增加对非开户客户的产品销售。卫星产品策略比较适合没有庞大的分支机构网络和资金雄厚的大客户的小型金融机构。对于一些大中型金融机构来说,这种产品策略也有一定的好处:一方面提高了金融机构对非账户持有人的产品销售额,增加了其对该金融机构的了解与认识;另一方面也有利于提升金融机构的总体服务,增加对账户持有人的产品交叉销售额。

案例 6-4 中国建设银行发布"云税贷"产品支持守信小微企业发展

中国建设银行在杭州发布了"云税贷"产品,旨在扩大客户服务范围,为更多小微企业提供融资便利,推动普惠金融的发展。

近年来,中国建设银行积极借助大数据和"互联网+"等新技术、新手段,开展产品与服务模式创新,推出的"小微快贷"互联网金融平台,大幅提升了小微企业金融服务能力和效率。"云税贷"是该行通过与税务部门合作,引入企业纳税数据,创新全流程线上办理的"小微快贷"系列子产品。

"云税贷"基于小微企业纳税信息、纳税行为、信用情况及与中国建设银行的合作情况等,综合确定贷款额度,更好地满足小微企业的融资需求。诚信纳税小微企业在中国建设银行网上银行或当地税务部门网上办税大厅等渠道进行授权后,即可通过中国建设银行网上银行、手机银行等线上渠道自助办理最高 200 万元的纯信用贷款,按需支用,随借随还,循环使用。这也为中国建设银行代缴税客户提供了更加快捷、便利的服务通道。

"云税贷"产品的推出,丰富了中国建设银行小微企业金融服务的方式和内容,也进一步完善了该行"小微快贷"全流程线上融资服务体系。中国建设银行发布的季报显示,截至 2023 年第一季度,其普惠金融贷款余额为 2.67 万亿元,较上年年底增加 3 220.48 亿元。"小微快贷"等产品累计提供信贷支持 9.82 万亿元,累计服务 384 万普惠客户。

(资料来源:作者根据公开资料整理。)

本章小结

1. **金融产品的特征包括**:无形性、不可分割性和广泛性、易被仿效性和价格的一致性、金融服务与客户关系的持续性。

2. **基础性银行产品包括**:资产类银行产品、负债类银行产品、结算类银行产品、租赁类银行产品以及涉外类银行产品。

3. 投入期的营销策略应注意考察产品的需求状况，选择好的市场投放时机，扩大宣传和影响，做好渠道网络布点、客户咨询、服务准备等营销工作，使客户的需求能够及时得到满足。价格策略多采取成本加成定价法，对某些价格弹性小、客户需求急、工具新的金融产品可以采取高价入市、快速获利的方式投放市场。

4. 在成长期，金融机构应增加人、财、物的投入，增设服务网点，宣传、树立企业形象，创立品牌效应，并扩大细分市场的范围。这一阶段应集中体现一个"快"字，以占领市场、提高占有率。

5. 成熟期的金融机构应注重提高服务质量，运用多种促销手段强化分销，维护金融机构的信誉，注重特色宣传，发掘并开拓新的细分市场，改进产品和服务，延长产品生命周期，并随时准备投放新的金融工具与金融产品。

6. 进行金融新产品开发和创新的流程与程序包括：形成创意、优选创意、具体分析、产品开发、产品试销和使用调查、正式推出。

7. 金融新产品开发策略包括扩张型产品开发策略、差异型产品开发策略和卫星产品策略。

思考题

1. 分别在什么情况下使用差异型产品开发策略和卫星产品策略？用现实生活中的实例来佐证你的答案。

2. 回忆你使用过的某种商业银行产品，分析其属于哪种产品类型，以及该银行在营销过程中采用了什么策略。

3. 2013年以来，互联网金融快速发展，如果你是一家股份制商业银行的产品开发人员，你会采用怎样的新产品开发策略？试详细阐述。

第 7 章

金融营销策略及机构服务质量管理

▶▶ 知识目标

- ➢ 掌握金融服务营销策略的定义及常见的金融服务营销策略;
- ➢ 掌握金融服务过程策略的定义及金融服务过程管理方案;
- ➢ 掌握金融服务质量策略的定义及金融服务质量管理方案;
- ➢ 掌握金融服务人员策略的定义及金融服务人员管理方案。

➡ 技能目标

- ➢ 培养利用金融服务营销策略制订金融营销方案的能力;
- ➢ 培养利用服务蓝图技术与内部流程控制链制订金融机构服务过程管理方案的技巧;
- ➢ 培养利用金融服务质量测评方法对金融机构服务质量进行打分的能力;
- ➢ 培养制订金融行业人才管理方案的技巧。

金融服务营销有别于有形产品营销及一般服务营销。在中国,金融服务营销概念尚未提出之时,人们普遍认为已有的营销概念与策略足以指导一切产品的营销工作,然而,对于这样一个特殊的服务行业而言,事实并非如此,金融服务营销活动的主体、表现形式及实现方式都有其自身的特点。分析金融服务营销的特征并提供有针对性的营销策略可以帮助金融机构在竞争中取得优势。

本章的内容主要分为四个部分:第一节介绍金融服务营销策略,第二节介绍金融服务过程策略,第三节介绍金融服务质量策略,第四节介绍金融服务人员策略。

案例 7-1　招商银行:走心的广告营销

2022年中国品牌力指数品牌排名发布,在信用卡领域,招商银行信用卡已经第十一次荣获行业第一。相比其他商业银行信用卡品牌关注产品营销,招商银行信用卡的品牌认可度高与其一次次走心的广告营销分不开。

在流量经济时代,走心的广告营销要想引起客户的广泛共鸣,既要有足够的话题关注度,又要与品牌价值深度融合。

首先,利用情感营销,为品牌增加温度。招商银行向来以情感营销见长,其自制的短片广告如《世界再大,大不过一盘番茄炒蛋》《爱的无解题》《熊爸爸·熊孩子》《咖啡情侣》《弦外之音》《可贵人生》等,聚焦多样职场生活场景,增强客户的代入感,引发情绪表达的共鸣,以"情"打动客户,为品牌增加温度,使其变得可感可知。

其次,紧抓流量风口,创新传统金融营销模式。随着时代的进步,短视频行业已从刚开始的异军突起发展到如今的稳居龙头。利用短视频营销抓住客户的心,已成为品牌不可忽视的营销手段。招商银行紧跟时代步伐,抓住流量风口,进军短视频领域,自制《职场BATTLE故事》系列剧集,合作综艺《朋友请听好》,开启传统金融创新营销模式,以其高质量营销广受好评,并得到更多客户的支持。

最后,将品牌价值与内容价值融合,拓宽营销广度。金融行业的特殊性在于其必须保持权威可靠、安全可信的品牌形象,并与客户,尤其是新生代年轻群体深度沟通。针对这一难点,招商银行将品牌价值和视频营销等不同内容场景深度融合,开拓新的流量入口和多元化的营销方式,拓宽营销广度,打造有质感的品牌形象,实现品牌突围。

(资料来源:作者根据公开资料整理。)

第一节　金融服务营销策略

以商业银行为代表的中国金融机构是在旧的计划经济体制下逐步发展起来的,相对其他产业而言,改革速度落后,因此,提高其核心竞争力尤其是营销能力已经迫在眉睫。

在市场经济体制逐步建立及完善的过程中,市场份额重新做了分配,金融行业逐步成为"买方市场",这使得各金融机构纷纷将市场营销作为一个重要的经营战略加以探索研究,以期在长期的市场竞争中取胜。

市场营销战略是商业银行等金融机构未来发展的方向、目标及金融机构发展总体规划的重要一环,同时也是这些机构用来与竞争者抗衡、吸引客户及有效利用资源的大方针和大原则。

一、金融服务营销策略的内涵

金融服务营销是指金融机构以满足客户需求为导向,以服务为手段,将金融产品销售给客户的各种经营活动。金融服务营销是一个大的范畴,贯穿于产品形成、营销、业务运行、内部组织和管理等多个方面。在金融服务营销中,服务一般也被认为是金融产品的一种,它以无形的状态存在于有形产品的营销过程中,并延伸到有形产品的生命之外,成为一个连续的、循环的价值链。因此,金融机构对服务营销的重视程度高于产品营销,产品营销蕴含着服务营销,服务被看成产品营销的一个总的运行环境。金融机构引入服务营销是从1977年花旗银行副总裁列尼·休斯坦克的《从产品营销中解脱出来》这篇文章开始的。其后,花旗银行率先对服务在商业银行营销中的应用进行了实践,并且屡创佳绩。作为金融行业的中坚力量,中国银行业应深入理解金融服务的内在含义,积极运用营销策略,提高服务水平并追求利润最大化。

金融服务营销是通过研究确定客户的金融需求,规划新的服务或改善原有的服务,以此满足不同客户的需求,整个过程包括金融产品的设计、制作、服务、组织、控制、信息反馈等活动。金融服务具有以下特点:

(1) 无形性。同其他行业的服务一样,金融机构的服务是无形的,只有在和金融产品配套时才表现为有形,如为客户提供眼镜布、茶水等,这种有形形式只是服务的一种表象和寄托。

(2) 异质性。与金融产品的同质性相悖,金融服务具有典型的异质性。在市场经济下,金融服务是以客户为中心、以效益为前提的,它强调客户要为金融机构带来利润,金融机构的服务要与客户的盈利能力相对应,所以要根据客户产生利润的高低来提供不同的服务。服务的异质性也叫差异性,表现为服务内容和服务形式的差异。

(3) 循环性。一般的服务是随着产品销售或使用过程的结束而消失的,是一种短暂行为,而金融服务却是一个相对长期的、具有后续效应的过程。金融服务从研究客户需求开始,到销售金融产品,提供售后服务,再到深层次研究客户需求,是一个不断循环的过程,这个循环可以对一个客户实施,也可以对整个目标市场实施。

(4) 非储存性。服务是不能储存的,金融服务也不例外,这是由服务的无形性决定的。服务不能储存,但服务的经验可以积累,积累的结果可以使服务水平不断提高,积累到一定程度可以形成服务品牌。

二、金融服务营销策略的目的

金融机构力图通过向客户提供优质、高效和个性化的服务,提高客户对金融机构的满意度,从而保持对金融机构的忠诚,与其建立长期的关系,在持续的业务合作中使双方获得更高的收益。

1. 客户满意度

客户满意度是客户预想效果与感知结果之间的比较。在接受服务之前,客户往往会对未来可以得到的服务有一个期望值,这个期望值是人的大脑对周围环境和历史沿革进行判断之后所做出的一个预想。如果接受服务时感知到的结果超出期望值,客户就会感到满意;反之,则不满意。金融机构不可能改变客户的期望值,所以要想提高客户满意度,就必须提高其对服务感知的效果。

2. 客户忠诚

客户对金融机构的忠诚表现在态度和行为两个方面。前者指客户对金融机构的员工、产品、服务的喜欢和留恋的情感,又被称为客户忠诚感。行为受到态度的影响,客户忠诚以客户的多种行为方式表现出来,这些行为方式包括再次购买、大量购买、经常购买、长期购买,以及为金融机构的产品和服务做有力的宣传等。影响客户离开的原因也有很多,但根本原因是客户满意度的下降。金融机构要想留住客户,让客户保持对它的忠诚,最重要的是要让客户满意。

三、金融服务营销策略的原则

1. 差异化服务

金融机构的服务分为四个层次。以商业银行为例:①基本服务,这是日常的、属于商业银行职责范围内的服务功能,如存取款;②在基本服务功能之上,对部分客户所提供的服务,如网上银行;③特殊服务,对一些高级客户,商业银行会额外提供一些令客户满意的服务;④定制服务,它是商业银行为客户提供的全面服务,这种服务有包办的意味,但一定能使客户满意。

需要注意的是,差异化服务只是硬件设施上的区别和服务内容的多少,并非服务态度的好坏。当金融机构没有能力做到面面俱到时,要通过规定业务范围或提高门槛来锁定部分客户,让其他客户主动退出而非受到驱逐。主动退出的客户将来仍有可能成为金融机构的客户,而被驱逐的客户则永远也不会再成为金融机构的客户。

案例 7-2　估图数科:差异化的金融科技之路

估图数科是一家专注于普惠金融、供应链金融和绿色金融的科技企业,为金融机构提供面向中小微企业客群的风控尽调、拓客营销的 SaaS(软件即服务)产品和 API(程序之间的合约)服务,并从 SaaS、API 接口调用、本地化部署、技术服务分润四部分取得收入。

中国金融市场云集着数千家中小商业银行以及数万家保理、小贷、租赁等类金融机构,它们需要利用数字化工具以提升小微信贷运作效率与强化信贷风控管理,因此,估图数科有机会成为中国版的"杰克亨利"(JKHY,美国顶尖商业软件与服务企业)。

不同于传统的卖系统、信贷撮合中介等金融科技模式,估图数科选择了第三条发展道路,即通过金融科技赋能与服务,打造简单易用的 SaaS 产品博取广阔的业务发展空间。

这种模式的好处是:第一,相比助贷机构需承担相应的信贷风险,纯粹的科技赋能服务更像是"轻资产"运营;第二,客户黏性更高,只要科技赋能服务能创造较好的成效,中小商业银行等金融机构往往会长期使用。

目前,逾 30 家各类机构,包括商业银行、政府部门、小贷、保理、租赁企业等多种类型的机构已在使用估图的智能小微企业拓客尽调工具。

"中国金融科技领域不缺小微信贷撮合中介和专注于卖系统的企业,但我们希望能走出一条差异化的道路,成为小微金融领域的新基建运营者。"企业创始人兼 CEO 林涛表示,选择科技赋能服务道路的金融科技企业就像是给淘金客卖铲子和水的企业,"只有淘金客成功淘金,这些卖工具的企业才能发展得更好。"

(资料来源:《估图数科逆势融资背后:金融科技的差异化之路》,http://www.21jingji.com/article/20221027/herald/c99eb6246942395123a108e5527ac041.html,访问日期:2023 年 12 月 25 日。)

2. 亲情化服务

最好的服务是让客户感觉不到服务的痕迹,这种服务被称为"亲情化服务"。因为人们在为亲人付出时,很少会要求他们回报。如果金融机构营销人员对待客户像对待自己的亲人一样,服务就会呈现出一种自然状态,客户会在这种亲和的服务中对金融机构产生一种依赖性,这与差异化服务并不矛盾,就像一个人不管怎样都不会随便离开亲人一样。

案例 7-3 多伦多道明银行:ATM 变身自动感谢机

在加拿大,有一群相当幸运的客户,他们在 ATM 取钱的时候,拿到的不仅仅是现金,还收获了感动。作为多伦多道明银行(Toronto-Dominion Bank,TD Bank)"TD Thank You"营销活动的一部分,60 位客户被邀请来测试一台全新的 ATM,而这台 ATM 实际上是多伦多道明银行精心设计过的"自动感谢机",当客户走近它时,机器就会开始跟他们对话,并喊出客户的名字,给每位客户送上他喜爱的礼物。一位幸运的母亲收到多伦多道明银行为她儿子提供的奖学金和迪士尼之旅。而另一位母亲则收到了一张机票,使她可以飞往其他城市看望她刚刚做完癌症手术的女儿。在活动视频发布的那个周五的下午两点,每位前往多伦多道明银行并办理网上银行或手机银行业务的客户,都收到了银行送出的20加元奖励。多伦多道明银行的这次营销活动相当成功,在国外视频软件YouTube(油管)上的播放次数已经超过600万,也有不少媒体对此进行了专门的报道。

(资料来源:作者根据公开资料整理。)

3. 先进化服务

首先,金融机构的服务要在服务战略、服务创新等方面具有超前意识。以变应变,才能给人以创新的形象,吸引一批具有创新意识的高端客户。其次,对某个客户进行服务时,要经常向客户提供一些其意想不到的服务,给客户意外的惊喜和满足。最后,服务的先进性还体现在服务手段的先进上,金融机构要善于利用先进的科技手段向客户提供快速、方便的服务。

4. 有形化服务

服务的特质是无形性,但金融服务可以借助于有形的产品使服务成为看得见、摸得着的有形物质,增强客户对金融服务的感知。例如,给银行卡"穿上"漂亮的"外衣",把存折设计得更特别,等等。

第二节　金融服务过程策略

芬兰学者克里斯廷·格罗鲁斯(Christian Gronroos)认为,服务是由一系列或多或少具有无形特性的活动所构成的一种过程,这种过程是在客户与员工、有形资源的互动关系中进行的,这些有形的资源(有形产品或有形系统)是作为客户问题的解决方案而提供给他们的。[①] 服务过程既可定制化,也可标准化,应考虑针对服务过程的不同环节来改变客户参与的程度。

过程管理最终希望提高客户的满意度和企业的市场竞争能力并达到提高金融机构绩效的目的。首先依据金融机构的发展时期来决定流程改善的总体目标,然后在总体目标的指导下再制定每类业务或单位流程的改善目标。

一、金融服务过程管理原则

(1)客户决定金融服务质量,质量需要符合客户的标准。客户决定什么是好的服务质量、什么是金融服务中重要的和不重要的,他们感知服务质量并做出评判。

(2)金融服务是一个长期的过程。好的质量不是一下就能达到的。无论是在经济繁荣期还是在经济萧条期,良好的金融服务质量都是必须长期奋斗的目标。

(3)金融服务是每个员工的工作,每个员工都有内部或外部的客户,不能把提供优质服务和监控服务质量的责任都推到一个人身上,每个员工都必须把创造良好的金融服

---

① 〔英〕克里斯廷·格罗鲁斯:《服务管理与营销》(第3版),韦福祥等译,电子工业出版社,2008。

务质量视为自己应尽的职责。

（4）金融服务与领导和沟通不可分离。为了提供优质的服务，服务人员需要从管理人员和上级主管那里获取信息、反馈、支持和鼓励，管理人员在管理下属时必须向他们展示其真正的领导才能。

（5）金融服务与正直不可分离。优质的金融服务离不开正面的金融机构企业文化影响。真诚地对待客户是每个金融机构服务人员必备的核心价值观。

（6）金融服务需要事先设计。金融机构应该事先对经营技术和人力资源的投入与服务提供过程中客户的参与程度有所预见；否则，金融机构对优质的服务就会准备不足。

（7）金融服务是对金融服务承诺的兑现。客户对金融机构的期望中，金融机构兑现承诺似乎胜过一切。如果金融机构违背承诺，或者关键部分的承诺未能兑现，那么金融服务质量就会恶化。

二、金融服务过程管理方案

金融服务过程管理方案由六个部分组成：金融服务概念的建立，客户期望管理方案，服务结果管理方案，内部营销方案，物质环境管理方案，客户参与管理方案。

（1）金融服务概念的建立。客户导向金融服务概念的建立自然是提高金融服务质量过程中的第一项任务，它对影响金融服务质量的资源和行为的管理有指导作用。

（2）客户期望管理方案。金融机构常规市场营销活动的计划和实施不应该各行其是，而应该同金融机构愿意和能够向客户提供的服务的实际情况联系起来；否则，不管是哪种金融服务质量发展方案，总是会出现质量问题。因此，管理客户的期望是金融机构质量管理方案的一部分。

（3）服务结果管理方案。金融产品买卖双方相互作用的结果，也就是客户得到的金融服务的技术质量，是整个金融服务过程的一部分。金融机构在提供与管理金融服务时，必须考虑已经建立的金融服务概念和目标客户的特殊需求，这样才能对服务结果有更好的把控，便于管理。

（4）内部营销方案。通常，营销的效果受到联系员工的礼节、灵活机动性、普遍服务意识及他们以"兼职营销者"身份工作的认同意愿和实现能力的影响。因此，金融机构的员工，包括联系员工、管理人员以及其他类型的员工，首先要被视为金融机构的一个内部市场。所以，一个持续的、得到战略支持的金融机构内部营销过程是金融服务过程管理方案中不可缺少的组成部分。

（5）物质环境管理方案。金融机构的物质资源、经营技术、组织系统一般要根据内部效率标准来建立。外部效应，比如计算机系统的外部效应，就很少引起金融机构足够的重视，结果可能导致构成金融服务的技术基础和服务消费的物质环境的资源对金融产品买卖双方相互作用的结果产生负面影响。因此，全面的金融服务过程管理方案应该包括物质环境管理方案。

（6）客户参与管理方案。金融机构应该给予客户一些关于如何参与金融交易的建议,这样他们就会对金融服务产生好感。如果客户对金融交易过程一无所知,甚至不按照金融机构的要求去做,金融服务质量自然也难以提升。金融机构要尽力避免诸如排长队等候、呆板的气氛等消极影响。而且,消除关键时刻因客户群体与单个客户之间的差异所引起的负面效应,在客户参与管理方案中也非常重要。

三、服务蓝图技术与内部流程控制链

服务蓝图技术是一种能够准确描述服务体系的工具。它借助于服务流程图,通过持续地描述服务过程、服务遭遇、员工和客户的行为以及服务过程中的有形证据来直观地展示服务体系和服务流程,将复杂和抽象的服务过程简单化、具体化。经过服务蓝图的描述,服务被合理地分解成服务过程的步骤、任务以及完成任务的方法,使服务过程中所涉及的金融机构内部员工、外部客户都能客观地理解。更重要的是,借助于服务蓝图,可以清楚地识别客户同服务人员的接触点,以及服务体系内部上下游职能部门之间的内部服务接触点。进一步地,通过对这些接触点的分析,可以设计合理的服务评价指标体系,以达到控制和改进服务质量的目的。因此可以说,服务蓝图涵盖了从前台服务到后台服务的全过程,涉及服务传递过程中的各个方面,是进行服务体系描述和服务质量评价的基础。

服务设计蓝图由四条直线划分成的五个行为区域所组成,如图7-1所示。

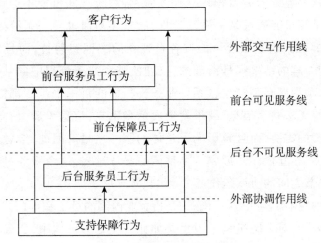

图7-1 服务设计蓝图的组成

(1) 客户行为。客户行为主要是指客户在消费和评价服务过程中所采取的一系列步骤、所做的选择、表现的行为以及他们之间的相互作用和关系。

(2) 前台服务员工行为。前台服务员工行为是指服务体系中直接向客户提供服务,并能被客户看见的员工行为。

(3) 前台保障员工行为。前台保障员工行为主要是指既向客户提供服务,又要保障前台服务员工工作的员工行为。

(4) 后台服务员工行为。后台服务员工行为是指发生在服务体系的后台、客户看不

见的员工行为，主要用于支持前台活动，为前台服务员工提供技术、知识等保障服务。后台服务员工不与客户发生直接接触。

（5）支持保障行为。支持保障行为是指与提供服务相关，但属于服务体系本身不可控的外部相关部门的行为。

分隔上述五个行为区域的四条直线表现了服务体系中各类成员之间相互作用的关系，可以统称为"服务作用线"。其中，"外部交互作用线"用于区分客户行为和服务体系内部员工行为，一旦有垂直线与其相交，则产生一个直接的"服务质量点"。"前台可见服务线"用于区分服务体系中客户可见与不可见部分的活动，与该线垂直相交的部分属于影响前台服务员工服务效率和服务水平的质量点。"后台不可见服务线"用于区分前台员工与后台员工行为，相当于"内部客户"与"内部服务人员"的区分线，主要用于识别影响服务体系运行的内部服务质量点。"外部协调作用线"用于区分服务体系与外部相关部门的活动。在服务设计蓝图中，横向表示各种服务活动，它们是按照流程顺序安排的；纵向表示服务提供过程中涉及的职能部门及其相互关系。

通过服务设计蓝图，不但能够形成对整个服务过程的明确认识，而且可以凸显服务传递过程中影响服务质量的控制点，为服务评价打下基础。长期以来，国内许多金融机构并未对服务过程进行一体化管理，导致许多问题的出现，如前台服务的不热情会使得后台服务处于劣势，因为前台和后台是作为一个整体提供服务的。也有金融机构在不同的部门建立处理核心业务的后台操作软件系统，各系统之间可能不会产生联系。例如，账户查询或自动结算可能通过某一系统处理，股票交易通过另一系统处理，国际业务可能又在其他系统处理。这些系统可能按各自独立的主框架运行，而且使用起来差别很大。因此，各系统处理的结果都是离散的，仅能使整个业务流程中的某一部分实现自动化，与其前项和后项程序都不产生联系。业务流程中的每一个步骤都需要有效的信息，而这些分立的系统无法共享信息，结果就造成信息重复、信息矛盾、信息过时，不仅无法满足整个业务流程的需要，而且也影响了整体的服务质量。因此，金融机构内部各部门之间彼此相互联系、相互依存并形成一个整体的服务过程，这个服务过程的绩效表现取决于各部门、各环节之间的协调运作。

在这里引入的"内部客户"这一概念，是指企业内部的员工和部门。在服务行业中内部客户是非常重要的，对金融机构来说也是如此。在金融机构中，如果员工没有直接服务客户，那他就是在服务为客户服务的人。另外，在服务过程中，最终产品是被外部客户接受并感知的外部服务。在网络组织或虚拟组织中，内部和外部的界限变得模糊起来。但是，服务提供者与内部客户的关系始终存在，各种组织必须以同样的客户导向来管理它。在与外部客户接触时，企业员工或部门之间需要彼此支持和协作，需要内部服务支持的部门所得到的内部服务在某种程度上会影响其外部绩效。简言之，如果内部服务很差，外部服务一定会受到损害。也就是说，提高服务质量并不仅仅是外部客户可以看到的某个部门的专门责任，而应由整个企业的所有部门共同承担。

第三节　金融服务质量策略

金融服务过程是金融服务营销的基础,金融服务品质则是金融服务营销的核心,是金融机构竞争的有力武器和制胜法宝,金融服务质量策略的制定与实施都以提升金融服务品质为目的。金融服务品质的内涵与有形产品品质的内涵有差别,它应该被客户所识别和认可。所以研究金融服务质量策略,需要在研究服务品质内涵(包括构成要素、特点、形成过程、作用)的基础上,找出合理而又可行的评价标准,进而构建出富有个性的质量策略模式。

全球化趋势下,我国金融机构所面临的外资金融业的巨大挑战,不是外资金融机构雄厚的资金实力与先进的电子信息技术,也不是其新产品及丰富的营销经验,而是它们优质的服务。在服务市场竞争越来越激烈的今天,提供优质的服务已经成为企业追求卓越和确立竞争优势的手段,企业服务能否获得客户满意取决于整个服务过程,其核心是服务质量控制,它对企业能否占据市场竞争优势起着决定性作用。

案例 7-4　中国银行创新金融服务　助推小微企业扬帆远航

中国银行致力于贯彻国家支持小微企业金融服务的战略要求,以"担当社会责任、做最好的银行"的经营理念为指导,不断创新金融服务模式。特别是在国家"一带一路"倡议的推动下,中国银行抓住了国内外优质中小企业"走出去、引进来"的新机遇,积极开展中小企业跨境撮合服务,促进小微企业的国际化发展。

2014年以来,四川区域经济增速显著回落,企业生产经营面临重大压力,尤其是中小企业面临转产转型的艰难过程。这一阶段,企业急需走出国门、借鉴外部先进技术、扩展市场份额,以应对内外部的市场竞争压力。尽管当前仍处于起步阶段,但这一趋势无可避免地成为企业未来的发展方向。

中小企业"融资难"的深层次原因在于技术水平落后、财务状况不透明,这增加了商业银行对其贷款的风险。国内企业需提升生产技术和管理水平,以增强其产品竞争力;而国外企业虽具备先进技术和现代化管理经验,但在进入市场方面面临挑战。中外企业之间存在合作互补的潜力和强烈的合作需求,然而,企业在寻找境外合作伙伴时常面临信息不对称、效率低下和高成本等问题。

为有效解决小微企业发展中的种种瓶颈,中国银行推出了全球中小企业投资合作对接服务机制和平台。该服务机制旨在促进国内外中小企业的投资合作,帮助企业找到跨境合作伙伴,推动中外企业之间的优势互补与合作共赢,从而促进产业转型升级,真正服务实体经济。

面对当前经济新形势,创新服务成为助力企业跨越发展瓶颈的桥梁。跨境撮合业务作为中国银行服务小微企业的重要创新举措,有效地结合了全球经济一体化的趋势。中国银行以其品牌示范效应,成为小微企业跨境合作的首选银行,为企业提供了新的发展思路和方法,助力小微企业走向全球,拓展了企业的生存空间和发展空间。这一创新举措不仅展示了中国银行的责任担当和卓越银行实力,也是其解决小微企业融资难题的重大突破。

(资料来源:作者根据公开资料整理。)

一、金融服务质量的概念和作用

对服务质量的研究始于20世纪70年代后期,从那时起,服务质量问题就引起了许多学者极大的研究兴趣。80年代初,国外学者根据服务的特性,从客户价值的角度,将服务质量定义为组织的服务行为在客户眼中的独特性及其所感受到的价值。服务质量取决于组织的行为及客户根据其满足自身需求和期望的程度对这种行为的评价。根据该定义可知:

(1)服务质量是客户感知的服务质量。其不是由管理者决定的,而是建立在客户的需求、向往和期望的基础之上的。更重要的是,服务质量不是一种客观决定的质量,而是客户对服务的主观感知。

(2)服务质量体现在服务提供和传递过程之中。服务提供的结果只是客户感知服务质量的一个组成部分。客户会将其亲自参与的服务提供和传递过程整体纳入感知服务质量之中。所以,对服务过程的感知,以及客户对自身与服务提供者之间互动关系的感知都是服务质量的总体感知的重要组成部分。服务过程的质量与服务结果的质量具有相同的重要性。

(3)服务质量是由一系列的关键时刻(Moment of Truth)和服务接触及互动关系累积而成的。由于服务过程的重要性,客户与服务提供者的互动关系,以及一系列关键时刻和服务接触,对于客户感知服务质量的水平起着决定性作用。由此可见,服务或多或少是一种主观体验过程。在这个过程中,生产和消费是同步进行的。客户和服务提供者之间存在一个互动的过程,客户对服务质量的感知就形成于这个互动过程中。

服务质量对服务组织来说是非常关键的,良好的服务质量将会提高客户的忠诚度,忠诚的客户会积极地替服务组织进行宣传并愿意与其建立长久的关系,会向服务组织提出宝贵的建议,使服务组织改进服务质量并为客户提供更高质量甚至定制化的服务,这又进一步加强了双方的联系。有关专家估计,企业65%的销售来自老客户,而发展一个新客户的平均费用是保留一个老客户的6倍;从财务角度看,老客户的投资回报率远高于新客户。由于我国的特殊国情,价格竞争因市场结构和金融管制而受到抑制,因此,竞争优势主要依赖于新颖的金融产品以及良好的金融服务质量,所以服务组织首先要了解产生质量差距的原因,然后才有可能对症下药。

二、金融服务质量的构成要素

金融服务质量既是产品或服务本身的特性与特征的总和,也是客户感知的反映,因此其既由服务的技术质量、职能质量、形象质量和真实瞬间构成,也由感知质量与预期质量的差距所体现。

(一) 技术质量

技术质量是指服务过程的产出,即客户从服务过程中所得到的东西。例如金融机构为客户提供的具体金融产品,包括储蓄类产品、保险险种、证券投资产品等。对于技术质量,客户容易感知,也便于评价。

(二) 职能质量

职能质量是指在服务提供过程中客户所感知到的服务人员在履行职责时的行为、态度、穿着等给其带来的利益和享受。职能质量完全取决于客户的主观感受,难以进行客观评价。技术质量与职能质量构成了感知质量的基本内容。

(三) 形象质量

形象质量是指金融机构在社会公众心目中形成的总体印象。它包括金融机构的整体形象和金融机构所在地形象两个层次。金融机构的形象通过视觉识别系统、理念识别系统和行为识别系统多层次地展现出来。客户可以从金融机构的资源、组织结构、市场运作、行为方式等多个方面认识其形象。金融机构的形象质量是客户感知服务质量的过滤器。如果金融机构拥有良好的形象质量,既使出现少许的失误会赢得客户的谅解;但倘若金融机构形象不佳,则其任何微小的失误都会给客户留下很糟糕的印象。

(四) 真实瞬间

真实瞬间是服务过程中客户与金融机构进行接触的过程。这是一个在特定的时间和地点,金融机构向客户展示自己服务质量的时机。真实瞬间是服务质量展示的有限时机。一旦时机过去,服务交易结束,金融机构也就无法改变客户对其服务质量的感知;如果在这一过程中服务质量出了问题,也无法进行补救。真实瞬间是构成服务质量的特殊因素,是不包含在有形产品质量中的因素。服务提供和传递过程应计划周密、执行有序,防止棘手的"真实瞬间"出现。

(五) 感知质量与预期质量

感知质量是客户对实际服务的体验与认知,它依赖于服务的实际提供情况,包括服务人员的专业素养、服务流程的高效性、交易的便利性等。

预期质量则是在客户接触服务之前,对服务的期望和设想,这些期望可能来自于广告宣传、口碑传播、以往经验等多种渠道。

当客户的感知质量高于预期质量时,他们会感到满意甚至惊喜,认为所接受的服务超出了他们的期望。这种正向差距有助于提升客户忠诚度,促进客户关系的长期发展,进而对金融机构的形象和口碑产生良好的影响。然而,如果感知质量低于预期质量,客户则会感到失望甚至不满。这种负向差距会严重影响客户对金融服务的整体评价,甚至导致客户流失。举例来说,客户期望在理财咨询过程中能够获得专业且个性化的建议,但实际上却遇到了态度冷漠、知识贫乏的咨询人员,在这种情况下,预期与感知之间的显著差距会让客户对该金融服务机构的信誉产生怀疑。此外,感知质量与预期质量的差距还可能受到外部环境和客户自身因素的影响,比如市场竞争、经济状况、客户的教育背景和价值观等。这意味着即使某一金融服务在技术上达到了一定标准,若未能满足或超越客户的预期,客户对服务质量的感知依然可能较差。因此,金融机构在提升服务质量时,不能仅仅停留在技术层面,还需要深刻理解和管理客户的期望。

三、金融服务质量评价

(一) SERVQUAL 模型

服务的无形性造成了客户在评价服务时带有很强的主观性,这就给评价服务质量带来了困难。为了解释服务质量的复杂性,学者们提出和发展了各种各样的服务质量评价方法。其中应用最普遍的服务质量评价方法是由几位学者共同提出与发展的 SERVQUAL 模型[1]。近十年来,该模型已被管理者和学者广泛接受并采用。其测评的基本理论依据是将服务质量视为客户所期望的服务与其所感知的服务之间的差距,并认为这个差距体现为五个尺度,即可靠性、响应性、保证性、移情性和可感知性。有学者为这五个经典的服务评价尺度设置了 22 个具体评价指标,如表 7-1 所示。

该模型的五个尺度在评价服务质量时具有普遍意义,但由于在服务业中,各企业的服务特点不同,因此这一普遍意义的模型需要进行相应的调整和改进。

(二) 金融机构服务质量的衡量标准

加拿大的两位学者对 SERVQUAL 模型进行了有针对性的分析和研究,以求得金融行业适用的服务质量(BSQ)衡量指标[2]。他们分析了 SERVQUAL 模型的五个尺度,充分考虑了其他学者提出的有代表性的指标,在蒙特利尔的加拿大国家银行进行了问卷调查,并用数理统计的方法测定了各项指标的相关性,最后筛选并确定了衡量金融机构服务质量的六个尺度。

(1) 效率和信任尺度:效率是指员工的能力和响应速度,信任是指可靠性、安全性、移情作用和信息交流。

---

[1] Parasuraman, A., L. L. Berry and V. A. Zeithaml, "A Conceptual Model of Service Quality and Its Implications for Future Research," *Journal of Marketing*, 1985, 49(4).

[2] Bahia, K., and J. Nantel, "A Reliable and Valid Measurement Scale for the Perceived Service Quality of Banks," *International Journal of Bank Marketing*, 2000, 18(2).

表 7-1　服务质量评价的 SERVQUAL 模型

	尺度	期望指标
服务质量评价体系指标（SERVQUAL 模型）	可靠性	对承诺的事情，能在预定的时间内完成
		对于客户在接受服务时遇到的问题，尽力帮助其解决
		在整个服务过程中都为客户提供优质的服务
		在预定的时间内完成服务
		在整个服务过程中都有准确的服务记录文档
	响应性	在服务开始之前及时通知客户相关的服务事项
		及时为客户提供服务
		员工随时准备帮助客户
		员工不会因为太忙而未能及时回应客户
	保证性	员工的举止使客户对服务充满信心
		使客户在接受服务的过程中觉得很安全
		员工在服务过程中一直很有礼貌
		员工具备解答客户问题的知识和能力
	移情性	给予客户特别的关心
		有专门给予客户特别关心的员工
		有方便客户的工作时间
		了解客户的兴趣
		了解客户专门的需求
	可感知性	具有完善的营业设施和整洁舒适的营业环境
		营业设施看起来能够吸引客户
		员工穿着得体、整洁干净
		为客户提供服务相关的附件和说明材料

资料来源：A. Parasuraman Leonard, L. Berry, and Valarie A. Zeithaml, "Refinement and Reassessment of the SERVQUAL Scale," *Journal of Retailing*, 1991, 4。

（2）接待能力尺度：不仅仅代表有形的现代化设施，还包括客户对现代化设施的感性认识。

（3）价格尺度：包括三种与特定的货币形式相关的价格和两种更广泛的价格概念。

（4）有形资产尺度：指服务场所的气氛和环境，以及服务的精确度，如宣传册和账表等。

（5）服务职责尺度：指提供服务的范围。

（6）可靠性尺度：指正确性和可靠性。

与 SERVQUAL 模型的五个尺度相比，服务质量的六个尺度更具有针对性，即特别为衡量金融机构的服务质量而量身定制，而且项目的内容更具负相关性。服务质量的六个分项指标几乎涵盖了衡量金融机构服务质量的全部内容，但由于金融市场发展的不平衡,不同国家以及同一国家的不同地区之间,对服务质量的要求均存在一定的差异。

(三) 服务质量差距分析模型

帕拉休拉曼等的一大贡献,是将服务质量概念界定为客户期望与其对服务表现的感知的差距。① 依据他们的研究成果,在服务系统中共有五种差距对服务质量差距产生影响。如图7-2所示,这些差距分别反映了与服务沟通、服务设计和服务提供相关的问题。

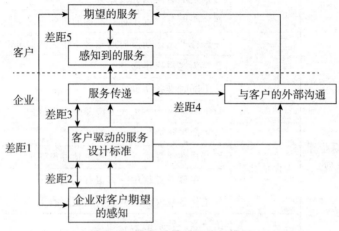

图7-2 服务质量差距分析模型

差距1:该差距是指客户期望的服务与企业对客户期望的感知之间的差别。导致这一差距出现的原因,是企业在获取客户信息的过程中出现了差错。企业所提供的服务之所以与客户对服务的期望产生差距,可能主要是闭门造车的缘故,即认为自己已经了解了客户的需求。譬如,一家商业银行的经理认为,只要他们的贷款利息够低,就肯定会获得大量客户,但由于他们不善于与客户沟通,对于客户提出的一些问题没有响应,造成客户转向另一家利息可能更高的商业银行,仅因为那家商业银行善于沟通。所以前一家商业银行之所以在竞争中失败,原因就在于没有了解客户的期望。

差距2:该差距产生于将企业对客户期望的感知转化为服务设计的过程中。引发这一差距的原因,既可能是缺乏专门的人员与技术,也可能是企业未能在服务设计过程中贯彻客户导向。譬如,证券机构交易系统出现故障时,证券机构管理层认为应在一小时内解决,但是客户却认为由于股市瞬息万变,因此应该有一个备用系统马上启动,出现这种差距可能就是由于证券机构在收益与成本方面考虑太多而没有以客户服务为中心。

差距3:该差距是指企业所设计的服务与其实际提供的服务间的差别。它的产生源于员工或设备所引发的服务失败。有时,对员工的挑选、培训和激励无法达到实施服务设计的要求。而在其他一些情况下,设备故障也会引发服务失败。譬如,一家商业银行由于当天的划款业务太多,计算机不能正常运行,造成企业间无法结算,从而给客户带来不愉快的服务经历。

---

① Parasuraman, A., L. L. Berry and V. A. Zeithaml, "A Conceptual Model of Service Quality and Its Implications for Future Research," *Journal of Marketing*, 1985, 49(4).

差距4：该差距是指企业所提供的服务与其在广告宣传等外部沟通中所描述的服务间的差别。该差距产生的原因，常常是组织承诺了其根本无法提供的服务，也可能是由于广告宣传得过于夸张。

差距5：这是最终的差距，是客户期望的服务与其所真正感知到的服务间的差别，其结果会导致客户不满。上述差距中的每一种都作用于这一最终的服务质量差距。

各客户之间的差别，造成了客户期望的不同：何种服务是基本的，何种服务是可接受的，何种服务是理想的。譬如，为接受一家商业银行出纳的服务仅需排队等待2分钟，这也许是合理的，而根本不需要等待则是一种理想的状态。客户具有一定的忍受区间（介于必需的服务和理想的服务之间），受到忍受服务预期、服务承诺、口头宣传、先前经历、服务重要性、个性需求和情境因素的影响[1]。企业必须使其提供的服务在客户的忍受区间内，并承诺其服务优于客户认为基本的、可接受的和理想的状态。这一举措将有助于消除前面讨论过的差距5。了解了服务质量产生差距的原因以后就要想办法去解决这一问题，这就要求首先要有一个金融服务的质量管理思想来指导企业的工作。

四、金融服务质量对客户忠诚度的影响

客户忠诚度的重要性在于它对金融服务营销策略具有重要的指导作用。例如，一家商业银行可以决定是否在提升客户忠诚度的基础上开展业务，类似的活动包括吸引年轻人的促销活动、特殊地理位置的选择、与客户建立广泛的业务关系等。这里忠诚的定义，即客户长期惠顾一家商业银行。每个客户对金融机构都具有一定的忠诚度，具体的忠诚度数据可以通过一段确定时期内对客户账户、生意的跟踪记录来获取。[2]

提高服务质量的行动使金融机构得到了持续的发展，学者B. R. 刘易斯（B. R. Lewis）对此比较了不同的定义，指出了与金融服务质量有关的决定性因素。近来，有关金融服务的质量控制的研究也已提出，它们均建立在统计质量控制学的基础上。为了解决金融服务中存在的问题，商业银行已经着手对客户忠诚度和服务质量问题展开研究。其他的一些研究也认为，在金融服务领域内，应对有关客户服务的七个因素进行研究：消费时间、职业特征、等待时间、礼貌、注意程度、正确性及能力。以上要素中，消费时间是调查满意程度的最重要因素，如普遍看法认为排队等待时间过长是造成服务质量下降的显著原因。

自2014年《商业银行服务价格管理办法》颁布以来，我国商业银行服务收费范围已经逐步涵盖其大部分主要业务，且收费标准不断上调，这引起了社会公众的关注与质疑，使得银行业面临整体的信誉风险。但长远来看，商业银行的吸储竞争将不断加剧，银行业存贷利差将逐步收窄，服务收费等中间业务的增长将成为支撑银行业经营绩效的重要支点。通过服务增值提高客户服务价格、客户满意度和忠诚度，增加中间业务收入，成为

---

[1] Parasuraman, A., L. L. Berry and V. A. Zeithaml, "A Conceptual Model of Service Quality and Its Implications for Future Research," *Journal of Marketing*, 1985, 49(4).

[2] 陈莹、武志伟：《商业银行服务质量的度量及其对客户忠诚度的影响》，《金融论坛》2008年第2期。

商业银行的必然选择。此外,由于我国长期实行利率管制,客户感受不到商业银行间的利率差异。随着利率市场化改革的不断深入,市场供求关系在利率决定中的作用不断增强,存贷款利率以及理财收益率作为商业银行资金价格的主要体现形式,将会对客户忠诚度产生越来越明显的影响。因此,构建自主有效的定价机制成为商业银行应对利率市场化挑战的关键。

增强接待能力、提高业务效率以及加强网点建设是构建金融机构客户忠诚度的有效手段。调查研究显示,接待能力、业务效率以及硬件水平的提高都会显著提高金融机构客户的忠诚度。[1] 因此,推进网点转型,增强硬件服务能力,建立系统、科学、统一的服务营销模式,实现服务标准化和客户体验的一致性,是提高金融机构接待能力和硬件水平的保障。同时,要提高金融机构服务效率,解决客户排队时间长等难题,一方面,要不断优化服务流程,精简业务办理手续;另一方面,要积极引导客户转向电子服务渠道,阿里巴巴的金融创新实践表明,服务便利性和利率价格之间具有相互替代性。

在客户细分的基础上,制定差异化营销策略。年龄和受教育程度都会影响客户忠诚度,具有高等教育背景的客户通常都具有一定的金融知识和经济基础,他们不再满足于普通的银行业务,金融机构可以通过主动提供财富管理服务来提高客户忠诚度。此外,要关注老龄客户的理财需求,这部分客户已经过了退休年龄,个人财富的积累过程基本已经完成,正处在财富的消耗阶段,因此更加注重通过金融服务实现财富的保值增值。根据理财魔方的调查数据,25岁以下的投资者最喜欢购买余额宝等货币基金,现金类产品的配置占比超九成;25~35岁的投资者金融产品的配置较为均匀;35~50岁的投资者配置保险类产品远超其他各年龄段投资者;50岁以上的投资者在固收理财、股票、国债、私募、信托等金融产品上的配置占比均超其他年龄段投资者。区域差异也是影响客户忠诚度的重要因素,比如,在安徽省范围内,合肥经济基础较好,客户忠诚度较高,是商业银行发展零售业务的首选区域。另外,鉴于皖南和皖北的客户表现出了不同的忠诚度,金融机构还应充分关注区域间的地域文化差异,在客户关系管理过程中,充分了解并满足不同地区客户差异化的服务诉求。

金融活动参与经验对个人客户的忠诚度具有显著影响,有过银行转换经历的客户忠诚度往往较高,转换银行是客户对商业银行服务和价格优化选择的过程,也是其满意度主动提升的过程。此外,有过不愉快经历的客户忠诚度显著降低,金融机构在提升服务质量的同时,还应通过完善的投诉反馈渠道,缓解和释放客户的不满情绪。

五、服务失败和服务补救

由于服务和服务质量的特性,错误补救是服务的关键部分,服务失败是客观存在的,它可能发生在任何有服务接触的地方。有学者认为服务接触是指客户与服务提供者在

---

[1] 贾瑞跃、杨树:《服务质量、服务价格与商业银行顾客忠诚度》,《金融论坛》2013年第5期。

直接接触服务的时点内,双方面对面的互动所产生的经验。① 在服务过程中,失误总有可能发生在每个客户与服务提供者所提供的服务接触点上,即关键时刻。客户会依据双方互动的过程评估与判断所接受的服务,而服务提供者也可借此机会管理和塑造客户对服务质量的感知。因此,金融机构必须把握客户与其发生接触的时刻,以避免失误的发生。

(一) 服务失败的负面影响

金融服务的客户对其购买行为显得越来越有鉴别能力。如果没有保持良好的服务质量水平,那么客户就会不满意,并有可能对这种劣质服务、伪劣产品或低劣价值产生抱怨。服务失败的发生会破坏企业与客户之间的关系,进而影响企业经营的绩效。服务失败的后果包括两种:一种是显性的,即客户流失;另一种则是隐性的,即不满意客户中坏口碑的形成与传播,企业出现服务失败导致客户不满意后,只有少数客户会向企业或相关部门进行投诉和抱怨,而其他绝大多数不满意的客户则会向其亲朋好友(约10～20人)讲述他所遭受的不好的服务经历,不过,抱怨或投诉被解决的客户也大致会向5个人讲述其经历。如果再考虑信息扩散的影响,这将是一个呈几何级数变化的过程。基于循环的角度,有学者指出服务失败会给企业带来以下两种恶性循环。②

(1) 客户循环:客户不满意—无法与客户维持持续关系—不能获得客户高忠诚度—高的客户转换率—重新吸引新客户—客户不满意。

(2) 员工循环:员工不满意而服务态度不好—员工流失率高—低利润率—狭隘的工作设计—利用科技来控制质量—低工资—低训练—员工无法处理客户问题—员工不满意(产生不佳的服务态度)。

尽管企业努力为客户提供其所期望的服务,但对于服务交付来说零缺陷似乎是一个难以达成的目标。客户接纳或认可这一事实后,则期望企业在服务失败后能对此加以补救。因此,虽然服务失败难以避免,但通过服务补救,对于绝大多数因服务失败而产生的服务背离(Service Defection),企业还是可以掌控的。

因此,企业必须把发生的服务失败转化为客户满意的服务,培养更多的忠诚客户,这样才能使其满意度提高进而使企业获利。而要使服务失败转化为客户更为满意的结果,就必须依靠企业进行服务补救的能力。

(二) 服务补救

正如前面所提到的,客户具有不同的忍受区间。因此,他们可能会觉得服务质量水平低于标准,但是这种看法却是相当主观的。问题是要让客户将这种看法客观化和具体化。客户投诉行为被认为是一个特殊的过程。它开始于客户评价消费经历(结果是不满

---

① Czepiel, J. A., Gutman, E. G., Surprenant, C. & R, S. M., "A Role Theory Perspective on DyadicInteractions: The Service Encounter," *Journal of Marketing*, 1985, 49(1).

② Schlesinger, L. A., and J. L. Heskett (1991), "TheService-Driven Company," Harvard Business Review, 1991, 69(September-October).

意的),结束于客户对该经历产生的行为和非行为反应。消费经历的长度取决于产品的本质,许多金融产品本质上经历的时间十分长久。如个人退休养老金这样的产品,消费它需要很长一段时间,甚至超过售后阶段,要花更长的时间来进行评价。但是,在这段时间内,通过与金融机构的其他接触,可能会让客户产生满意/不满意的新想法。

服务补救是企业的一种管理行为,同时也是市场营销学研究的焦点,其概念随着时间的推移而逐渐被赋予新的内涵。自20世纪80年代初起,英国航空公司将"服务补救"一词引入服务管理领域。服务补救作为营销战术被定义为:企业在发生服务缺失或失误后所采取的行动及做出的反应[1];其目的是通过这种反应,重新建立客户满意和忠诚。一旦企业确认了服务失败,并且决定通过服务补救进行弥补,就面临着如何补救才能确保付出的努力能达到最佳效果的问题。失败的服务补救与不采取任何补救措施一样糟糕,甚至更糟糕。因此,企业在实施服务补救时应该遵循科学的补救程序以避免服务补救质量与客户期望的二次背离。成功的服务补救程序如图7-3所示。

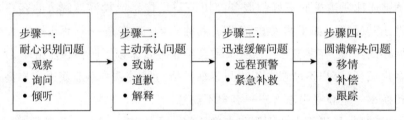

图7-3 成功的服务补救程序

企业在耐心识别问题,确认服务失败后,首先应主动承认问题并承担责任。英国航空公司的研究表明,98%~99%的客户都确信自己的批评是合理的,因此,与客户争论无济于事。主动承认问题,首先开始于向客户致谢,感谢客户对自己的信任,并以向客户道歉为主,对因服务失败的发生而给客户造成不便致以诚挚的歉意,同时辅之以服务失败原因的合理解释。迅速缓解问题作为一种服务,与服务补救可以同时进行。因此,企业面对服务失败,尤其是面对核心服务的失败时,需首先及时通知客户,以防止损失的进一步蔓延。

服务失败后进行及时补救是非常重要的,而对员工的授权程度将直接影响到补救是否及时。服务失败的情况错综复杂,企业不可能预测到所有的失败情景并给出既定的处理流程,很多情况下都需要员工具体问题具体处理。因此,企业对一线员工的适度授权将是非常重要的。这一方面可以大幅缩短问题的处理时间,使得员工能对客户需求做出快速的响应,及时缓解客户的焦虑和愤怒;另一方面也能提高员工的工作效率和积极性。当然,企业在放权的同时,还必须加强对一线员工的培训和考核,真正提高员工工作的责任感和应对服务失败的能力。

---

[1] Hart, C. W., J. L. Heskett, and W. Sasser, "The Profitable Art of Service Recovery", *Harvard Business Review*, 1990, 68(4).

案例 7-5　2021 年汇丰银行金融客户投诉报告

2021 年度,汇丰银行财富管理与个人银行业务部共计接收金融客户投诉 6 478 件,较 2020 年投诉数量减少 1 260 件,降幅为 16%。其中,60% 的投诉来自上海、广州、北京和深圳。已办结投诉 6 428 件,办结率为 99.2%,维持在较高水平。

从投诉业务类别来看,银行卡类投诉 3 187 件,占比 49.2%,其他类投诉(主要关于服务渠道的功能性和易用性)1 145 件,占比 17.7%,支付结算类投诉 600 件,占比 9.3%。

从投诉原因来看,主要集中在因金融机构管理制度、业务规则与流程引起的投诉方面,共计 2 173 件,占比 33.5%。因服务态度及服务质量引起的投诉 1 604 件,占比 24.8%;因营销方式和手段引起的投诉 877 件,占比 13.5%;因定价收费引起的投诉 842 件,占比 13.0%;因债务催收方式和手段引起的投诉 573 件,占比 8.8%。

针对客户投诉,汇丰银行采取了如下补救措施:首先,进一步完善投诉处理机制,在制度上补充更新了内部协同处理制度、重大消费投诉处理应急管理制度、投诉办结情况监测制度、投诉处理相关责任追究制度等;其次,针对比较集中的问题优化纠纷化解方案,比如针对客户反馈较多的"由于新冠肺炎疫情导致信用卡账单延期"问题,汇丰银行改进了审核流程,延缓了催收活动,减少了同类投诉事件;最后,加强员工培训,避免同质投诉重复发生。

(资料来源:作者根据公开资料整理。)

第四节　金融服务人员策略

尽管金融服务品质的提升以及金融机构的持久成功依赖诸多要素的共同贡献,但是"人员"这一因素的影响最为重要。金融营销策略的制定者和营销质量的保证者都是金融机构的员工,因此,提高金融行业员工的业务水平是把控金融行业服务质量的关键。在研究金融服务人员策略时,主要考虑的问题有:服务提供人员的配备、服务提供人员的性格与技能对服务品质的影响,以及如何处理服务过程中的各种人员关系。

随着加入世贸组织过渡期的结束,我国银行业全面对外开放,外资银行经营网点进入迅速扩张的阶段,并始终把人才引进放在最重要的位置上,而我国人才的高质量和低价格决定了外资银行会普遍采用人才本土化的战略。外资银行凭借其丰厚的待遇、完善的培训、先进的管理方法和公平的内部竞争环境,有条件把一些员工从国内金融机构体系中挖走。与此同时,国内银行业的另一支新兴力量——股份制商业银行,如华夏、招商、民生等,虽然成立的时间不长,但用人机制灵活、待遇优厚、培训机制完善、业务发展速度迅猛,对国有商业银行员工也有相当大的吸引力。《红周刊》记者依据 Wind(万得)平台的统计发现,2016 年至 2019 年,工、农、中、建、交、邮储六大行累计离职 9.2 万人,其中,离职员工数量最多的是中国农业银行,共计 4.16 万人离职。离职员工中有很大一部分去了区域性银行和股份制银行,同期,招商银行净增员工数量达 1.8 万人,宁波银行净增加 7 200 人。国有银行员工离职和薪酬等因素有关,2019 年,中国农业银行平均薪酬为 26.8 万元,而人均薪酬最高的浙商银行达到 60.3 万元,相差一倍都不止。国有银行员工流失带来的一个重要问题是员工的"老龄化",2019 年,中国农业银行 50 岁以上员工的占比高达 27.4%,同期中国建设银行为 17.6%,中国银行为 13.2%,而浙商银行仅为 0.1%,员工年龄结构偏老往往意味着经营效率低。

一、建立公正、公开、公平的用人机制

对于金融机构的核心员工而言,他们都希望找到一个能发挥自身特长、施展才能的舞台。因此,金融机构应建立公平、平等、优胜劣汰、有利于充分施展才能的用人机制,最大限度地发挥人力资源的效用。在此总结几条有助于完善我国金融机构核心员工任用机制的基本原则。

1. 公平竞争原则

竞争是企业发展的推动力,也是调动员工积极性的重要手段。金融机构在用人机制上,要努力营造一种竞争的环境,为每个员工提供公平竞争的机会。通过公平竞争,可以让员工找到合适的工作岗位,充分发挥每个人的能力和才智,实现人力资源的最优配置。另外,通过这种竞争,可以在金融机构内部建立一套员工合理流动的机制,员工之间有序进行内部流动、岗位轮换、职位晋升等,满足不同员工的需求。

2. 公开透明原则

金融机构定期公布职位空缺情况及其职位资格,让金融机构内部符合条件的员工通过竞争性考核竞聘上岗。在整个过程中,要做到职位公开、条件公开、程序公开、结果公开,完全实行阳光操作。

3. 与绩效考核挂钩原则

金融机构必须在严格、科学的业绩考核基础上,给予核心员工晋升的机会。也就是说,必须将员工的业绩作为其职位晋升的重要依据。

二、构建科学完善的绩效考核体系

金融机构核心员工的流失很大程度上是因为其认为自己的贡献和价值没有获得所在机构的充分认可,也就是对绩效考评的结果不满意。所以,为了体现出金融机构制度的公正、公平与公开,降低核心员工的离职率,就必须完善金融机构的绩效考核体系。本书在此介绍《财富》1 000 强近 90% 的企业所采用的绩效考核办法——360 度绩效考核。

360度绩效考核①,也称全方位反馈评价或多源反馈评价,是指与被评价者有密切关系的人,包括被评价者的上级、同事、下属和客户等,分别匿名对被评价者进行评价,被评价者自己也对自己进行评价,然后,由人力资源部门配合专业人员根据有关人员对被评价者的评价,对比被评价者的自我评价,向被评价者提供反馈,以帮助其提高能力和业绩。那么,顾名思义,对金融机构的核心员工进行360度绩效考核,即由金融机构核心员工的上级、同事、下级和客户以及核心员工自己从多个角度对其进行全方位的考核,然后通过考核反馈程序达到提高绩效的目的。

采用360度绩效考核的优势如下:①全方位、多角度。不可否认,单从一个视角去观察一个人,做出的判断往往比较片面。360度绩效考核提供了更多层次的信息渠道,能使核心员工较全面、客观地了解自身的优缺点,及时发现问题,以作为改进自己工作绩效的参考。②误差小。360度绩效考核的考评者不仅来自不同层次,而且每个层次的考评者都有若干名,考评结果取其平均值,从统计学的角度看,其结果更接近于客观情况,可以减少个人偏见及评分误差。③有利于加强员工之间的沟通及团队建设。360度绩效考核通过各核心成员的自评、互评,增进整个金融机构内核心员工的相互了解,促进员工在以后的工作中从对方的角度出发考虑问题,提高团队凝聚力和工作效率。④评价结果客观。360度绩效考核往往采取匿名的方式,考评者没有任何顾虑,能够客观地进行评价,因此能收获不少中肯的意见。

三、支付激励性薪酬

金融机构的核心员工掌握了核心技术和资源,为金融机构创造了大部分利益,为其提供有激励性的薪酬福利待遇,不仅是对其劳动成果的一种肯定,也是留住核心员工的一个最基本的条件。因此,要在整个金融机构薪酬体系的基础上,通过改变付薪基础和支付方式来满足核心员工的薪酬要求。

(一)薪酬的界定

薪酬(Compensation)是员工因对组织(主要是企业)提供劳动或劳务而取得的报偿,包括工资或薪水、奖金、福利、津贴等具体形式。薪酬有广义和狭义之分,广义的薪酬包括物质(工资、奖金、福利、津贴、股票类奖励等)和精神(人际关系、晋升机会、职业安全、自我发展等)两个方面;狭义的薪酬仅指物质回报。② 本小节主要从狭义上对薪酬进行探讨。

(二)激励性薪酬体系的设计

(1)导向原则。虽然薪酬管理的直接目标是提高员工满意度、吸引并激励核心员工,但其最终目标是使薪酬成为金融机构达成战略目标的有力杠杆,并最终促使战略目标得以达成。因此,激励性薪酬体系必须充分体现金融机构的战略导向。

---

① 石金涛主编:《现代人力资源开发与管理》(第二版),上海交通大学出版社,2001,第23—24页。
② 孙剑平:《薪酬管理——经济学与管理学视觉的耦合分析》,吉林人民出版社,1999,第105—145页。

（2）与绩效挂钩的原则。金融机构要改变以往薪酬分配的基本方式，以个人绩效取代行政级别来确定员工薪酬水平，将薪酬与个人绩效紧密联系起来，体现出简单劳动和复杂劳动、例行性工作和创造性工作之间的差别，拉开核心员工与普通员工之间的差距。

（3）竞争原则。金融机构核心员工具有稀缺性和高价值性，市场上对这类人才的争夺非常激烈，因此要防止他们流失，就必须关注外部市场，做好薪酬调查工作，了解同行业的企业在薪资福利方面的数据，以调整本年度薪资福利政策。此外，还应根据需要聘请专业的管理咨询企业进行相关数据的调查和分析，为设计与改进薪酬制度提供意见和建议。只有这样才能制定有吸引力、具有激励性的薪酬制度和薪酬政策。

（4）注重长期激励。短期激励的效果毕竟是有限的，而且很可能导致员工为了获得短期利益而采取短视行为，所以，对于核心员工更应注重长期激励，将员工与金融机构看成一个共同的利益体，激励他们积极主动地为金融机构创造价值，从而确保金融机构的可持续发展。

四、完善培训机制

金融机构是知识密集、技术密集、专业性比较强的企业，对人员素质的要求较高。只有为员工提供不断学习的机会，提高员工素质，金融机构才能跟上金融创新的步伐。再加上核心员工本身对教育培训有很强烈的需求，因此，金融机构必须建立合理有效的培训机制，为员工提供受教育和提升自身技能的机会，在满足核心员工发展需求的同时增强金融机构自身的竞争力。制定一套行之有效的培训体制，才能保证培训工作的科学、有序、规范，从而取得预期的良好效果。具体应从以下几个方面着手：

1. 要做好培训的需求分析

这个步骤通常包括组织、个人两个层面。组织层面的分析依据金融机构战略目标的达成决定是否需要培训，需要进行哪方面的培训，哪些部门、哪些人需要进行培训。个人层面的培训需求应当对照工作绩效标准，分析员工目前的绩效水平，找出员工现状与标准的差距，以确定培训对象及培训内容。另外，结合员工的职业生涯规划，为他们提供其职业发展所需要的培训。

2. 培训内容要体现个性化要求

各培训项目的课程及内容，既要有层次高低、内容繁简的区分，又要突出不同专业和岗位的特殊要求。培训形式是决定培训效果的关键因素之一。对不同类型的核心员工应采取不同的培训方式。比如商业银行对副行长以上的高层管理者的培训，更应注重和专家及同行面对面交流、接触，可以通过一些小班及研讨会、参观的方式来满足其培训需求；部门负责人的培训可以通过进入高校学习 MBA（工商管理硕士）课程及在线学习等方式；专业技术核心人员可以采用定期技术交流、书面辅导资料和面授辅导方式；对于营销类核心人员，可以采取开设专题讲座及案例讨论的方式进行培训。需要强调的是，随着网络技术和视频技术的发展，培训已经打破了信息交流地域空间和时间的限制，国内金融机构可以在内部局域网上建立专门的培训网站,将专家讲座、培训课程、金融知识等放在网站上,这样不仅降低了培训费用,更扩大了培训范围。

另外,由于核心员工是个相对概念,随着金融机构的不断发展,其核心员工也可能会发生变化。因此,金融机构应定期调查核心员工的培训需求,结合他们的职业生涯目标和现有缺陷,主动为其量身定制个人培训计划,使其在享有良好培训和职业发展机会的同时,在和金融机构的共同成长中充分实现个人价值。

3. 建立培训档案

人力资源部门将为每个员工建立培训档案,记录他们参加过的培训课程情况,为今后培训对象的选择及员工的加薪、更高一级的培训、提拔任用提供可靠的依据。

4. 建立培训评估体系

培训评估是指系统性地收集有关培训的描述性和判断性信息,作为以后培训改善的参考。培训评估通常使用的是国际知名学者唐纳德·柯克帕特里克(Donald Kirkpatrick)在1959年提出的培训效果评估模型。他将培训效果分为四个递进的层次:一是反应层面的评估。在培训结束时,向受训员工发放问卷调查表,征求其对整个培训的意见或看法,问题包括:你感觉这门课怎么样?培训师的水平如何?你会向其他人推荐该课程吗?你对此次培训的内容和方式有什么看法?……二是知识层面的评估。检查受训员工对所学知识的掌握程度。这一层面的评估要求对员工参加培训前和培训结束后知识技能测试的结果进行比较,以了解他们是否学习到新的东西。这种检查可能以考卷、演示、讲演等形式进行。三是行为层面的评估。这一层面的评估要确定学员在多大程度上通过培训而发生行为上的改进,可以通过对受训员工的观察来进行。四是结果层面的评估。主要考察部门和整个金融机构是否因培训而带来了绩效的改变。这一层面评估的费用、时间和难度都是最大的,但是对金融机构而言也是最重要的。

案例 7-6 51CTO 企业学堂:三大人才能力体系,助力商业银行激活人才引擎新动能

银行业是一个由科技高度驱动的产业,在未来的发展中,商业银行的业务一定会与科技产生更深度的融合,因此,对于数字化管理人才、数字化专业人才以及数字化应用人才的要求也会更高。但是由于缺乏对员工IT(信息技术)技能的体系化培训能力,目前国内不少商业银行机构正在面临员工数字化水平跟不上企业数字化发展需求的困境。因此,与专业的数字化人才培训机构合作,成为很多商业银行的首要选择。

51CTO 企业学堂是 51CTO 面向企业推出的教育服务平台。针对企业IT技术人才的培养、优化、选拔、招聘等服务需求,51CTO 企业学堂通过线上和线下学习服务、课程资源服务、在线测评服务、人才咨询服务等模式,为企业IT专业技术人才的培养提供一体化的解决方案。

在金融行业数字化人才培养方面，目前51CTO企业学堂已经形成了科学、完整的方法论和构建流程，并且基于自身的IT培训经验和企业资源实力，构建了一套包括能力标准体系、能力评估体系和能力培养体系在内的数字化人才培养"三大能力体系"，针对不同企业的多元化人才培训需求，具备全流程所有能力体系建设的咨询及服务实施能力。

在三大能力体系中，"能力标准体系"可以根据员工的岗位关键能力匹配相应的知识体系；"能力评估体系"包括知识掌握程度评估、关键能力评估和岗位任职资格评估，可以根据人才的评估场景确定解决思路；而"能力培养体系"则打造了在线课程、定制面授、大咖直播、在线训练营、项目孵化等多种解决方案，可以针对不同人群灵活定制不同的学习方案。

通过这三大能力体系，51CTO企业学堂可以帮助金融机构高效达到高质量数字化人才培养的目的，化解当下的人才困境。51CTO企业学堂副总裁、企培事业部总经理杨文飞表示，"银行的业务场景复杂，当前银行业对数字技术的应用已经足够深入，企业必须建立完善的数字化人才培育体系，根据企业自身情况、员工技能水平、岗位职责等制定匹配的学习成长路径，激发人才活力，实现人才与数字化应用双向驱动发展"。

基于在数字化人才培训领域多年的探索和积累的先进经验，51CTO企业学堂已经发展为备受认可的数字化人才综合培养创新服务机构，拥有1万多名实战经验丰富的专业讲师。目前，超过1/3的中国百强企业都选择了51CTO平台，涉及行业包括互联网、电信、金融、能源、制造、房地产、教育、医疗、政府等，其中在金融领域，中国银行、招商银行、中国工商银行、交通银行、平安银行等数十家头部银行机构都与51CTO企业学堂建立了合作。

比如，51CTO企业学堂与招商银行合作，针对内部IT技术团队全体人员，对其30多个岗位进行岗位梳理、专业任职资格诊断，完成岗位人才认证方案，同期完成相关体系的赋能工作和资源池建立工作；与中国工商银行合作，针对72名数据分析技术骨干提供数据分析体系化人才培养方案，结合学前测评进行定制化授课、作业辅导，培训效果得到高度认可。

另外，在其他领域，诸如中国联通、中国移动、中国电信、海底捞、滴滴、顺丰、海尔等国内头部企业，也都选择51CTO企业学堂进行数字化人才培训，并且一致认可其服务水平。

（资料来源：作者根据公开资料整理。）

本章小结

1. 金融服务营销是指金融机构以满足客户需求为导向，以服务为手段，将金融产品销售给客户的各种经营活动。

2. 金融服务营销策略的原则包括差异化服务、亲情化服务、先进化服务和有形化服务。

3. 金融服务过程管理方案由六个部分组成：金融服务概念的建立，客户期望管理方案，服务结果管理方案，内部营销方案，物质环境管理方案，客户参与管理方案。

4. 研究金融服务质量策略,需要在研究服务品质内涵(包括构成要素、特点、形成过程、作用)的基础上,找出合理而又可行的评价标准,进而构建出富有个性的质量策略模式。

5. 金融服务质量既由服务的技术质量、职能质量、形象质量和真实瞬间构成,也由感知质量与预期质量的差距所体现。

6. 客户会依据双方互动的过程,评估与判断所接受的服务,而服务提供者也可借此机会管理和塑造客户对服务质量的感知。

7. 在研究金融服务人员策略时,主要考虑的问题有:服务提供人员的配备、服务提供人员的性格与技能对服务品质的影响,以及如何处理服务过程中的各种人员关系。

思考题

1. 总结金融服务的特点,就其中一个特点展开讨论,并说明其对金融服务过程中所采取的营销方式的影响。

2. 试述目前我国金融机构服务质量的发展水平,并讨论主要的改进措施。

3. 对比中国现有的三类金融机构中的人才招聘策略,并对这三类金融机构的人才流动现状进行调查,说明其人才招聘、人才发展策略的不同点。

第 8 章

金融营销定价

▶▶▶ 知识目标

- ➢ 了解金融产品定价的基本原理和影响因素;
- ➢ 掌握金融产品定价的方法和基本策略;
- ➢ 了解金融产品定价模型和原理,熟悉商业银行产品定价流程。

➡ 技能目标

- ➢ 能够运用金融产品定价的原理分析常见金融产品的定价过程和要点;
- ➢ 能够分析宏观环境和市场变化对金融产品价格的影响。

金融产品定价的意义非同一般,因为它是营销组合中唯一代表收入创造的因素。在金融交易中,定价可以采用多种形式。例如,确定收费结构(银行业)、确定保险费及保险费率(保险业)、确定交易成本(证券经纪机构)等。金融产品的价格直接影响企业的竞争力和收入水平。企业首先需要制定定价目标,其次需要对定价的影响因素进行分析,接着企业会采用一定的定价方法制定出一个价格或价格范围,最后会在定价策略的指导下对这个价格进行调整。通过这一系列活动,企业才能最终确定产品的价格。价格确定后,企业还需要根据环境的变化对价格进行调整。

案例 8-1　休布雷公司的反向定价策略

休布雷公司在美国伏特加酒的市场上以营销出色而闻名,其生产的史密诺夫酒,当时在伏特加酒市场上的占有率达到23%。20世纪60年代,另一家企业推出了一种新型伏特加酒,其品质与史密诺夫酒差异不大,但每瓶的价格却比它低1美元。按照惯例,休布雷公司可以采取三种对策:①降低1美元,以保住原有的市场占有率;②维持原价,通过增加广告费用和销售支出的方式扩大知名度、提升销售额来与对手竞争;③维持原价,采取不变政策任由自己的市场占有率被侵蚀。但是,出乎意料的是休布雷公司居然采取了对方意想不到的第四种策略——将史密诺夫酒的价格再提高1美元,同时推出一种与竞争者的新型伏特加酒价格一样的瑞色加酒和另一种价格更低的波波酒。这种反将一军的策略,一方面提高了史密诺夫酒的地位,另一方面使竞争者的新产品泯然众人。这种反向定价策略使得休布雷公司不仅渡过了难关,而且利润大增。实际上,休布雷公司上述三种酒的味道和成分几乎是相同的,只是该公司懂得以不同的价格来销售大致相同的产品的策略而已。

(资料来源:作者根据公开资料整理。)

第一节　金融营销定价概述

一、金融产品定价的基本原理

金融产品的价格是企业制定营销战略时最有力的武器之一,也是金融营销组合中最活跃的因素,直接关系到金融产品的兴衰和企业的发展。因此,管理者在确定价格时必须考虑竞争、企业参与竞争的细分市场、客户的价格感受、成本因素及整体营销计划。金融产品的定价原则主要有两个,即目标组合优选原则和成本效益优化原则。

(一)目标组合优选原则

金融产品定价首先要确定目标,而目标往往有很多个。每一项业务可能都会有一个或两个以上的定价目标。经常考虑的定价目标有：生存目标——在市场条件不利的情况下，舍弃期望利润，只为确保生存而定价；利润最大化目标——为保证一定时期内的最高利润水平而定价；市场份额最大化目标——为占领最大的市场份额而定价；信誉目标——通过定价来确立本企业的信誉；投资回报目标——基于实现所期望的投资回报而定价。

（二）成本效益优化原则

成本效益优化原则的实质是在平衡好效益与成本的合理关系的前提下，尽可能地提高效益、降低成本。定价要综合考虑多种因素。例如，商业银行在给贷款定价时，就要考虑发放贷款的各种条件、发放贷款的预期收入、为借款者提供资金的成本、收贷费用、借款者的信用评级和风险等级、客户关系及市场营销等方面的情况，以实现商业银行产权的目标收益率。金融机构的经营成本主要包括以下几种：

（1）直接生产成本。直接生产成本即可以直接分摊到各个职能部门或各种产品上的费用支出，如员工工资、津贴、福利待遇、加班费、办公费（文具、电话、车辆、报刊等）、资金占用费、顾问费、设备费、各种保险费等。

（2）销售成本。销售成本即市场营销发生的各种费用，如客户经理薪酬、广告费、样品费、差旅费、招待费等。

（3）管理成本。管理成本即管理费，或称为间接费用。它包括不能合理分摊到某一部门或单位或具体产品上的所有费用，如董事费、会员费、培训费、法律费、检查费、捐款、机构广告费等。

（4）利息成本。利息成本即某一单位、部门或客户融资的成本。

案例 8-2　控制成本、平衡收益，商业银行信用卡权益悄然缩水

2018年，招商、广发、浦发等多家商业银行调整了信用卡积分兑换航空里程等权益，信用卡积分价值出现不同程度的"缩水"。作为零售银行业务的利润贡献大户，商业银行信用卡为何此时在用来吸引和黏住客户的权益上"踩刹车"？受访人士称，主要是这几年刷卡费率不断降低所致，如今"缩水"相关权益，是为了控制运营成本，平衡收益。

招商银行近期将运通百夫长白金卡在本自然年内的兑换额度，调低为5万里程及酒店集团积分，其他高端卡也进行了相应调整。同时，该行声明，每个客户兑换总数不超过名下最高等级流通卡种兑换上限，这意味着其兑换额度是按户限制。不只是招商银行，浦发、平安、兴业等多家商业银行也都调整了相关权益，集中体现为下调航空里程或酒店积分的兑换上限。虽然调整方式不同，但结果一致，都是信用卡积分"缩水"。商业银行的这些调整甚至导致了一波高端卡的"销卡潮"。商业银行不惜冒着销卡风险，也要调整信用卡积分兑换规则，主要目的在于控制运营成本。

商业银行在信用卡市场上的拼杀有目共睹，尤其是高端卡市场，百夫长卡、场景联名

卡等高端卡层出不穷。然而,信用卡的获客成本颇高,开卡送礼品早就是行业惯用手段,赠送机场贵宾室服务、星级酒店升级等各种高权益服务也层出不穷。业内人士称,信用卡平均获客成本为200~300元,加上运营等各种费用,单卡维系成本是笔不小的开支,也不难理解,高端卡为何都要收取几百至数千元不等的年费。

融360平台的分析师孟丽伟说,商业银行对中高端客群的争夺异常激烈,基本都是通过推进新的高权益的高端卡或提升老卡的权益,来笼络中高端客群。而高权益意味着高成本,商业银行需要客户刷卡消费、办理各项业务来贡献收入,以抵消这部分运营成本。当客户贡献的收入无法抵消成本时,商业银行就会考虑下调信用卡权益。

信用卡的一大收入来源是刷卡手续费。"费率是核心问题。费率越高,刷卡越频繁,给商业银行带来的利润越多,积分奖励自然就越多。"信用卡市场资深研究人士董峥说,"但是'费改'后,费率不断下降,已经让积分价值下降。"

所谓"费改",是央行为打击支付市场套码、信用卡套现等乱象,于2016年对银行卡刷卡手续费进行调整,其中信用卡服务费率为不超过交易额的0.45%,加上0.065%的网络服务费率,合计费率约为0.6%。

董峥曾为信用卡积分兑换价值算过一笔账,当时积分价值的兑换比例约为0.5%,虽然比较高,但费率也高,在1%以上。如今费率降至0.6%,手续费利润下降,兑换价值缩水也是正常现象。

交通银行金融研究中心首席分析师许文兵说,刷卡手续费的费率已较为市场化,信用卡的发展重心已从拓展市场向平衡收益转移,以往给持卡人的权益,可以理解为拓展市场的手段,也可以看成对客户刷卡行为的"返利"。随着市场环境和目标的变化,商业银行逐渐开始追求商业上的可持续性。

(资料来源:改编自《控制成本平衡收益 银行信用卡权益悄然缩水》,新华网,2018年5月23日,https://baijiahao.baidu.com/s?id=1601215658066808922&wfr=spider&for=pc,访问日期:2023年12月3日。)

二、影响金融产品定价的主要因素

(一)资金成本

如何弥补成本支出是金融机构在进行金融产品定价时必须首先考虑的因素。金融机构的成本主要包括资金筹集成本、运营成本和劳动力成本等。金融机构的经营只有在充分补偿成本支出后,才能实现盈利。定价与成本之间的差额即为金融机构实现的利润。成本越低,金融产品的定价弹性越大。

(二)市场需求

金融产品与其他产品一样受到供求规律的制约,当某种金融产品受到客户的热烈追捧时,价格的走势必然向上;反之,价格则会走低。因此,金融机构在制定金融产品的价格时必须充分考虑其产品的市场需求弹性,在推出金融产品或服务的同时,需要对其价格弹性进行细致的估计和测算。

(三) 竞争者状况

在由市场需求和成本所决定的可能的价格范围内,竞争者的成本、价格水平和可能的价格反应与产品定价的关联度极高。因此,金融机构在制定产品价格时,必须将其产品的成本和功能与竞争者的进行仔细比较,以了解自己的产品有无竞争优势。如果自己提供的产品与主要竞争者的产品相似,则可以把价格定得接近于竞争者;若自己的产品功能欠缺,就不能像竞争者那样定价;若自己的产品功能优越,定价就可以比竞争者高。

(四) 客户的价值和特点

根据"二八"定律,极少数的高端客户是金融机构绝大部分利润的贡献者,为维护这部分优质客户的忠诚度,降低经营风险,金融机构在给产品定价时,必须对客户的价值和特点,包括客户给金融机构带来的收益、客户的信用等级、客户的风险偏好等进行客观评价。具体来讲:一是对于综合回报率高的优质客户,金融机构可以在基准价格上给予适当补贴,包括优惠的贷款利率和手续费等;二是根据风险收益对称原理,定价要充分反映客户蕴含的风险水平。

(五) 宏观经济政策和货币政策

从一些实行利率市场化国家的实践来看,利率市场化并不等于利率完全自由化。在美国,联邦储备委员会通过制定联邦基金利率,实现对市场利率的引导,体现货币管理当局的意图。利率市场化以后,出于熨平利率频繁变动、确保经济稳定的需要,政府和央行仍需通过经济政策和货币政策对利率进行宏观调控。政府调控的手段主要是依靠产业政策、投资政策来影响金融产品价格;央行则通过制定基准利率、公开市场、再贴现、调整存款准备金率等多种途径来影响市场利率水平。

当然,上述因素的影响常常是综合性的,需要进行综合分析。

第二节 金融营销定价方法和策略

一、金融产品定价的方法

金融机构面临三种广义的定价策略选择:成本导向定价法、需求主导定价法和竞争性定价法。每一种定价策略都有几种可供选择的具体方法。

(一) 成本导向定价法

成本导向定价法是以金融产品的成本价为基准加成而形成价格。成本导向定价法主要有成本附加定价法、经验曲线定价法、目标利润定价法三种形式。

1. 成本附加定价法

成本附加定价法是最常见的定价方法。管理层只需简单地在生产和营销的成本基础上加上特定金额的利润即可。成本附加定价法的优势就在于其简便性,管理层所需的只是一张成本表。然而,使用这种方法必须对成本有准确的了解,但这往往不易做到,尤其是在技术飞速发展、通货膨胀不断发生的时代,准确地确定成本更加困难。成本附加定价法还有其他一些不足之处,如该方法在定价以前就假定了一个销售水平,若实际销量比预期中的低,那么固定成本将由较少的产品销量来分摊,从而实际利润就会低于期望值。另外,该方法还忽视了当前的客户需求和竞争水平。因此,该方法只有在预期销售水平与实际水平一致时才会奏效。基于这一原因,成本附加定价法通常用于需求稳定且易于预测、竞争者行为可以估量的产品的定价。

2. 经验曲线定价法

经验曲线定价法是成本附加定价法的变化形式,适用于处于迅速成长过程中的金融机构。该方法用作定价基础的平均单位成本是预测的未来平均成本。该方法假定随着金融机构生产和营销经验的积累,成本会降低。因此,金融机构制定的价格与其未来出售产品(或服务)时的成本有关,而不是与金融机构制定服务战略时的实际成本有关。

3. 目标利润定价法

目标利润定价法是根据量、本、利分析来确定目标利润。目标利润＝总收入－总成本。单位产品价格＝(目标利润＋总成本)/总业务量。但在定价的时候金融机构要分清负债类产品和资产类产品,对二者分别进行计算。尽管目标利润定价法与成本附加定价法相比要略微复杂些,但同成本附加定价法一样忽视了竞争者的价格及市场需求。此外,一家金融机构只有在预计成本和销售数据被证明是准确的情况下才能实现其期望的收益水平。

（二）需求主导定价法

需求主导定价法是指以客户的价值观为基础来制定价格,它不需要依靠数据做出技术分析,而是以营销策划者对客户购买动机的了解为基础。金融机构可实施的需求主导定价法有商誉定价法、创新产品定价法、关系定价法和主导定价法四种。

1. 商誉定价法

商誉定价法是指对某种产品制定特别高的价格,相信客户会将高价与高质量联系在一起。事实上,许多金融产品定价的关键不仅仅是金融机构的成本,而且还包括另一个很重要的方面,即客户的认知价值。客户的认知价值包括产品因素(保本、安全、盈利等)、服务因素(客户满意程度)、社会心理因素(潮流、时尚、模仿、影响、愿望、追求、逆反等)。由于环境(主要是人口和经济环境)趋势的差异性,像商业银行这样的金融机构将越来越多的注意力投入特别产品的开发与营销上,希望占据价格金字塔的顶层。在几乎任何一个服务类别中,都有愿意为特别服务支付高价的客户,因为他们将其看成是身份的象征,个人银行服务就是其中的一例。

2. 创新产品定价法

创新产品定价法是企业刚向市场推出一种新开发的产品时,为尽快达成预期效益目标,先优质高价入市,再降价诱客,或先优质低价入市,以占领市场、扩大份额,后再根据情况做出调整。

3. 关系定价法

关系定价法是以与某一有前途的客户建立长期信用关系为定价目标,向该客户提供一种或几种现时现量亏损但边际效益高的产品或服务。这种定价方法的前提条件是金融机构为该客户服务具有长期的、整体的、潜在的巨大效益。

4. 主导定价法

主导定价法是对几种服务制定较低的价格,企业吸引客户购买低价服务的同时,也顺带购买其他正常价格的服务。该定价方法的假设前提是主导产品与其他产品之间的交叉弹性需求为正。通过刺激对主导产品的需求,金融机构也能提高互补产品的销量。

(三) 竞争性定价法

以需求为基础、以成本为导向的定价方法并不总能清楚地反映竞争对定价的影响。然而在制定价格政策时,企业往往需要考虑竞争性因素。竞争平价法、差别定价法和竞争投标定价法等就属于竞争性定价法。

1. 竞争平价法

竞争平价法是制定与一个或更多竞争者相同的价格。这种方法在由几家大企业垄断大部分市场份额,且相互间服务差别甚微的行业中较为常见。价格领导者率先在该行业中提高或降低价格,其他企业一般都会紧跟着调整价格。竞争者清楚,单独提价是不会被跟从的,并且可能会造成大幅度的销量损失。另外,价格下降也意味着所有各方的收入都会锐减。

2. 差别定价法

差别定价法是企业把客户、产品、服务、时间、地点等主要的市场营销要素按一定的规则划分为若干不同的等级,分别定价,再通过优化组合,实现期望利润。例如,标准的、业务量大的服务项目定低价,非标准的、额外的业务定高价;存贷款可随其金额大小、期限长短、风险大小及连续性,实行分级利率,既彰显奖励效应,又标示客户转向其他机构的机会成本。

3. 竞争投标定价法

竞争投标定价法是对有投标竞价价值的产品(如巨额贷款、大额存单),在国家法律、政策允许的范围内,让若干个客户投标竞价,取其优者作为该产品的价格。竞价过程中,投标者只知道自己的出价,而不清楚其他竞争者的出价。一般出价最高的投标者才能获得合同。对那些努力通过封闭型投标方式出售其产品的企业来说,定价时必须考虑需求、竞争和成本等多方面的因素。在投标计划书中,需求是被清楚地列出的,而企业对自身的成本状况也有相当的了解。困难在于成本结构和竞争者的投标战略是难以确定的。

总之,定价决策取决于该企业的服务定位、目标、竞争状态、产品与服务的生命周期、需求弹性、成本结构、资源共享、优势经济条件、服务能力等,其中要精心考虑需求、成本、竞争等因素,注意对多种产品和服务的定价进行组合,以求总体上盈利。

二、金融产品定价的基本策略

金融产品定价的基本策略包括撇脂定价策略、渗透定价策略、折扣定价策略、认知价值定价策略以及关系定价策略等。

案例 8-3　多家商业银行信用卡分期手续费开打"价格战"

每逢年末,"双十一""双十二""双蛋节"等便接踵而至。伴随着各种购物节,人们在购物车中的商品渐渐被清空。为了促进持卡人消费,各家商业银行的信用卡分期业务也开始打起了"价格战"。

2016 年,各家上市银行针对 12 月份的购物潮给出了分期手续费的优惠,部分银行给出了八折的优惠,中国农业银行针对掌上银行渠道办理分期的客户,更是推出了六五折的优惠。

根据银联公布的 2015 年的数据,在银行业的信用卡盈利构成中,信用卡分期手续费已经占到整体盈利的 25.8%,仅次于利息收入 45.5% 的占比,且这一数字正在逐年增加。在城商行的数据中,信用卡分期手续费的收入占比已经超过 30%,信用卡分期手续费收入成为信用卡收入的主力。

如今的商业银行已经越来越像一家超级电商——打折、刷卡返现、返券等商家可以看到的活动项目,在商业银行身上也能看到。尤其是 12 月份,在各家电商比拼成交量的时候,商业银行间的战火也在不断升级。这一时期商业银行信用卡分期手续费的打折力度多为八折左右,少部分折扣低至六五折,还有部分商业银行以信用卡积分或者返现的方式进行打折。

中国银行相关优惠信息显示,2016 年 11 月 1 日至 2016 年 12 月 31 日间,中国银行信用卡持卡人(不含云南、湖南和河南三省持卡人)办理卡户分期业务,均可享受手续费率八折优惠,不限产品,不限办理渠道,不限金额,不限期数。按照原有的信用卡分期手续费率,中国银行 3 月期、6 月期、9 月期和 12 月期的年化名义手续费率分别为 1.95%、3.60%、5.40% 和 7.20%,在打了八折后分别降至 1.56%、2.88%、4.32% 和 5.76%。

中国建设银行的打折活动则只针对账户状态正常的龙卡信用卡主卡个人客户,附属卡及商务卡不参加活动。在打了八折后,其 3 月期、6 月期和 12 月期的手续费分别为每期 0.60%、0.56% 和 0.48%。

在此次信用卡分期的打折活动中,中国农业银行的打折幅度最大。12 月份,中国农业银行信用卡主卡持卡人在消费入账后至首个账单日营业终了前,通过短信、微信、客服自助语音办理人民币消费分期,即可享受 3 月期、6 月期、12 月期、24 月期每期分期手续费八五折、八折、七五折、七折的优惠,通过掌上银行、网上银行办理更可享受3月期、6月期、12月期、24月期每期分期手续费八折、七五折、七折、六五折的优惠。根据上述活动,通过掌上银行、网上银行进行分期24期的年化名义手续费率仅为4.68%。即使按照实际资金占用测算年化利率,也仅为9%左右,远低于分期业务在价格战之前15%~17%的行业利率均值。

还有部分商业银行以积分形式回馈持卡人,例如招商银行活动显示,12月份10期及以上账单分期累计满6 000元可以29元抢兑1 980元美旅拉杆箱或领取2 000积分;12月份10期及以上的账单分期累计满1 000元可领取1 000积分。以上两档活动可同享,活动期间,每款礼遇每位客户可享一次。

广发银行持卡人在12月份分期金额达2 000元,每笔赠5 000积分或2 500个携程积分或100里程或2 500个聪明卡积分。

民生银行的返现活动则需要持卡人通过发短信的形式报名。报名成功的持卡人单笔分期金额满人民币1万元(或等值外币),可获赠50元手续费红包;或者单笔分期金额满3万元(或等值外币),或首次分期12期及以上且单笔分期金额满人民币5 000元(或等值外币),可获赠150元京东E卡。

光大银行信用卡中心有关人士告诉《证券日报》记者,虽然各家商业银行的打折力度和方式不一样,但是大部分都保持在同一个折后价格上,例如光大银行算上给客户的优惠后,折扣基本在七折左右,其他商业银行有的是八折,有的是六五折,但是大多保持在一个合理的范围内。

从上述活动不难看出,打折并非一两家商业银行的活动,而是银行业之间展开的价格大战,这一过程中,虽然各家商业银行的活动不一,但都出现了实打实的降价活动。

(资料来源:改编自《多家银行信用卡分期手续费开打"价格战"》,http://www.cfen.com.cn/xw/jr/202310/t20231018_17755.html,访问日期:2023年12月3日。)

(一)撇脂定价策略

撇脂定价策略,也称高价或高额定价策略,通常是指金融机构将新产品以较高的价格推向市场,以便在产品生命周期的初期,尽快收回投资和获取最大化利润。而当竞争者进入市场或产品的市场销路开始缩减时,再采取逐步降低价格的策略,以保持一定的市场份额和市场占有率。这种先高后低的定价方法,就像从鲜奶中撇取乳酪一样,从厚到薄,从精华到一般,故被称为撇脂定价策略。

采用这种定价策略,主要是依据和利用消费者对新产品的好奇、求新的心理动机。新产品刚上市而竞争产品尚未出现时,新产品的新颖性和优越性会降低人们对价格的敏感度。而且,在细分的金融产品市场上,总有一些追求时尚和标新立异、乐于接受新生事物的客户,他们具有较强的支付能力和支付意愿,并且愿意支付高于平均水平的价格以获得特定数量的、带有某种特质的新产品或服务。例如,美国花旗银行在1986年推出通过电脑连线而提供的"家庭银行"服务时,尽管其成本相对低廉,业务收费却比传统商业银行服务的费用高昂,但依然有市场。而在家庭电脑普及的近些年,花旗银行则通过降价来扩大其业务推广范围。采用撇脂定价策略,可以使金融机构在提高金融产品身价的同时,刺激客户的购买欲望。而且,由于商品降价容易涨价难,采用这种方法还可以为金融产品以后的价格调低留下回旋的余地。如果高价能被市场接受,则金融机构就能获得高额利润;如果高价在市场上反应不佳或者有竞争者加入,则可以再降低价格。但是,这种定价策略也有其缺陷,主要是由于价格高,可能会失去一些购买力不强的客户,从而影响产品的销路。此外,如果高价在市场上反应好的话,产品的高额利润会吸引大量的竞争者快速加入,可能导致产品价格迅速下降。采取撇脂定价策略,一般应具备以下条件:①新产品的价格需求弹性较小;②短期内不会出现竞争者;③新产品对消费者有较强的吸引力;④金融机构的提供能力有限,短期内不可能大量向市场提供该种产品或服务。因此,正常情况下,撇脂定价策略比较适合创新程度高的新产品以及对价格反应不太敏感的产品细分市场使用。

(二)渗透定价策略

渗透定价策略,一般是指新产品在上市时利用较低的价格以快速向市场渗透,待产品在市场上打开销路并拥有一定的市场份额后,再逐步将价格提高到一定水平的定价策略。

采用这种定价策略,主要是利用消费者求廉求实的心理。在新产品上市时,以低价位来刺激人们的需求,并给消费者留下产品"经济实惠"的印象,以取得消费者的信赖。例如,美国通用汽车公司与当地银行在英国发行信用卡时,采用的就是这种策略。其发行的信用卡利率比主要竞争者低,且没有年费;用该信用卡购买通用汽车公司生产的汽车,还可以得到几个百分点的折扣。通用汽车公司的这种低价产品策略,很快得到了客户的认可。一年后,英国就有45万张通用汽车公司的信用卡在流通使用。采用渗透定价策略的好处是:①可以使金融机构迅速打开新产品市场,扩大销量;②由于产品的价格较低,可使竞争者感觉无利可图,从而避免竞争者迅速进入市场,有利于金融机构在一个较长的时期内保持较高的市场占有率,并实现利润最大化。但是,这种方法也有不足:①低价销售产品,造成产品成本或投资的回收期较长;②如果金融机构的竞争力不强,采用这种定价策略,有可能被竞争者所淘汰;③金融产品的低价位,有时可能会使客户产生"便宜没好货"的联想,将低价与产品质量不高、服务不好联系起来,反而会对产品的销售产生不良影响;④产品的渗透定价方法,使用"先低后高"的价格定位方法,理论上合理,但在实践中可能容易引起客户心理上的反感,并遭到其抵制,因此难以实行。

使用渗透定价方法一般应具备以下条件:①新产品的需求弹性较大,低价能够刺激需求,使需求迅速增加;②新产品的市场容量较为广阔;③新产品的市场购买力较弱,产品以低价出售容易被客户接受,并有利于提高市场占有率。因此,一般情况下,渗透定价方法比较适用于创新程度不高、专用性不强的金融产品。

（三）折扣定价策略

折扣定价策略，是指金融机构在产品定价时，通过减让部分价格或给予客户一些补贴的做法，使产品的价格在基本价格之上做一定幅度的下调，从而争取和鼓励客户购买金融产品，以达到扩大产品销售的目的的定价方法。金融机构经常使用的折扣定价策略包括：

1. 数额折扣

数额折扣，一般是指在客户购买商品达到一定数量或金额以后所给予的一定比例的价格折扣率。工商企业产品销售中的数额折扣，是一种极为常见的经济行为。金融机构也会根据具体情况，采用一些数额折扣的定价策略来吸引客户。例如，如果客户在商业银行的存款余额能够保持一个较大的数值或者持续较长的时间，商业银行可能会给予其利率上的某些特别优惠。又如，保险机构给予一些缴纳巨额保费的大客户一定的"预扣赔款"，也是一种数额折扣。这种"预扣赔款"，一般是在缴纳保费时，保险机构扣除预定的赔款额，作为优惠保险费的一部分，如果在保险期内，客户发生的风险损失小于已经扣除的赔款，则剩余部分归客户所有。金融机构对产品进行数额折扣定价的依据，可以是一段时间内客户购买的产品数量或金额总和，如一段时间内的存款总额等；也可以是本次或一次性金融产品的购买量，如一次性购买巨额保险等。金融机构需要根据成本效益的衡量来决定如何给予客户产品定价上的数额折扣。

2. 季节或周期折扣

季节或周期折扣，一般是指企业为了保持均衡生产、加速资金周转和节省费用等，对在产品需求淡季或"反季节"购买产品的客户，在产品基本价格上给予一定折扣的定价策略，主要适用于季节性消费的产品或市场需求随时间变化而有较大变化的产品。金融机构所提供的产品大多属于服务性产品，季节性变化不如一般工商企业明显。但是，金融机构产品的推广和销售与经济周期的变化、金融市场的变化等密切相连。例如，在经济繁荣时期，为了避免经济过热、降低通货膨胀的压力，或者是出于盈利方面的考虑，商业银行通常会提高存、贷款利率和相应的筹融资条件等，结果是提高了各种筹融资的成本，同时也在一定程度上增强了商业银行的盈利能力；而在经济增长缓慢或衰退时期，商业银行会降低存、贷款等筹融资利率，相对放松各种筹融资条件，降低筹融资成本等，以刺激经济增长或经济复苏。此时，商业银行采取的有关产品"降价"措施，就是一种周期折扣的定价方法。

3. 付款折扣

付款折扣是与付款条件有关的折扣。一般是指当客户用现金一次性缴纳款项或提前付款时，企业为了鼓励客户提早付款，以减少赊销或拖欠货款等带来的麻烦和损失等，给予客户一定的价格折扣。价格折扣在商业银行中经常被使用。例如，商业银行常把贷款利率与客户的还款情况联系在一起。而在信用卡贷款业务中，如果客户能够在一定期限内还款或是提前还款,则商业银行会给予贷款免息。当然,商业银行在采用付款折扣的定价策略时,需要考虑自身的资金来源与资金运用的相应安排,充分考虑其产品营销的目的,不可盲目使用。

4. 费率优惠

费率优惠,是指在客户缴付费用或利率等方面给予价格上的优惠。例如,商业银行在对资信状况较好、具有长期稳定信贷关系的客户发放贷款时使用的优惠利率;保险机构根据保险标的风险状况、历年投保与赔付情况、竞争者的费率情况等,在客户续保或投保时给予的费率优惠等。在实行费率优惠时,金融机构需要根据客户的具体状况,确定不同的费率优惠幅度。

案例 8-4 农商行转型——江苏大丰农村商业银行使用折扣定价策略坚持转型

当前,互联网金融和利率市场化大大改变了银行业特别是基层网点的生存状态,商业银行网点的运营模式和经营业态面临着转型和升级。这是科技浪潮驱动下的必然趋势,它不以商业银行的意志为转移,虽然会经历阵痛,但亦是商业银行自我提升、自我革新的关键契机。为了全面提升网点综合运营效能,保持竞争力和风险防控能力,各地农商行近年来对网点转型工作付出了不懈努力,也进行了大量有益的探索和实践。

多年来,江苏大丰农村商业银行始终坚持"做小、做精、做面、做强"的战略定位,主动转型,积极创新,探索出一条切合当地资源禀赋、具有自身个性特色的内涵发展之路。截至 2020 年 1 月底,该行的存款总量超过 400 亿元,贷款总量达 309 亿元。

(1) 整合资源,在机构专业化、人员等级化上做文章。该行坚持以客户需求为导向,从营销机构、人员、系统、机制等方面不断进行优化,有效集中了行内优势资源,满足了客户的差异化需求。

(2) 加大投入,在服务精准化、体验便捷化上下功夫。一是流程银行助力精准化营销。通过流程银行平台建设,建立了完善的客户关系管理系统,客户经理进行移动营销,提高营销的便利性。二是积分系统提升客户忠诚度。建立客户积分管理系统,客户借贷可以累积积分,享受贷款利率优惠。三是渠道建设满足需求多样性。该行在全区所有行政村设立了 8 家农村金融服务站,建设 712 家"快付通"便民服务点,与城乡客户建立稳定合作关系。

(3) 积极创新,在信贷集中化、流程规范化上求突破。江苏大丰农村商业银行取消基层信贷审批权限,实行授信、用信、放款"三个上收",信贷流程"八个集中",即业务受理集中、授信评审集中、用信审批集中、数据录入集中、贷款发放集中、贷后管理集中、档案管理集中、押品管理集中。

(4) 保持定力,在支持实体化、服务常态化上争取主动。一是信贷业务回归传统。

聚焦涉农和小微企业信贷领域,在扩面、增量、降额等方面加大考核。二是创新产品增添活力。开发创新动产监管抵押贷款、仓单质押贷款、应收账款质押融资等多款金融产品。三是普惠金融全面覆盖。梳理优化"阳光信贷"流程,所有手续都放在"一张表"上,客户凭一张身份证、一张卡片就能获得贷款。四是科技引领战略发展。实施客户资料"共享化"、调查报告"格式化"、审批手续"模板化"、限时办结"全程化"。

(资料来源:《"破"与"立"——新时代的农商银行网点大转型》,https://www.financialnews.com.cn/ncjr/nsh/201801/t20180118_131720.html,访问日期:2023 年 12 月 25 日。)

(四)认知价值定价策略

认知价值定价策略,一般是指金融机构在产品定价时,利用市场营销组合中的非价格因素,在客户心目中建立对某一种产品的认知价值,并以这种认知价值为依据来进行产品定价。

认知价值定价策略的实行基础,不是金融产品的成本,而是基于"客户对产品感受的价值是多少"。一种金融产品所附加的、有形或无形的服务类型或特点(如优质的金融服务、客户可以感受到的产品声誉等)越多,客户所感受到的价值就越高,商业银行就可以相应收取较高的费用,或者给予该类金融产品较高的定价。因此,实现认知价值定价策略的关键,第一是金融机构能够提供高效的、附加价值较高的产品或服务,并让客户根据其所具有的某些特别之处,如使用上的便利、服务态度的亲切等,感受到其"物有所值",从而愿意支付较高的价格来获得相关产品或服务;第二在于准确估算客户对产品的认知价值。金融机构需要在进行认真的市场调研和分析以后,比较准确地把握客户对某一金融产品认知价值的高低,以比较准确、合理地进行定价。

(五)关系定价策略

关系定价策略一般被理解为一种能够促使金融机构与客户保持持续接触的定价策略。采用这种定价策略,金融机构可以通过向客户提供目前价格较低,但在某些方面极具吸引力的金融产品或服务来吸引客户,以期能与具有良好发展前途(或潜在发展前途)的客户建立起长期信用关系,并获得今后向客户推广其他正常价格产品或服务的机会,以期能在一个较长时期内比较稳定地增加业务收入。例如,某商业银行为了与一家著名的大企业建立和增强客户关系,接受了该企业财务经理的苛刻要求:为该企业提供最好的外汇专家,帮助该企业在一年内提高套汇的技能,而专家费用由商业银行支付。商业银行以提供这一服务的亏损为代价,赢得了在市场上具有极高声望和巨大影响力的客户,其他机构及企业随后也纷纷与这家商业银行建立联系,该银行由此声名大振。此外,金融机构还可以通过各种方式增加客户使用某一金融产品或服务的频率,或者以一种金融产品或服务来带动其他金融产品或服务的推广。例如,商业银行可以通过提供较低的手续费、较高的存款利率或者较低的贷款利率等方法,同时鼓励客户在该行开设多个账户或者使用多种金融产品或服务,从而既能使客户享受到多种金融产品或服务的便利,又利于商业银行达到其降低成本、增加捆绑销售收入及稳定客户的目的。当然,这也要求商业银行的产品或服务功能的多样化。

金融机构采用这种定价策略主要着眼于长远利益,立足于为客户提供全面服务,是基于以后能向客户推销多种产品或服务的考虑。因此,金融机构应该要对所要建立关系的客户进行比较详细的分析,以便针对其具体情况,推出适宜的金融产品或服务。另外,这种定价策略应该是金融机构能够确保在一段时期内,尤其是较长一段时期内具有潜在的盈利趋势,并能从整体上增强经营活力的情况下采用。

除此之外,金融机构还可以根据具体情况,采用心理定价策略、投标竞价定价策略等来进行金融产品的定价。

第三节 商业银行产品定价模型和原理

一、商业银行产品价格构成

金融机构中,商业银行由于经营特殊商品——货币与信用,因此所提供的产品价格内含特定的内容。商业银行产品定价的主要任务是确定存贷款利率水平和服务项目的收费标准。根据商业银行提供产品和服务的不同,其价格构成主要包括四项内容:利率、汇率、手续费和创新业务费用。本节将以商业银行为主要对象,介绍其产品定价的主要原理。

(一) 利率

利率是商业银行产品最主要的价格。它是利息额与借贷资金的预付价值之间的比率,可以衡量借贷资金的增值度。商业银行主要从事的是信用业务,即通过吸收存款、借入款项等途径取得资金,再通过贷款与投资等活动进行资金运用。在这个过程中,一方面,商业银行需要支付利息给资金的提供者;另一方面,商业银行可以通过资金的运用获得收益,如贷款收入或投资收益。因此,借款与贷款之间的利率差形成的利息收入构成了商业银行维持正常运转的收入。在我国,商业银行的各种长短期存贷款利率受到国家金融政策的限制,商业银行无权自行制定,而是实行统一利率。同时,商业银行的业务结构相对较为单一,利息收入构成其绝大部分盈利来源。因此,衡量利息水平的利率在银行产品价格体系中显得格外重要。

利率的种类有很多,如按照期限可以分成短期利率与长期利率,前者是指借贷期限在一年以内的利率,而后者则是指借贷期限在一年以上的利率;按照利率在借贷期内是否变化可以分成固定利率与浮动利率;按照利率决定因素的不同可以分成由市场上资金供求双方自行决定的市场利率与由政府决定的法定利率;按照是否扣除通货膨胀率可以分成实际利率与名义利率。此外,还有其他一些种类,如优惠利率、差别利率等。在各种各样的利率中,与商业银行关系最密切的利率有以下三大类:

(1) 法定利率。这是由一国政府通过央行确定的利率,比如央行对商业银行使用的再贴现率与再贷款利率。这种利率是政府调节商业银行活动的重要货币政策工具,一些国家通过法定利率的确定可以影响市场资金的供求,从而对市场上的其他利率进行调节。可以说,法定利率在整个利率体系中处于主导地位。作为基准利率,它的变动必然会引起其他各种利率发生相应的变动。

(2) 银行同业拆借利率。同业拆借是金融机构为了解决短期资金余缺、调剂准备头寸不足等而进行相互融资的活动。该市场的参加者都是有资质的金融机构,所以其信用程度、流动性、时效性都很强。目前世界上较著名的银行同业拆借利率包括伦敦同业拆借利率、香港同业拆借利率、新加坡同业拆借利率等。我国于1996年成立了全国统一拆借市场,按交易加权平均得出同业拆借利率。

(3) 银行对客户的利率。这是指商业银行对一般客户所使用的利率,它是商业银行利息收入的主要来源。它又可分为存款利率与贷款利率。存款利率是商业银行为吸收存款人的存款而支付的利息额与存款本金之比,其高低决定了存款人的利息收入及商业银行的融资成本。贷款利率是商业银行向贷款人发放贷款所收取的利息与贷款本金之比,它也会直接影响到商业银行与贷款人的经济利益,其高低也因贷款的种类与期限不同而异。

(二) 汇率

汇率是指两国货币间的兑换比率,即把一定单位的某国货币折算成另一国货币的数量。第二次世界大战后世界经济呈现一体化趋势,国际资本流动日趋活跃,商业银行业务出现了国际化倾向,使得汇率成为商业银行营销活动必须考虑的价格因素之一。目前,我国各商业银行开展了外汇业务,工、农、中、建、交五大国有银行及招商银行等大中型商业银行还在海外设立了分支机构,全力开拓国际金融市场。

汇率从不同的角度有不同的分类,比如按照汇率决定主体的不同可以分为官方汇率与市场汇率;按汇率是否变动可以分为固定汇率与浮动汇率;按照成交双方交割期的不同可以分为即期汇率与远期汇率;从商业银行买卖外汇的角度可以分为买入汇率、卖出汇率与中间汇率;按照商业银行营业时间的不同可以分为开盘汇率与收盘汇率。

在商业银行的实际经营过程中,按照交易对象的不同,可以把汇率分为对客户的汇率与对银行同业的汇率,即商业汇率与银行同业汇率。常见的商业汇率有:

(1) 电汇买入与卖出汇率。它是商业银行在买卖外汇时以电报或电传方式通知国外付款人解付所使用的汇率,一般不包括利息,因此是对客户的最低汇率。

(2) 即期汇票买入与卖出汇率。它是商业银行买卖客户的即期汇票时所使用的汇率,一般在电汇汇率的基础上折入汇票邮寄期间的利息而得出,故低于电汇汇率。

(3) 远期汇票买入汇率。它是指商业银行买入远期汇票所使用的汇率,其计算方法与即期汇票买入汇率类似,只不过利息计算除邮寄期间外,还要考虑汇票的期限。

(4) 承兑汇率。它是指商业银行卖出远期汇票所使用的汇率,它对于进口地银行来说基本不包括任何利息,故与电汇卖出汇率较接近。

(5) 信汇汇率。它是指商业银行用信函方式通知国外付款人解付时所使用的汇率。

银行同业汇率则是指商业银行之间买卖外汇所采用的外汇兑换比率,它又可分为:

①内部外来汇率,指同一商业银行的各个分支机构之间或分支机构与上级银行之间调剂外汇的价格,其成本十分低,效率也较高。②对外汇银行的汇率,指不同外汇银行之间交易外汇所使用的汇率。③对中央银行的汇率,指在现代汇率制度下,中央银行参加外汇市场交易、对商业银行的活动进行调节所采用的汇率,它基本上接近于官方汇率。

(三) 手续费

商业银行除发挥资金融通职能,开展最基本的负债和资产业务外,还可以利用自身在技术、信息、人才、资金、信誉等方面的优势开发和运用多种金融工具,为客户提供多种多样的其他金融服务,从而取得手续费或佣金收入。这些服务的开展一般无须动用银行资金,只是代客户承办收付及多种委托事项,通过收取手续费获取收益,成本低、收益高、风险小。

一般来讲,商业银行的手续费收入主要来自以下几个方面:

(1) 结算类业务。这是指商业银行为因商品交易和劳务供应、资金调拨而引起的货币收支提供服务。具体又可以分为现金结算与转账结算、国内结算与国际结算(国内结算的方式有银行汇票、银行本票、信用卡、委托收款及托收承付等,而国际结算一般是指汇款、托收、信用证等几种方式)。

(2) 担保类业务。这是指商业银行借助自身的强大资金实力与良好信誉为客户交易提供担保。商业银行担保业务的种类较多,如担保书、备用信用证、银行保函、贷款承诺等。由于商业银行在这些业务中承担一定的风险与责任,故应收取服务费。

(3) 衍生工具类业务。衍生工具是指从利率、汇率、股票、债券、股票指数、黄金及外汇等基础金融工具中派生出来的金融产品,主要包括期货、期权、互换、远期协议等。当前,国外商业银行广泛开展该项业务,但我国商业银行受到政府的金融管制,涉足此类业务的时间还不长。

(4) 其他服务。除上面的几种业务之外,商业银行可以取得手续费的业务还包括咨询类业务(如资信调查、可行性研究、市场调研、财务分析、客户介绍与技术中介服务等)、代理类业务(如代付代收、代理清偿债权债务、代理发行有价证券、代理房地产事项、代办会计事务、代理黄金或外汇买卖等)、信托类业务(如金融信托、动产信托、不动产信托)、租赁类业务(如经营性租赁、融资性租赁与杠杆租赁)。

随着金融市场的发展和金融产品的创新,商业银行传统业务的比重不断下降,商业银行的经营重点逐渐转移到以金融市场为导向的各种金融交易活动上,商业银行的主要利润不再只是存贷利差,而是更多地来源于中间业务和其他服务收费。目前,手续费收入已成为商业银行利润的一个重要来源。据统计,美国大通曼哈顿银行1997年的总收入中,非利息收入占31%,是扣除利息支出后净利息收入的1.07倍。在其他非利息收入中,结算类服务占21%,咨询类服务占20%。在开展中间业务、收取手续费方面,我国商业银行与国外存在很大差距,但同时也显示出我国商业银行开拓和发展中间业务的巨大潜力。这是因为:一方面,金融服务竞争的加剧、居民投资意识的增强使商业银行获取存贷利差的机会减少;另一方面,我国政府对利率、汇率的严格管制使商业银行获取存贷利差的机会减少。基于上述两方面的原因,我国商业银行必须大力发展中间业务,以增强盈利能力、达成经营目标。

(四)创新业务费用

自20世纪60年代以来,国际金融界掀起金融创新热潮。尤其是在进入七八十年代以后,新的金融工具层出不穷,如远期外汇买卖、利率掉期交易、期权期货交易、投资银行的业务工具等,对整个世界经济、金融的发展产生了巨大的影响。这些创新型金融工具主要具有以下特点:

(1)险惠并存性。由于创新型金融工具大多应用高新技术手段,并在世界金融市场上利用时间差、利率差、汇率差等获利,因此往往是高收益、高风险并存,一旦管理不善或出现失误,就会导致严重的金融风险,甚至可能导致金融机构的破产倒闭。

(2)技术依赖性。创新型金融工具如各种金融衍生业务要想获利,必须依靠高精尖的现代科技理论和方法,依靠现代化的通信工具和电子技术,依靠高级金融专家分析与管理,这就需要金融机构具备高素质的人才与较强的经营管理能力。

(3)新旧结合性。金融创新业务大多是以现有业务为基础,并将二者有机结合在一起或重新组合,以利于金融机构获取收益。

(4)快速发展性。第一,创新业务的发展迅速,收益快速增长。例如,1985—1988年,美国的美洲银行、花旗银行等五家银行的表外业务量从占表内业务资产的113%上升到282%,平均年增长54.2%;日本银行从20世纪80年代中期起,表外业务以每年40%的速度递增。从整个世界金融行业的情况来看,90年代以来,衍生金融工具约以每年40%的速度递增。第二,金融创新业务的出现与快速发展,促进了各类金融机构尤其是商业银行向业务的多样化与综合化方向发展,这对世界金融行业的业务格局变化以及未来的世界金融行业发展将产生重大的影响。

各类金融机构在考虑创新业务的费用定价时,需要以上述特点为参考背景,并采用与传统金融产品不同的定价策略。例如,大型金融机构应特别注重创新型金融工具的风险管理与成本控制状况等,使其费用定价既能促进创新业务的发展,又能保持金融机构的运营安全。

由于多种因素的影响,一直以来围绕商业银行服务收费问题的争论很多。例如,自2006年6月1日开始,部分商业银行对持卡人在ATM上进行的跨行查询收费,其中境内跨行查询每笔收费0.3元,此举引发了巨大的社会争议。2007年4月6日,中国银行业协会宣布,根据中国银行业协会自律工作委员会常务委员会的决议,要求各会员银行于2007年4月20日之前,停止向持卡人收取人民币银行卡境内ATM跨行查询费用。

二、商业银行产品定价目标

按照一般的定价程序,商业银行在制定产品价格之前首先需要明确定价目标,并以此作为制定价格的指导。所谓定价目标,是指商业银行通过制定产品价格,在所处经营环境中所需要达成的目标。商业银行在制定价格决策时,明确适当的、切合实际的定价目标是价格决策的前提和首要内容,也是价格决策中选择价格策略和方法、确定评价准则的主要依据。商业银行内部条件各异,金融产品所处的外部营销环境不同,因此形成了不同的定价目标。商业银行通常追求的定价目标有:

(一)获取利润的定价目标

这是指商业银行以在一定时期内所能获取的盈利总额作为营销活动中对金融产品定价的战略性目标。商业银行能够维持其经营的前提之一就是不断地获取更多的利润。但这并不意味着制定最高价格,因为利润除受价格影响外,还受金融产品的销售规模、营销成本及其他诸多因素的影响。具体而言,商业银行的利润目标又可分为:

(1)以利润最大化为目标。利润最大化又包括长期利润最大化与短期利润最大化。企业以短期利润或当期利润作为主要利润目标时,这种定价目标强调的是本期财务绩效,旨在短期内通过高价形式获得尽可能多的利润。但是短期利润最大化往往是暂时的,随着市场供求状况的不断变化、竞争的日益激烈,富有远见的商业银行应把长期利润最大化作为自己的最终目标。需要指出的是,利润最大化目标并不适用于单一银行产品,而是作用于银行的整个产品领域。简而言之,利润最大化并不意味着对所有的商业银行产品制定最高价格,其侧重点是追求商业银行整体利润的最大化,低利润或无利润的产品的价格损失可由高利润的产品来弥补。

(2)以一定的投资收益率为目标。投资收益率是指商业银行获得的利润与投资额之比,它反映了商业银行的投资效益。商业银行投入的资金,总希望能在一定时期内全部收回,并能有较高的回报率。为了达成投资收益率目标,商业银行可以在估计营销活动开支数额与预期利润的基础上再加上成本来制定金融产品的价格。它的特点是不追求短期的高额利润,而是获取一定时期内的稳定收入,服务于商业银行的长期经营目标。商业银行的信用卡、通存通兑等电子化程度较高的许多具体产品都以这个目标作为定价基础。

(二)扩大市场份额的定价目标

在其他因素不变的情况下,商业银行增加利润的途径,一是扩大价格与成本的差价,二是提高销量。而销量的大小则取决于商业银行市场份额的大小。商业银行的市场份额受多种因素的影响,如自身实力强弱、行业内竞争的激烈程度等,但价格始终是一个非常重要的影响因素。从价格和销量的关系分析,以扩大市场份额为定价目标的商业银行,多采用低价策略吸引客户,这样虽然产品的单位利润水平会下降,但由于销量提高,利润总量一般不会减少,反而还会增加。一些新成立的商业银行为了发展壮大、在市场上站稳脚跟、实现长期盈利,往往广设分支机构,以扩大市场份额为定价目标。一些新推出的商业银行产品,在生命周期的早期阶段,为迅速打开市场赢得一批稳定的客户,也常以此为目标。

(三)应对同业竞争的定价目标

这种定价目标是在同业竞争异常激烈的情况下,主要为满足竞争需要或避免竞争而制定的。在市场竞争中,价格是非常重要的一个因素,特别是在市场竞争处于初期阶段时,价格竞争往往是最主要也是最有效的竞争手段。当商业银行面对来自竞争者的威胁时,应根据竞争者的情况和自身的条件采取相应的对策。一般来说,大型商业银行处于行业或区域"领先者"地位,为避免竞争一般都采取稳定价格的策略,以适当的低价主动防御现实和潜在的竞争者;它在遭到其他竞争者的价格攻击时,往往也会采取以更低的价格反击的应对措施。中小商业银行多属于行业中的"跟随者",一般无力左右行业价格,其定价着眼点是适应竞争、保存实力,根据主导银行的价格进行抉择。无论是哪一种情况,商业银行都需要广泛收集其他商业银行尤其是竞争者有关产品价格的资料。

(四)树立品牌形象的定价目标

商业银行品牌形象是其无形资产,良好的品牌形象是商业银行综合运用合适的营销组合而取得的成果,也是其借以拓展业务的一项重要工具。在商业银行产品日趋标准化和同质化的今天,其品牌形象成为客户的主要识别工具。客户在选择商业银行时,不再单纯地依据产品的服务功能进行评判,而是更加关注其品牌形象。以信用卡为例,主要的国际知名品牌有三种——Citicard(花旗信用卡)、Mastercard(万事达)、VISA,国内最知名的品牌则是招商银行的信用卡。

在树立良好的品牌形象的目标下,商业银行凭借良好的信誉和服务保障,可以制定高于其他商业银行的价格。采取这种定价目标的商业银行,可以利用已经培养出的特殊细分市场和专属知名度,有意识地营造出一种"高质量、高价格"的姿态,利用品牌形象形成价格杠杆,使其整体形象和具体产品通过定价凸显出来。如著名的投资银行摩根士丹利,被公认为是提供优质服务的投资银行,它对提供的产品和服务制定了较高的价格并由此获得很高的利润。

总体上讲,商业银行定价的目标主要有以上几项。商业银行在定价时可以根据所处的竞争环境和自身条件选择其中一个或几个目标作为主要目标来确定金融产品的价格。

案例 8-5　利率市场化推动存款产品差异化定价

中国自 20 世纪 80 年代就开始逐步放开贷款利率的尝试,但如果把放开银行间同业拆借利率作为中国利率市场化改革的开端,那么中国的利率市场化始于 1996 年 6 月。

放开贷款利率限制方面,2004 年 10 月,基本取消了金融机构人民币贷款利率上限;2012 年,将金融机构贷款利率浮动区间的下限调整为基准利率的 0.7 倍;2013 年 7 月,取消了对贷款利率的约束;2019 年 8 月,改革完善贷款市场报价利率(LPR)形成机制,贷款利率隐性下限被打破,利率传导效率有所提高。

放开存款利率限制方面,2004 年 10 月,中国人民银行决定放开金融机构人民币存款利率下限;2005 年 9 月,商业银行被允许自由决定除定期和活期存款外的 6 种存款的利息定价权;2012年6月,将金融机构存款利率浮动区间上限调整为基准利率的1.1倍;2014年11月,进一步将其上限由原来的1.1倍放宽到1.2倍;接着在2015年2月,将之前调整不久的1.2倍继续放宽到1.3倍;2015年10月,全方位放宽各种期限存款的利率,基本实现存款利率的市场化改革。

中国人民银行指出,将遵循市场化、法治化原则,由商业银行自主定价。随着存款利率由行政管制走向市场化,存款产品也由单一化走向差异化。在传统活期存款和定期存款的基础上,商业银行根据存款人类型、存款期限、存款金额等要素,开发出不同的存款产品,例如大额存单、结构性存款等,满足不同客户需要,不同商业银行、不同产品、不同期限的存款利率定价有所不同。

在中国人民银行的指导下,利率自律机制密切监测存款利率定价情况,通过行业自律督促商业银行规范定价行为,防范个别商业银行因盲目追求规模或为填补流动性缺口而高息揽存等非理性竞争行为,取得了较好效果。

上海金融与发展实验室主任曾刚表示,针对存款利率市场化改革,最主要的是让存款利率与市场利率的联动机制和联动频率进一步优化。不过,存款利率与贷款利率不同,如果市场竞争过度,可能会商业导致商业银行存款频繁"搬家",不利于市场的稳定。因此针对存款利率定价的监管仍将持续。

实际上,当前中国已经建立了存款利率市场化的调节机制。2021年6月,中国人民银行指导利率自律机制优化存款利率自律上限形成方式,由存款基准利率乘以一定倍数形成改为加上一定基点确定,消除了存款利率上限的杠杆效应,优化了定期存款利率期限结构;2022年4月,推动自律机制成员银行参考以10年期国债收益率为代表的债券市场利率和以1年期LPR为代表的贷款市场利率,合理调整存款利率水平。

随着存款利率市场化机制的逐步健全,2022年9月中旬,国有商业银行主动下调了存款利率,带动其他商业银行跟随调整,其中很多商业银行还是自2015年10月以来首次调整存款挂牌利率。中国人民银行指出,这是商业银行加强资产负债管理、稳定负债成本的主动行为,显示存款利率市场化改革向前迈出了重要一步。

曾刚表示,利率市场化改革的核心是要提高利率定价的准确性,提高金融的效率。因此,在改革的过程中,存款利率既有可能上行,亦有可能下行。在他看来,短期来看,当前存款利率下降仍有一定的空间,这与我国当前的实体经济状况相适应。但从中长期来看,随着我国经济不断复苏、通胀上行,不排除未来存款利率出现上行的可能。

(资料来源:改编自《央行:将充分发挥存款利率市场化调整机制重要作用》,https://baijiahao.baidu.com/s?id=1744562324645532470&wfr=spider&for=pc,访问日期:2023年12月3日。)

三、商业银行产品定价程序

所谓定价程序,是指商业银行将影响定价的诸多因素加以仔细考虑并适当地安排与组织,然后结合具体情况决定或调整产品价格的一系列步骤。它通常包括:选择定价目标、定价信息收集整理和价格预测、选择定价策略与方法、确定价格应用策略、价格的执行与调整等。

（一）选择定价目标

定价目标是商业银行在价格决策时有意识要达成的目标。如前所述，一般情况下，商业银行的定价目标可以划分成四类，而在银行经营实践中，究竟选择哪一类或哪几类目标，则是其在分析外部经营环境和自身内部条件之后需要做出的选择。一般来说，具体选择定价目标时应考虑国家宏观经济环境、同行业定价目标和策略、自身的经营状况、产品的性质和特点等因素。

（二）定价信息收集整理和价格预测

在定价程序中，无论是选择定价目标、确定定价策略和定价方法，还是价格的执行和调整，都离不开科学决策，而完备、准确、及时的信息和预测则是一切科学决策的基础。因此，价格信息的收集与预测也必然成为定价程序的基础。价格信息的内容十分广泛，这些信息按用途可以划分为两大类：一类是分析和预测市场价格状况与变化趋势的信息，另一类是直接影响定价决策的各种因素变化的信息。商业银行需要结合定价目标，有选择性地甄别有效信息，做出有效而准确的判断。

（三）选择定价策略与方法

定价策略实质上是达成定价目标的思路和措施。定价策略按不同的划分方法可以分为多种类型。按产品进入市场的前后阶段划分，可以分为初期定价策略和后期价格调整策略；按产品生命周期的不同阶段划分，可以分成新产品定价策略、成长期定价策略、成熟期定价策略、衰退期定价策略等。具体到某一种产品，定价策略可归纳为三种基本类型：高价策略、中价策略和低价策略。

定价方法是对产品价格进行计算或确定的方法，是将定价策略与具体价格水平联系起来的重要环节。定价目标、定价策略着重解决定价思路的问题，而定价方法则是对产品价格水平的具体确定，是对定价目标、定价策略的具体化。在商业银行实践中，可供选择的定价方法大致可以分为三类：成本导向定价法、需求主导定价法和竞争性定价法。

（四）确定价格应用策略

选择了定价方法，只是确定了决定产品价格水平的方法，而产品销售的具体价格则需要根据营销的需要来确定，另外，产品的最终具体价格也往往因销量、时间、地点甚至对象的不同而有所区别。因此，价格应用就是根据定价方法所决定的产品价格水平确定各种销售条件下的具体销售价格的过程。按照目标市场的地理特征、需求特征、客户心理特征及分销服务特点，价格应用策略可分为产品组合定价策略及价格折扣策略等。

（五）价格的执行与调整

合理的价格除体现产品的价值外，还要反映产品的供求状况。而影响供求状况的因素有很多，这些因素也处于不断地变化之中。因此，商业银行产品的定价不可能一成不变，而是要随着市场竞争情况、自身条件及其他因素的变化不断调整。从这个意义上讲，价格的执行过程也是价格的调整过程。因此，从广义上看，商业银行的定价决策在内容上应包括新上市产品定价决策和已上市产品调价决策两个方面。具体来说，在价格执行过程中，商业银行的价格调整决策可以分为主动调价和应对调价两种类型。

四、商业银行产品定价基本原理

毋庸置疑，价格水平的高低将直接影响商业银行产品的销量和商业银行的收入状况。价格调整对商业银行产品销售的影响可以用弹性理论进行解释。具体来说，如果一种商业银行产品的市场需求是富有弹性的，则降低价格会明显增加销量，从而吸引原来因价格因素被排斥在市场之外的潜在客户，进而使得销量急剧增加、整体销售收入增长。反之，如果一种商业银行产品的市场需求是缺乏弹性的，则价格变化不会对销售量产生明显影响，所以提高价格一般能增加整体收入。因此，商业银行往往用提高非弹性产品价格和降低弹性产品价格的方法来提高整体收入。不同类型商业银行产品的价格弹性不一样，如保管箱、支票、汇票等的需求价格弹性相对较小，而商业贷款的价格弹性较大。在商业银行的经营实践中，为改变客户的消费需求，在价格敏感和需求弹性大的市场，商业银行往往采用低价格以扩大销量。同时我们应该看到，许多成功的银行产品正处于生命周期的成熟阶段，相对较为缺乏弹性，商业银行通过降低价格进而在短期内扩大业务规模的方法是可行的，但长期来看，由于大多数商业银行都可以对影响销量的重大价格变动及时做出反应，从而可能导致其他所有商业银行都降低价格，其结果是所有商业银行的销量都保持在降价前的同等水平上，但商业银行的整体收入反而下降了。

归纳起来，商业银行产品的定价主要有两类：集中定价的产品和单独协商价格的产品。前者是指集中制定金融服务中单一产品或系列产品的价格，如活期存款账户、定期存款账户；后者是指单独制定针对特殊客户的议价产品价格，如企业活期存款、透支、国际服务等。在后一种情况下，许多商业银行提供的产品没有一个明确的价格或价格体系，而是确立一个收费标准，并以此为基准来增加或减少收费。其依据是利用需求的价格弹性原理，区分不同价格在不同细分市场中的灵敏度，对同一商业银行产品针对不同细分市场的客户采用不同的价格，但该方法实施的前提是防止不同细分市场之间的交叉渗透。

案例 8-6　商业银行产品定价的一般方法

随着利率市场化的不断深入，我国主要商业银行针对贷款、存款等业务建立了差异化的定价方法和系统，目前主要使用的定价方法包括成本加成法、需求差异定价法、综合定价法、随行就市定价法。

1. 成本加成法

成本加成法是指商业银行在成本基础上叠加一定的利润目标制定指导价格。

贷款的主要成本包括资金成本、运营成本、风险成本。资金成本为贷款对应的内部资金转移计价(FTP)的价格;运营成本由成本分摊系统根据机构、产品和客户等多个维度分摊生成;风险成本包括预期损失(EL)与非预期损失(UL),其中预期损失通过风险评级系统得到的违约概率(PD)和违约损失率(LGD)计算得来,由拨备来覆盖,非预期损失由经济资本来覆盖,经济资本成本由经济资本占用系数和经济资本目标收益率计算得来,经济资本占用系数代表经济资本占用额与贷款本金的比例,经济资本目标收益率以股东的预期回报为基准,参考市场竞争和金融政策进行微调。

(1) 贷款有税费成本,目前主要包括所得税和增值税,贷款的成本加成计算公式为:

贷款利率=[资金成本+运营成本+预期损失率+经济资本占用系数×经济资本目标收益率/(1-所得税税率)]×(1+增值税税率)

(2) 存款的利率上限为存款对应的FTP利率,成本项主要为运营成本,结合目标收益率,其成本加成计算公式为:

存款成本=FTP利率－运营成本－存款目标收益率

基于成本加成法计算出的指导利率通常具有较强的约束性,业务发生利率通常不宜突破该指导利率。该利率的准确测算依赖于内部资金转移计价、成本分摊、风险评级和经济资本等多个关联系统的数据的准确性。

2. 需求差异定价法

需求差异定价法是指根据市场需求强度、客户的接受程度、产品推广周期等多种差异因素,对相同基准价格的同一产品实行不同价格。

该定价方法需要参考的差异化维度包括:①客户类型。针对需要维护或拓展的核心客户,给予价格上的优惠。②地域差异。面对不同地区不同的同业竞争压力,设置不同的加点。③推广时点。在产品的推广和成熟期等不同阶段以及特殊日期时点设置不同的加点。④综合效益。对过去综合回报率高或未来承诺带来关联收益的客户给予价格上的优惠,比如针对可以增加未来存款或中间业务收入的贷款给予价格上的优惠。

需求差异定价法需要与商业银行的经营策略相吻合并且定期验证和动态调整,以达成在整体上实现量价险平衡、优化业务比例和客户群的目标。

3. 综合定价法

综合定价法是结合成本加成法和需求差异定价法,以成本加成法计算的指导利率为基础,再结合产品和客户的差异化特征,对指导利率进行调整。

(1) 贷款的综合定价法计算公式为:

贷款利率=[资金成本+运营成本+预期损失率+各项成本调节系数之和+经济资本系数×(经济资本目标收益率+各项经济资本目标收益率调节系数之和)/(1-所得税税率)]×(1+增值税税率)

(2) 存款的综合定价计算公式为:

存款成本 = FTP利率－运营成本－存款目标收益率＋各项调节系数之和

4. 随行就市定价法

随行就市定价法是指参考当天或前一天的市场价格进行设置。

以票据贴现为例,可以以当天或前一天的买断式转贴现的市场利率作为基础价格,加上一定的点差,作为票据贴现利率的指导价格。

随行就市定价法适合于收益率随市场利率快速变化的业务,其定价系统需要能准确、快速地获取市场利率信息。

(资料来源:作者根据公开资料整理。)

本章小结

1. 金融产品的定价原则主要有两个,即目标组合优选原则和成本效益优化原则。影响金融产品定价的主要因素包括资金成本、市场需求、竞争者状况、客户的价值和特点、宏观经济政策和货币政策。

2. 金融机构面临三种广义的定价策略选择:成本导向定价法、需求主导定价法和竞争性定价法。每一种定价策略都有几种可供选择的具体方法。

3. 成本导向定价法是以金融产品的成本价为基准加成而形成价格。成本导向定价法主要有成本附加定价法、经验曲线定价法、目标利润定价法三种形式。

4. 需求主导定价法是指以客户的价值观为基础来制定价格,它不需要依靠数据做出技术分析,而是以营销策划者对客户购买动机的了解为基础。

5. 竞争性定价法包括竞争平价法、差别定价法和竞争投标定价法。

6. 商业银行的定价目标包括获取利润、扩大市场份额、应对同业竞争和树立品牌形象。

7. 定价程序通常包括:选择定价目标、定价信息收集整理和价格预测、选择定价策略与方法、确定价格应用策略、价格的执行与调整等。

思考题

1. 回顾影响金融产品定价的主要因素。以你身边的商业银行的定价策略为例,分析最近一年中其受到哪些主要因素的影响。

2. 试举一例以成本导向定价法定价的金融产品,再和需求主导定价法进行比较。

3. 回忆你所能接触到的商业银行理财产品,比较它们的收益率,试分析不同期限的产品之间价格有什么不同。还有其他因素在影响它们的价格吗?

第 9 章

金融营销渠道策略

>>> 知识目标

- 了解金融营销渠道的含义、种类和功能;
- 了解金融产品分销渠道的选择事项;
- 掌握金融营销渠道建设的步骤;
- 了解金融营销渠道的策略。

➡ 技能目标

- 能利用金融营销渠道的知识选择合适的分销渠道,如网点、中介商的选择;
- 能设计、评估金融产品分销渠道,发现并解决渠道冲突,以及对金融产品分销渠道进行管理。

金融营销渠道的基本功能是根据客户的不同需求,对金融产品进行有效的组织和传送,从而转换成有意义的产品组合。在金融营销中,渠道扮演着重要的角色。

案例 9-1　招商银行营销策略的创新

在营销过程中,没有一种产品可以满足所有客户的需求。因此,知道哪一种产品对客户是最有价值的、客户对产品的特定需求以及如何与他们进行沟通是非常重要的。相对于国有银行对战略的选择,招商银行的市场定位是明确而清晰的——零售银行。国有银行一直致力于批发银行业务,没有重组银行业务,而招商银行对零售银行及中介银行有一个独特的视角。由于国内民众收入水平的提高,客户的消费观念已经发生了很大的变化。招商银行把握住了这次机会,并进行了进一步的市场细分,定位于零售银行,大力发展零售银行及中介银行业务,譬如个人外币储蓄、交易账户、抵押、借记卡、信用卡、个人电子资金划拨、电话银行、私人银行以及其他各个行业在零售银行的市场细分业务。这样的业务分类使得招商银行拥有数量众多且层次分明的细分市场,带来了高附加值的奖励,并使其最终赢得"中国最大零售银行"的称号。

早在 1997 年,基于统一的电子平台,招商银行首先推出了"一卡通"网上银行。依靠高新技术,将"全国账号""ATM 取现服务""消费简约的商店"和"个人网上银行"这四个综合的个人金融服务集合于客户的银行卡中。针对占人口比例最大的青年以及中年客户,招商银行通过各种方式,比如大型路演、推出免费开卡和特征优化的"一卡通",成功地在个人银行市场扩大了市场份额。

在银行业的政策、信息技术、市场竞争、产品创新等因素的影响下,商业银行产品分销渠道变得日益复杂和多样。相比传统的市场营销方法,作为一种新兴营销类型,网络营销具有低成本、操作简单、快速、准确、互动性强的特点。在招商银行的网上银行——"一网通"上,客户可以足不出户,通过因特网进行在线支付和享受其他金融管理服务。与此同时,"一网通"已经被许多国内知名企业(比如联想)和电子商务网站(比如淘宝)作为优先选择的网上支付工具之一。

2017 年,国际权威财经杂志《亚洲银行家》(*The Asian Banker*)颁出年度大奖,招商银行推出的"一网通"支付产品获得亚太区"年度最佳移动支付产品"奖。"一卡通"和"一网通"两款产品创新了零售业务的经营模式,率先满足了零售客户对于"方便、快捷、安全"的银行业务需求,招商银行也因此在负债端积聚了大量的零售客户,吸收了大量以活期存款为主的零售存款,这也是招商银行开展零售业务的先发优势,为其日后保持负债端成本竞争力、大力发展中间业务,向"轻型银行"转型提供了优质的客户基础。

(资料来源:改编自田雨鑫,《浅析中国城市商业银行的营销策略——以中国招商银行为例》,《现代经济信息》2015 年第 22 期。)

第一节 金融营销渠道概述

一、金融营销渠道的含义和种类

金融营销渠道是指金融产品或服务从生产领域流向消费领域所经过的整个通道,以及在产品的整个传递过程中,为满足目标市场客户的需求,利用各种信息技术和基于信息技术发展起来的网络终端向其客户提供的各种服务。

金融营销渠道可以从四个方面进行分类:

(一)按产品来划分

按产品来划分,金融营销渠道包括超级金融百货公司、提供全面银行服务的分支银行、ATM 等几大类。各种不同类型的分销渠道所提供的产品或服务范围和种类的差别很大,如超级金融百货公司所提供的产品或服务类型十分广泛,具有全面性、综合性,而 ATM 主要提供可以让客户自动存取款的服务。

(二)按营业场所来划分

金融产品或服务营销渠道中场所的多样性是一个全新的概念。传统上,金融营销渠道简单而又直接,就商业银行而言,其服务(如存款、取款、贷款和支票账户等)是由商业银行自设网点直接提供给客户的。随着金融产品的创新和信息技术的发展,金融界逐渐开辟了更为复杂的分销渠道:取款服务可以通过 ATM,转账支付可以通过电话银行,耐用消费品信贷业务可以通过形形色色的中间商(如房地产企业、汽车销售商等)来完成。

(三)按对网点的控制程度来划分

在各种条件成立的情况下,金融机构总是愿意把扩大自己的分销网点作为一种竞争策略。广设分支网络可谓是商业银行非价格竞争的主要手段。这种网络化建设包括 ATM 的网络化和信用卡特约商店的网络化。通过这些网络,金融机构不仅可以出售自己的产品或服务,而且可以代销其他金融机构的产品或服务。这种情况的出现,使金融机构对其产品或服务分销渠道的控制程度有所减弱。

(四)按营业时间来划分

金融服务在一定意义上是一种需要随时提供的服务。但传统的金融服务在提供时间上有很大的局限性,如商业银行一周工作 5 天、一天工作 8 小时等,主要原因是出于成本考虑。为了避免由此给客户带来的不便,越来越多的商业银行力图突破营业时间上的限制。ATM、电话银行和网上银行虽然在一定程度上突破了这种限制,但由于它们的服务范围有限,一些商业银行增设了营业时间更长的营业网点或延长了部分营业网点的服务时间。目前,这种策略在西方发达国家和我国的一些商业银行都受到了重视。

二、金融营销渠道的功能

金融营销渠道在分销金融产品或服务的过程中，主要具备以下功能：

1. 销售功能

金融机构通过金融营销渠道向目标客户销售金融产品，提供金融服务。

2. 服务功能

金融营销渠道通过向目标客户提供一系列的金融服务，使其感知到利益增加。比如，通过批量拆分，为客户提供小批量的购买份额，从而降低客户由于大批量购买所产生的额外的支付成本（如存储成本）；通过向目标客户提供空间的便利性，降低其交通成本和搜寻成本；通过缩短目标客户在消费或购买过程中的等待时间，降低其消费成本（时间成本和精力成本）；通过提供更多可供选择的金融产品或服务，增加金融产品的功能，更好地满足其个性化的需求；增加一些额外的服务，给目标客户带来一些惊喜，从而为其带来更高的让渡价值；提高目标客户的满意度，从而培养他们对本企业或本企业金融产品或服务的忠诚度。

3. 便利功能

金融营销渠道为目标客户提供了时间上的便利性、空间距离的便利性，以及信息技术终端网络渠道使用的便利性，不仅让其可以买到，而且方便购买，从而降低其寻求金融产品或服务的成本，提升其满意度。

4. 信息功能

各金融机构能够收集、分析与目标客户打交道所必需的信息。随着现代信息技术，尤其是互联网技术、通信技术的发展，通过终端渠道可以更广泛地收集和分析最新的金融资讯信息，并以快捷、便利的方式传递给目标客户。

5. 宣传功能

为金融产品制订营销活动计划，设计更为有效的广告和促销活动，实施人员推广、公共关系等销售促进策略。

三、金融营销渠道的类型

如同实体产品一样，金融产品或服务也需要借助一定的渠道和地点销售给目标客户。从是否经过独立的中间环节来看，金融产品或服务的分销渠道可以分为直接分销渠道、间接分销渠道两大类。

（一）直接分销渠道

金融产品的分销通常无法与金融机构自身完全分开，因为它往往要靠金融机构借助一定的方式直接与客户联系，将各种金融产品直接提供给客户，即采用直接分销渠道。

这些渠道通常包括分支机构、面对面推销、直接邮寄销售、电视直接销售、电子渠道、信用卡网络、ATM。

（1）分支机构。各种金融机构在全国乃至世界各地直接投资设立的分支机构，构成了其产品的直接分销网络，由此可以直接服务客户。例如，我国商业银行在各省市设立的分行，分行在各县市设立的支行，支行在各个街区、乡村设立的分理处和储蓄所便构成了商业银行的产品分销网络。与之相似，保险机构在各地设立的分部，证券机构为开展一、二级市场业务在各地设立的分部，以及为开展经纪业务（股票买卖业务）在各地设立的营业部，便分别构成了保险机构和证券机构的直接分销网络。

（2）面对面推销。直接分销网络中的各个网点，除提供柜台服务外，派员工进行面对面的推销成为直接分销渠道中最基础、最原始的形式。如今越来越多的企业，包括各种金融机构在内，较多地依靠专业销售队伍访问潜在客户，发展他们成为现实客户，并不断增加其业务。各金融机构自身发展起来的银行客户经理、保险代理、股票经纪等，就是进行面对面推销的直接销售组织。

（3）直接邮寄销售。直接邮寄销售是指通过事先的调查分析向潜在客户寄送有关产品或服务的信件、传单、折叠广告、录音带、录像带、软盘的过程。直接邮寄销售广泛流行于企业界及各种金融机构的营销活动中，因为其能更有效地选择目标客户，并实现个性化销售，且比较灵活，易检测结果。尽管制作和传送成本较高，但所接触的人成为客户的可能性较大。由于现代通信技术的发展，直接邮寄销售出现了新的形式，如传真、电子邮件、声像邮件等，使营销更加直接，既能加快信息传送的速度，又能大大节省传送成本。从直接邮寄销售的具体形式来看，一种非常重要的形式是目录营销。例如，在西方国家，许多供应企业和销售企业给其可能签单的客户寄送产品目录。

（4）电视直接销售。金融机构借助电视通过三种途径将产品或服务直接销售给潜在客户。第一种是直接广告，即金融机构购买电视广告时间，介绍产品，并给出免费电话号码，以期客户订购产品或查询更多信息。第二种是家庭购物频道，即整个电视频道都用来推销产品或服务。第三种是视频信息系统，这是一种通过电缆或电话线连接客户电视和销售计算机信息库的双向装置。视频信息系统服务包括生产商、销售商、商业银行、旅行社及其他组织所提供的商品电子目录。客户使用一台普通的电视机，通过双向电缆连接视频系统的一种专门的键盘装置，便可按动键盘订购产品。现在许多学者认为在这种系统之后将会出现可以进行双向交流的电视机。

（5）电子渠道。20世纪90年代以来，随着网络经济的产生与发展，金融产品的分销渠道出现了全新的形式，即电子渠道。它以电话、计算机等电子网络为媒介，以客户自助为特点，将金融产品直接提供给客户享用、消费。例如，银行业中的电话银行、网上银行、手机银行、企业银行、家庭银行、自助银行和各类电子转账（ETF）业务，就是将传统的金融产品通过电子网络系统直接分销给客户。证券机构和保险机构也较多采用这种方式。

（6）信用卡网络。信用卡网络是商业银行的一种直接分销方式，是商业银行通过发行信用卡,向持卡人直接提供金融服务,由此而建立起来的,是商业银行向客户分销产品的直接渠道。当然,在信用卡网络中,还包含零售商场、酒店及其他消费场所。因此,为使客户享用信用卡服务,商业银行需向这些机构推销其信用卡业务,并借助它们服务客户。

(7) ATM。ATM 也是商业银行的一种直接分销方式,与信用卡发行相配合,商业银行通过设立 ATM,可以相应代替柜台网点的部分业务,如查询、取款、存款、转账等。与设置分支机构相比,ATM 具有提供产品和服务时不受时空限制、成本低等特点。因此,自 20 世纪 60 年代问世以来,ATM 便得到迅速发展,在银行业中逐渐普及。

(二) 间接分销渠道

金融产品的提供是一种动态化的服务过程。但金融机构对有些服务项目可以进行物化,使其具备实物形态,而这些具备实物形态的金融产品,在某些分销环节上,则可以与金融机构自身相分离,通过一定的中介商,间接地被销售出去。其实,金融产品的分销渠道可以被看成一条价值增值链,介于金融产品最初的开发提供者与最终客户之间的渠道是拥有或不拥有这一产品所有权的中介商。如果这一中介商同时拥有产品的所有权,那么其肯定是最初的开发提供者本身或其下属机构,此时,金融机构就是在进行直接销售;如果这一中介商独立于最初的开发提供者,那么金融机构就是在进行间接销售。金融产品的分销中介商要与最初的开发提供者同属一条价值增值链,为金融产品增值。只有为产品增值,最初的开发提供者才愿意使用这一中介商。

例如,商业银行利用间接分销渠道进行销售的金融产品主要是信用卡。信用卡业务的最终消费对象是客户,但客户接受消费信用卡服务,必须借助于商场、酒店等消费场所。从这个意义上说,信用卡业务的销售是利用了间接分销渠道。保险机构除利用自己的下设分支机构和网点直接分销其产品和服务外,还可借助于中间渠道销售其业务。证券机构除自己直接开展一级市场业务和面向散户提供买卖股票的场所及经纪业务外,在二级市场业务中,它也通过发展中介商来间接寻求二级市场的投资者。另外,它将商业银行作为主承销商,并借助于其网点将理财产品或企业债券间接销售给广大投资者。基金机构在建立和销售基金的过程中也大都通过发展中介商的方式开发和服务于客户。与金融机构的下属分支机构一样,间接销售渠道中的中介商在全面服务于最终客户方面履行着重要职责,发挥着重要作用。

值得一提的是,在金融产品的间接分销渠道中,商业银行及其零售网点处于明显的主体地位。一般证券机构、保险机构、基金机构,只要利用间接渠道销售其产品,都离不开对商业银行及其零售网点的运用。这一方面是因为银行业比其他金融行业发展得早,在网点设置方面较为发达和完善;另一方面也因为商业银行与广大民众的生活息息相关,银行业的传统业务开展方式只能通过设立更多的零售网点来方便客户。因此,就销售的空间市场来说,商业银行的市场覆盖面具有得天独厚的优势。如果利用传统的方式分销,证券机构、保险机构、基金机构就只有利用商业银行来提高其销售的市场覆盖率了。

金融中介商的主要作用体现在营销调研、沟通、接触、匹配、谈判、融资、承担风险、服务等方面。

（1）营销调研：收集、分析与客户打交道所必需的信息。

（2）沟通：与客户进行和金融产品服务相关的有效沟通。

（3）接触：寻求潜在客户并与他们进行接触。

（4）匹配：使金融产品及其服务全面符合客户的要求。

（5）谈判：达成关于价格和其他交易条件的有关协议。

（6）融资：提供信用或资金以方便交易。

（7）承担风险：承担将金融产品及其服务向客户传递过程中的有关风险。

（8）服务：开发和维持与客户持久的关系。

（三）批发与零售

在金融行业，尤其是在银行业中，也存在着批发与零售业务，但与实体产品分销中的批发与零售业务有一定的差别。在后一种情况下，批发与零售业务可以由独立的中介商开展；而在银行业中，批发与零售业务则由商业银行自己开展。一般来说，针对个人客户的业务，如日常的存款、取款及其他一些商业银行代理业务，被统称为零售业务；而针对机构客户所开展的存贷、转账、结算等业务，被统称为批发业务。同时，针对证券机构或基金机构的一级市场和二级市场业务，也可称为批发业务，而营业部的个人日常交易业务，可称为零售业务。

第二节 金融产品分销渠道的选择

一、直接分销渠道和间接分销渠道的选择

金融机构是采取直接分销渠道，还是通过间接分销渠道销售产品，需要考虑众多因素，其中主要包括产品及需求因素、市场与控制因素、成本与利润因素。

（一）产品及需求因素

从产品方面来看，一般来说，技术复杂的产品或服务，其分销展开具有极强的连续性，宜采取直接分销渠道；而如果产品或服务的技术要求较低，其分销展开具有多环节，且相对分割和独立，则宜采取间接分销渠道。从需求方面来看，一般来说，客户对信息的要求高，在服务过程中有较高的参与度，对产品及服务的需求具有整体性，宜采取直接分销渠道；若情况相反，且客户需在一定时间和地点一次性购齐很多产品，则宜采取间接分销渠道。从现实情况来看，证券机构和基金机构向战略投资者配售业务，所针对的只是少量的、较为集中的机构客户，对于规模较大的证券机构而言，通过自身的营业部这一直接分销渠道就完全可以满足要求。但若面对的是广大中小投资者，就需要充分利用商业银行在各地的营业网点来作为间接分销渠道进行销售。保险机构除下设分支机构及广

泛利用销售队伍直接销售外,对有些业务环节,如险种推介,也可利用独立的中介商如经纪机构或商业银行来开展。

(二)市场与控制因素

一般来说,利用间接分销渠道能够迅速拓展市场,扩大市场覆盖面,但会失去对分销渠道的直接控制。销售代理商或经纪商是独立的机构,它看重的是本机构的利润最大化。因此,它更关心的是其关键业务的开展,或是产品或服务组合的整体经营业绩,而不会特别关心某一特定代理业务的经营业绩。此外,销售代理商的营销人员可能缺乏对有关产品的技术细节和具体市场的了解,而有可能无法有效地进行促销宣传和市场拓展。利用直接分销渠道,虽然能直接控制分销状况,但受网点数量或推销队伍的规模所限,又不能迅速提高市场覆盖率,因此从现实来看,这是一个两难的选择。中国开放式基金以及某些保险品种的推出,均借助了商业银行网点作为代理销售,而其平平的销售业绩,恰恰证明了这种选择的两难境地。

(三)成本与利润因素

在直接分销渠道和间接分销渠道之间如何做出选择,最终取决于这两种方法的相对获利性。获利性与产品的销量有关。究竟是使用金融机构自身推销队伍的销量大,还是使用代理商的销量大,需要实际实施才能得到验证。当然,不同营销人员的具体操作效果也会不一样。

二、网点位置的选择

商业银行的金融产品具有提供与分配的同时性,一般都直接面对客户,因此,分销网络是商业银行最早也是最普遍的营销渠道,合理设置分支机构与营业网点对吸引客户和发展零售业务尤为重要。目前,在市场竞争日益激烈的情况下,网点位置的选择就显得十分重要。商业银行选择一个好的位置就等于为自己做了广告,是达成营销目标的不二之选。据估计,一个理想位置的潜力是不利位置的20倍。[①]

如果金融机构重视直接分销,就需要建立大量的分支机构和零售网点,从而在全国或某一地区形成其分销网络。在分销网络设计中,各个网点的位置选择,也就是说,在何处设立分支营业机构服务于客户,是非常重要的。对商业银行来说,位置的重要性取决于客户与商业银行在空间上相互作用的类型和程度。商业银行与客户之间在空间上有三种相互作用的方式:客户寻求商业银行、商业银行寻求客户、商业银行与客户无空间限制地进行交易。

(1)客户寻求商业银行。当客户出于方便之需或不时之需寻求商业银行时,网点的位置显得十分重要。因此,商业银行往往喜欢在人口居住集中区、人流较大的市区和市内人口稠密区广设网点。在设置网点之前,商业银行需分析在何种情境、何种地点和何

[①] 孙波:《我国商业银行营销渠道的选择》,《中央财经大学学报》2003年第9期。

种场所下,潜在客户会寻求商业银行的服务。同时也要分析这些潜在客户的数量和竞争者的网点位置等因素,以保证自己所设的网点有足够的市场规模。当然,在潜在市场规模足够大的情况下,与竞争者毗邻设置网点也是一种科学的选择。

(2) 商业银行寻求客户。如果现有的商业银行都唾手可得,且客户在足够方便的位置就能够得到高质量的服务,则商业银行所在的位置如何也就变得不那么重要了。在此种情况下,商业银行须强化服务功能,主动寻求客户。

(3) 商业银行与客户无空间限制地进行交易。当商业银行与客户之间无任何空间要求便可进行交易时,其位置是一个不值得考虑的因素。在这种情况下,商业银行可以通过邮递方式和网络通信手段实现其服务功能,客户也就无须关心商业银行到底离自己有多远了。当然,在某些情况下,虽然商业银行的服务可以在触手可及的范围内进行,但同时也需要与客户面对面地交往。如商业银行在提供日常家庭网络服务和在偏远地区广布 ATM 的同时,客户可能希望管理人员能够在商业银行内亲自安排担保类的业务。

三、销售中介商的选择

若金融机构需利用中介商间接销售其产品,就必须科学有效地选择中介商。销售中介商的选择包括两层含义:一是决定具体的中介商,二是决定中介商的数目。

(一) 决定具体的中介商

分销渠道是金融机构同中介商共同建立的一整套基于销售、运作的基础平台,它能保证整个产品的销售平稳运行,走在安全、可靠的发展道路上。一般而言,在选择中介商时需考虑如下因素:

(1) 尽量将分销渠道延伸至目标市场。这是建立分销渠道的基本目标,以使得产品与最终用户或者客户能够尽量接近。金融机构产品的特征决定了中介商还要及时准确地传递企业信息(而不仅仅是产品信息),这就要求中介商要尽量接近目标市场。

(2) 中介商的专业化能力。根据产品的不同,金融机构应该寻找相应的专业化能力更强的中介商。

(3) 中介商的形象。金融机构对信用的特殊性要求也体现在中介商的社会形象上,显然,社会形象更好的中介商有助于增进客户对金融机构的信任。

(4) 中介商企业文化。显然,具有相似企业文化的金融机构与中介商之间的交易费用更低。

(二) 中介商的技术系统

在电子网络分销情况下,技术系统的稳定性、可靠性是一个必要条件。对技术系统的考察涉及以下两个方面:

(1) 系统与中介商的技术接口。金融机构在自身完善技术系统的基础上,还需满足其他关联机构在技术接口上的要求,否则整个系统就无法运转。

(2)中介商技术系统的可操作性及可拓展性。具体来讲,就是系统不仅能够顺利实现在现有业务规程下的正常运转,而且在金融业务拓展方面可以提供相应的支持。比如,在单一渠道内的不同地区可以在何种程度上保证相互联通,以便最大限度地支持企业在更大的范围内扩展后续业务。

(三)中介商的特征

中介商的特征主要指各中介商在长期的经营和发展过程中形成的企业文化、管理模式等方面的特征。具体包括:

(1)业务拓展的积极性。对这一指标的衡量涵盖中介商的管理水平、激励机制以及组织行为模式等许多方面。中介商原有的文化、组织运行的惯性,都会通过组织行为错综复杂的交互作用影响到渠道分销的水平。

(2)潜在的渠道冲突。这一指标具体衡量渠道成员在分销过程中由于利益及考核机制的不一致导致的内部冲突。例如,分销对整个渠道是有利的,但对单个成员却未必如此;分销对组织产生激励,而组织成员对此却缺乏积极性。如此种种,均会影响到渠道将来的策略制定与渠道管理导向。对这些因素的恰当衡量有利于企业从总体上把握渠道执行分销任务的难度、未来合作方面需要的协调成本,最终为渠道决策提供相应的依据。

(四)决定中介商的数目

如同产品营销一样,金融机构决定中介商的数目也有三种策略可供选择:广泛分销、选择分销、独家分销。对这三种策略的选择也要考虑众多因素,如所推出的产品类型与规模、潜在的市场及其客户群、欲求的市场覆盖、分销的环节等。

案例 9-2　桑坦德银行:因地制宜的渠道策略

桑坦德银行(Santander Central Hispano S.A.)的零售业务在欧洲和拉美市场处于领先地位,该行在经营过程中注重对客户需求的研究与把握,并在不同市场采取了差异化的渠道策略。

在西班牙,物理网点仍是个人客户办理金融业务最重要的渠道。桑坦德银行以强大的分支网络为基础,依托先进的客户关系管理系统实现渠道整合。客户关系管理系统记录下客户每一次交易的内容和所使用的渠道,分析客户的需求特点、交易习惯和渠道偏好等特征,以便后续据此制定有针对性的产品推介和营销方案。

在巴西,一些商业银行网点的规模很大,单个网点配备的ATM数量多达30台。桑坦德银行根据这一特点,将ATM由单纯的交易终端拓展为金融产品的销售平台。将客户关系管理系统与ATM的网络相连后,客户通过ATM完成个人贷款、信用卡的申请,还可以进行基金申购和赎回交易等。从实践情况来看,ATM网络对该行在当地市场的产品销售有显著的促进效果。

在智利，当地金融行业通过互联网渠道销售产品的机制十分成熟，桑坦德银行也将网上银行打造成主要的营销渠道，为客户提供随时随地的产品销售和交易便利。

在墨西哥，客户更习惯于使用电话银行渠道，因此桑坦德银行将电话银行中心作为一个主要的营销渠道，根据不同业务的特点设计了差异化的电话银行流程，并为电话客服代表销售产品和挖掘客户提供充足的激励。

（资料来源：作者根据公开资料整理。）

第三节 金融营销渠道建设

一、设计金融产品分销渠道

金融产品分销渠道的设计主要涉及分销渠道的影响因素、银行网点的选择问题等。

（一）金融产品分销渠道的影响因素

金融机构在选择自己的市场营销渠道时，应将目标市场和营销策略相结合，以商业银行为例，在选择渠道时，应充分考虑以下因素：

1. 金融产品的特征

金融产品因其种类不同而具备不同的特征，这对于营销渠道的选择是一个非常重要的影响因素。金融产品一般分为便利品和特殊品，其中便利品使密集渠道和长线渠道相互联系，而特殊品在既定地区的选择性分销决定了其分销渠道的临时性和短期性。另外，金融产品的创新和多样化，使产品质量更为标准化，从而大大促进了其分销渠道的发展。

（1）金融产品的特征在金融机构选择营销渠道时起着重要作用。如果同质化产品差异较小，主要的竞争项目是价格，金融机构在选择营销渠道时，可以采用无差异性市场策略，即把整个市场看成一个大目标市场，所有的客户对某种金融产品有着共同的需求，忽视它们之间实际存在的差异，如国库券交易。对于价格差异性较大的产品，在选择营销渠道时，就要采用差异性市场策略，即把整个市场分成若干个细分市场，金融机构根据自身条件和环境状况，可以同时在两个或更多的细分市场上从事营销活动，如贷款市场。随着中国利率市场化的改革，还可以再扩大到存款市场和储蓄市场。金融产品的种类也是金融机构在选择营销渠道时应考虑的一个重要因素。如果金融机构生产单一的、批量大的金融产品，在选择营销渠道时，则应采取无差异性市场策略；若生产小批量、多品种的金融产品，开展多种金融服务，且产品品种越来越多，则应采取差异性市场策略。当金融机构开发出新的金融产品时，一般会采用密集性市场策略，使用强有力的推销手段，组成营销队伍直接向客户推销，也可以委托代理商销售。

（2）金融产品寿命期。当金融产品处于导入期和上升期时，可以采用无差异性市场策略选择营销渠道来提高市场占有率；而在产品进入成熟期后，则应改为差异性市场策略选择营销渠道以便开拓新市场，也可以采用密集性市场策略选择营销渠道以保持原有的市场。

2. 市场因素和客户特征

市场范围的大小、客户的集中和分散、客户人数、地理分布、购买频率和年均购买数量、不同营销方式的敏感性等因素，以及金融机构同业竞争者产品的分销渠道策略，都会影响到营销渠道的选择。

（1）竞争者。金融机构的营销渠道也受竞争者所使用的营销渠道的限制。在金融市场上，有些金融机构往往采用与竞争者同样的营销渠道，而有些金融机构则会避开竞争者所使用的营销渠道。此外，金融机构还要参考竞争者的强弱，如果竞争者不强，也可以不予考虑。

（2）居民状况。目标市场客户的人口和心理特征是选择营销渠道的基础，一个营销渠道的成功与否，在很大程度上取决于它所在地区的居民状况。居民状况包括居民的性别、年龄的差异、职业和居住区域的变化等。客户需要什么，为何需要，何时需要以及如何购买决定了金融机构金融产品的营销渠道。居民的年龄和性别不同，对金融产品和渠道就有不同的需求。随着人口的增长和年轻夫妇组建新的家庭，金融机构在选择营销渠道时，要充分考虑这些变化的需求。另外，随着经济的发展和城镇居民区的大量开发，人口会出现迁移现象，其中，最大的迁移方向是新开发区或郊区，在这些较舒适的居住环境中，金融机构选择恰当的营销渠道就可以扩大金融产品的销售。

3. 企业规模、信息技术等因素

企业规模、资金能力、信用能力、销售能力、提供的服务及要求等，都会影响其营销渠道的选择。信息技术的发展也可以促使金融机构通过 ATM 和网上银行来提供金融服务，从而扩展营销渠道。

金融机构的资源能力，决定了其所选择的渠道类型和渠道成员的关系。若资源能力不足（包括人力、物力和财力），就无力占领整个市场或几个市场，在选择营销渠道时，就要采用密集性市场策略，即把自己的力量集中在一个或少数细分市场上，实行专业化生产和销售。

4. 分销技术

分销技术直接影响金融产品的销售。对某些产品来说，广告十分重要；而有些产品则必须通过人员推销。为此，金融机构在对其分销技术进行选择时，首先要对自己的分销技术进行衡量界定，然后才能审时度势地进行营销渠道的决策。

5. 政策因素

政府对各类金融产品所采取的价格政策、税收政策等，会影响金融营销渠道的选择，如果允许自由购销各种金融产品，渠道必定会多样化，反之，渠道就会单一化。同时，地方政府的行为也会影响金融机构直接分销渠道的选择。

6. 交通状况

随着金融全球化和经济金融一体化的发展，不仅一国国内各地区的经济联结为一个有机的整体，而且各国经济也日益联结为世界经济整体。这样，交通运输的规模、方向和距离对金融产品的营销会产生重要影响。交通运输在沟通城乡、地区经济的同时，也促进了城乡、地区的经济发展，带动交通干线密集的地区发展各种购物中心，进而发展各种金融机构，以满足人们对金融产品的需求。

案例 9-3　商业银行线下网点持续"瘦身"

线下网点以前是商业银行开展业务的主要渠道，而在移动互联网普及之后，线上成为很多标准化业务的主要开展之地，客户到网点的频率逐渐降低，各大商业银行纷纷裁撤线下网点。据统计，截至 2022 年年底，工、农、中、建、交、邮储六家国有大型商业银行网点数量比 2021 年年底合计减少 470 个。

商业银行持续裁撤线下网点的目的，或是想通过科技手段加快线上线下一体化发展，或是想根据区域定位的不同而优化调整其网点布局。比如，中国工商银行通过"云网点"实现网点信息展示和服务流程的数字化，促进线上线下渠道贯通和人机服务协同，2022 年上半年，中国工商银行"云网点"访问次数达 3.3 亿次，同时线上线下一体化运营模式已覆盖 32 类个人与对公业务场景，重点场景线上替代率高达 97%。又如，中国农业银行服务乡村振兴战略，保持网点总量稳定，但持续优化网点布局，向城市新区、城乡和城郊接合部、重点乡镇等区域迁建网点，不断提升县域渠道覆盖面。

除此之外，越来越多的商业银行正积极打造特色网点，社区生活、普惠金融、零售消费是商业银行特色网点重点发力的方向。比如：2022 年 1 月，邮储银行在成都市打造了一家"交子"主题网点；2022 年 2 月，中国建设银行在长沙市打造了家居主题特色网点；中国农业银行自 2018 年以来，根据不同地区、行业和领域小微企业客户特点，在全行范围内逐步建设了 1 000 个普惠金融特色网点。

对于未来商业银行网点的发展，上海银翱管理咨询有限公司董事长高钧认为，未来商业银行网点有"两去两中心"的趋势，即网点将"去现金化，去交易化"，逐渐成为"咨询服务中心，生态圈中心"。网点作为一种"昂贵"但重要的渠道，仍将长期在全渠道中扮演重要角色。科技能力比较强的大行将进一步强化多渠道融合，网点减少速度会快于平均水平，中小行由于客群、科技投入的限制，网点仍扮演着重要角色，不断发挥其地缘优势、人缘优势。

（资料来源：作者根据公开资料整理。）

（二）影响商业银行网点选择的几个最重要因素

网点选择是商业银行开展分销业务和占领市场的主要手段，尤其是在商业银行的早期发展阶段,吸收存款的主要手段是增加网点。其网点选择,在理论上是以从经济学和社会学的角度相宜为依据,来阐明营销业务在空间上的分配;在商业上是以保证预期商业目标的达成为依据的。

1. 金融自由化

金融自由化是整个金融界变革的大背景。所谓金融自由化,是指金融行业打破银行业、证券业、保险业等行业界限,使得一个网点提供的服务品种更多、更广泛。提供服务品种的多少和能否为特定客户市场提供合适的配套服务,决定了客户对网点的选择。现在商业银行零售业务的重点是为客户提供综合性便利,即不仅向客户提供存款和透支便利,还兼做其他各项辅助业务,如投资、房地产、信托、咨询等。通过提供上述便利,商业银行实际上已将经营个人客户业务的分支网点变成一个无形的"金融超级市场",客户可以在同一个网点上获得各项所需服务。

2. 电子资金转账技术对商业银行网点选择有很大的影响

这个因素主要表现为自动出纳机、电话银行等在各种场合的设置,这不仅降低了商业银行扩大分支行的数量和成本,改变了其分支网点的设置和布局,而且自动出纳机的设置情况本身也已经成为许多客户选择银行的主要因素。

3. 超级市场内设立网络的趋势

随着超级市场这种新型商业网点的蓬勃发展,商业银行在超级市场内设置营业网点,从而构成营销网络渠道。这种网络渠道取向是一种使商业银行、超级市场和客户三方各得其利的过程。对商业银行而言,每天前往超级市场的客户是他们最好的服务对象,其相对潜在业务颇为可观,而且就商业银行自身来说,广告费用可以减少,开支成本费用较低,营利性相对提高;对客户而言,他们所获得的是便利;对超级市场而言,接受商业银行在店中设立网点,等于把商业银行的客户变成超市稳定而可靠的客户。三者各得其所,互惠互利,从而成为影响商业银行网点选择的一个重要因素。

总体上,具体影响商业银行网点选择的因素,最主要的还是以下几点:

(1)地理上的便利,包括交通便利、距离近;

(2)经济发展水平,包括人口、收入和商业银行的发达程度;

(3)商业银行的资信能力、规模、附属设施和服务质量及营业时间;

(4)商业银行服务内容的范围和设计。

二、评估金融产品分销渠道

企业在建立了分销渠道并投入运作后,还须依据一定的标准定期衡量、评估渠道成员的表现,检查其销售定额的完成情况、服务水平、市场覆盖、付款情况、促销上的合作程度、为客户提供服务的质量等,并依据一定标准进行评估,目的是了解和掌握渠道成员的状况,随时对其进行必要的调整,对达不到规定标准的成员应采取各种措施调动其积极性,或者将其从渠道中排除。

三、发现并解决渠道冲突

渠道成员之间的冲突是对利益关系的反映,获取尽可能大的经济利益是渠道成员所追求的基本也是重要的目标。然而,利益在成员之间的分配,具有此消彼长的特点,这就会造成冲突,即冲突具有必然性。但是,合作应当是各分销渠道的主旨,是大家能够形成合力的基础,只有促进合作,才能使渠道的整体活动效率最高。促进合作,也是解决冲突的基本方法。

金融产品的提供者应密切关注渠道成员间的合作,采取措施给予激励,以使渠道成员更好地与企业合作,共同致力于企业营销目标的达成。奖励方式包括物质奖励、精神奖励、人员培训等。①

四、金融产品分销渠道的管理

对分销渠道的管理,实质上就是利用分销渠道开展业务的动态化过程。在这一过程中,既包括对自设分支机构和销售网点的管理,也包括对所选择独立中介商的管理,同时,也是对其直接分销渠道的管理。另外,在金融产品分销渠道的管理中,一个非常突出的问题是对整个渠道的技术系统的管理。以下仅涉及渠道中的一般经营管理方面的内容。

(一) 销售网点的管理

利用下设分支机构如销售网点直接针对客户开展服务活动,是金融机构特别是银行最基本的分销渠道。为了将各种金融产品及其服务有效地推向客户,金融机构至少要从以下两个方面对其分销网点进行管理。

1. 导入 CIS

导入 CIS 也就是建立企业识别系统,为金融机构营造出一种良好的企业文化,树立良好的市场形象。金融机构借助于 CIS 对下设网点进行管理,是一种很好的途径。尤其是商业银行,由于其网点密布,且直接面向个人客户和机构客户服务,更需要统一化的运作和管理。

2. 加强服务质量的管理

金融机构本身属于服务性行业,对下属机构和网点统一规范行为、完善服务活动、加强质量管理是一项关键性的工作。

服务质量与产品质量有很大的差别。产品质量可以事先测定,一旦量化为一定的技术指标或质量系数,便可以保证连续生产中的相对稳定性。服务质量则是一种动态化的感知过程,具有易变性的特点。客户在接受服务的过程中,若感觉周到、热情、快捷、便利、可信、可靠、有保证,他就会满意、愉悦,就会认为服务质量高;否则,就会认为服务质量差。为了加强对服务质量的管理,建立完善的服务链或岗位链非常重要。

---

① 贺湘:《浅谈金融产品分销渠道的设计与管理》,《金融与经济》2003 年第 1 期。

(二）中介商的管理

金融机构如果通过中介商销售产品，便与其建立了一种合作关系。在这一合作过程中，金融机构既要采取各种激励措施激发其积极性，也要对其工作进行不断的评估，以便适时做出调整。

1. 中介商的激励

促使中介商加入某种金融产品的销售渠道中来，本身就包含着许多激励因素，但这些因素需要金融机构的监督管理。总的来说，金融机构可通过下列力量与中介商达成合作：

（1）强制力量。当中介商在某些方面表示不合作时，金融机构可以威胁停止某些资源的提供或终止关系。尤其是当中介商对金融机构的依赖性较强时，这种方法较为有效。

（2）报酬力量。当中介商执行特定任务或出色完成任务时，金融机构可以为其提供一定的附加利益。

（3）法律力量。在合同中载明有关中介商的责任、义务和权利。

（4）专家力量。为中介商提供专门的相关技术，提供对推销队伍的培训等。

（5）相关力量。有名的金融机构会有很强的感召力，中介商会以与它们合作为荣，时时事事遵从它们的意愿。金融机构应培养专家力量、法律力量和报酬力量等，即最好以正面激励为主，尽量避免使用强制力量。

2. 中介商的评估与调整

金融机构与中介商的合作离不开一个完善的分销计划，其中包括分销目标、方案及步骤。尽管大部分制造商将分销商当成客户而非工作伙伴，但金融机构在某一产品项目的分销上，要努力将自己与中介商的需求和利益结合起来，建立一个有计划、专业管理的纵向营销系统。

3. 渠道中的冲突与解决

金融机构与中介商以及中介商之间有可能在很多方面产生冲突，如在产品的市场定位、客户群、广告策略及其他市场推广措施等方面不一致。冲突的原因可能来自目标的不一致，或者是权利和责任不明确，也有可能是对市场的预测和判断不一致。解决的方法，一是尽量建立一个有共同利益的统一的超级目标，二是互派人员、相互了解、达成合作。

（三）直接分销渠道的管理

金融机构除建立分支机构及其网点外，其直接分销渠道有邮寄销售、电话销售、网上销售等。对这些渠道的应用与管理总结来说就是怎样组织有效的直接活动。这必须从以下几个方面进行管理。

1. 确定直销目标

金融机构采取直接销售（直销）的最基本的目标或最终目标是收到潜在客户的订单。

但从实际来看,直销的目标还有以下几个方面:一是为销售队伍寻找潜在客户的线索;二是强化客户关系;三是传递信息,通知客户,为以后的购买做准备;四是传播理念和知识,教育潜在客户,使其产生需求。

2. 判别目标客户

直销应辨别那些最可能购买、最愿意购买或者准备购买的客户和潜在客户的各种特性。可以应用 R-F-M 模式(近期购买、购买次数、购买金额),对客户进行排序,并从中选择。最佳的目标客户应该是那些最近购买过、经常购买以及花钱最多的客户。按不同的 R-F-M 水平给每个客户打分,然后得到每个客户的总分,分数越高,该客户就越有吸引力。直销可以运用市场细分标准如年龄、性别、收入、受教育程度、生活方式、购买直销的产品历史等变量来确定潜在的目标客户。目标市场一旦确定,就需要获得潜在客户的名单。

3. 设计直销信息

与广告设计一样,设计直销信息是一个非常具体而又特别重要的事情。对于直接邮寄销售而言,信封封面的设计,推销信的称谓、开头、正文及结尾的写作,广告传单的字体、图案、色彩及宣传内容,回复表格的设计,邮资已付的回复信封的采用等,都需要仔细推敲和确定。对于网上销售来说,网页的设计非常重要,其形式和内容都要以激起潜在客户的反应和购买欲为中心。当然,是否真正发生购买行为,还取决于网络系统的技术性因素及金融机构相关服务的提供。对于电话销售来说,要结合所能提供的服务种类,简洁明了地设计相应信息,使客户能在有限的时间内获取到有用的信息,或享受到满意的服务。当然,如果采用免费电话,将会有更好的效果。直销信息设计出来后,在正式推向市场之前,要进行视觉、技术和使用等方面的效果测试,以检验其营销能力。

4. 衡量直销效果

对直销进行管理的最后一个工作是定期对其效果进行衡量。首先要对直销的传播效果进行评价,如对产品或机构的知名度、客户对产品的了解程度、客户心理占有率等方面的了解;其次要对直销的实际效果进行评价,即对投入和产出进行比较,了解由此而带来的业务增长、盈利提高等情况;最后,对于效果不佳的直销活动,要分析其原因,以做出必要的调整。

五、银行业务分销渠道管理

1993 年之前,我国金融行业实行的是混业经营,一度导致金融秩序混乱。1993 年 7 月,我国开始大力整顿金融秩序。同年,国务院出台《关于金融体制改革的决定》,明确规定保险业、证券业、信托业和银行业实行分业经营,并相继成立证监会、保监会,实行垂直分业监管(2018 年,银监会、保监会合并为银保监会;2023 年,国家金融监督管理总局在银保监会基础上组建成立)。

(一) 商业银行的组织形式

按照通常的分类,银行可分成中央银行和商业银行两个层次。中央银行是国家金融体系的核心,但是并不承担具体的银行业务,只负责调控国家金融政策、发行货币和进行金融监管,不存在分销业务的问题。银行业的分销主要是指商业银行的分销活动。

由于各国社会经济条件不同,商业银行的组织形式也不尽相同,因此在分销业务方面采取的策略也存在很大的差异。大体说来,商业银行有五种主要的组织形式。

1. 单元银行制度

单元银行制度又称单一银行制度,是指银行业务完全由一家独立的商业银行机构经营,不设或不允许设立分支机构的银行制度。这种银行制度仅存在于美国,目前有向分支行制度发展的趋势。单一银行制度在一定程度上限制了商业银行并购和垄断,延缓了商业银行间的竞争和集中,有利于协调地方政府与商业银行的关系,在业务上具有较大的灵活性和独立性。但它在限制竞争的同时,也限制了自身的业务创新和规模扩大。在单元银行制度下,银行业务的分销采用短渠道模式,限制了金融产品的分销力度,因此必须依靠合作或中介。

2. 分支行制度

分支行制度是商业银行在政治或金融中心城市设立总行,在国内、国外普遍设立分支银行的制度。分支行制度是目前西方国家普遍采用的一种银行制度。分支行制度经营规模庞大,有利于展开竞争,易于采用现代化设备提供高效率和多层次的服务,从而获得规模效益。它也能够在更大范围内及时调度资金,提高资金的使用效率;由于放款总额分散,因此也有利于分散风险。但它在客观上形成了垄断,不利于同业公平竞争,且由于内部管理的层次多,给管理带来一定困难。

3. 银行控股公司制度

银行控股公司制度又称集团银行制,是指由某一集团成立股权公司,再由该公司控制和收购两家以上商业银行股份的银行制度。这种股权公司既可以由非银行的大型公司组建,也可以由大型商业银行组建。持股公司所拥有的商业银行在法律上是独立的,拥有自己的董事会,对股东负责,接受管理机构的监督,但其业务与经营政策由持股公司控制。银行控股公司能够有效地扩大资本总量,增强商业银行的实力,提高其抵御风险和竞争的能力,弥补了单元银行制度的不足。但它容易导致银行业的集中和垄断,不利于商业银行之间开展竞争。

4. 连锁银行制度

连锁银行制度是指由同一个人或集团购买两家以上商业银行的多数股票,从而控制商业银行的经营决策而又不以控股公司形式出现的一种银行组织形式。连锁银行的成员一般都是形式上独立的小型商业银行,它们一般环绕在一家主要商业银行的周围,由主要商业银行确立银行业务模式,并以它为中心形成集团内部的各种联合。

5. 跨国银行

由于国际金融业务的发展,出现了银行业的跨国经营与跨国银行财团。第二次世界大战以后,随着新的国际经济与货币体系的建立,在各国经济恢复与投资的带动下,商业银行跨国经营得到了空前的发展,如美国、日本、英国、德国、法国等主要工业化国家的商业银行纷纷走向国际化。到 20 世纪 80 年代中期,美国和日本商业银行的海外分行已超过千家,机构遍布世界各地。随后,新兴工业化经济体也开始了银行业的国际化,如新加坡、韩国,以及中国香港和台湾地区也开始了银行业的跨国经营。中国内地从 20 世纪 80 年代中期开始迈出银行业的国际化步伐,海外分支机构及代表处已逾 1 223 家,覆盖了 65 个国家与地区。银行业务的国际化与跨国经营是经济国际化和全球化的必然结果。贸易的自由化与扩张和投资的自由化与资本的自由流动带动了国际金融业务的空前扩张。商业银行的跨国经营形成了跨国银行,它们以国际舞台为背景,在全球范围内争夺金融业务市场份额,并影响各国的经济。

(二)商业银行的分销结构

商业银行通过分支机构进行银行业务的分销服务。《中华人民共和国商业银行法》第二十一条规定:"经批准设立的商业银行分支机构,由国务院银行业监督管理机构颁发经营许可证,并凭该许可证向工商行政管理部门办理登记,领取营业执照。"第二十二条规定:"商业银行对其分支机构实行全行统一核算,统一调度资金,分级管理的财务制度。商业银行分支机构不具有法人资格,在总行授权范围内依法开展业务,其民事责任由总行承担。"根据这两项规定,商业银行的分支机构不是一个独立法人,而是其总行下属的业务分销机构。

目前,商业银行的分支机构不必按行政区划设立,而是可以按业务需要设立和决定分支机构的级别、层次与数量。商业银行在各地开设的分支机构大致包括分行、支行、办事处或分理处、营业网点(储蓄所)等层次。根据商业银行机构改革计划,国有商业银行将对分支机构进行全面改革,撤销分理处一级机构,储蓄所也将进行合并,条件合适的将升格为支行,以缩短业务分销渠道,提高工作效率。

商业银行分支机构一般设立柜台、业务部门、客户经理、ATM 等业务分销渠道,经营吸收公众存款、发放贷款、办理结算等基本业务和经中国人民银行批准的中间业务。吸收公众存款、办理结算和大部分中间业务由柜台进行分销,发放贷款及部分中间业务由业务部门或客户经理进行。

(三)商业银行的客户经理制度

客户经理制度是商业银行在内部培训和聘用一批专业的金融产品营销人员,向客户提供全面的金融产品和服务、全面负责客户的金融事务的一种经营模式。通过制定合适的激励考核体系和规章制度,最大限度地鼓励客户经理努力拓展市场,从而形成介于商业银行内部作业、管理体系和客户之间的桥梁与纽带。客户经理制度是商业银行服务理念和制度的创新,实质上是以客户为中心、主动全方位服务观念的体现;是对外以市场为导向、以客户为中心,对内以客户经理为服务中心和营销前台,对原来分散在各个分支机构和产品部门的营销资源进行集中与全面整合,站在全局和商业银行统一的高度进行营销资源的统筹规划与使用。

推行客户经理制度有利于提高商业银行适应市场和客户需求变化的能力,为商业银行客户提供技术含量高的综合性服务,如财务顾问、项目融资、投资理财、信息咨询等一体化的金融服务。这也对商业银行服务的质量和效率提出了更高的要求。客户经理可以对客户的多项业务服务进行贷款的跟踪监测,及时了解、反馈和解决商业银行管理上存在的问题,确保商业银行资金的安全,提高商业银行的经营管理效率。实行客户经理制度,要求商业银行内部组织形式向着节约资源、提高效率的方向调整,在提高客户经理自身素质的同时,推动商业银行全员素质的提高,从而进一步提高商业银行的工作效率。

(四) 商业银行间的分销合作

长期以来,异地通汇问题一直是制约商业银行结算业务发展的瓶颈之一。商业银行间进行资金结算,可以使不同商业银行,尤其是各地的城商行借助各自的客户资源和营业网点形成银行业务的合作分销。由于传统的资金结算速度慢、效率低,不能适应当前社会经济发展的需要,组建银行结算中心就成为一项高效率的措施。1996年5月,由上海银行倡议并牵头,联络北京、深圳、南京等城市商业银行联合发起,邀请全国24家城市商业银行共同组建会员制的结算中心,为会员行提供信汇、电汇和特约汇款等特约联行服务。2002年7月,中国人民银行正式批准,在上海成立全国"城市商业银行资金清算中心",并于2018年改制为城银清算服务有限责任公司。这是一家不以营利为目的,实行服务会员、独立核算、自负盈亏的会员制事业法人单位,接受中国人民银行的监督和管理,现在已有上海、北京、深圳、重庆等近百家城市商业银行成为清算中心的首批会员,其他城市商业银行可自愿陆续加入,成为清算中心的会员。

(五) 商业银行与证券业、保险业的合作

证券业与保险业在业务上自始至终与商业银行颇有渊源。在证券业,证券机构与投资者的资金结算都是通过商业银行进行的。商业银行在证券机构营业部都设有服务点,投资者的资金存取、结算账户都是由商业银行进行操作的。根据中国有关法规的规定,证券机构的资金往来必须经过商业银行。目前,银证合作已经达到了相当高的水平,投资者持银行卡即可办理与投资资金有关的一切业务,不必亲自前往证券机构。

商业银行与保险业的合作体现在保险机构通过商业银行网点进行业务推广上,这一合作方便了保险客户的保费缴纳。已经有相当一部分的保险业务直接通过商业银行的营业机构进行市场推广,客户可以在银行柜台购买保单。保险客户在第一次保费续缴时可以通过合作机构的网点进行,而商业银行是使用最多、最方便的。银保合作具有普遍意义,二者共同推动各自的业务发展。

第四节　金融营销渠道的策略

一、金融营销新型渠道——网络营销

（一）金融行业网络营销的作用

1. 金融行业网络营销

金融行业网络营销是指金融机构借助网络，以金融市场为导向，通过营销手段组合，以可盈利的金融产品或服务满足客户需求，达成网络金融机构利益目标的一种管理活动。

信息技术与互联网技术的出现和发展，为人类的经济活动提供了又一个空间。随着网络经济的发展，网络金融也应运而生，并成为网络经济的组成部分和关键环节。从网络金融产生的过程看，首先是信息技术作为辅助和提高效率的工具在金融领域得到应用，其次是银行业实现了向网络空间的渗透，最后才是更为广泛的金融活动出现在网络空间中。金融行业向网络空间渗透的一个重要标志，就是货币在形式和职能上实现了与网络空间的融合，这样就使经济中的金融活动在网络空间中存在一个重要分支，也就是"网络金融"。

简单地说，网络金融是以网络空间中的货币形式（即电子货币）为交易媒介和管理对象所进行的各种信用活动、金融交易及风险管理活动。网络金融是金融与网络技术全面发展的产物，包括网上银行、网上证券、网上保险、网上支付、网上结算等相关的金融业务。根据这个定义，可以很清晰地对传统金融活动与网络金融活动进行区分，二者之间的差别就在于是否以货币的虚拟形式作为交易媒介和管理对象。网络金融是网络与金融相结合的产物，但又不是二者的简单相加，因为金融与网络技术的全面结合发展，不仅导致包括网上银行、网上证券、网上期货、网上保险、网上支付、网上结算等相关的新兴金融业务的产生，而且促使新的金融组织结构、新的金融服务理念、新的管理和控制原则的诞生。总之，金融行业网络营销是一个动态过程，它以满足客户需求为目的，又并不止步于客户需求的满足，而是要使客户因满意而产生继续购买和使用自己金融产品或服务的意愿。

金融行业网络营销是建立在互联网的基础上，并借助联机网络、电子通信和数字交互式媒体的威力来达成营销目标的一种全新的营销方式，是企业和客户之间即时反应交互式的信息交流系统。互联网本身具备许多营销特质，是一种功能最强大的营销工具，同时兼具渠道、促销、电子交易、互动客户服务，以及市场信息收集、分析与提供的多种功能，是一种跨越时空限制的营销媒体。网络营销具有客户主导、成本低廉、操作方便、沟通充分、营销市场无限、营销环境开放以及营销方式多样等特性，能将营销管理的"4P"（产品、价格、分销、促销）、"4C"（客户、成本、方便、沟通）、"4D"（需求、数据、价值传递、动态沟通）充分地结合起来。与传统营销方式相比，网络营销在降低成本、促进销售、提

升企业形象方面有明显的优势。企业要强化网络营销观念,进行营销手段的创新,通过网络摆脱地域的限制,以最快速度、最大范围的促销,向全球推出自己的产品,分享网络技术带来的新机遇,这是增强企业竞争能力的又一有效途径。随着金融电子化与网络化的飞速发展,网络营销已经成为金融机构市场竞争的新趋势。

2. 发展网络金融的必然性

网络金融的发展有其必然性,即网络金融的发展是由网络经济和电子商务发展的内在规律所决定的,可以从以下三个方面加以分析:

(1) 在电子商务体系中,网络金融是必不可少的一环。完整的电子商务活动一般包括商务信息、资金支付和商品配送三个阶段,表现为信息流、资金流和物流三个方面。商业银行在网上提供的电子支付服务是电子商务的最关键要素和最高层次,起着连接买卖双方的纽带作用。由此可见,网络金融将是未来金融行业的主要运行模式。这种转变是必然的,因为电子商务开创了一个新的经济环境,这种新的环境需要金融行业的积极参与才能很好地发展,同时,金融行业只有适应这一环境的变化才能获得在未来电子化社会中生存和发展的机会。

(2) 电子商务的发展促使金融行业走向网络化。电子商务使网上交易摆脱了时间和空间的限制,信息获取成本比传统商务运行方式大大降低,表现在金融市场上就是直接融资活动比以前大大增加,金融的资金中介作用被削弱,出现了"脱媒"现象。电子商务的出现动摇了传统金融行为在价值链中的地位,使传统金融机构失去了在市场竞争中所具有的信息优势。

(3) 成本低廉使网络金融对金融机构具有巨大的吸引力。建立起一个金融网站,可以做到每天应对数以万计的客户查询和交易业务,而不降低服务质量,同时使交易成本大大降低。电子商务的发展使金融机构大大降低了经营成本,提高了经营效率,这是网络金融得以出现并迅速发展的最主要原因。

3. 网络金融的作用

网络金融利用了电子技术和网络技术,在数字化金融信息、电子化金融产品和服务的基础上,推出金融机构虚拟化,实现金融交易无纸化和金融市场网络化,其功能和作用主要表现在以下几个方面:

(1) 拓宽金融服务领域。网络金融能够融合商业银行、证券、保险等分业经营的金融市场,支持多种形式的资本混业经营,减少各类金融机构针对同样客户的重复劳动,拓宽金融产品开发和综合创新的渠道,提高传统金融管理的深度、广度和效率,并能向客户提供丰富的、多层次的、个性化的金融服务。网络金融还可以借助自身的网络优势,联合其他实体网络,开展金融行业之外的相关业务。例如,发布商业银行信息、宣传材料及公共业务信息;收集分析最新的金融资讯,并传递给网络金融客户,为客户提供个性化的信息服务等。

(2) 提高金融服务效率。网络金融是以计算机为基本运作工具,业务处理程序化、规范化,其精度和准确程度毋庸置疑。同时,由于其强大的网络技术支持,业务处理"零在途"。网络金融还不需要固定的营业场所和指定的终端,经营上也不受地域和时间的限制,因此被称为"全天候"银行。客户在任何地方,只需拿起手机或使用计算机终端,就能立即办理各种金融业务。

(3) 获得竞争优势。由于电子化技术的应用,金融业务成本大大降低。统计资料表明,网上银行处理一宗交易的经营成本仅为传统商业银行的 1/53;网上银行的经营成本仅占经营收入的 15%~20%,而传统商业银行的经营成本约占经营收入的 60% 左右。在我国,利用网络转账交易的成本只为电话银行的 1/4、网点柜台服务的 1/10。经营成本的降低,使网络金融机构有能力通过让利于客户来争取更多的客户和市场。

(二) 网上银行营销策略

网上银行是指以互联网为基础开展金融服务的商业银行,其业务活动通过网络技术在虚拟空间完成,业务过程仅表现为数字变化的网络化商业银行。网上银行通过全球最大的互联网络向客户提供每周 7 天、每天 24 小时的不间断服务。它是商业银行在国际互联网上建立的主页服务,是向社会公众展示的最新潮流的商业银行服务新概念。它不仅提供新的营销渠道,还宣传企业形象和银行业务,为使电脑族成为商业银行的客户创造更多的机会。网上银行采用较为先进的科学技术,因此交易成本极为低廉。鉴于网上银行的便捷性和不间断性,其业务呈直线上升趋势。

1. 网上银行的定义

国际巴塞尔银行监管委员会曾定义,网上银行是指那些渠道电子渠道提供零售与小额产品和服务的商业银行,这些服务包括存款、电子商务、账户管理等。

从广义上看,利用电子网络为客户提供产品与商业服务的银行均可称为网上银行。这里的"电子网络"包括电信网、内部封闭式网络、开放型网络(如互联网)。"产品与服务"包括三个层次:

(1) 一般的信息和通信服务,包括商业银行的宣传广告、接入服务等;

(2) 简单的商业银行交易;

(3) 所有的商业银行业务。

从狭义上看,网上银行是指利用网络,为通过使用计算机、网络电视、机顶盒及其他一些个人数字设备连接上网的客户提供一类或几类银行实质性业务服务的商业银行。这里的"网络"一般指开放型网络,"实质性业务"是指涉及商业银行基本职能的产品与服务。

虽然广义上和狭义上的定义有很大的区别,但在核心内容上基本一致,即网上银行是以商业银行的计算机为主体,以商业银行自建的通信网络或公共互联网络为传输媒介,以单位或个人计算机为入网终端的"三位一体"的新型银行。作为一种新技术产品,网上银行的应用包括查询利率、汇率、个人账户余额、发生额及利息明细账,存取款和代收代付,投资和理财咨询等。网上银行为客户提供了全天 24 小时随时可用的便利。在商业银行网络化过程中,网上银行一般都承担了传统商业银行的基本业务职能,同时又在此基础上进行了突破和发展。

2. 网上银行的特征

(1) 电子虚拟服务方式。网上银行所有业务数据的输入、输出和传输都以电子方式进行,而不是采用"面对面"的传统柜台方式。

(2) 运行环境开放。网上银行利用开放性的网络作为其业务实施的环境,而开放性网络意味着任何人只要拥有必要的设备并支付一定的费用就可以进入网上银行的服务场所,接受银行服务。

(3) 模糊的业务时空界限。随着互联网的延伸,地界和国界对银行业务的制约作用日益淡化。利用互联网,客户可以在世界的任何地方、任何时间获得同商业银行本地客户同质的服务,商业银行在技术上获得了将其业务自然延伸到世界各个角落的能力,不再受地域的限制。

(4) 业务实时处理,服务效率高。实时处理业务,是网上银行同传统商业银行的其他电子化、信息化形式的一个重要区别。

(5) 设立成本低,降低了商业银行的交易成本。

(6) 交易费用与地理位置的非相关性。网上银行的边际成本不依赖于客户和业务发生的地点,而传统商业银行的客户交易成本随着距离的增加而提高。

3. 网上银行的功能

(1) 信息服务功能。通过银行网站,银行雇员和客户之间可以通过电子邮件相互联络。可以通过网上银行将信息发送给浏览者,使上网的客户了解相关信息。客户可以在他们方便的任何时间(无论是否在银行营业时间)、任何地点向网上银行咨询有关信息。

(2) 展示与查询功能。现在全世界大部分的商业银行都有自己的主页,内容涵盖商业银行的各个方面,客户既可以通过查询了解商业银行情况,也可以查询自己的账户和交易情况。

(3) 综合业务功能。网上银行可以提供存、放、汇款以及转账服务,支票等个人、企业传统金融服务,能够为客户提供各种信息并处理客户的各种资料报表等。特别是在个人、企业综合账户业务方面,网上银行可以通过记录交易情况为客户提供方便的理财渠道。

总的来看,网上银行形成了新的商业银行产业组织形式,是信息化革命导致的社会制度变迁在金融领域的深刻体现,是商业银行制度的深刻变革。

案例 9-4　招商银行移动端渠道优化,开启零售新未来

零售银行是招商银行的一面旗帜,招商银行零售金融业务规模、收入、利润在全行占比均超过50%。截至2022年,招商银行已被《亚洲银行家》评为"中国最佳零售银行"共计11次,评为"中国最佳股份制零售银行"共计16次。

招商银行的业务主要分为存贷款和财富管理。

(1) 存款方面，招商银行网点数为1 916家，远低于国有大型商业行，在股份制商业银行中属于中上游水平，这对于其竞争活期存款并无优势，但是招商银行零售存款占比却比较高，这依赖于其长期以来的零售策略，通过科技手段，完善App功能，搭建完善的财富管理体系，增加客户黏性，逐渐形成了竞争优势，存款余额持续位居全国中小型商业银行第一。

(2) 贷款方面，占比最高的是个人住房贷款，零售信贷产品住房贷款"云按揭"获得多项殊荣。房地产调控政策落地以来，招商银行主动调整业务结构，加大对小微企业、消费信贷的投放力度，呈现出线上化、小额化、场景化的布局。

(3) 财富管理方面，招商银行的"大财富管理"业务包括财富管理、资产管理和托管业务，已推出零钱理财服务"朝朝宝"，打通日常支付和理财增值需求，2021年购买"朝朝宝"的客户数达1 540.30万户，期末持仓金额达1 354.42亿元，其中，两年内首次购买理财产品的客户占比达51.70%。

在分销渠道上，招商银行搭建了以"招商银行"和"掌上生活"两大App为核心，涵盖网络经营服务中心、网点可视化设备的智能服务网络：

(1) 招商银行App不断更新版本，打造"朝朝宝"家族等理财产品多元化服务，发布智能财富助理"AI小招"，升级全生命周期的投融资服务。推出财富开放平台，携财富伙伴共建生态。与此同时，持续升级数字化中台能力，扩大平台化、智能化优势，为全行经营赋能。依托自身独有的收支两线数据优势，提供全视角的"我的"频道及收益报告，客户可以一手掌握所有资产及收益情况。同时，招商银行App从简单的交易服务向售前售后服务延伸，在售前，提供基金比较、业绩排行和定投模拟等工具，并推荐热门理财主题，解决客户理财产品选择困难的问题。售后方面，提供已购产品的持仓、收益分析和相关资讯推送，将市场变动情况持续呈现给客户。其中各个理财产品信息的图形化展示，使复杂的理财产品变得简单易懂，降低客户的理解成本，提升其使用意愿。2021年，招商银行App累计用户数达1.70亿；日活跃用户数峰值为1 754.07万户，全年登录次数为76.22亿人次，人均月登录11.42次。

(2) "掌上生活"App上引入"朝朝宝"等理财服务，推动理财服务走进寻常百姓家；打造"笔笔返现，天天锦鲤""金九银十，天天返利""手机支付加鸡腿""十元风暴"等多个爆款营销活动，形成持续、高效、规模化的客户动员能力，使月活跃用户数在结构调优的同时在高水平上保持平稳，与客户经营连接得更紧密。2021年，"掌上生活"App累计用户数达1.27亿；日活跃用户数峰值为747.73万户，期末月活跃用户数为4 593.44万，用户活跃度居同业信用卡类App前列。

(3) 网络经营服务中心通过电话、网络和视频等方式为客户提供服务。2021年，远程线上全渠道人工接通率为97.56%，远程线上全渠道人工20秒响应率为94.37%，远程线上全渠道客户满意度为97.61%；以金融科技为驱动，构建线上服务场景，智能自助服务占比为近80%。

(资料来源：作者根据公开资料整理。)

二、金融社区营销

随着中国社会经济与房地产业的蓬勃发展,目前城市中绝大多数人口已经按照自身居住的业态形成了一种社区化的生活方式,而"社区营销"恰恰是在这样的大环境与背景下诞生的事物。近年来,由于传统分销渠道的竞争日益加剧,进行渠道创新往往成为一些企业出奇制胜的法宝。在城市中,星罗棋布的社区蕴藏着巨大的潜力。因此,"在社区中营销"已经逐渐被一些企业视为一种全新的分销方式,并被越来越多的企业所关注。社区的发展是金融机构发展的前提,只有社区繁荣,才有商业银行、保险等金融机构的繁荣。因此,金融行业应以积极支持社区发展计划、扶植社区工商业的发展为自己的重要责任。

主动参与社区各种公益活动,是金融机构最常采用的社区公众服务形式。这类活动的内容涉及面很广,各金融机构可以有针对性地集中力量在某个领域做出成绩。例如,尽自己所能资助或协助社区解决各种社会问题,帮助筹集资金推行解决无住处者问题、棚户区改造计划;资助社区文化、艺术、体育事业,赞助文化学术团体以及各种有益的文化、艺术、体育竞赛活动等;提供各种社会教育计划或课程,举办股票知识讲座、金融与社会发展专题研讨活动,开办家庭计划或家庭经济学等方面的课程;向有关院校提供专项奖学金;等等。

在社区公众中开展与金融业务有关的宣传,以增进公众的金融意识、养成储蓄习惯、树立保险观念,这是金融机构在向社区公众进行宣传时,应长期推行、坚持不懈的一项工作。在推行这一社区宣传计划时,除可以与大众传媒合作进行宣传,或利用媒介刊播广告,或通过举办大型文化、艺术、体育活动来配合宣传外,商业银行、保险机构等还可以通过聘请储户或保户为协储员、协保员或宣传员,扩大企业与更广大社区公众的直接接触面;可以和各工商企业、机构建立合作关系,在这些企业、机构的协助下,利用发薪日代发储蓄单、宣传品,来协助发展新储户、新保户;还可以利用社区学校鼓励青少年储蓄,培植新一代与自身的联系,为未来的发展打下基础。

(一)社区营销的特点

第一,直接面对消费人群,目标人群集中,宣传比较直接,可信度高,更有利于进行口碑宣传。

第二,氛围制造销售,投入少,见效快,利于资金迅速回笼。

第三,可以作为普遍宣传手段使用,也可以针对特定目标,组织特殊人群进行重点宣传。

第四,直接掌握客户反馈的信息,针对客户的需求及时对宣传策略和方向进行调查与调整。

(二)开展社区营销的思路

(1)寻找机会。寻找机会对于社区营销而言非常关键,机会主要在小区内部,而现在的小区基本上是封闭式管理的,直接进入的难度通常很大,容易引起误会,但小区内一定存在一些业主代表与管理机构,可以寻求与他们合作的机会。

(2)铺开机会。一旦有了机会,铺开机会的时机非常关键,从一般的经验看,小区有一些活动需要开展,在时间非常紧、需要外力帮助时,就需要金融机构联络员或者联络机制出现,可以发放一些联系卡片,无论是否有效,金融机构都可以成为建立关系的纽带。铺开机会的关键在于建立社区应急处理机制,并进行档案化管理与数据化管理。

(3)挖掘机会。挖掘机会是深入社区营销的关键。营销人员在挖掘潜在机会时,需要通过建立沟通与交流机制,增强策划能力,把握住人与人之间口碑与传播过程中的兴奋点,洞察新的机会。

(4)旁观机会。进入小区或者社区的机会本来就不是很多,活动开展过于频繁还会引起居民的反感,也会出现这样或那样的问题,所以在没有进入社区或小区的时候,需要建立小区域巡查机制,要有营销人员不定期对所辖区域进行摸排检查,了解最新的情况。建立了联络点并不意味着一劳永逸,还需要吸取别人的经验与教训,考虑进入社区的各种问题,及时掌握社区的情况。旁观机会是非常具有现实意义的,在关键问题上甚至可以做到蹲点学习,从而不断提高社区的营销建设水平。

(5)认识机会。当机会来临时,认识机会非常重要,要避免盲目打营销战,而是要看清楚机会提供的对象、要求、目标、达成效果、参加幅度、效能保障等,此外,还要量体裁衣,不可以在没有调查的情况下贸然采取行动,也不能为了夺取一点机会而不择手段。认识机会就是对机会的审视,社区中内含的机会往往是五花八门的,可能会随着政策、季节、天气或者一些别的要求的变化而变化,所以有可能与行业的标准有冲突,在上述认识机会的过程中,辨别机会将是利用机会的最大保证。

(6)延长机会。如小区的广告栏就是一个长久的机会,谁利用好了,就是一块很好的阵地。在营销空间越来越窄的情况下,想要延长机会是很困难的,但也需要不断努力。社区的便利店、集会场所等,均有助于寻找长久的机会,如果利用好了,对于社区营销工作而言将会事半功倍。

(三)商业银行社区营销策略

(1)对社区进行前期调查,建立社区档案。对社区进行深入调查是开展社区营销的第一步,首先要掌握社区的人口规模,居民的年龄结构、文化层次水平、日常作息,以及社区的地理情况等资料,这是在拟定营销组合时的必备条件,也为确定营销主题、采取有针对性的营销方式、选择正确的时间地点做了准备。

(2)选择进入社区的方式。社区管理以安全为重,诸如社区居委会或物业管理机构等遵循"不求有功,但求无过"的管理思路,很抵制商家进驻社区做推广活动,因为一旦管理失控就会引发各种治安问题。因此,它们往往会索取很高的管理费,实则是间接拒商家于门外。居民也常对这种纯商业活动抱有抵触情绪,因为他们对这些陌生的"游击队"不大放心,害怕上当受骗,而且一旦遇到什么问题也是欲告无门。

进入社区并整合各方资源,应先以社区管理单位为切入点,分析其实际工作目标或所期望达成的更高目标,然后站在其立场上进行 SWOT(优势、劣势、机会、威胁)分析,找出其现实情况距达成目标所缺少的资源,然后看自身现有资源中可与之耦合、优势互补、相得益彰的,从而发掘双赢合作的机会点。

更重要的是,要借此机会促进各方面的关系,与社区管理单位的关系尤为重要,制造机会多跟居委会联系,"一回生,二回熟",争取找到跟居委会建立长期合作关系的切入点,为将来组织推广活动铺平道路。一般而言,可以通过等待机会、挖掘机会或主动创造机会等方法进入社区。

(3) 活动过程要精益求精。力争做到活动创意深刻、宣传方式创新、员工形象规范以及活动有长期性。

案例 9-5　美国安快银行的社区银行模式

埃森哲曾在一份名为《2016 年的银行业》的报告中提出了"未来银行"的三种主要创新模式:"智能多渠道"型银行、"社交参与"型银行、"金融或非金融数字生态系统"型银行。在商业银行同业竞争加剧以及互联网金融浪潮的推动下,集这三种创新模式为一体的"未来银行"——社区银行(Community Bank),已然提前落地。根据美国独立社区银行协会(ICBA)的统计,到 2013 年年底,全美共有超过 7 000 家社区银行和超过 50 000 个营业网点,社区银行的数量占全部银行数量的 95%。

成立于 1994 年的美国安快银行(Umpqua Bank)就是社区银行中的佼佼者,在美国银行业竞争激烈的情况下,顺利且迅速地从成立之初的一个小网点发展到如今的 400 多个网点。与其他商业银行注重向业内标杆企业学习的做法不同,安快银行更看重跳出银行业运作的传统框架,向其他领域的成功者学习。

它的首个学习对象便是最擅长店内陈列和服务的美国鞋业零售巨头诺德斯特龙(Nordstrom)。安快银行的创意策略主管拉里说,诺德斯特龙让客户能够随意地挑选和试用各种产品,同时及时地回答客户遇到的所有可能的问题,并解决它们。然而在银行业,包含储蓄、贷款等在内的服务都是无形的,无法展示。于是安快银行在网点里减少了桌椅和柜台,增加了银行职员,让他们经常在店里走动,不时与客户亲切交谈,帮助客户解决并办理各种业务。网点内还有专区供客户阅读、电脑区供客户上网,店堂内还有咖啡供客户免费饮用,而安快银行各种服务宣传单的摆放方式则与零售产品的摆放方式相似。比如,为了推销房屋按揭贷款服务,安快银行就在网点内摆放了一把梯子、一桶油漆和一把刷子,通过生动形象的方式来展示他们的按揭贷款服务不仅能帮人们买下房子,并且如果有需要,他们还能帮忙给房子装修。

不仅如此,安快银行还帮助社区内的手工业者、个体户售卖"劳动成果"。此外,它还将细节做到极致。为了方便在社区内遛狗的客户,安快银行门口甚至还给狗准备了狗粮和水,更夸张的是,银行职员还能叫出狗的名字。凭借打造出的令人满意的服务体验,安快银行很快走出了属于自己的社区银行之路,而它仅仅是美国诸多欣欣向荣的社区银行中的一例。

当然,美国社区银行发展稳健,与其健全的法律体系密切相关:1863年颁布的《国民银行法》为美国社区银行的发展提供了基本保障,《银行合并法》(1960年)和《反托拉斯法》的实施为社区银行减少被兼并的威胁提供了保护,《社区再投资法》(1977年)对社区银行的发展进行了规范和约束。作为美国社会经济生活中不可或缺的基本单元,社区银行不仅为自己在与大型商业银行的激烈竞争中赢得了富足的生长空间,也在为社区居民和小企业提供金融服务并促进其发展方面具有不可替代的作用。

(资料来源:《他山之石—一家在金融风暴中异军突起的银行》,"Beta财富管理"微信公众号,2015年7月27日,访问时间:2023年12月3日。)

三、金融低柜营销

在商业银行中,有高柜和低柜之分。高柜主要办理现金业务,主要针对个人客户,如存取款、同行汇款、办卡、开立网上银行账户、挂失等;低柜主要办理非现金业务,主要针对对公客户,一般不与现金打交道,如开立对公结算账户、办理对公转账业务等。低柜营销即基于低柜业务而实施的对应的营销方案及其执行。诸如银行理财经理不再坐在高高的柜台后面,而成为低柜工作人员:他们和客户聊天,主动推送信息给客户;他们是综合金融服务的提供者,从个人理财规划、银行理财产品到基金、股票、保险、黄金、信用卡,他们必须无所不知;他们拥有较高的学历,通过了各种从业资格考试,不少人还拥有金融理财师(AFP)、注册理财规划师(CFP)甚至特许金融分析师(CFA)证书。

商业银行根据自身在金融领域长期服务的经验,引进国外先进客户关系管理思想及客户体验管理思想,应用技术手段建立统一的产品销售服务门户,形成以客户为中心、产品销售与客户服务双线并行、跨多个业务品种产品和服务调度、满足客户动态的个性化服务需求的零售银行低柜销售整合系统。

(一)低柜销售系统的应用背景

近年来,随着国有商业银行、区域性商业银行陆续重组上市,其面临的业务也不断扩展,从单一经营模式到混业经营模式,业务系统品种不断增多,业务数据量不断膨胀,系统复杂度越来越高,如何有效整合商业银行的应用资源,不断提高零售网点的运营效率,实现从"职能银行"到"流程银行"的转变,成为商业银行网点业务发展的重点和焦点。

(二)低柜销售系统的总体目标

零售银行低柜销售系统的总体目标如下:

(1)一次身份认证多个系统同时签到,可以包括核心业务、证券、理财产品服务等系统;支持的交易包括开销户、转账/汇款、特殊业务、查询业务、签约服务、理财产品、外汇业务、证券产品、其他产品等。

（2）聚合并提供各个核心交易系统和外部系统支持的产品信息、财经资讯信息接入，提供身份核查、个人征信查询等接入功能。

（3）提供公告和营销信息的维护与发布，进行总分行级公告或营销信息管理，阐述管理层指示。

（4）整合原有服务，形成产品服务链，系统面向业务的动态管理。每个功能均可以自由绑定到紧密相关的其他交易功能，通过门户的快速链接迅速定位。

（5）提供客户服务跟进电子记录，可以追踪目标客户，进行产品销售和服务的跟进，避免低柜操作人员手工记录大量基础服务数据。

（三）低柜销售系统的主要功能

实现跨多个核心业务交易系统的交易整合，流程优化形成统一的销售门户。低柜销售系统主要实现了前端图形化交易界面、交易流程优化、交易控制与整合、营销资讯、现金管理等功能通过该系统，使用者可以使用单一认证机制来简化登录流程。低柜销售系统根据用户角色的不同，提供个性化设定，以满足不同用户的需求。低柜销售系统不仅连接到第三方服务和网点统一服务（属于外部），还集成了电话、网上银行和自助服务功能（属于内部）。这种设计使得系统能够与外部的数据和服务进行交互，同时也为用户提供了多渠道的银行服务选择，提高了系统的灵活性和综合服务能力。如图9-1所示。

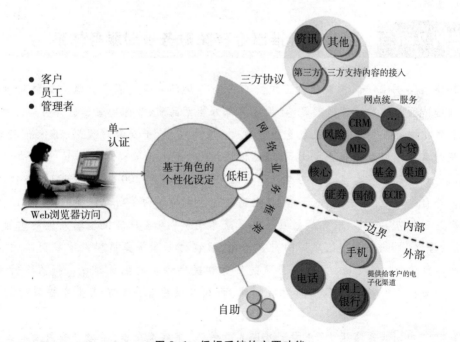

图9-1 低柜系统的主要功能

（四）低柜销售系统的逻辑架构

如图9-2所示，低柜销售系统利用已有的各个生产源系统，重组已有的资源，采用统一身份认证建立低柜销售服务平台。低柜销售服务平台可以提供种类丰富的产品销售和服务,利用分析型客户关系管理的分析结果,帮助低柜业务人员更加有效地进行精准营销、事件营销、产品交叉销售。

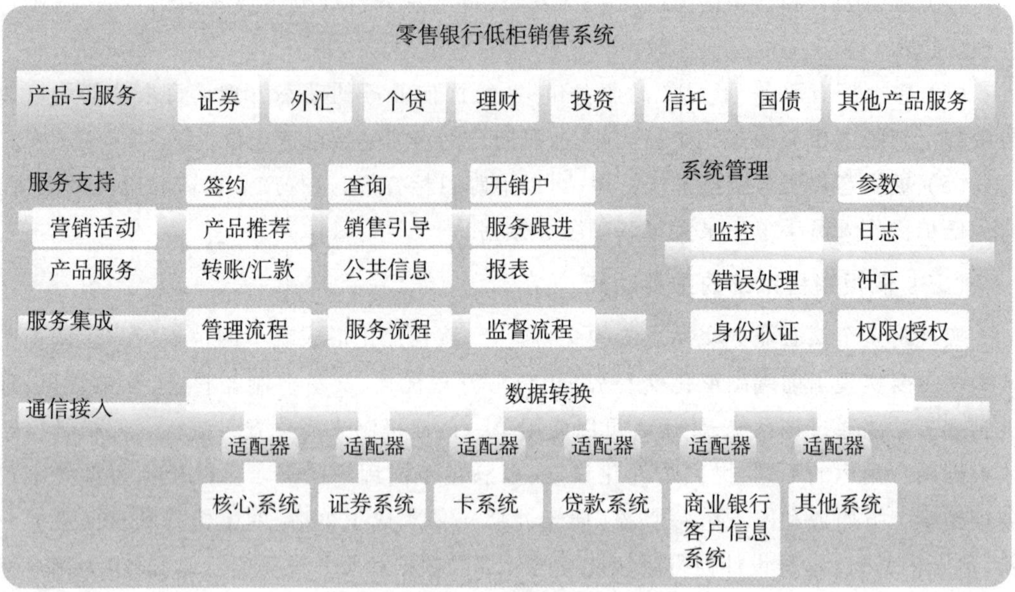

图 9-2 低柜销售系统的逻辑架构

案例 9-6　招商银行推出金葵花财务规划服务体系

2018年8月23日,招商银行正式发布了金葵花财务规划服务体系。该体系旨在解决中国居民面临的财富管理问题,延续客户美好生活品质,是国内首创的财务规划体系。

金葵花财务规划服务体系包含投资规划、保障规划、子女教育规划、退休养老规划、金葵花财富信托规划和投融资规划六大板块,是招商银行依据中国居民当前的财富现状,结合16年财富管理经验、4万亿客户总资产管理实践和200余万资产配置案例实践,由境内外百余名金融、法律、电子信息、财富管理专家历时两年研发而成的。

招商银行方面表示,财务规划服务体系秉承着其"为客户提供温暖人生的财富管理方案"的理念,聚焦当前中国居民的财富问题,旨在为中国居民提供以家庭为单位、覆盖全生命周期的财务规划方案,制定合理的目标和提供科学的配置建议。招商银行希望,财务规划服务不仅能解决客户的财富问题,而且能成为客户达成人生幸福目标的重要工具。

当前,"中国式财富压力"正在困扰国人。首先,家庭观念重,带来子女教育金与父母医疗金压力;其次,房产占比高,带来融资购房和房贷还款压力;最后,收入来源单一与消费需求升级,带来延续品质生活压力。

招商银行积极响应客户这一需求痛点,财务规划应运而生。其借鉴发达国家和地区的先进经验并与国内实际相结合,依托丰富的财富管理和资产配置经验,结合最前沿的金融科技，打造了一套国内首创的综合财富管理方案——金葵花财务规划服务体系。

招商银行有关负责人表示：金葵花财务规划服务体系的设计和开发绝非一朝一夕之功，而是在其已有的资产配置能力和财富管理经验基础上，经过反复研究而成的。招商银行于2012年自主研发了资产配置系统，截至2018年8月已为客户出具了80余万份资产配置建议。2017年，招商银行发布了国内首只"金葵花"资产配置指数，开启了国内居民理财从单一投资到综合理财的新篇章。

招商银行介绍，金葵花财务规划服务体系六大模块聚焦中国人特有的财富压力，为客户提供专属的解决方案。投资规划在风险收益匹配原则的基础上，为客户量身定制最优的投资组合方案；保障规划通过分析客户所处不同生命周期的保险需求，为客户提供涵盖人寿、重疾、意外、医疗、年金等全方位保障规划；子女教育规划根据客户子女教育需求，参照16个国家的留学费用，为客户测算教育开支，提供定制化规划方案；养老规划综合考量养老方式、地点、医疗、休闲等因素，为客户提供全面规划方案，追求高品质的退休生活；金葵花财富信托规划依托《中华人民共和国信托法》赋予信托的特殊功能，通过100万起点标准化信托，帮助客户达成灵活分配、照顾家人、资产隔离等目标；投融资规划根据客户购房、消费等需求，提供科学融资贷款方案，同时规划客户家庭投资理财方案，帮助客户平衡家庭生活现金流。

金葵花财务规划服务体系具备以下五大特色优势：专业化，综合考量多重投资影响因子，结合招商银行投研体系，为客户提供涵盖投资、融资、保障、现金流管理等方面的综合规划；智能化，充分运用大数据分析、云计算、分布式数据库等金融科学技术，通过构建大类资产配置、产品筛选、风险预警等模型体系，为客户提供最优组合配置规划；定制化，综合考虑客户家庭财富管理目标，根据生命周期不同阶段的特征及风险偏好，为客户提供千人千面的个性化方案；产品覆盖面广，依托招商银行金融产品平台，从全市场精选优质产品，实现五大类资产的科学配置；长期性，按照招商银行投资决策委员会季度市场观点进行资产组合动态再平衡，并根据客户生命周期变化及时提供规划调整建议。

（资料来源：作者根据公开资料整理。）

本章小结

1. 金融营销渠道是指金融产品或服务从生产领域流向消费领域所经过的整个通道，以及在产品的整个传递过程中，为满足目标市场客户的需求，利用各种信息技术和基于信息技术发展起来的网络终端向其客户提供的各种服务。

2. 金融产品或服务的分销渠道可以分为直接分销渠道、间接分销渠道两大类。

3. 金融产品分销渠道选择主要考虑的因素是直接分销渠道和间接分销渠道的选择、网点位置的选择、销售中介商的选择。

4. 金融营销渠道建设的内容主要分为设计金融产品分销渠道、评估金融产品分销渠道、发现并解决渠道冲突和金融产品分销渠道的管理四个方面。

5. 网络和社区均为金融产品重要的营销渠道。

思考题

1. 什么是金融营销渠道？其功能主要有哪些？
2. 何为直接分销渠道？何为间接分销渠道？在选择分销渠道的过程中需要注意什么？
3. 如何选择销售中介商？
4. 金融营销渠道建设主要包括哪几个环节？每个环节分别要注意什么？
5. 金融网络营销的作用主要有哪些？

第 10 章

金融促销策略

▶▶ 知识目标

- 了解金融促销的基本概念和影响因素;
- 掌握各种金融促销工具的主要特点、优缺点;
- 了解金融促销方式组合的意义和策略的制定。

▶ 技能目标

- 能应用金融促销策略的理论分析金融机构的营销行为;
- 能结合金融机构的具体情况独立地制定一套可行的金融促销策略。

金融促销是金融机构通过向客户传递有关本企业及相关金融产品的各种信息，说服或吸引客户购买其金融产品，以达到扩大销量的目的。金融促销实质上也是一种沟通活动，即金融机构（信息提供者或发送者）发出刺激消费的各种信息，把信息传递给一个或更多的目标对象（即信息接收者），以影响其态度和行为。金融机构应采取各种有效的促销策略，实现金融产品的销售观念向营销观念的转变，从被动等待客户上门转向运用营销手段主动向客户提供金融产品特征、价格等方面的信息，帮助客户了解和认识金融产品，激发其需求欲望，影响并促进客户的购买行为。

金融机构可以根据实际情况及市场、产品等因素选择一种或多种促销手段的组合。促销的着眼点已不仅仅局限于开发优良的金融产品、给予有吸引力的价格，而是逐渐扩展到与金融机构的客户保持良好的关系和沟通。金融机构常用的促销策略包括广告、公关宣传、营业推广、人员推销等。

案例 10-1　招商银行推出的三项智能金融产品

不确定自己的房产价值？不知道自己的贷款额度？为高效解决客户的融资需求，招商银行近几年大力推行"轻型银行"战略，推出网页版"一键估房"房产估值服务，客户无须出门，通过手机扫码即可轻松预估房产价值，直接申请贷款，实现一键融资。

据招商银行郑州分行相关工作人员介绍，目前，客户可以通过两大渠道体验到"一键估房，直接贷款"服务。一是直接通过手机扫描二维码，查询自己名下房产的评估价值并直接在手机上完成贷款自助申请，该行客户经理将在 24 小时内提供服务。二是客户可通过登录招商银行手机银行 App，点击首页"借钱"菜单，选择"房产估值"，实现"一键估房，直接贷款"。"成功申请贷款后，还可以通过手机银行 App 实时查询贷款办理进度，准确掌握贷款信息，客户的流程服务体验得到了进一步改善。"该行工作人员说。

更便捷：一切尽在"掌握之中"。

在互联网科技高速发展的今天，招商银行也一直在追求"轻型银行"发展路线，提倡"轻平台，轻获客"。想要"一键估房"的客户进入该行的 O2O（线上到线下）业务平台，客户经理将在 24 小时内做出响应。

招商银行的客户经理全部使用 Pad（平板电脑）审批流程。该工作人员说："以往客户需要先提供一堆资料给银行，银行再经过一系列复杂的评估流程，才能答复客户贷款审批结果，这一过程少则三五天，多则十天半个月。Pad 报单流程的基础就是大数据，它不仅整合了银行内部的各种数据，还接入了身份、学历、征信、法院、黑名单等外部数据。有了这些大数据，客户经理通过随身携带的 Pad 作业平台，只需录入少量客户信息，就能当场答复客户能不能贷以及能贷多少等问题。"

以往客户在确定贷款意向后，先要把贷款资料提交给客户经理，再由客户经理带回银行网点，后续整理后方能报件审批。而 Pad 报单流程运用了远程传输技术，客户经理不用回到银行网点,而是在客户签约现场拍摄贷款资料照片,再将影像资料传输到招商银行后台系统,即可完成报件,并立即进入审批流程。

更人性化:随时掌握审批情况。

除了贷前程序很便捷,后续贷款的使用也是客户通过手机银行直接操作的,客户可以随时随地知晓贷款审批情况、使用情况以及还款情况。

其中,最吸引客户的还有招商银行的"随借随还"功能,贷款用多少就"点出来"多少,按天计息,不用则不收利息,这被不少客户称为"省息利器"。如果客户开通了招商银行的"省息通"业务,那么其在招商银行活期账户上的利息也能省。如果客户推荐新客户,那么其还可以领取红包。

体验过招商银行"在线估房,一键贷款"产品的客户由衷感叹道:"不用提交繁复的资料,银行上门服务,有用款需求的时候手机操作点一点就可以,这样的贷款产品真是人性化。"

(资料来源:作者根据公开资料整理。)

第一节 金融促销概述

一、金融促销的内涵

(一)金融机构促销

金融机构促销是指金融机构将自己的金融产品或服务通过适当方式向客户进行说明、宣传、说服以引起其注意和兴趣,激发其购买欲望,促进其购买的活动。简言之,金融机构促销就是金融机构将其金融产品或服务的信息向客户传递的过程。

在市场经济条件下,金融机构的生存和发展取决于其经营状况,即经营的经济效果和社会效果。影响金融机构经营效果的因素有很多,其中促销活动具有重要作用。促销在企业的整体营销活动中具有不可低估的地位,它不是简单地向客户销售产品,而是一个以满足客户需求为前提,在企业和目标客户之间进行沟通,了解客户需求,满足客户需求的过程。促销的核心是沟通信息,其主要任务是向客户传递有关产品或服务的信息,帮助客户认识产品的性能、特色及能带来的利益等。促销的目的是引发、刺激客户产生购买行为,实现产品或服务从卖方向买方转移。

(二)金融促销的作用

金融机构促销宣传的作用主要体现在以下几个方面:

(1)提供产品和服务信息。金融机构通过促销活动,使客户知晓本机构提供何种金融产品和服务、具体有何特点、去何处购买及购买条件如何等,以便于客户选购,扩大产品销售。

(2)指导消费需求。金融机构通过促销活动引起客户对于新产品和服务的购买欲望,从而既引导了消费需求,又为新产品开拓市场创造了必要条件。

(3)互相促进、互相学习。金融机构通过促销活动,使其产品价格和服务质量都在市场上展现出来,可供客户比较和选择,而各金融机构也可以增进彼此之间的了解,促进相互学习和有效竞争。

(4)树立企业和产品的信誉。通过促销宣传,让人们了解本企业的特点、优点和一般状况及对社会的贡献,从而树立良好的企业和产品信誉,有助于保持和扩大营销市场,维持和扩大市场份额。

因此,金融机构大都十分重视促销工作,并且采取适当的促销方式和促销策略,争取获得最好的促销效果。其产品和服务的促销活动可以有多种形式,主要包括人员推销、广告促销、营业推广和公关宣传四种。

金融机构一般通过告知、劝说、提示等传递方式,以激发客户的初始需求和需求选择。初始需求是指客户第一次购买某产品和服务,而需求选择则是客户在众多产品和服务中选择某一品牌的产品和服务。无论采取何种促销方式,金融机构都必须通过有效的信息传递,才能达到产品促销的目的。

二、金融促销的影响因素

在市场经济活动中,金融促销受许多因素的影响,从而使得金融促销效果并不理想。影响金融促销的因素包括消费需求、金融产品生命周期、促销费用、目标市场的特点和促销策略等。

(一)消费需求

由于客户的购买需求各不相同,其对金融产品的功能要求也不尽相同,因此,金融机构应采取不同的促销策略。

(二)金融产品生命周期

任何金融产品在市场上的销量都会随时间的推移而有所不同。所谓金融产品生命周期是指金融产品从投放市场到退出市场所经历的过程,一般来说分为金融产品引入期、成长期、成熟期和衰退期。金融产品生命周期的各个阶段,其需求量、利润会有所不同,因此,金融产品所处的生命周期阶段是进行促销组合设计需要重点考虑的因素。

(三)促销费用

不同的促销形式其费用支出也是不同的,金融机构在进行促销组合时应该遵循以下两个原则:一是在促销总费用一定的条件下,制定的促销组合能够使促销效果最优;二是在促销效果一定的条件下,制定促销组合能使促销总费用最低。此外,金融机构还应该考虑自身的经营状况、财务实力等。

(四)目标市场的特点

目标市场的特点将直接影响金融促销策略的制定,目标市场的特点一般包括客户人数、客户分布情况、信息传达便捷性和消费类型等。当客户多且分布广、信息传达快捷时,可以使用广告促销和营业推广相结合的促销组合;而当客户少但购买量大时,人员推销就能达到理想的促销效果;当客户对金融产品已有一定的了解时,人员推销就比广告促销的效果更好。

(五)促销策略

一般来说,金融机构会根据目标市场的规模、类型等的不同来选择合适的促销策略。以广告促销、营业推广为主的"拉"战略,是指直接刺激客户对金融产品产生兴趣,再促使客户向金融机构购买其金融产品;以人员推销和营业推广为主的"推"战略,是强调向目标客户推销产品。但在实际促销活动中,金融机构很少单独使用其中一种促销策略进行产品推广,更常见的是将两者有力地结合使用,并侧重于其中一种。在金融行业中,保险机构通常由保险人员主动联系客户,采取"推"的营销手段来销售保险产品,而商业银行则更倾向于使用广告、营业推广等"拉"的促销方式来吸引客户。

三、金融促销的决策过程

从决策程序上看,金融产品及服务的促销决策主要包括确定目标促销对象,确定促销目标,确定促销预算,决定促销组合,促销实施、控制和效果反馈等内容。具体步骤如下:

(一)确定目标促销对象

目标促销对象是指接收促销信息的潜在客户。每一种金融产品都有其特定的目标客户,金融机构在进行促销之前,首先要分析目标客户对金融机构及其产品的熟悉程度,因为不同熟悉程度决定了不同的促销宣传内容;然后还要分析目标客户对金融机构的认可度及对产品的喜爱程度,喜爱的原因是什么,借此有针对性地调整促销的内容和形式。

(二)确定促销目标

促销目标是指金融机构开展促销活动所要达到的目的。在不同的时期以及不同的市场环境下,金融机构有其特定的促销目标:通过促销宣传使更多的客户了解该金融机构和产品,提高金融机构及其产品的知名度;激发客户对某一新的金融产品的需求,争取客户对某一竞争激烈的金融产品产生选择性需求;促销宣传劝说更多的客户使用该金融机构的某种金融产品,从而扩大销售,提高产品的市场占有率;促销宣传提醒客户不要忘记该金融机构的金融产品,并且能够反复购买和使用该金融产品,以巩固其市场地位;在目标市场中打造金融机构经营和产品的独特风格与个性,树立良好的整体形象和产品形象,使客户对该产品产生偏爱;等等。

(三)确定促销预算

促销预算是指金融机构打算用于促销活动的费用开支。促销预算的规模直接影响促销效果的好坏和促销目标能否达成。确定促销预算的方法一般包括:

(1)量力而行法,指金融机构根据自身能力所能负担的费用来灵活确定促销费用。这种方法简便易行,但是应用不多,主要是因为其忽略了促销对扩大销售的积极作用,因此不利于金融机构扩大产品市场。

(2) 销售额比例法，指根据一定时期内销售额的相关百分比来确定促销预算。这种方法在实际情况中应用得比较广泛，但是由于对竞争者情况的预测具有一定的困难，因此其在实际操作中也有一定的弊端。

(3) 竞争比较法，指根据竞争者的促销费用来确定自己的促销预算。由于可以将促销作为一种竞争的工具，因此这种方法往往在竞争比较激烈的金融产品促销中使用。但是由于这种方法完全依据竞争者的情况而定，忽视了金融机构自身的实力和促销目标，因此具有一定的盲目性，甚至会引起恶性的促销竞争。

(4) 目标任务法，指根据金融机构的促销目标和任务来确定所需要的费用，进而确定促销预算。这种方法是一种比较科学地确定促销预算的方法，因为它将促销活动目标与促销预算直接联系起来，针对性较强。但是采用这种做法时，促销预算人员必须明确了解市场情况，能够制定正确的促销目标，且能够较准确地估计促销活动的所有费用，可见条件比较苛刻。

(四) 决定促销组合

促销组合是金融机构根据促销目标对促销方式的合理搭配和综合运用，这些促销方式包括前述的广告促销、人员推销、营业推广和公关宣传等。金融机构在开展促销活动时，通常会运用由多种促销方式结合而成促销组合，而不是单单运用一种促销方式。这是因为这些促销方式各有其特色，各有其弊端，综合运用各种促销方式可以达到扬长避短的目的。成功的促销组合一般符合以下几个条件：

(1) 符合金融机构的促销目标。好的促销组合一定要符合金融机构的促销目标。如果金融机构希望其产品的潜在客户群达到最大，并且大多具有购买意愿，则其可以使用以广告促销和营业推广相结合的促销组合；如果金融机构希望客户直接了解其产品特色，改善金融机构的形象，那么它就可以采用人员推销和公关宣传相结合的促销组合。

(2) 符合机构产品的特点。好的促销组合一定要符合产品的性质。产品的不同性质决定了客户购买目的的不同，因此营销人员也要采取不同的促销组合策略。例如，大额贷款这类金融产品主要针对的是组织市场中的工商企业，客户相对集中，专业性较强，因此适宜采用以人员推销为主的促销组合。而对于针对广大个人客户的保险类产品、信用卡类产品，市场份额较大，则适宜以广告和营业推广为主要促销方式。金融产品的不同性质还决定了产品市场生命周期的不同。在产品生命周期的不同阶段，促销的目标往往不同，因此需要采取不同的促销组合。例如，在产品的投入期，金融机构的促销目标主要是希望最广泛的人群能够了解该产品，因此适宜采用触及面广、影响面大的以广告促销和公关宣传为主的促销方式。在产品的成熟期，促销人员可以用广告来提醒客户，运用营业推广的方式来刺激客户购买。

(3) 符合市场条件。优秀的促销组合一定要符合市场条件，市场条件包括市场规模和市场特性。金融产品预计的市场规模的大小决定了能够购买该产品的客户群的大小，因此也就决定了采用何种促销组合最有效。如果金融产品的市场范围广，客户多，那么适宜采用以广告促销为主、营业推广为辅的促销组合；如果市场范围窄，客户少，那么适宜采用以人员推销为主、营业推广和广告促销为辅的促销组合。市场的特性对促销组合也会产生一定的影响，因为不同的市场特性决定了对不同促销方式的接受程度不同。有的市场不太信任广告，比较信赖直接推销，则适宜采用人员推销方式，而广告促销方式的效果则不明显。总之，在促销组合的选择中，必须依据市场条件，有针对性地选择与金融产品目标市场相适应的促销组合。

（4）促销预算。促销方式的不同决定了促销预算的大小不同，因此，不同的金融机构只能根据自身的实力来选择适合自己的促销组合。金融机构的促销预算必须是其能够负担的，而且可以适应竞争的需要，为此要考虑销售额的多少、促销目标的要求、产品的特点等影响促销的因素，以避免盲目性。

（五）促销实施、控制和效果反馈

促销实施与控制过程就是对促销进行监督、指导的过程，并在此基础上及时采取调整、改进措施。在开展了促销活动以后，金融机构还必须收集反馈信息，调查促销的效果，判断是否达成了预期的目标，并以此为依据来调整促销的方向、提高促销的质量。

第二节　金融促销的工具

一、金融产品广告促销

金融机构在促销宣传时，首先要应用的方式是广告促销。广告不仅是推销产品、引导客户购买的重要工具，同时也是树立企业形象的重要工具。广告进入金融领域主要经历了三个阶段。第一阶段的广告活动是以金融机构的声誉为宣传重点，着重强调企业自身的实力，使客户获得安全感。第二阶段的广告活动则是在金融新产品不断涌现的情况下，重点突出金融产品的特色，使客户了解与其他金融机构同类产品的区别。经过上述两个阶段，金融机构逐渐意识到，广告宣传的目的是要向社会公众展示出一个为客户提供全方位、多样化服务的良好企业形象，从而增强客户的信任感，激发客户购买金融产品的欲望。目前，发达国家或地区的金融广告已进入富有人情味的第三阶段，使得企业形象成为激发客户信任的火花，点燃金融客户的消费欲望。而我国的金融广告现已处于第二阶段，这说明尽管起步晚，但随着我国金融体制改革的深化，国内金融机构已开始重视运用广告这一手段开展金融促销活动。

金融广告促销具体可以分为两类：一是企业形象广告，即把金融机构作为一个整体进行包装宣传，旨在提高金融机构的声誉，增强客户对金融机构的了解和信任，以赢得客户的消费选择；二是金融产品广告，即金融机构对其所提供的金融产品进行宣传，通过对金融产品的特点、收益的介绍和告知，让客户了解该产品和服务，激发客户的购买欲望。上述两类广告的实施主要取决于金融机构的目标选择。如果金融机构是为了达成树立企业声誉这一目标，它就会重视企业形象广告；而如果是为了提高某一金融产品的知名度,则会采用金融产品广告。

金融广告的实施主要包括确定主题、明确对象、提出构思、选择媒体和评估预算五个环节,具体如下:

(一)确定主题

广告主题是以金融产品还是企业形象作为主要宣传内容,主要取决于金融机构目标及其产品和服务的特点。金融机构为了达到在客户群体中树立良好声誉的目的,就会选择以企业形象为主题的广告宣传,而为了扩大近期销售则会选择以金融产品为主题的广告宣传。

金融产品广告由于金融产品自身的特点,容易引起人们的注意,并成为客户购买的理由,起到促销的作用。金融产品广告的关键在于:一是要尽可能地将金融产品和服务的特色充分展现出来;二是要根据不同客户的需求,突出产品质量和服务优势;三是要选择好广告投放的时间和地点,力求达到"先入为主"的宣传效果。

企业形象广告则是为了在广大客户心目中树立有利于金融机构长期发展的良好声誉,使其产生信任与安全感,即通过扩大金融机构的知名度,提高其信誉度,给客户留下值得信赖的亲切形象,以使客户成为"回头客"。企业形象广告的重要性还在于消除金融机构官僚习气重、缺乏人情味等不良印象。金融机构的形象具体包括其历史、文化、规模、实力、产品质量、服务态度、建筑风格、营业场所布置、企业标志等。随着金融产品的差异越来越小,企业形象广告在金融广告促销中的作用已越来越大,这引起了金融界的广泛重视。因为金融客户去商业银行开户、去证券机构交易或去保险机构投保之前,吸引其去办理金融业务的关键是使其知晓金融机构是关心客户的,是为客户利益着想的,是有能力解决客户困难的。而只有覆盖面广泛的企业形象广告,才能有效地在目标市场上树立起特色鲜明的企业形象。

总之,金融产品广告和企业形象广告应互相补充,在企业形象广告引起客户的注意和兴趣后,金融机构应趁热打铁,运用金融产品广告及时向客户介绍能为其带来收益的各种金融产品和服务,因为企业形象广告必须以金融产品和服务为基本内容,而金融产品广告所推出的产品和服务又必须以良好的企业声誉作为前提与保证。

(二)明确对象

为了达到广告效果,金融机构在设计广告创意和内容时,必须了解和分析有兴趣购买产品的个人、家庭或组织的类型,并且要判定谁能做出购买决策。由于对象不同,金融机构在选择广告媒体、进行内容设计时应做相应的调整,因此不区分客户对象或以社会公众为宣传对象或仅在专业刊物上做广告都是难以引起目标客户注意的。

(三)提出构思

首先,金融广告的构思要具有说服力,通过直接指向宣传对象的切身利益,表明金融产品和服务将使宣传对象获得实际利益。金融机构通过扼要地阐明其所提供的产品和服务,使客户有明确的选择。例如,把本地区办理某一金融业务的营业网点地址显示在广告中,将极大地方便客户的选择。

其次,要富有创意,因为广告效果在很大程度上取决于广告创意。以前,金融界不太愿意采用有新意的广告内容,某些金融界人士甚至认为金融机构必须表现出传统稳重的形象,标新立异的广告宣传会有损金融机构的形象。然而,随着公众兴趣和认知态度的转变,创意性广告已成为塑造金融机构形象的有效手段。现在大多数客户都将创意性广告与企业创新精神等同看待。

最后,要设计好广告语,因为广告语是广告的灵魂。广告语应具有较深刻的内涵,既要含蓄又要有独创性,令人耳目一新。寓意深刻的广告语,能给人留下意犹未尽、回味无穷的美好印象。美国金融机构十分重视广告语的设计,各类金融广告都有生动醒目的广告语,借此打动公众。例如,有一则银行广告的标题是"Your Money Has Never Gone This Far",这句话有类似"积小钱,办大事"的含义,可谓神来之笔。当画龙点睛般极富个性的广告语深深印在客户脑海中时,这些金融机构的形象也就随之深深刻在客户心目中了。

可见,富有创意的金融广告构思主要表现在以下三个方面:①创设一种现代化的标志、符号和图案;②运用生动形象的画面,包括运用动画设计和聘请明星;③运用可信的广告语,并根据时代特征加以改变。

(四)选择媒体

广告媒体是指广告信息传播的载体。广告媒体主要分为印刷媒体,如报纸、杂志、书籍等;电子媒体,如电视、广播等;邮寄媒体,如产品说明书、宣传手册、产品目录、服务指南等;户外媒体,如广告牌、海报等。人们通常把广告媒体划分为四大媒体和其他媒体,四大媒体是指广播、电视、报纸、杂志,其他媒体是指户外、邮寄等。不同的广告媒体在传播空间、时间、效果和费用等方面具有不同的特点。

首先,金融机构要综合考虑目标客户、产品特点、各媒体的费用和效果以及竞争者所使用的媒体等情况来选择媒体类型。其次,选择具体的媒介物。在选定所使用的媒体类型之后,金融机构需要进一步选定具体的媒介物。例如,在决定了做电视广告后,要进一步选择在哪家电视台做广告以及在哪个频道上做广告。在做出这一选择时,金融机构要综合考虑特定的目标客户、媒介物的常规受众、媒介物的流通面、受众数量等因素。最后,决定广告的具体时间段、版面、位置。在选择时重点考虑受众类型、受众数量、传播效果、收费标准等。此外,还需要决定广告媒体组合。金融机构不可能只利用一种广告媒体做广告,而要综合利用多种媒体同时做广告。因此,要根据各种媒体的特点、市场的特点和产品的特点,分清主次媒体,进行科学的搭配和组合。

(五)评估预算

广告促销活动除传播信息、吸引客户外,还必须关注广告宣传的成本和收益。由于在产品广告中,这种联系体现得更为显著,因此金融机构大多采用产品广告方式;而在形象广告中,这种联系效应还难以测定。

二、金融产品人员推销

金融产品人员推销是指金融机构营销人员以促成销售为目的,通过与客户进行交谈,说服其购买金融产品和服务的过程。由于金融产品和服务的复杂性及专业性,尤其是在新的产品和服务不断涌现的情况下,人员推销已成为金融产品和服务销售成功的关键因素之一。

(一)金融机构推销人员的类型

根据金融机构开展业务的特点,从广义上来讲,凡是为销售产品或服务进行业务推广而与潜在客户或现有客户直接打交道的人员,均是推销人员。进一步细分,推销人员可以分为固定人员和流动人员。

固定人员是指不外出开展业务,在固定的场所直接向客户提供服务的人员。固定人员又具体分为两种类型:店面人员,例如,商业银行储蓄所和分理处的营业员,保险机构基层的业务员等;座席人员,主要指利用电子渠道拓展业务时,与之相配套,要设置相应的人员接打电话或回复在线提问或解决问题。

流动人员是指外出推广业务,直接与潜在客户或现有客户打交道的人员。主要包括业务推销人员、客户经理、投资顾问、经纪人四种类型。其中,业务推销人员主要指为拓展某项业务而直接外出寻找潜在客户的人员,如保险机构的展业人员;客户经理则广泛存在于一般商业银行、保险机构、证券机构、基金机构,他们一般具备一定的投资理财知识,具有专业的营销技巧,开发潜在客户,了解客户需求,关注市场变化,为客户提供全面的销售服务;投资顾问也是在一般商业银行、保险机构、证券机构、基金机构中均设有的岗位,他们一般具备全面的投资理财知识,为客户提供个性化的投资建议,为客户经理提供投资技术支持;经纪人,如保险经纪人,则针对客户的实际情况,分析其相应的需求,据此为客户制定一套投保方案,在方案中建议客户投保的各个险种可能来自多家保险机构的产品。

(二)金融机构的人员推销形式

金融机构的人员推销形式有很多,可以通过座席促销、电话促销、拜访、研讨会、路演等促销方式进行,具体如下所述:

座席促销方面,主要是指金融机构店面人员的营业销售活动以及客户服务人员的咨询、推介、服务活动。

电话促销方面,往往以邮寄宣传为先导。针对潜在客户邮寄宣传品是金融机构的一种重要的广告形式,借此使客户了解金融机构的性质、使命、宗旨、投资理念和管理团队,介绍金融机构的业务范围、服务方式、操作指南等。之后,业务推销人员可以通过电话加以询问,解答客户提出的问题。电话问询往往是拜访的先导。

拜访方面,强调针对重点潜在客户,客户经理或投资理财顾问要进行入户拜访。具体步骤为:首先,经过分析选出重点客户,然后进行广泛拜访;其次,通过初次拜访,筛选出潜力客户;最后,对潜力客户进行重点跟踪拜访。拜访的目标是全面了解客户的状况和需求,全面推介企业的产品、服务和形象。这种方式是金融机构普遍采取的推销方式。

研讨会方面,针对不同客户对商业银行、保险、证券、基金等业务的了解程度及应用程度,以及相关的投资水平和投资知识,金融机构可以发起举办不同专题的研讨会,借此突出其实力及优势,提高客户或投资者对金融机构的认知度,树立良好形象。参加会议的人员除潜在的重要客户外,还应包括著名学者、相关部门的领导者、新闻媒体等。通过这种方式对机构客户进行业务推广尤为重要。

路演方面,路演是证券界、上市企业为推介企业和产品,树立企业形象而在不同地点连续举办的宣传活动,有推介会和网上路演两种情况。以推介会形式开展路演需要就以下方面进行计划:第一,推介方成立路演团队;第二,推介会的内容;第三,推介会邀请的对象;第四,时间安排及频率;第五,各地点及顺序安排;第六,新闻媒体报道;第七,认知度的评估。

而对于网上路演而言,互联网的出现与发展使网上路演成为可能。金融机构通过网络向公众和潜在客户推介企业与产品,企业可以借助自己的网站或通过网络平台建立自己的网页,分不同版块进行推介。第一,举办讲座。对机构客户、个人客户或散户,销售人员可以针对所印刷的宣传品采取讲座的形式,介绍企业、产品、服务以及操作方法等。届时,可以邀请媒体人员参加。讲座可以是免费的,结束后可以基于讲座的参与者建立客户数据库,也可以将讲座的内容上传到网上,以供长期查看。同时,可以发放调查问卷,以了解、掌握客户的认知和计划等。第二,开展社区咨询活动。对个人客户或散户,销售人员也可以开展社区咨询活动,推介企业、产品或服务,介绍购买和操作方法等知识。

(三) 金融机构推销人员的促销技巧

推销必须设法使目标客户产生购买欲望,引发购买行为,因此推销人员要讲究促销技巧。

首先,要注重仪表和服饰。金融机构的推销人员在走访客户或召开会议时,一定要注意仪表和服饰,仪表要庄重大方,衣着要整洁得体,这样不仅能展现良好的企业形象,而且能使客户产生好感及信任感。其次,要注意言谈和风度。推销人员要时刻记住,在任何推销场合,不管是开头、主体还是结尾,都必须做到彬彬有礼、兴趣盎然、生动有力、诚恳热情、真实可信、重点突出、有理有据。再次,要恪守信用。金融机构是信用企业,推销人员要特别注重讲求信用。在与客户接触前,需事先通过电话、传真等就访问日期、时间等进行预约,对联系好的约定事项要严格遵守,在接触中,对于向客户承诺的事项要信守诺言,不要讲大话、空话,要真正替客户着想。从次,要真心倾听客户的意见。推销人员要让客户主动说话,以倾听客户的真实想法,并且不能打断客户的话,同时要注重掌握客户需求、使用动机及相关的要求和建议。最后,要站在客户利益一边。推销人员要站在客户的立场上,从客户的现实情况出发,真诚地为客户设计一套最有效的全面解决问题的方案。

（四）金融机构推销人员的促销设计

金融机构在进行推销人员的促销设计时要确定人员推销的目标或任务、选择与组合推销方式、决定人员推销的规模、设计人员推销的结构并实现人员推销的管理。需要强调的是，在确定人员推销的目标或任务时一般主要通过以下几种手段：通过推介让潜在客户了解金融机构或产品；借推销之机塑造企业形象；借推销之机了解需求及客户对金融机构或产品的认知情况；解答客户的疑问，解决客户的问题；通过具体的活动方式，维系住老客户；通过具体的活动方式，发掘新客户；为客户提供全方位的服务或解决问题的方案；了解市场动态，收集市场情报。

而针对人员推销的管理则主要包括推销人员的选聘、推销人员的培训、推销人员的报酬交付、推销人员的督导、推销人员的激励、推销人员的评估等方面。

（五）金融产品人员推销的优势

金融产品采用人员推销主要有以下几点优势：

（1）双向交流性。人员推销是一种双向沟通的促销方式。在推销过程中，推销人员一方面为客户提供有关信息，促进产品销售；另一方面通过与客户面对面的交流，可以直观、及时地了解客户的需求、愿望和偏好，掌握市场动态，了解反馈信息，有利于金融机构适时调整其产品与服务，为金融机构的经营决策提供依据。此外，推销人员通过与客户的直接沟通，可以反复介绍产品特点和服务功能，做好客户的参谋，激发客户的购买欲望。

（2）双重目的性。实施人员推销，不仅是为了促销金融产品，也是为了帮助客户解决问题，满足其金融需求。只有这样，才能不断增进推销人员与客户之间的感情，使新客户成为老客户，从而更好地达到金融产品促销的目的。可见，在人员推销的过程中，应建立起供求双方的沟通与联系，加深彼此之间的了解和信任，使得双方超越柜台交易关系，这样既能向客户提供更多的服务，彼此之间也可以建立起深厚的友谊，从而有助于金融机构巩固老客户，发展新客户。

（3）需求多样性。人员推销不仅能有效满足客户对金融产品本身的需求，而且通过对产品的宣传介绍，还能满足客户对产品信息的需求；通过售前、售中与售后服务，能有效满足客户对技术和服务的需求；通过文明经商、礼貌待客，能有效满足客户的心理需求，从而密切双方之间的关系，增进客户对金融机构的信任。

（4）促销灵活性。推销人员与客户当面洽谈，易于形成双向互动的交流关系。推销人员通过交谈和观察，既能够及时掌握客户的购买心理，有针对性地介绍金融产品和服务的特点与功能，并抓住有利时机促成客户的购买行为；又能够及时发现问题，进行解释并提供服务，从而消除客户的疑虑或不满；此外，双方当面交谈和议价，还易于迅速达成交易，成功的概率较高。

三、金融机构公关宣传

金融机构公关宣传是指金融机构为了特定目的而开展的各种公关活动。金融机构要善于开展广泛的公关宣传活动,协调与企业股东、内部员工、工商企业、同业机构、社会团体、新闻传播媒体、政府机构及客户的关系,为企业及产品树立良好的形象,最终达到扩大销售的目的。

(一) 金融机构公关宣传的特点

金融机构公关宣传的主体是各类金融机构,包括:银行性金融机构,如中央银行、商业银行和各类专业银行;非银行性金融机构,如信用合作社、保险机构、退休及信托投资基金、投资机构等。由于专业分工,各金融机构提供的金融服务不尽相同,公关宣传的工作也各有侧重,如我国的中央银行——中国人民银行作为管理全国金融的行政机关,它的一项重要任务就是拟定全国统一的金融方针、政策、法规和金融管理制度,制定银行的人民币存款、贷款利率,按规定报经国务院批准后组织执行。围绕这一任务,它的公关宣传工作重点之一就是将有关金融决策、信贷计划等信息及时传递给其他金融机构,并利用各种途径向社会宣传、解释国家的金融方针、政策和法规。而中国银行作为我国经营外汇业务的专业银行,它的公关宣传工作侧重点之一就是适应对外经济贸易和金融业务的发展,配合具体业务部门开拓和建立与外国金融机构的业务关系。

金融机构公关宣传的对象广泛、多样、社区性强。所谓广泛,是指它涉及千家万户,如一般银行面对的广大储户,保险机构面对的广大保户。多样是指它既有储户,又有贷户;既有投保户,又有被保户;既有社会分工形成的工作对象,又有社会性的普遍服务对象,如中国工商银行、中国农业银行等专业银行就具有这样的特点。社区性是由于我国各大金融机构在全国各地的城镇乡村大多有其严密的地方分支系统,社区深入性较强,其提供的服务已成为社区配套的一个重要组成部分,是社区公众生活的一大支柱。

金融机构公关宣传多采用直接沟通的传播手段。由于一般金融机构的服务对象大多集中于社区,金融机构与公众有较多的直接接触机会,其公关宣传工作的方式自然偏向于人际传播与交流。如商业银行、保险机构与储贷户、保户的面对面交往,商业银行介入社区的公益活动,资助促进社区发展的有意义活动,等等。当然,金融机构公关宣传也常采用大众传播手段,以向社会公众宣传新出台的金融政策或新增设的服务项目,但这种宣传再辅之以社区中的人际传播,效果会更好。

(二) 金融机构公关宣传的任务

金融机构公关宣传的任务主要表现在规范金融市场秩序、密切公众关系、提升金融机构知名度和美誉度三个方面。具体表现为:

第一,在规范金融市场秩序方面,金融机构公关宣传可以加快社会信用体系的建设。众所周知,市场经济是信用经济,信用是当今社会竞争的灵魂。一家好的企业需要一家好的金融机构做后盾;一家好的金融机构需要一大批好企业、好客户的大力支持。在市场经济商品生产的条件下,强大的利益驱动随时都可能产生巨大的背叛诱惑,相互信任难以建立,合作成本和代价越来越高。金融机构进行公关宣传,通过开展真实、公开、公平、合法的竞争合作,可以促进金融产品创新和兑现服务承诺,增强组织和员工的信用观念,建立"我为人人、人人为我"的"双赢"局面,提高企业和公众的信用程度,加快我国诚信体系的建设。

需要注意的是,公关宣传具有以下传播原则:首先,可信性原则。可信,是信息传播的生命,是传播生效的关键。可信性原则是对信息传播内容的基本要求,也是对信息传播者人格和品德的基本要求。这就要求金融机构在开展公关宣传时,既要实事求是地宣传自己,又不损害和贬低他人,通过公平、公开地竞争,让客户自己选择金融机构。其次,针对性原则。有的放矢地传播信息,是传播的基本要求。针对性原则要求金融机构公关部门传播者根据公众的个性特点和意识水平,恰当地选择传播内容、传播形式和方法技巧。再次,有序性原则。金融机构公关部门传播者依据信息的特点和结构,有次序、有步骤地进行传播,这既是传播活动的客观要求,也是传播对象的共同呼声。最后,持续性原则。这有利于金融机构建立广泛、稳定、有一定感情的群众基础。

第二,在密切公众关系方面,金融机构公关宣传可以满足客户日益增长的各种需求。"客户"指的是物质产品的购买者和消费者,是金融机构对外首先遇到的最大量的公众。"客户至上"是金融机构不可动摇的经营理念,要使金融机构在公众的心目中长盛不衰,金融机构就必须以市场和公众利益为导向,积极开展市场和公众需求调查研究,加强消费管理和消费引导,使金融机构的决策和行动同公众的心理需求相吻合,从而影响和改变公众的态度,使其采取有利于金融机构的行为。将"客户就是上帝"的口号变成实际行动,从心理上、行动上说服和征服公众;同时,运用公关宣传原理还可以妥善地处理客户的投诉和其他反馈意见,通过沟通了解及时修正金融机构的决策,使之更加完美,真正与社会公众建立起一种以双方利益为纽带的关系。

需要注意的是,金融机构针对公众开展公关活动要遵循以下几项原则:首先,符合时代精神。公关活动的主题应与金融机构大环境相适应,紧跟时代发展步伐,体现时代精神,与时俱进,顺应当前的国际国内形势。其次,具有新闻宣传性。公关活动的主要目的是提高本金融机构和产品的知名度,媒体的参与不可或缺。这就要求公关活动在策划时必须有所创新,公关活动的主题和内容要有新意。最后,具有可操作性。公关活动不能脱离社会现实,策划时一定要考虑国情、民情和民风,充分考虑操作中可能会遇到的种种困难,制定好相应的应对措施,与政府部门或权威部门合作可以大大降低操作难度,提高活动的成功率。

第三,在提升金融机构知名度和美誉度方面,现代公关宣传的主要工作手段是传播,传播的最终目的是促使公众采取与金融机构公关宣传目标相一致的行动。面对复杂、随时变动的公众客户,金融机构除要自己设计开通一条信息交流渠道,尽快掌握和有效驾驭这种新型的双向信息传播方式,对金融市场、金融产品等进行细分和选择,进行评价和效果反馈外,大量的工作还需要依靠大众传播媒体进行。电视、报刊、广播和网络等大众传播媒体,既能用最短的时间、最大限度地达到与公众沟通的目的,使公众得到更多关于金融产品和服务等方面的信息,又可以利用新闻传播媒体的权威性和可信度,提高金融机构的知名度和美誉度。

（三）金融机构公关宣传的主要对象

金融机构公关宣传的主要对象包括地方政府及有关职能部门、企业、社区和国际公众。

地方政府及有关职能部门方面，由于它们肩负着本地区经济建设的领导责任，对本地区所辖的工商企业、经济组织履行具体的领导、管理和监督职能。处理好与它们的关系，是保证金融机构开展各项经营管理活动的重要条件。没有它们的支持，金融机构工作的开展就会困难重重。因此，必须加强对地方政府及各职能部门的公关工作，及时沟通情况，了解和掌握地区经济发展规划，征求地方政府对金融机构的意见，主动提供金融信息，通报金融机构业务开拓和发展的设想，在支持地方经济建设的同时，主动争取与它们合作。

企业方面，随着社会主义市场经济体制的建立和现代企业制度改革的推进，金融机构与企业的关系已由过去的金融机构凌驾于企业之上转变为一种平等合作的新型关系。一方面，企业自身的发展在一定程度上依赖于金融机构。企业要通过金融机构办理各种结算业务，以保证其各项经济活动的开展；企业还要依靠金融机构提供生产和流通中所需的资金，以满足其扩大再生产的需要。另一方面，金融机构的对公存款主要来源于企业，从这个意义上讲，企业是金融机构的"上帝"，没有企业就没有金融机构的对公存款，也就失去了金融机构业务的原动力。因此，在市场经济中，金融机构必须利用其优势开展对企业的公关工作，吸引更多的企业在金融机构开设账户，以增强金融机构的资金实力，保证在竞争中立于不败之地。

社区方面，社区群众（又称区域关系、地方关系、睦邻关系）指组织所在地的区域关系对象，包括当地的管理部门、地方团体组织、左邻右舍的居民百姓。社区关系直接影响着金融机构的生存环境，例如，社区关系是金融机构各种外部关系的基础，金融机构的客户吸存工作一定程度上还需依赖于社区。金融机构只有处理好与所在区域内的机关、学校、医院、社会团体以及居民之间的相互关系，才能站稳脚跟，更有效地开展工作。

国际公众方面，它是指一个组织的产品、人员及其活动进入国际范围，对别国的公众产生影响，并需要了解和适应对象国的公众环境时，该组织所面对的不同国家、地区的公众对象。金融机构处理好国际关系的目的有：引导我们采用外国人的行为方式来宣传介绍中国、提升金融机构的形象，并以外国人的传播方式和他们进行交往，介绍中国的传统文化和经营特点，消除国外客户对中国金融机构的偏见，拓宽经营渠道；扩大影响范围，加快金融结构的调整和金融产品的开发创新，满足市场和公众的各种需求。建立良好的国际关系的意义在于：发展国际公关宣传，为对外开放服务；运用跨文化传播手段，促进金融机构形象的国际化。

（四）金融机构公关宣传的开展

金融机构公关宣传的开展，有助于提高这类组织的知名度和信誉度，促进它们与特定公众的信息沟通和交流，改进服务措施并推进业务发展，以增强其市场竞争力，获取良好的社会效益和经济效益。为此，要做好以下具体工作：

（1）严守信用。金融机构的业务活动涉及货币的发行与回笼、存款、放款、汇款结算、保险、信托、有价证券的发行与交易等，货币是金融行业最基本的要素，这种行业特点要求金融机构公关宣传的首要任务是严守信用，在社会上建立良好的信誉度。

（2）塑造良好的企业形象。金融机构经营货币信用业务，企业形象很重要。每一家金融机构都应塑造实力雄厚、安全性好、保密性强、服务周到且手续简便、对社区公众有亲和力的企业形象，开展公关宣传是塑造企业良好形象的重要手段。

（3）沟通交流。信息的发布及其与公众的交流，是金融机构的一项基础性公关宣传工作。当国家调整或出台新的金融政策，如调高或调低利率、发行新的国债时，金融机构有义务对该信息进行及时准确的发布和宣传推广。金融机构推出新的业务服务措施，如发行某信用卡或增设新的业务网点，也有必要运用公关宣传和广告促销等手段进行宣传或推广。

（4）以社区公众为重点。金融机构与客户往往处在同一社区，所以处理好社区关系对于增强金融机构的竞争力和拓展其业务十分关键。近年来，我国金融市场上的竞争愈加激烈。例如，国外保险机构为进入我国市场，已在频频采取公关宣传手段，将工作做到社区。美国安泰保险在北京大学和中山大学设立了"安泰奖学金"，其目的就是要在我国社会树立其"热爱公益事业"的企业形象。国外同行的做法给我国金融机构一定的启发：若不注重社区关系的处理，在竞争中就会失去优势，并面临客户丢失、资金外流的风险。

（五）金融机构公关宣传的主要手段

金融机构的形象塑造主要依据自身的业务特点及主要面对的公众对象，以提高自身的信誉和增进与公众的亲近感作为直接目标。

信用是金融机构的生命，是其企业形象建设的核心。金融机构的信用不但来自其所具有的经济实力、良好的经营业绩，而且与日常的业务活动息息相关。公众对于金融机构的信心和信任感，是其日常每一次业务活动累积的结果。例如，商业银行对储户按期还本付息，对资产及时发放贷款；保险机构公正地评估每次应支付的保险金，并及时支付。另外，训练员工增强公众意识，对涉及金融机构信誉的日常业务活动做到一丝不苟，自觉地维护金融机构信誉等，都是维护、建立信用活动的核心内容。

有实力、稳健、亲切、人性化是金融机构良好形象特征的基本调式。金融机构的形象塑造除应保持公众对自身信用的高度评价外，还需特别注意要改变传统的经营方式所造成的与广大公众的隔阂。例如，随着时代的发展，中小客户在金融业务活动中的地位日趋重要。许多金融机构加强了同中小客户及一般市民的沟通，甚至企业的形象设计也日趋大众化。又如，各大银行的经营场所已由传统的豪华宫殿式建筑外观、过分雕琢的内部装饰，转向现代的、更利于大众接近的设计。

良好的客户公众服务计划是金融机构形象建设的基础工程。良好的服务不仅是金融机构提供给客户的最主要产品之一，而且是维护良好的客户关系的基础。特别是与客户直接接触的、在一线工作的业务人员的仪表、服饰、待人接物的态度举止、办事效率、服务质量等,更是直接关系到人们对金融机构的第一印象和评价。例如,商业银行的业务人员应主动热情地与客户打招呼,主动介绍所提供的服务,帮助客户选择能获得最大方便和最大利益的储蓄方式。对工商企业应尽可能根据对方的实际需要和经营能力,帮助其选择各种最有利的筹集资金的方法,以满足其生产或经营活动对资金的需求。

在推行服务计划方面,金融机构还应利用自身掌握的大量信息和拥有高素质人才的优势,向企业提供多层次、高水平的与经营有关的咨询服务。例如,向工商业界提供较系统全面的市场信息、经济状况分析、投资咨询、可行性研究、企业财务分析咨询,解决资金周转等问题,帮助企业的贷款投资取得更好的经济效益。保险机构可以协助企业做好对各种突发事件的防范工作,帮助它们制定一套科学的防范、解决各种灾难性突发事件的方案,以减少不必要的损失。对受灾者要主动协助其摆脱危机,重振事业,为双方的长期合作打下牢固的基础。

此外,提供符合安全、保密要求而又方便业务往来的服务方式,为客户提供完善、安全的保护措施,也是推行良好的客户公众服务计划的重要内容之一。

案例 10-2　平安人寿"智慧客服"——比你更懂你

平安人寿借助人工智能创新服务模式,首次在业内推出"智慧客服",并正式面向全国推广。据了解,"智慧客服"作为平安人寿完全自主设计、研发的产品,通过人脸识别、声纹识别、光学字符识别、自然语言识别、大数据引擎、机器学习等人工智能技术实现所有业务"在线一次性办理"。从此,服务突破了时空的限制,科技让保险变得更加简单。

三大科技手段驱动服务

根据中国平安发布的《2016年度中国金融行业用户体验及NPS白皮书》,以客户净推荐值(NPS)为度量的各金融行业用户体验水平近几年不断提升,但行业内仍存在参差不齐的现象。其中,人身险行业的NPS最高为25%,最低为-4%,巨大差距背后的一大决定因素即为服务水平的差异。

"传统保险业务由于受到风险管控、地域限制、个人时间冲突等困扰,客户不便前往门店办理业务,影响客户服务体验。同时,随着企业业务的不断发展,铺设物理门店的成本也将水涨船高。"说到寿险行业的服务痛点,平安人寿总经理助理李文明表示。

而平安人寿"智慧客服"运用生物认证、大数据、远程视频等技术支持所有柜面业务的"在线一次性办理",颠覆了以往必须由客户亲临柜台的传统模式。即使大额保单贷款、保险受益人变更等需要人工审核办理的业务也可以直接视频连线,对接平安人寿全国各地的柜面,与专业柜员"面对面",获得与实体柜面一致的体验。

平安人寿"智慧客服"的"智慧"主要依赖三大科技手段来驱动。

首先,空中协同处理平台(Hub & Spoke)可以助力平安人寿突破时空限制,做到服务100%全局覆盖。"不管身在何处,只要客户需要,我们就能提供服务。"李文明称。据了解,平安人寿"智慧客服"借助业内领先的大数据和云计算技术,深度结合服务场景,帮客户找到合适的人机交互或人工客服服务模式。同时,空中协同处理平台也赋予了百万平安人寿代理人"移动门店"的服务能力,方便代理人实时满足客户需要。该平台构建的"最强大脑+多点联动"模式,使业务办理突破时空限制,真正实现100%在线办理、100%业务支持、100%客户覆盖的全局服务。

其次,对人工智能技术的深度应用,使对客户的个性化精准服务得以实现。平安人寿"智慧客服"以人脸声纹识别、语音语义识别、大数据和云计算等近十项人工智能技术为内核,通过智能化处理流程,为每一位客户建立生物识别档案,实现"实人认证"。

"传统的肉眼识别可能会'对面不相识',但运用了人脸声纹识别技术后,系统会根据档案自动提示人脸和声纹的相似度,'见之,闻其声,即识其人',精准做出判断,提高业务办理效率。"李文明表示。

而通过语音语义识别技术,客户可以和"智慧客服"展开一场真正的"对话"。比如咨询保单贷款时,客户可以大声说出"我要贷款""我想借钱""我要赊钱"等,"智慧客服"会根据语音语义迅速获取客户需求,播报办理保单贷款的相关规定。同时,在大数据应用上,"智慧客服"通过"锦囊""脸谱""时光轴"三大核心功能,分析掌握客户的偏好习惯等,为客户提供个性化的定制服务。

最后,在风控方面,"智慧客服"则基于大数据平台,联动内外网数据,建立了精准风控体系。例如,保全风控模型基于八大内部业务系统海量数据,引入中保信同业信息等外部数据,全面升级风控模式,建立了100余项保全业务风险标签,能针对客户进行精准画像,实现千人千面的实时动态风险管控模式。基于光学字符识别(Optical Character Recognition,OCR)和自然语言处理(Natural Language Processing,NLP)技术,对于普通业务,用户通过人机交互即可自助办理;而对于部分较高风险的业务,用户也可通过视频连接空中柜员进行办理。由此,可以实现保全业务风控管理由被动到主动、由静态到动态的转变,大幅提升客户办理时效。

数据显示,平安人寿"智慧客服"自2017年11月1日在全国推广以来,已累计受理空中业务超过15 000件,最远服务了身处非洲的客户,最快用时3分钟办理完成。人工智能技术的应用,让很多场景的服务时效也得以大幅提升,比如保全业务平均处理时效缩减至1天,70%的理赔客户可以实现30分钟内赔付,96%的投保可以实时承保。

自主研发,服务全面向科技转型

事实上,在保险机构逐渐意识到未来的行业竞争很大程度上将转变为客户体验的竞争之后,对服务的提升成了众多保险机构近年来努力的方向,同时人工智能等技术也越来越多地被嵌入保险机构的服务体系中。那么,平安人寿的"智慧客服"究竟有何与众不同之处呢?

目前而言,市面上的"智能客服"多是互联网企业提供的通用解决方案,其落脚点是通过语义分析和机器学习,来即时回应客户的问题需求。而平安人寿"智慧客服"是以帮助客户完成业务办理为落脚点的。金融领域尤其保险业务的办理十分复杂,"智慧客服"

通过生物认证和大数据应用,可以在识别和回答客户问题的基础上完成在线业务办理。平安人寿的"智慧客服"之所以如此先进,是因为其是由平安人寿自主设计、研发的产品,深度契合平安人寿的服务标准和需求。

李文明表示,"选择自主研发,首先是出于信息安全的需要。人工智能客服涉及大量客户身份信息,需要严格的信息安全管控,而只有自主研发可以最大限度地保障客户信息安全;其次是因为在相关的技术领域,平安实际上是行业领先的"。

早在 2013 年,平安集团董事长马明哲就提出了"科技引领金融"的理念,至今平安集团已经建立起中国金融机构中规模领先的大数据平台,人脸识别技术准确率高达 99.8%,在全球范围内达到领先水平。中国平安 2017 年半年报显示,截至 2017 年 6 月 30 日,平安集团专利申请数高达 1 458 项,覆盖大数据、移动互联、人工智能、云技术及风险监测等多个技术领域。

而在"智能客服"的成功模式下,平安人寿在 2015 年第三代客服中心"智享"门店的基础上,依托人工智能技术打造了"空中门店",通过建立专网、云端管理、标签匹配、LBS(基于位置服务)网格,派遣最优服务人员,让全国 55 个智享门店通过"最强大脑"覆盖全球。在视频通信中,嵌入同屏浏览、文件推送、电子确认等多项技术。遇到疑难问题,专家通过多方视频实时支持。客户指尖直连空中门店、对话服务人员,免跑腿,即可轻松解决问题。

同时,平安人寿在智享门店中引入了机器人小 G,小 G 拥有人脸识别客户信息、一键取号智能分流、业务咨询随问随答三大功能,助力提升门店智能化服务水平。"2017 年是平安人寿服务全面向科技转型的关键年头,也宣告了平安人寿迈上了智慧促领先的新台阶,开启了服务模式的颠覆,这是平安人寿科技时代百花齐放的开始。"李文明表示。

需要注意的是,在原保监会公布的 2017 年保险机构服务评价结果中,平安人寿是寿险企业中表现最为优异的四家获得 AA 级评级的险企之一。

据了解,随着"智慧客服"的不断学习优化,未来平安人寿还将接入更多优质的寿险服务产品,打造智慧生活助手、智慧健康管理等综合性的智慧客服生态。

(资料来源:作者根据公开资料整理。)

四、金融产品营业推广

营业推广是指金融机构为刺激一定时间的市场需求,引起较强的市场反应而采取的一系列优惠促销措施,如降价、免费提供配套服务等,以此来吸引和刺激客户购买或扩大购买。它具有刺激性、灵活性、多样性、竞争性、见效快等优点,是各类企业普遍采取的一种促销方式。营业推广决策主要包括以下内容。

(一)确定营业推广的对象

营业推广的对象主要有三种:一是金融机构的客户,包括潜在客户和现实客户、机构客户和个人客户。二是金融机构产品及业务的销售中介商。三是金融机构的推销人员。金融机构可以针对任何人进行营业推广,也可以提出一些限制条件,只选择某一部分人进行。

(二)确定营业推广的目标

营业推广的目标是金融机构开展营业推广活动的出发点和归宿。金融机构在确定营业推广的目标时应主要依据目标市场客户和营销目标来确定,不仅要明确对谁推广,还要明确推广什么。根据推广对象的不同,营业推广的目标可以分为以下三种类型:针对客户的营业推广活动,目标是鼓励续购和使用、吸引新客户试用、争夺竞争者的客户等;针对销售中介商的营业推广活动,目标是鼓励推广新产品、大量销售产品、培养忠诚度以及吸引新的中介商等;推销人员的营业推广活动,目标是鼓励推销人员积极推销金融机构的产品和服务,开拓新市场,寻找更多的潜在客户,扩大人们对本金融机构产品和服务的购买。

(三)确定营业推广的方式

营业推广的方式有很多,且各有其特点和适用范围。可供金融机构使用的营业推广方式主要有以下几种:

赠品或赠券。赠品是为了鼓励购买某种产品而附赠的另外一种产品。商业银行在吸收存款、办理信用卡或举行新设分支机构的庆典及奖励长期客户等时都可以给予赠品。

赠送样品。赠送样品给客户可以刺激客户的需求,从而增加销售。可以采用送货上门或邮寄等方式。

专有权力。专有权力就是对现有客户提供某种特殊的权益和方便。

配套优惠或免费服务。配套优惠或免费服务是指为推广某种产品,为客户提供相关配套服务或免费提供相关服务。

数量折扣。数量折扣是指按照客户购买产品的数量、金额或积分的多少来给予优惠,目的是与客户建立一种长期的关系。此种形式也适用于对中介商的推广。

有奖销售。有奖销售是指对购买产品的客户给予抽奖机会,抽中则给予相应奖励。

合作推广。合作推广是指与中介商、工商企业组成策略性促销联盟,共同向客户提供一系列的优惠服务,以扩大各自产品的销售。

对中介商的推广包括数量折扣、交易折扣、培训销售人员、物质奖励、精神鼓励、星级评定等形式。

对企业推销人员的推广包括根据其销售的数量与质量,给予其一定的提成、奖金等物质激励和相应的精神鼓励,如星级人物评定等。

案例 10-3 中国农业银行网点便民服务暖人心

从 2021 年开始,中国农业银行启动了"服务升温工程",持续提升客户体验和网点服务温度;2022 年起,中国农业银行各地网点挂牌了"浓情暖域便民服务区",这是专为户外劳动者、老年客户、特殊人群等提供暖心服务的角落。

以中国农业银行双鸭山分行为例,其2022年持续打造"浓情暖域"网点服务品牌,聚焦营造便民温馨的服务环境,致力于为广大客户和社会公众提供暖心服务,各网点常备雨伞、爱心座椅、手机充电、饮用水等便民设施,为老年客户等特殊群体配备轮椅、老花镜、助盲爱心卡及听障人士爱心卡等服务设施及物品,全行网点爱心座椅、便民柜(箱)、无障碍坡道及临时坡道配备率为100%。

如今,商业银行网点的价值也超越了传统意义上的网点。中国农业银行积极打造的"浓情暖域"网点服务品牌,体现了有温度、有情怀、有担当的网点精神。其中,"浓"字寓意中国农业银行对客户情深意浓;"域"字代表网点服务的厅堂空间提供特殊客户上门服务、移动金融服务、金融知识宣教等,寓意中国农业银行不断扩大服务半径,增加服务内容。

良好的客户口碑是商业银行最好的品牌。至今,中国农业银行已经打造了2万余家"浓情暖域"服务网点,以接地气、暖心的服务赢得更多客户青睐。这些网点用心用情的服务打动了各类客户群体。特殊客户群体服务和敬老服务,是一项社会难题,商业银行网点责无旁贷。中国农业银行现有适老化示范网点1 058个,将敬老、爱老、扶老融入日常点滴工作中。中国农业银行数万个"浓情暖域"网点的推出,拉近了其与客户之间的距离,让网点成为客户生活中不可或缺的一部分。

中国农业银行有持续提升服务能力的底气,作为唯一一家在全部县域都有网点的商业银行,截至2022年6月底,中国农业银行2.25万个网点中,有1.23万个县域网点,可以说遍布城乡,辐射面广。中国农业银行搭建的强大基础服务能力,赋予了网点更强的实力。一方面,大力建设智慧网点,截至2021年年底,其建设的"5G+智慧银行"网点超过100个;另一方面,其积极优化县域网点布局,在偏远地区和网点空白乡镇推广汽车银行、背包银行等。

如今,"浓情暖域"所带来的各项暖心服务,已经成为中国农业银行一张闪耀的名片。但这一品牌的推出并不简单。在这背后,是中国农业银行从上到下,从总行到分支行齐心协力打造的一项系统性服务工程。第一,专门制定《"浓情暖域"网点服务品牌使用手册》,将服务升温作为提升网点竞争力的重要举措,还将网点服务指标纳入各级分行年度考核,确保服务升温落到实处。第二,将"擦亮招牌"作为网点日常管理的规定动作,不断优化、不断完善。此外,网点的服务范围不断延伸。主动为特殊群体、特殊区域客户提供上门服务,用实际行动打通为人民服务的"最后一公里"。

客户需求一直在变,商业银行的网点服务能力提升也永无止境。客户体验的好坏,决定了一家银行与客户的长期关系。这方面,中国农业银行网点基础服务能力的持续提升,已经取得了良好的成效。数据显示,2021年,在中银协"千佳"网点创建中,中国农业银行有88个网点获评"千佳"称号;另据中国农业银行客户满意度调查数据显示,2021年其网点服务满意度综合得分为94.86,较上年提高0.79分,客户体验持续改善。

(资料来源:作者根据公开资料整理。)

五、金融产品直接营销

（一）金融产品直接营销概述

直接营销和人员推销一样，能与客户进行双向信息沟通。直接营销在营销渠道领域被定义为，金融机构不通过任何中间商而将金融产品销售给客户的形式，而在促销领域，直接营销则是指运用双向信息沟通，刺激客户进行购买的促销形式。从以上定义来看，在促销领域，人员推销属于直接营销的一种，但在营销管理中，金融机构只把人员推销当成一种基本的促销工具来使用。因此，这里介绍的直接营销是指除人员促销外的其他直接营销方式。

金融产品直接营销具有不受空间限制的优点，金融机构可以通过网络、电话等技术进行远程直接营销。此外，直接营销具有很强的隐蔽性，金融机构往往只针对目标客户，因此不易被竞争者所察觉，并且直接营销的信息是双向交流的：一是能准确收集相关信息，找到成本最低、利润最大的方法；二是能及时处理客户反馈信息，巩固了与客户的长期关系。

（二）金融产品直接营销策略

金融产品的直接营销方式包括邮寄营销、电话营销、电子邮件营销、数据库营销等。

（1）邮寄营销。这是基于金融机构已知的客户名单，通过邮寄的方式向目标客户介绍新产品信息等来促使客户购买的直接营销方式。邮寄物件一般包括金融产品宣传册、新活动介绍单等。

（2）电话营销。电话营销是指通过电话来销售金融产品的一种直接营销方式。由于金融产品的购买程序较为复杂，目前从技术上还不能借用电话营销的方式来完成金融产品的销售。电话营销在金融行业中主要用于介绍金融产品等。电话营销人员应当注意以下几点：第一，愉悦、亲切的语气是成功的一半，因为在电话营销中，客户只能通过营销人员的声音对服务态度进行判断和评估；第二，选择恰当的营销时间，如在上班时间，被访者通常会对电话营销产生反感；第三，电话营销结束时，要表达感谢之意，使客户自始至终都有被重视的感觉。

（3）电子邮件营销。电子邮件营销是目前金融行业中最常用的直接营销方式。金融机构在推出新产品或优惠活动时，通过电子邮件的方式向现有客户进行介绍。如信用卡客户除能收到每月消费明细单外，商业银行推出的各种信用卡刷卡优惠活动详情都会时不时地通过电子邮件传递给信用卡客户，从而刺激客户进行刷卡消费。

（4）数据库营销。数据库营销起源于客户关系管理系统，是将数据库技术、客户行为分析技术和直接营销三者结合，对潜在或已有客户进行数据收集和分析，有针对性地进行直接营销来达到销售目的。

第三节 促销方式的选择和组合

一、促销方式组合的必要性

促销方式主要有广告促销、人员推销、公关宣传、营业推广等,但每种促销方式都有各自的优缺点(见表10-1)。单单依靠某一种促销手段的效果肯定不佳,商业银行要善于综合运用各种促销手段,并将其有机地结合起来,让客户了解网上银行的产品和服务特色;统一商业银行的经营理念、行为规范和视觉形象,通过宣传获得社会公众的认可,保持商业银行在公众心目中的良好信誉和持久竞争力。因此,金融营销策划人员应当在不同的产品周期和不同的促销阶段使用不同的促销组合,取长补短来完成促销任务。

表 10-1 各种促销方式的特点和优缺点

促销方式	特点	优点	缺点
人员推销	直接对话,增进感情,灵活性高,针对性强,反应迅速,易激起客户的兴趣	方法直接灵活,可随机应变,易激发兴趣、促进交易	接触面窄,费用高,占用人员多,优秀的推销人才较难寻找
广告促销	公开性,传递性,吸引性,渗透性,表现方式多样,稳定性强	触及面广,能将信息艺术化、动态化,能反复多次使用,形象生动,节省人力	说服力较小,难以促成即时的购买行为,对大宗金融产品和金融服务的促销力度有限
营业推广	灵活多样,容易吸引客户,激发兴趣,短期效果明显	吸引力较大,直观,能促成客户即时购买	费用较高,使用次数不宜太多,有时可能会降低产品和服务的身价从而引发客户反感
公关宣传	长期目标,间接性,持久性强,效率比较高	影响面和覆盖面大,效率高且反应及时,容易使客户信任,提高产品和服务的质量,改善形象	间接性强,见效较慢,自主性差,金融机构无法计划和控制

二、促销组合策略的制定

金融机构在制定促销组合策略时应主要考虑以下因素:

(一)促销目标

为使促销活动达到理想的效果,需有计划、有目标地开展促销活动。因此,促销组合策略的制定要符合企业的促销目标,根据不同的促销目标采用不同的促销组合。例如,某企业在某一时期、某一市场的促销目标是迅速增加销量、扩大经营,为达成该目标,可以广告宣传为主、营业推广为辅;当企业为达成突出其服务优势和特色这一促销目标时,可以选配以人员推销为主、营业推广和公关宣传与之配合的促销组合。

(二)产品因素

(1)产品的性质。不同性质的产品,购买者和购买目的往往不同,因此对不同性质的产品应采用不同的促销组合策略。例如,人寿保险、信用卡等以个人客户为主要对象的金融产品,面对的是广大消费者,市场范围大,需求弹性大,应以广告促销和营业推广方式为主;而企业生产贷款、职业责任保险等以企业客户为主要对象的金融产品,面对的是企业,专业性较强,多为特定客户,市场相对集中,应以人员推销为主要方式。

(2)产品的市场生命周期。在产品生命周期的不同阶段,促销的目标往往不同,因此也就决定了在产品生命周期的不同阶段,要相应选配不同的促销组合,采用不同的促销策略。例如,在投入期的促销目标主要是宣传介绍新产品,使客户了解、认识新产品,产生购买欲望。广告与公关宣传在向客户、中间商广泛宣传介绍产品方面有显著作用,因此这一阶段选配以广告、公关宣传为主,营业推广、人员推销为辅的促销组合策略效果较好。在成熟期,由于竞争者增多,促销活动以增进购买兴趣与偏爱为目标,因此可以用广告来提醒客户,同时运用营业推广方式来激发其购买欲望。

(三)市场条件

(1)市场规模。市场范围广,客户多,要使广大客户了解、认识企业及企业的产品,广告是最为有效的促销方式,用广告铺天盖地地"狂轰滥炸",再适当采用营业推广等方式来"打扫战场",扩大"战果";反之,市场范围窄,客户少,则应以人员推销为主,以营业推广、广告促销为辅。

(2)市场特性。不同的市场对不同的促销方式的接受程度也不同。例如,有的市场的客户比较信赖推销人员,则人员推销就显得特别重要;有的市场的客户对广告常常持不信任的态度,则广告效果不明显。总之,在促销方式的选择上,必须依据市场条件,有的放矢地选用与该市场相适应的促销方式。

(四)促销预算

所采用的促销方式不同,费用也就不同,如电视广告费用远远高于报纸广告费用。而且企业能够用于促销活动的费用总是有限的,因此企业在制定促销组合策略时,要受到促销预算的制约,必然要考虑花费多少费用,以及如何在各种促销方式之间分配其费用的问题,以求效果好、费用省。企业确定的促销预算额应是企业有能力负担的并能够适应竞争的需要,为此应考虑营业额的多少、促销目标的要求、产品的生命周期等影响促销的因素,以避免盲目性。

一般来说,制定促销预算分为两种情况:一是当促销资金充足时,在促销效果最优的条件下使得促销费用最低;二是当促销资金不足时,在有限的资金条件下达到最优的促销效果。一般使用的促销预算计算方法有销售百分比法、竞争平衡法和目标任务法等。金融机构可以根据自身条件选择合适的预算计算方法。

(1)销售百分比法。金融机构根据以往的经验,制定计提促销预算的百分比。比如,金融机构规定以销量的10%计提促销费用,如果这一季度金融机构预计销售额为150万元,则根据销售百分比法可知这一季度的促销预算为15万元。该方法易于计算且销售百分比率可以根据实际情况进行变动。然而,这种计算方法有一个很大的缺陷,就是将促销和销量的因果关系颠倒了,将销量作为自变量,这必将导致在金融产品销售旺季,促销费用过多而导致资源浪费;相反,在金融产品销售淡季,促销费用预算不足而导致促销无法发挥应有的作用。

(2)竞争平衡法。金融机构根据同行业主要竞争者的促销费用或行业平均促销费用水平来确定企业自身的促销预算。这是金融机构常用的促销预算计算方法,但该类方法无法与促销目标保持一致。

(3)目标任务法。金融机构根据促销目标制定促销预算。这种方法先由营销人员制定促销目标,再根据促销目标计算成本。这种方法的优点是金融机构的促销费用完全根据促销目标而定,具有很强的针对性;而缺点在于在实际工作中由于考虑的因素太多,很难估计各项促销工作的成本,可行性不强。

三、对促销组合运用的建议

从我国银行的整体情况来看,它们都开展了各种形式的促销活动。但是促销手段大多层次不高,缺乏总体的策划与创意,具有一定的盲目性和随机性。在各种促销方式的有机结合、综合运用方面更显缺失,不能体现整体的促销决策,也达不到良好的促销效果。营业推广和公关宣传是目前用得比较少,同时也比较欠缺的两个方面。营业推广的着眼点在于解决一些具体问题,短期效益比较明显。

银行在使用各种推广工具时,必须确定目标市场。根据不同的目标市场慎重选择,同时不可过于频繁和轻率地运用营业推广的方式,以免降低金融产品的"身份"。此外,还要善于运用公关宣传,与社会各界加强联系,创造良好的银行形象,赢得公众的信任与支持。在利用公关宣传进行沟通时应该真诚,避免给人以"作秀"的感觉,同时各个活动之间要有一致性和连贯性,以更好地达到活动的效果。每种促销方式均有自己的特点和适用范围,所以要合理搭配,否则会因盲目使用而导致作用相抵或因缺乏一致性而事倍功半。另外,在促销过程中应考虑到促销目标的远近和实现的可行性、细分市场的特点、产品的类型以及生命周期等因素。

案例 10-4　促销手段在金融领域的应用

花旗银行的定向促销手段——划分不同的客户群

美国的花旗银行最早将定向促销手段引向零售业务。花旗银行通过对客户信息的处理,推出一项优惠服务计划。这项计划的主要内容如下:按照一定的标准划分不同的客户群,分别向各类客户提供相关的优惠服务,推出一整套极有吸引力的服务项目。这项计划包括为某些信用卡持卡人提供有关免费服务,对某些信用卡减免随机费用、核定年度收费标准,推出"花旗就餐卡""花旗旅行卡""花旗购物卡"等系列性的优惠消费业务。此计划中的"花旗美元券"的发行为相当数量的家庭主妇购买成套商品提供了方便和价格优惠。

美国储蓄机构聘请专业营销企业开展非定向促销

美国储蓄机构为了推出其房产保证贷款,起初采用了传统的市场促销方式——直接让公众知道其存在。在 6 个月内,该机构花费几千美元做广告,但仅仅增加了 25 个贷款账户,而每增加一笔房产贷款至少花费 280 美元。因此,该机构决定改变促销战略,聘请一家专业的营销企业来制定并运作新的营销战略。营销企业将促销目标调整为具有更多服务功能、给客户以选择的机会:或选择无最高限额的、浮动利率的房产保证贷款,或选择固定利率的定期房产保证贷款。营销企业对每一种金融产品的税收还备有详细的资料,并采取了直接邮购或电话营销的方式促销。仅仅 3 个月,该机构就获得了近 400 个贷款账户,平均每个账户贷款额达 2.6 万美元。尽管这样使营销预算增加了许多,但由于贷款账户增加得更多,因此每个账户的平均成本下降了一半。

商业银行开发出新产品,提供新业务,要通过各种手段让客户知道。非定向促销主要是借助于大众媒体来实现,定向促销主要是靠通信联络来实现。非定向促销的主要目标是提高商业银行的整体形象和信誉,主要促销手段有广告、宣传报道、电话促销、上门服务等。这种大众宣传手段的支出成本一般较高。定向促销活动的着眼点是商业银行拥有的现有客户,通过信息建立起商业银行与客户定向对话式的双方交流关系,做到随时掌握客户的情况,特别是对于给商业银行业务带来较高效益的主体客户,商业银行应了解他们对本行的产品与服务的使用情况以及他们与其他商业银行的业务联系,不断地通过定向服务的机制,使用必要的激励或"赠予"手段,激励客户加强与本行的关系,扩大使用本行服务的范围。这种关系的建立可以使商业银行与客户的关系不断加深和密切,为建立新型的客户关系开辟道路。同时,由于定向营销活动的经费是按不同的客户群体定向支出的,因此又可以节约经费。定向促销和非定向促销是组成现代商业银行营销策略的两个方面。没有非定向促销,现代商业银行就无法在社会上树立良好的形象,无法让社会了解商业银行的产品和服务,无法影响人们的购买取向及发展新客户;而没有定向促销活动,现代商业银行就不能有效地发展、巩固与现有客户的联系,甚至失去已有的客户关系和市场份额。因此,两种促销方式应相互补充和促进。

(资料来源:作者根据公开资料整理。)

本章小结

1. 金融机构促销就是金融机构将其金融产品或服务的信息向客户传递的过程。

2. 金融促销活动的主要形式有人员推销、广告促销、营业推广、公关宣传等。

3. 直接营销在营销渠道领域被定义为,金融机构不通过任何中间商而将金融产品销售给客户的形式,而在促销领域,直接营销则是指运用双向信息沟通,刺激客户进行购买的促销形式。

4. 金融机构应当在不同的产品生命周期阶段和不同的促销阶段使用不同的促销组合,取长补短来完成促销任务。

5. 金融机构在制定促销组合策略时应主要考虑促销目标、产品因素、市场条件和促销预算等因素。

思考题

1. 什么是金融机构促销？金融机构在做出促销决策时,应该考虑哪些方面的因素？
2. 金融促销可以采取哪些方式？你比较能接受哪种方式？
3. 为什么在金融促销策略制定中通常采用促销工具的组合？主要包括哪几个环节？
4. 金融促销组合策略制定过程中主要考虑哪几个方面的因素？

第 11 章

金融新媒体营销

知识目标

- 掌握金融新媒体营销的基本概念;
- 理解金融新媒体营销的意义;
- 了解金融新媒体营销的现状及营销策略。

技能目标

- 培养分析金融新媒体营销对传统营销挑战的能力;
- 培养金融新媒体营销的应用技巧。

随着新媒体对人们的影响力与日俱增,中国金融行业在营销方式上面临巨大的转变。信息技术的高速发展和智能手机用户的爆炸式增长,使人们获取信息的渠道越来越多元。因此在信息碎片化时代,金融行业的新课题是如何借助新媒体平台,对传统的营销方式进行改良。这是一个最好的时代,也是变化最快的时代。如何有效利用新媒体,将营销方式和营销创意在深度与广度上进行延伸,是金融行业未来营销的核心内容之一。

案例 11-1　以金融科技挑战商业银行的初创企业:德国新创移动银行 N26

您有多久没有走进商业银行网点了?一想到去商业银行网点办理手续需要排队取号、出示种类繁多的证明,还受营业时间限制……大多数客户都觉得非常麻烦,不到迫不得已是不会走进商业银行网点的。显然,程序烦琐不只是国内商业银行所特有的,外国人也常常为此感到不快。

2013 年,从瑞士来到德国的银行家瓦伦丁·斯塔夫(Valentin Stalf)早就受够了商业银行手续办理的麻烦,决心开一家服务于数字时代长大的年轻人的专属银行。在经过一年的研发之后,2014 年斯塔夫带领他的团队推出了能够适应数字时代的移动银行 N26。便捷是移动银行 N26 给人留下的最深印象,"我们想为人们创造一种在家里躺着就可以完成的银行业务体验。"斯塔夫说。

移动银行 N26 开户非常简便,客户只需要 8 分钟就能完成开户手续,并且开设和持有账户都是免费的。客户从应用商店下载移动银行 N26 的 App、注册账户并输入自己的详细资料(姓名、电子邮件等),然后通过与其客服视频通话,出示护照或者居民身份证,就能够获得电子账户了。提供收货地址之后,移动银行 N26 的万事达借记卡将会在三四天内送到客户家中。

2016 年,移动银行 N26 宣布,平台的 iPhone 移动端客户可以通过 Siri 指令完成亲友间转账。客户如果想要转账,只需要对着 Siri 说一句"嗨 Siri,帮我用 N26 给 Max 转 12 欧元。"转账限额为每笔最多 25 欧元,每天最多 100 欧元。此外,客户还可以利用平台的 iMessage 服务向亲友索取所需资金。当然,首先要将移动银行 N26 的 App 添加到 iMessage 上或者激活 Siri 设置,然后通过程序内界面输入希望获得的资金数额。

N26 是德国第二家获得商业银行执照的金融科技(Fintech)新创企业,是一家没有任何实体分行的纯线上银行。国际支付平台 Paypal 的共同创办人彼得·蒂尔(Peter Thiel)是主要投资者之一。移动银行 N26 不仅获得德国金融监管机关颁发的商业银行执照,更获得欧洲央行颁发的商业银行证照。取得商业银行执照后,移动银行 N26 就可以正式以商业银行身份营运,并研发自己的金融产品,如储蓄账户、投资产品、信用产品,换言之,可以成为一家只存活在线上的提供完整服务的正规商业银行。移动银行 N26 原本只在德国与奥地利提供服务,后来拓展至向 17 个欧洲国家开放。截至 2017 年,移动银行 N26 已经为客户开设了 30 万个银行账户,平均每天有 1 000 人开设账户,该企业总共处理了 30 亿欧元的交易量。

(资料来源:《德国数字银行 N26 与 Raisin 达成合作,开设储蓄账户》,https://www.sohu.com/a/139598599_114778,访问日期:2023 年 12 月 3 日。)

第一节 金融新媒体营销概述

一、金融新媒体营销的概念

(一)新媒体的含义和形态

从狭义层面定义,新媒体是继报纸、广播、电视、杂志等传统媒体之后,基于网络技术发展起来的新型媒体,具体来说,新媒体主要指基于数字技术、网络技术和其他现代信息技术或通用技术,具有互动性、融合性的媒介形式和平台。① 从广义层面定义,新媒体是相对传统媒体的"Big Five"(电视、杂志、报纸、广播、户外)之外的所有媒体形式。新媒体的发展速度远远超越传统媒体,并且呈现出融合媒介、整合营销的大趋势。②

新媒体可以从三方面来理解:一是新出现的媒体形态,如互联网上有很多媒体业务就属于新出现的媒体;二是非传统媒体由于新的技术手段而进入媒体领域,如手机从通信工具成为媒体;三是传统媒体领域的新机构重组而成的新平台,或新的传统媒体数字化以后,运营理念、运营方式和运营对象会发生改变,如广播电视台的数字化。③

(二)金融新媒体营销的概念

新媒体的出现,掀起了商业金融领域的一场营销革命。人们在思考,在新媒体环境下应如何更有效地为客户服务,如何为客户提供更多增值服务。随着技术的进步,各种新媒体形式层出不穷,媒体作为一种新型渠道必然会被企业组合到营销战略中去。从信息流、金融流、商流和物流"四流"角度来看,新媒体实现了"四流合一"的渠道变革。④

当今金融新媒体营销的力度在不断加强。对于金融新媒体营销这一概念,我们可以从三个方面来理解:

首先,它是一种新兴的市场营销概念,核心是在现代信息技术飞速发展的新经济条件下,如何通过价值链的整合再造,增强金融机构的核心竞争能力,并提升整条价值链的

---

① 彭兰:《新媒体用户研究:节点化、媒介化、赛博格化的人》,中国人民大学出版社,2020。
② 刘辉:《传统媒体的数字化转型从信息采集开始》,《今传媒》2013 年第 2 期。
③ 赵子忠:《媒体融合发展现状与趋势》,重庆大学新闻学院,https://sj.cqu.edu.cn/info/1015/6024.htm,访问日期:2023 年 12 月 28 日。
④ 张宏、吴丹恒、张路遥、兰之馨:《新媒体渠道变革及其营销管理效率分析》,《现代传播(中国传媒大学学报)》2013 年第 2 期。

价值。新媒体营销理念是数字化金融机构在信息化的全球经济条件下开展市场营销活动的指导思想。

其次,它是一种市场营销战略,即在新的环境中,在新媒体营销理念指导下金融机构的营销模式。它涉及金融机构营销活动的各个方面,如与其他企业的合作,对客户的服务,怎样整合各种资源使之与企业的外部环境相适应,等等。

最后,它是一种具体解决方案,包括新媒体营销技术和策略。技术是具体解决方案的实施手段。作为新型营销方式,新媒体营销的内容非常丰富。一方面,金融机构要针对信息时代的全球市场,及时了解和把握客户行为模式的变化,为企业新媒体营销活动的开展提供详尽的数据分析和可靠的资料依据;另一方面,金融机构必须改变一些传统的营销手段,充分利用现代信息技术进步带来的新型营销工具,提高营销效率。

新媒体的出现让金融行业的营销传播方式更为精准,对客户来说,新媒体也改变了他们的消费习惯,未来衡量金融行业的营销标准之一,就是商业金融新媒体的影响力和有效性。

二、金融新媒体营销的特征

随着信息技术的发展成熟,人与人、人与物之间的联系越来越受到社会及各大企业的重视。互联网媒体、手机媒体、数字电视、移动电视等新媒体就好比"万能胶",将企业、团体、组织以及个人跨时空联结在一起,使得他们之间的信息交换变得"唾手可得"。市场营销中最重要的就是组织与个人之间进行信息传播和交换。如果没有信息传播和交换,那么交易也会成为无本之木。而新媒体正好融合了营销所需要的这些特性,金融新媒体营销呈现出以下特征:[1]

(1)多元性。新媒体营销的多元性体现在其多样化的载体形式、营销渠道和营销方式上。首先,在载体形式上,企业可以利用图片、视频、音频、文字等载体,设置多元化的传播媒介来开展新媒体营销,促进客户对营销信息的关注。其次,在营销渠道上,企业在进行线上新媒体营销的同时,可以与线下实体店进行协同合作,从而促进整体营销渠道的多元化。最后,在营销方式上,微信、微博、视频、直播等新媒体平台各有千秋,每一种形式都代表着不同的营销方式,企业可以根据自身需求选择多种营销方式开展活动。

(2)互动性。新媒体营销的互动性是其在互联网时代下独有的特性,体现在企业与客户之间的实时交互上。新媒体营销互动性的过程包括:企业开展新媒体营销活动时主动向客户传播营销信息、客户根据自身需要对大量信息进行自主选择、企业根据客户的选择推送更具有吸引力的营销信息。实时沟通、双向沟通,使得企业可以获得客户的反馈,及时调整产品结构和营销模式,同时抓取新媒体的后台数据并进行数据挖掘,此外还可以实现精准营销、挖掘潜在需求。有学者认为,互联网时代新媒体营销的互动性,是新媒体营销相较于传统媒体营销最主要也是最具优势的一个特点。

---

[1] 邓倩:《新媒体营销研究综述与展望》,《科学决策》2020年第8期。

(3) 普及性。新媒体营销的普及程度与互联网的普及程度紧密相关,随着互联网逐渐成为日常生活中不可或缺的部分,伴随互联网而产生与发展的新媒体同样走进了人们的生活。此外,手机等移动传播媒介的普及,为新媒体营销提供了载体,奠定了新媒体营销迅速发展的基础,逐渐成为人们广为接受的营销模式。

三、发展金融新媒体营销的重要性

随着新媒体技术、传播方式的不断进步及用户数量的不断增长,越来越多的商家选择通过网络、移动互联网、户外新媒体等方式发布信息,实现营销环节上的盈利。金融机构之间的竞争将越来越激烈,其中包含互联网金融、移动互联网金融等领域的新媒体金融将是重点争夺的对象之一。"如果说原来的新媒体营销仅仅是餐前甜点,那么如今它正逐渐变成压轴主菜。"中国电子商务协会网络整合营销研究中心主任刘东明如是说。因此,大力发展金融新媒体营销对于提高金融行业的竞争力具有非常重大的意义。

(一)有利于金融机构更好地满足客户需求

金融新媒体突破了时间和空间的限制,理论上可以使金融机构的营业柜台无限延伸,加之具有交易成本低廉、交易操作方便、交易时间较短等突出的优点,因此受到越来越多客户的欢迎。我国大力发展金融新媒体尤其是互联网金融,不仅可以满足客户的需求以巩固和扩大客户群体,而且可以真正贯彻"以客户需求为中心"的经营思想,强化"以客户满意为目标"的服务理念,并及时调整发展战略,逐步形成传统金融业务和网上金融业务"两条腿"走路的格局,即以传统金融业务支撑网上金融业务的快速发展,以网上金融业务拉动传统金融业务的持续发展。网上金融机构由于是在互联网平台上对传统金融资源的重新组合,又不受时间、空间和业务量的限制,因此可以针对客户的需求设计出更多品种的金融产品,更好地满足客户的多样性需求,提高服务水平。

(二)有利于金融机构降低成本并提高盈利能力

新媒体营销的成本低于传统媒体营销的成本得到了越来越多的证明。例如,商业银行经营成本高是全社会有目共睹的事实,在节假日的时候,由于要支付数倍于平日的员工工资,商业银行在节假日的经营收益已经不能弥补其人员成本,因此不得不采取关门歇业的办法来降低成本。然而,在网上银行还不普及、不完善的情况下,这样做却是置客户的需求于不顾,严重违背了商业银行"以客户为中心"的理念。后果就是引起客户的不满,最终造成客户流失。但是,如果有了成熟、完善的网上银行系统,几乎所有的商业银行柜台业务都可以在网上办理,那么客户就会大大减少到商业银行营业网点的次数,商业银行也就可以减少办公人员和营业网点。由于新媒体营销具有无限扩展性,在新媒体上做广告可以降低发布成本、突破时空限制、对广告效果进行有效的评估。

(三)有利于金融机构业务创新并形成差异化竞争优势

金融新媒体可以为金融机构业务创新提供更广阔的空间,这样就会出现更多不同的业务种类。各家金融机构根据自己的特点和优势瞄准特定的客户群体进行金融创新,就可以形成区别于竞争者的特色,最终打造自己的核心竞争力。我国的金融机构在发展过程中已经形成了一定的特色,每家金融机构都有自身擅长的一些领域的业务,也积累了各具特色的客户群体。借助于新媒体这个营销工具,金融机构就可以在自己擅长的方面更进一步,使特色更加突出,从而形成既区别于国内同行,又区别于外资金融机构的差异化竞争优势。

第二节　金融新媒体营销发展概况

一、金融新媒体营销现状

新媒体的出现带来了金融行业营销实践的变革。以下从互联网媒体、手机媒体、其他数字化媒体三个方面来阐述金融新媒体营销的现状。

（一）互联网媒体营销现状

随着居民生活水平的提高,以及互联网和金融电子化建设步伐的逐步加快,金融网络营销的发展空间也越来越大。根据中国互联网信息中心（CNNIC）的统计[1],截至2023年6月,我国网民规模达10.79亿,互联网普及率高达76.4%;其中手机网民10.76亿,较2022年12月新增1109万。

如此庞大的上网人群和潜在客户群为传统金融服务开展网络营销创造了必要条件;同时,随着互联网的普及,以网络为平台的电子商务活动也随之蓬勃发展,人们对于网络支付和网络金融产品的需求进一步扩大,对特定网络金融服务的营销变得日益重要。

1. 网上银行现状

网上银行也称网络银行、在线银行,是指通过互联网或其他电子传送渠道提供各种金融服务的新型银行。它的存在以互联网或其他电子通信手段（如传真机、电话等）的存在为基础。据估算,网上银行的开办成本相当于传统商业银行营业网点的1/3;经营成本约占营业收入的15%～20%,而传统商业银行则占到60%;清算成本通常只相当于传统商业银行分理处的10%左右。[2]

自1996年以来,中国各大商业银行,如中国工商银行、中国建设银行、中国农业银行、交通银行和招商银行等各自建立了自己的网站,并不同程度地开展网上银行业务。《2020年中国银行业服务报告》[3]数据显示,2020年银行业金融机构离柜交易达3708.72亿笔,同比增长14.59%;离柜交易总额达2308.36万亿元,同比增长12.18%;行业平均电子渠道分流率为90.88%。其中,手机银行交易达1919.46亿笔,同比增长58.04%。为吸引更多客户使用自家的网上银行服务,各商业银行可谓"八仙过海,各显神通",各种创新

---

[1] 《第52次中国互联网络发展状况统计报告》,https://cnnic.cn/NMediaFile/2023/0908/MAIN1694151810549M3LV0UWOAV.pdf,访问日期:2023年12月28日。
[2] 陈燕婷、魏艳凤:《当前我国网络银行发展问题探讨》,《经济视角》2012年第2期。
[3] 参见 https://www.china-cba.net/Index/show/catid/14/id/39076.html。

的网上银行服务层出不穷。比如,中国工商银行推出个人网上银行私人银行专区;中国建设银行个人网上银行系统拓展医疗、社保等生活服务,新增个人结售汇、储蓄国债(电子式)等投资理财产品,全年共发行60期网上银行专享理财产品;中国银行推出带有个性风格的网上银行服务以提升用户体验;浦发银行推出理财版个人网上银行;中国农业银行创新个人网上银行外汇业务功能,丰富网上银行的功能应用。

随着网上银行的普及,其安全性越来越受到人们的关注,金融机构基于互联网提供的产品和服务应该有可靠及安全的方法来识别客户身份。目前,我国商业银行主要通过身份证号码、查询密码、交易密码、口令卡(U盾)、指纹及面部识别等方式来识别客户身份。

案例 11-2　亿联银行:开在互联网上的商业银行

亿联银行是东北地区率先获批开业的民营银行,也是全国仅有的四家互联网银行之一。2017年5月,其由中发金控、吉林三快(美团)、华阳集团等优秀的民营企业联合在长春发起成立。

将商业银行开在互联网上,既要有商业银行严格的风控体系,又要有互联网平台便捷的服务体验,因此需要以多种前沿科技手段、多项创新科技成果,以及高素质的科技人才团队为支撑。成立至今,亿联银行以私有云和分布式为基础技术架构,通过构建行业领先的跨地域多活微服务网络、线上线下一体化的全渠道综合业务体系、数据湖、人工智能引擎、智能风控安全体系等基础能力,实现以更低的成本为客户提供便捷、高效和优质体验的互联网金融服务。

目前,该行软件著作权申请数达到129个。其中,"跨地域分布式多活架构"曾获"信息科技风险管理课题研究二类成果奖""科技发展三等奖",亿联银行也获得了国家高新技术企业的认定。这三项荣誉和认定,在吉林省都是独一无二的。作为"开在互联网上的商业银行",亿联银行90%以上的业务都在线上完成,同时该行将人工智能、大数据、云计算、分布式架构、智能风险体系等金融科技广泛应用到产品中,形成了以"生意贷""亿微贷""亿企贷"等为主的系列小微贷款产品,以"亿农贷"为主的线上农贷产品,以"亿贷"为主的消费贷产品,在普惠金融领域进行了诸多有益探索,成就了这家商业银行的差异化发展。

支持乡村振兴,促进消费提升

除了解决小微企业融资难问题,亿联银行针对传统农村金融问题,也向广大农民提供便捷的融资服务。亿联银行的"亿农贷"解决了农村地区缺少商业银行实体网点,农户申请贷款手续烦琐、来往网点不便的金融问题,让农户坐在家里就可体验从贷款申请到贷款发放的全流程,使其享受到金融科技发展带来的良好服务体验。此外,为了更好地响应国家扶持新型农业主体,支持农业向产业化和集中化方向发展的号召,"亿农贷"产品除支持普通农户外,还重点支持种植大户、农业合作社、产业化龙头企业等新型农业主体。

2021年年初,永吉县玉米种植大户刘先生正在为备春耕的农资费用发愁时,通过朋友介绍申请了"亿农贷"10万元贷款。让他惊喜的是,仅仅5分钟他就接到了审批通过的授信通知。2021年11月,喜获丰收的刘先生早早就把贷款结清,由于播种及时,粮食增产了将近5万公斤,相当于净赚了至少8万元,而使用贷款10个月的利息才6 600元。

目前,亿联银行已为两万多个像刘先生这样有融资需求的农民朋友带来了方便与实惠。"亿农贷"产品在推出的第二年获得国际零售银行家(RBI)颁发的创新产品奖。在消费贷款方面,亿联银行依托有效的技术手段和智能风控体系,为在传统金融机构难以获得融资的新市民提供服务。亿联银行的"亿贷"产品实时线上审批、放款,流程简单、放款快,而且业务渠道渗透到客户日常消费场景,满足客户不同场景的消费需求。截至2022年第三季度,亿联银行累计授信客户已超过2 900万,有力地支持了居民日常消费的信贷需求。

践行社会责任,赋能人民美好生活

在满足客户金融需求的同时,亿联银行也积极践行社会责任。

2022年新冠肺炎疫情防控的特殊时期,亿联银行线上业务正常运营,累计为吉林省73户企业开立账户,支持新冠肺炎疫情防控资金汇划350万元,以线上无接触方式发放各类贷款135亿元。

在这一特殊时期,部分网格长个人收款码受微信支付限额限制,导致居民物资配送因收款异常难以有序进行,亿联银行仅用两天时间就完成了专用收款码新功能上线,还运用线上系统工具细化居民的订单内容、增加配送地址,将原本需要街道工作人员手工操作的环节全部"一站式"完成,打通了疫情防控期间物资保障的"生命线"。该功能于2022年4月9日上线,一个月的时间里仅南关区就产生交易1 200余笔,总金额超过1 040万元,最高单日总金额达126万元,惠及区内63个社区、65万居民。

经过几年的发展,亿联银行资产规模从20亿元发展到了600亿元;自营App、微信银行等渠道,存款客户超过220万户,线上贷款授信客户超过2 900万户,累计为57万家小微企业解了融资之急,为近两万家农户带来实实在在的福利。

(资料来源:作者根据公开资料整理。)

2. 第三方互联网支付现状

第三方支付是指具有一定金融实力并独立于商业银行的企业或机构,通过和商业银行签约,以中介的形式为客户提供网上交易服务的一种网上支付方式。2021年,中国人民银行对第三方支付机构进行了定义:"在中华人民共和国境内依法设立并取得支付业务许可证,从事储蓄账户运营、支付交易,处理部分或者全部支付业务的非银行支付机构。"

近年来,在互联网、大数据等新技术的推动下,金融科技迅速发展,金融服务水平不断提升,第三方支付作为一种新型的支付方式迅速发展,据智研咨询的统计数据,2021年中国第三方支付业务交易金额达355.46万亿元,较2020年增加了60.90万亿元,同比增长20.67%。

从第三方支付交易结构来看,移动支付占据较大市场,根据前瞻产业研究院的调研结果,2019年,第三方支付市场中,移动支付占62.8%,银行卡收单占27.1%,互联网支付占10.0%,预付卡的发行与受理占0.1%。

从第三方支付机构来看,我国现有的第三方支付模式主要由两大类组成:一类是大众熟知的支付宝、微信支付这种类型的互联网支付企业;另一类是依托于各大商业银行的金融支付企业,例如拉卡拉、银联电子支付等。2020年第一季度,支付宝、腾讯金融和银联商务分别以48.44%、33.59%和7.19%的市场份额位居前三,三者的市场份额总和达到89.22%,行业集中度较高。

在支付大融合的进程中,不同类型的企业在加强自己核心优势的基础之上,正不断扩展自身产品及服务的外延。从业务类型的角度出发,单一的线上或线下业务已不能满足企业及个人客户的综合需求;从服务内容的角度出发,以支付结算服务为基础,以规范金融服务的方式提升资金流转效率将是支付企业发展的重要方向,也是客户的核心诉求。

中国第三方支付行业已经进入成熟阶段,未来市场的参与者需重点关注新商业模式的建立和数据挖掘。一方面,传统支付业务模式单一,市场壁垒较弱,越来越多的电子商务平台和传统企业都在以或收购或自建的方式筹建自己的支付平台,市场竞争进一步加剧,价格战不可避免。未来企业要想维持市场地位,或依靠成本优势或依靠创新商业模式的建立,而只有后者才能保证企业的可持续发展。另一方面,随着客户的持续增长和交易规模的持续扩大,第三方支付企业掌握了大量客户交易的关键信息,由此引出的数据经济,将成为第三方支付企业的另一大价值所在。

案例 11-3 国外互联网保险如何创新?Friendsurance:首家提出 P2P 保险概念的企业

德国柏林保险代理机构 Friendsurance 于 2014 年获得李嘉诚旗下的维港投资 A 轮融资后,又于 2016 年获得维港投资 1 500 万美元的 B 轮融资,这究竟是一家什么样的保险机构?

Friendsurance 的独特商业模式:"小组投保 + 保费返还"

Friendsurance 的商业模式可以概括为"小组投保 + 保费返还"。其运营流程如下:①具有相同类型保险需求的投保者根据网上自动匹配或者通过社交平台 Meta 和 Linkin 等邀请好友自助组成保险小组,每组人数 4~16 人不等;②组员缴纳的保费,60%交由保险机构用于支付相应保单,40%用于留存互保基金;③如果小组成员出险,则由留存的

40%互保基金先行赔付,不足额部分则由相应保险机构赔付;④如果到期小组内没有出险,或者出险赔付金额较小,互保基金还有剩余,则按比例返还给小组成员。

Friendsurance 的独特定价模式:保险差别化定价

1. 运用互联网实现差别定价

投保前的逆向选择和投保后的道德风险是保险机构一直面临的一个难题,由于信息不对称,优质客户和高风险客户承担着相同的保费,出险索赔的却往往是那些高风险客户,这实际上是优质客户在用自己的保费对高风险客户进行补贴。

在互联网出现之前,传统保险对此几乎束手无策。互联网技术时代,越来越多的保险机构开始探索这一问题的解决方案。例如,在车险领域,出现了 UBI(基于使用量而定保费)车险,即通过联网设备收集驾驶员的驾驶习惯并根据其驾驶习惯判断其出险率来核定保费,这样就实现了差别定价,很好地抑制了道德风险的发生。在健康险领域,各大保险机构积极布局可穿戴设备,其理念与 UBI 类似,也是通过收集投保人的运动习惯、健康状况等数据来判定其患病率,从而区分不同的投保客户并控制其道德风险的发生。

2. 运用"互助互保"和"保费返还"激励机制实现差别定价

对于除车险和健康险之外的其他险种,如何才能实现差别化定价并控制道德风险呢?诸如家庭财产险、借贷信用险等的保险相关的行为数据,事实上是零散且很难收集的,Friendsurance 却另辟蹊径,创新了一套独特的商业模式来对这些保险进行差别化定价。

类似于家庭财产险的险种,由于很难利用互联网手段收集相应的风险数据,因此增加了其差别化定价的难度。

Friendsurance 通过"互助互保"和"保费返还"的模式设计另辟蹊径,利用社交熟人之间的相互制约很好地防范了投保后道德风险的发生,让整个投保流程形成闭环,投保客户"今天"的行为将在"明天"被惩罚或者被激励,这促使他们时刻保持"做到最好"。

Friendsurance 的独特盈利模式:全额赔付同时适度盈利

"互助保险"这种在国外非常普及的保险模式近两年来开始在国内流行,比较知名的互助机构诸如"抗癌公社""E 互助"等也都引起业界和资本的广泛关注。

互助保险和 Friendsurance 40%的保费基金都是基于 P2P(个人对个人)的模式,相应的保费完全没有经过传统保险机构,是互助小组的互保行为。

(1) Friendsurance 拿出 60%的保费用于购买大型传统保险机构的保单,有保单兜底能够更有效地实现出险索赔的全额赔付。

(2) 盈利模式:目前的互助保险机构多数缘起于公益,至今也没有探索出一套自身的盈利模式,而 Friendsurance 作为一家保险经纪代理机构,60%的保费都用于购买保险机构的保单,元立方金服研究人员认为,这将为其带来相当可观的"代理费",保障了企业的持续运营和发展。

(资料来源:《揭秘!李嘉诚商业帝国之金融的崛起》,http://www.sohu.com/a/197354745_408971,访问日期:2023 年 12 月 28 日。)

3. 社交媒体营销现状

美国学者安东尼·梅菲尔德(Antony Mayfield)于2007年在其著作《什么是社会化媒体》(What is Social Media)一书中最早提出了"社交媒体"的概念。他认为社交媒体是一种给予用户极大参与空间的新型在线媒体。2010年,在对Meta、Twitter(推特)等全球主流社交媒体进行深度调研后,欧洲市场营销协会对社交媒体作出了相对完整的定义:社交媒体指允许用户创造、交流内容并进行互动的在线平台及技术,最常见的形式包括博客、微博、在线视频、论坛及社交网络等。①

以国外平台Twitter为例,某些Twitter用户通过讲述有趣的故事和逸闻吸引了大量关注者,提高了个人美誉度。随着个人名气的提高,其所在的企业自然而然地受到影响。此外,Twitter发布了有关企业的各类帖子,如企业成就、新闻稿或推广网站的链接、回答Twitter用户关于企业品牌的各类问题,同样获得关注者的追捧,无形中提升了企业的知名度。②

随着互联网的普及、社交平台的兴起,中国社交媒体内容营销市场规模由2016年的80亿元增至2021年的340亿元,年复合增长率达33.6%。

从细分领域来看,短视频的受众人数及其在短视频上花费的平均时间持续增长,为短视频内容营销行业的扩张奠定了坚实基础,进而将吸引更多广告商将广告预算分配至这一领域。中国短视频内容营销行业的市场规模由2016年的1亿元增至2021年的163亿元,年复合增长率为177%。另外,直播作为一种内容展示形式,受欢迎程度持续提升,公众对其认知度得到提高,而其具备的相关商业化及盈利潜力,近年来令投入直播的广告开支增加。自2017年开创以来,中国直播内容营销行业的市场规模由2018年的2亿元增至2021年的53亿元,年复合增长率为198.4%。

社交媒体营销在中国的兴起离不开以下几方面因素的作用:首先,中国主流的社交媒体平台都已推出及运营自身的营销推广平台,如抖音运营的星图、哔哩哔哩运营的花火及快手运营的磁力聚星……这些营销推广平台让广告商和内容营销方案供应商能够接触到内容生产者和发布者,有效降低了广告商为寻找内容发布者和内容发布者为变现其内容资产所产生的交易成本。其次,用户越来越倾向于通过在社交媒体平台上的自我表达、联系和互动来满足其不断增加的社交需求,以社交媒体平台用户数与移动设备用户总数之比计算的社交媒体平台渗透率在2020年已接近100%。如此广泛的用户覆盖率和用户的高度参与,为社交媒体内容营销活动实现最佳营销效果带来实质性的竞争优势。最后,内容营销可以帮助广告商更有效、更准确地触及其目标客户,并在与用户的互动中建立和改善其品牌形象。社交媒体平台上的营销活动使广告商能够根据人口统计数据、性别和兴趣等因素更好地触及受众。③

---

① 唐启蒙:《社交媒体时代的联名卡营销创新》,《中国信用卡》2013年第2期。
② 王姐:《微博营销在保险营销中的应用》,《中国保险》2012年第6期。
③ 《2022年社交媒体市场规模及发展前景分析》,https://mp.weixin.qq.com/s/YsNA0wODh0i5kN6cnyP_aA,访问日期:2024年1月5日。

案例 11-4　携程金融精准普惠新市民品牌传播

2022年年初,携程金融围绕"新市民"策划了系列条漫、海报、图文等内容,讲述新市民故事,展现其拼搏奋斗的精神面貌,并通过直播、短视频等创新形式为新市民开展金融科普宣传,守护新市民"钱袋子"。

聚焦新市民,服务新市民。携程金融精准普惠新市民品牌传播案例围绕新市民群体精准营销,用走心的新市民用户故事打动人心,用直播形式花式科普金融知识。整合应用多媒体矩阵资源,通过多形式、多渠道、多维度的持续宣传助力新市民的方方面面,充分展现携程金融的企业责任和温度,提升品牌好感度。

创意走心:讲述新市民故事

走进新市民群体,讲述新市民故事。想要服务好新市民群体,就要走近他们、了解他们。新市民群体遍布各行各业,他们是外卖小哥、滴滴司机、企业白领、装修工人……他们出于就业、创业等原因来到新的城市,面临着住房、就业、教育、医疗等方面的一系列难题,迫切需要更加普惠、精准的金融服务支持。

携程金融策划了系列用户故事活动,通过与不同行业的新市民沟通交流,了解新市民的切实需求,聆听他们在外打拼的心声和困难,讲述他们的奋斗故事与精神,用走心的故事传递新市民的心声和温情,获得群体共鸣,提升传播效果。

形式创新:花式直播金融科普

从新市民切身需求出发,用"直播+短视频"花式玩转金融反诈科普。进入陌生城市的新市民群体,更容易被电信网络诈骗分子盯上,为加强新市民金融知识普及和风险防范意识教育,携程金融全方位开展了新市民金融科普工作。

针对新市民群体中常见的电信网络诈骗类型,携程金融策划了一系列反诈科普内容,为新市民讲解刷单兼职骗局、"杀猪盘"骗局、"征信修复"诈骗、养老诈骗等常见骗局套路和防范攻略。另外,新市民群体中年轻群体庞大,容易受到过度消费、过度负债等不良习惯的影响。为了引导广大年轻人建立理性消费观,携程金融定期进行理性消费和合理借贷的宣传。

除此之外,携程金融还开展了个人信息安全保护、投资理财攻略等方面的金融知识科普,帮助大家守护好"钱袋子"。携程金融陆续开展多场直播,主题涵盖防骗反诈、金融知识、理性消费等与金融客户息息相关的领域。

在品牌宣传推广方面,携程金融统筹应用多个宣传渠道,发挥联动效应,提升品牌传播效果。策划新市民系列深度报道、故事长图等内容,通过自媒体矩阵进行多平台分发曝光,在官方微信公众号、微博、头条号、视频号、抖音等十多家自媒体平台上宣推,有效提升品牌好感度和口碑。积极沟通配合外部媒体联动,"新市民直播""精准普惠新市民"等相关内容吸引了十多家财经媒体宣传报道。

(资料来源:作者根据公开资料整理。)

（二）手机媒体营销现状

历史长河里，10年不过沧海一粟，但对于中国的金融科技行业来说，却是一段几乎都发生在手机里的漫长而又特殊的旅程。

根据移动互联网智能服务商 QuestMobile 的调查，2022年年底，我国移动互联网用户规模突破12亿大关，全网的触网程度继续稳步加深，月人均使用时长达177.3小时；而就在10年前的2012年，这两个数字分别是：4.2亿人、近62小时。

移动互联网金融是传统金融行业与移动互联网相结合的新兴领域，区别于传统金融服务业，移动互联网金融以智能手机、平板电脑、无线POS机等移动设备为主要媒介，使得传统金融业务具备透明度更高、参与度更高、协作性更好、中间成本更低、操作上更便捷等一系列特征。

手机银行是移动金融的主要工具。手机银行是利用手机办理银行相关业务的简称，它是继网上银行之后出现的一种新的银行服务方式。在具备网上银行全网互联和高速数据交换等优势的同时，又突出了手机可随时随地操作的移动性与便携性。因此，手机银行迅速成为商业银行业更加便利、更具竞争性的一种服务方式。手机银行利用智能终端和移动互联网，为商业银行客户提供个性化、综合性的服务，一方面可以减轻商业银行的柜面压力，另一方面可以达到方便客户、提高客户满意度的目的。

国外手机银行起步较早，自1996年捷克斯洛伐克率先推出手机银行业务以来，手机银行在欧美和日韩已发展得较为成熟。以美国为例，据美国商业资讯（Business Wire）的报告，2020年美国手机银行用户数量达到5 700万，2020年4月美国四大商业银行超过70%的客户使用手机银行应用程序，预计到2025年，移动银行将成为一个价值18.2亿美元的市场。中国的手机银行业务起步相对较晚，但发展速度迅猛。据《证券日报》发布的数据，截至2022年年底，六大国有商业银行手机银行客户数总计已超20亿，其中，中国工商银行融e行个人手机银行客户数达5.16亿户，是同业中唯一率先跨越5亿客户数里程碑的商业银行；中国农业银行个人掌银客户数达4.60亿户，位列第二；中国建设银行个人手机用户数达4.4亿户，位列第三；邮储银行手机银行客户数达3.44亿户；中国银行个人手机用户数达2.5亿户。

案例 11-5 新支付方式？华为支付联合银联推出"碰一碰"手机闪付

在智慧生活当中，大家都已经习惯了微信、支付宝等支付方式，几乎没有带现金的习惯。为了能再次感受到互联网+科技改变生活的美好，2018年7月，华为支付（Huawei Pay）联合银联推出了"碰一碰"支付，但仅限支持NFC（近场通信）的华为手机。通过华为官方放出的视频来看，与大家常见的扫码支付不太一样，这种支付方式只需要将支持

NFC 的华为手机靠近"碰一碰"（NFC 卡片标签），即可实现自动跳转至银联与华为支付合作的平台，弹出支付界面，输入价格，然后进行指纹识别或者输入密码验证即可完成支付。

据银联的介绍，通过华为支付扫描 NFC 标签可以省去打开"云闪付"App 的过程，直接跳转到支付页面。商家开通华为支付与银联的"碰一碰"支付也很便捷，仅需开通在线手机收单服务。根据视频演示可知，商家只用将带有 NFC 的闪付标签贴在收银柜台上即可，完全不需要相关的 POS 机以及扫码设备，这样可为商家免去硬件成本以及工本费。

2018 年，"碰一碰"率先在北、上、广、深四个城市进行试点。但由于"碰一碰"造价比"扫一扫"的二维码贵且并不是所有手机都有 NFC 功能，NFC 也不支持多人支付，因此"碰一碰"迟迟没有得到普及。

（资料来源：作者根据公开资料整理。）

（三）其他数字化媒体营销现状

技术创新为媒体营销带来新的机遇和挑战，近年来火爆出圈的 AR（Augmented Reality，增强现实）技术就给营销业带来了新的生命力。宜家 AR 家居、电商平台中的 AR 商品详情页、北京荟聚中心的"荟聚童话镇"、可口可乐的 AR 城市罐……AR 营销正在逐渐走进人们的生活。

AR 技术能够将虚拟数字信息与真实世界信息无缝连接，通过屏幕实时展现在用户面前。这种技术不仅适用于手机和平板这种小尺寸屏幕，广告牌之类的大屏也同样适用。依靠镜头和传感器之间的高科技平衡，AR 技术能在视觉、听觉，甚至触觉方面为用户创造沉浸式体验。

在 AR 技术的加持下，广告变得更加有趣且充满互动性，可以给用户创造独特的体验，加强用户与企业的连接。第一，AR 技术可以提供虚实结合的交互性体验，让品牌体验从原有的二维屏幕提升到沉浸交互的三维空间，提升用户互动体验；第二，AR 技术可以提供沉浸式的产品/品牌体验，赋予品牌被感知的力量，从而提升用户对企业的信任，增加用户对品牌的好感；第三，AR 技术会创新贴近用户的传播方式，让用户更容易地掌握商品信息，在虚拟世界中"试体验"，与商品进行面对面的"交流"，重塑品牌形象；第四，AR 技术可以创新具有故事感的推广方式，让商品会"说话"，让用户听见、看见、"触摸"一个商品背后的故事，进而重塑品牌形象。

知名的营销企业 The Drum 表示，"2023 年，VR（虚拟现实）和 AR 的经济影响预计将达到 295 亿美元，它还大大提升了注意力和参与度。同时，AR 技术平均可以吸引人们超过 85 秒的注意力，将交互率提高 20%，并将购买转化率提高 33%"。总之，AR 营销的爆火本质上还是因为其能够真正提升品牌主的广告效率。在广告的触达率、品牌的知名度以及用户对产品的喜爱度都大幅提升后，购买转化率的提高不过是水到渠成。

案例 11-6　商业银行布局元宇宙赛道赋能业务创新

元宇宙概念热浪滚滚——除科技巨头扎堆布局外,已有多家商业银行在数字化转型中"押宝"元宇宙赛道,以期赋能业务创新,探索多元化金融服务。

《上海证券报》记者调研了解到,商业银行对元宇宙的探索,目前集中在虚拟数字员工、虚拟营业厅等方面。"元宇宙的兴起,将再次推动数字经济和产业数字化转型的快速发展。"百信银行战略总监管正刚认为。

商业银行角力元宇宙赛道

据了解,中国工商银行、百信银行、宁波银行、江苏银行等均对元宇宙进行了初步探索。梳理来看,这些探索集中在打造虚拟营业厅、设置虚拟数字员工、提供虚拟金融服务等方面。

例如,2021年,百信银行推出了"AI虚拟品牌官"的二次元形象——AIYA(爱雅);近期,中国工商银行推出"VR元宇宙虚拟营业厅",以VR智能眼镜为媒介,为客户打造身临其境的沉浸式体验,目前已率先在河北省雄安分行试点使用。

中国银行相关人士亦向记者透露,该行正在研发元宇宙相关产品,有望在不久后发布。

南京银行正在打造元宇宙空间"你好世界"。"项目初始,我们计划仅开放中心广场区域。随着后续新客户的入驻和业务拓展,还将建设更多虚拟交易场景。"南京银行相关人士表示,中心广场以"养鸭子"游戏为交互载体,将南京银行的在线电子账户开立、金融产品知识学习、营销活动浏览及分享等业务贯穿其中。

商业银行布局元宇宙,是探索多元金融服务的一种途径。在易观高级分析师苏筱芮看来,在具备经济体系的元宇宙世界中,为客户提供虚拟金融服务,拓展更为丰富的消费、交易场景,为客户创造交互式、沉浸式体验等,都是金融元宇宙的主要内容。

赋能商业银行业务创新

管正刚认为,元宇宙有"人、场、物"三个核心内涵,分别是虚拟数字人、沉浸式体验的场景以及数字资产。

作为资金融通机构,商业银行探索元宇宙,是噱头还是真正能够赋能业务?在行业人士看来,探索元宇宙,对商业银行而言具有实质意义:一方面可以优化底层架构布局,另一方面可以丰富其业务场景。这些都有助于商业银行未来业务创新、网点转型等,特别是场景拓展,可以帮助零售业务增长。中国工商银行发布的"VR元宇宙虚拟营业厅",其实就是探索元宇宙智慧网点建设的一种举措,有观点认为,此举可以帮助降低网点的日常运营成本,加快构建数字金融生态步伐。

让商业银行更感兴趣的是元宇宙带来的场景。因为对商业银行零售而言,得场景者得业务。"传统的场景金融中,客户的交互方式主要以线下为主,受到时间和空间约束;元宇宙应用环境下的场景金融中,客户感知、连接、服务能力的提升将是核心,客户线上与线下双线体验结合将是流行方式。"南京工业大学互联网金融科技研究中心校外主任陆岷峰表示。

更具想象空间的是,未来商业银行可能将更多业务"搬到"元宇宙中,在虚拟空间"面对面"地为客户办理业务。在陆岷峰看来,在应用元宇宙原理方面,商业银行现阶段有突破但仍不足。他认为,应根据元宇宙的特点强调沉浸式消费的感觉,利用元宇宙提升商业银行客户的场景体验,增强客户黏性,创新具有元宇宙基因的场景金融新产品,提升产品体验感。

管理好元宇宙应用风险

在探索元宇宙带来的机遇的同时,商业银行也不应忽视其应用风险。在业内看来,元宇宙本质上是数字虚拟世界,当其融入商业银行的应用场景时,将面临元宇宙未来发展的不确定性风险,以及由此可能带来的重复投资风险。据了解,尽管商业银行密集布局元宇宙赛道,但他们对元宇宙的应用整体呈谨慎态度。华东地区某城商行工作人员表示,目前该行业务部门对待元宇宙还比较谨慎,相关探索主要集中在研究阶段。

元宇宙在场景金融应用中,尤其需关注的是客户财产安全。上海兰迪律师事务所律师丁学明表示,在元宇宙中,虚拟财产的属性、权属界定及保护、产生纠纷的解决机制等仍需考虑,建议理清虚拟财产法律属性及权属,保护虚拟财产,在虚实结合时,对虚拟财产和传统的物权区别保护。此外,还有数据安全——商业银行在通过元宇宙提升客户体验感的同时,如何保障数据安全问题也值得关注。在陆岷峰看来,要切实加快加密计算技术在元宇宙及场景金融中的应用,金融机构要有防堵数据隐私漏洞的技术能力。

(资料来源:作者根据公开资料整理。)

二、金融新媒体营销与传统金融营销比较

金融新媒体营销与传统金融营销具有许多相同的地方:都是金融机构的一种经营活动;都需要通过营销组合才能发挥功能;都是把满足客户需求作为一切活动的出发点,二者对客户需求的满足,不仅停留在现实需求上,还包括潜在需求;都必须遵循一定的市场营销规则,合理运用各种营销策略的组合。但二者在营销方式、竞争态势、促销方法、产品策略、广告策略、关系营销等方面存在一定的差别。

(一)营销方式上的差别

传统金融营销更多运用的是一种大众化的营销策略,由于自身实力、成本等方面的限制,很难做到针对不同的客户采用不同类型的营销策略。和传统营销手段不同,新媒体营销更强调与客户的互动性、注重客户体验,是为客户创造需求的过程再造。新媒体营销中,提高客户黏性是基本属性之一,在满足客户需求时,激发客户的兴趣和消费意愿,通过微博、微电影、播客、博客等方式,全方位、动态地为客户提供服务。

(二)竞争态势上的差别

传统金融经营过程中,很难有效地获取所需信息是制约其发展的瓶颈;而在网络运行的环境下,各种信息基本上处于畅通无阻的状态,因此整个市场的竞争是透明的,要想

掌握竞争者的信息及其动态并非难事。此时营销活动想要达到预期效果的关键就在于迅速、准确地获得相关信息并及时进行整理、分析，从中找出自己的竞争优势与劣势，最终制定出能够体现自身优势的竞争策略。

（三）促销方法上的差别

传统金融营销更多依靠的是大量的人力和广告以及层层的渠道，这些在新媒体时代将成为金融机构沉重的包袱，而实际上这些传统的营销方法，诸如人员推销、市场调查、人员促销等手段可以与网络实现充分融合，充分利用新媒体带来的各种便利，整合各种资源，这样金融机构就可以利用新媒体最大限度地降低成本，实现以最小的成本投入获得最大的营销收益。

（四）产品策略上的差别

传统金融机构往往倾向于推出大众化、标准化的产品来满足大多数客户的需求，而新媒体营销中，金融机构可以通过各种新媒体更加便利地获得关于金融产品和服务的理念以及广告测试效果的反馈，当然也可以更加准确、全面地了解到不同客户的不同需求，因此，金融机构要想为不同的客户提供不同的金融产品已经不是一件很困难的事情。原先的标准化产品已经不适应现在金融机构的发展需要，越来越多的客户需要金融机构向他们提供个性化的产品。

（五）广告策略上的差别

传统金融机构的广告一般借助于电视、报刊等媒体，一方面价格高昂、覆盖时空有限，广告效果不易评估，另一方面，由于它具有强势灌输的特点，因此会招致部分客户的反感。相对于传统的媒体以及广告形式而言，通过新媒体做广告可以降低发布成本、跨越时空限制，对广告效果进行有效的评估，又由于新媒体广告基本上是以客户主动点击获取信息为原则，且能够集各种媒体功能于一体，具有较强的互动性，因此，它可以有效地激发客户的购买热情。

（六）关系营销上的差别

对任何企业而言，它们之间的竞争归根结底都是对客户的争夺，对于金融行业来说也不例外。如何通过互联网等新媒体与遍布全球的客户群保持紧密的联系，再通过对金融机构品牌的建设、对商业银行整体形象的塑造，建立客户对金融机构的信任感，是金融新媒体营销取得成功的一个重要因素。对于金融新媒体营销而言，它的目标市场、客户形态、产品种类与传统金融营销有很大差异。因此，要想建立这种跨文化、跨地域、跨时空的客户关系，还需要有多种创新的营销行为。

三、新媒体对传统金融业务带来的挑战

（一）新媒体的兴起导致传统金融机构经营环境发生变化

（1）竞争的加剧是新媒体营销带来的最直接的后果。数字时代信息技术大大降低了金融机构的经营成本，加上信息技术的迅速普及，以及金融机构在新媒体业务方面的

立法尚未完全建立和健全，导致金融市场准入门槛较低，从而吸引了大量非金融机构甚至一些高科技企业的进入。由于都是借助互联网等新媒体提供金融服务，因此只要能够提供足够的技术处理能力，不论企业大小、分支机构多少，大家都是处在同一起跑线上。新媒体为中小金融机构提供了与规模大的金融机构相对平等的竞争机会，这样就使传统金融机构在内部竞争日趋激烈的情况下面临潜能巨大的外部竞争，传统金融机构在一些领域的地位随之下降。

案例 11-7　山西证券把握时代潮流，探索 Z 世代品牌传播

以年龄阶段划分，一般出生于 1995 年至 2009 年的年轻群体被称为"Z 世代"，目前中国的 Z 世代人群多达 2.64 亿人。这群年轻人拥有独特而又个性鲜明的身份标签，如悦己、颜值主义、潮流引领者、二次元等。

作为互联网原住民，他们有机会比父辈更早地接触理财，与父辈们的理财观有很大的不同。他们资产配置意识强，偏爱基金甚于股票，对风险和收益有更进一步的认知，还钟爱在网络社区里分享理财经验；希望获得不同资讯，能够有自主决策的空间，把理财的主动权牢牢掌握在自己的手里。学习投资，依靠专业人士，做长期主义者，这是 Z 世代年轻人的理财观念。

伴随着首批 Z 世代人群陆续进入职场，针对他们的品牌营销变革已经到来。Z 世代人群不仅是新消费主力军，在互联网投资理财领域也崭露头角，为传统金融机构带来了较大的年轻化转型压力。Z 世代人群对于传统模式下的金融服务已经感到陌生，富有创新性、场景化、高效的金融服务才能吸引他们。新型场景营造和体验式服务，将是未来金融机构面向 Z 世代进行转型的重要方向之一。

面对不断变化的时代，山西证券主动求变，对 Z 世代人群展开积极探索。通过搭建短视频频道、开展数字藏品系列活动等打造更符合年轻人偏好的视频内容和活动，并利用大数据和人工智能技术打造出更适合 Z 世代数字原住民的理财交流社区、理财分析工具等服务体验。

随着越来越多 Z 世代年轻人陆续成为投资理财的主力群体，他们在资本市场上也获得了越来越大的话语权。无论是生活习惯还是思维观念，他们较前几代人都有很大的不同。网络是 Z 世代人群进行社交的主要方式，而传统的金融服务已然离他们越来越远，金融机构也应紧跟时代，把握潮流，随客户特质而变，新型金融服务场景的营造将是未来金融机构转型的重要方向。对年轻客群的提早布局就是对未来客群的布局，而目前正是一个重要的时间节点。

在这样的背景下，山西证券对 Z 世代人群给予特别关注。在山西证券的未来规划中，Z 世代人群被列为创新发展的重要客群，在全企业范围内组建 Z 世代创新探索工作组，通过互联网能力的对接，以 Z 世代人群的视角构建内容运营和服务体系，面向 Z 世代

人群打造年轻化、专业化的理财平台,通过对 Z 世代人群的拓展,改善企业现有的客群结构,提升对未来客群的服务能力和竞争力。

比如,由于短视频已成为 Z 世代人群偏好的传播形式,山西证券在企业内部发起短视频大赛,旨在打造契合 Z 世代人群的金融内容,鼓励全企业各部门及分支机构员工积极参与。在这次大赛里涌现出很多优秀短视频创作者以及优质的视频内容,为此后企业深耕互联网金融服务提供了有力的后备内容支持。除此之外,山西证券还策划了"Z 一下,你有创意我投资"的主题创意大赛,旨在通过大赛的形式搜集吸引 Z 世代人群的创意想法,在全企业营造与时俱进的年轻氛围。

另外,App 也是吸引 Z 世代人群的重要渠道,山西证券"汇通启富"App 的升级将定位于打造"有趣有料"的符合 Z 世代年轻人的财富管理平台。比如,通过在 App 上搭建短视频频道"嗑基说",尝试让客户以"刷"的方式看内容,客户可以在频道里点赞喜欢的视频、关注喜欢的博主。

在活动形式和奖品设置上,山西证券推出数字藏品系列活动,适应年轻人偏好创新、尝试新事物的消费习惯。未来,山西证券将迎合年轻人投资理财的喜好,推出更适合 Z 世代人群的理财交流社区、理财分析工具等增加梗点的服务体验。除 App 外,山西证券吸引 Z 世代人群的渠道还会延展到其所聚集的生态,如微信、抖音以及哔哩哔哩等平台中,用 Z 世代人群感兴趣的形式和方法,如中短长视频、社交互动、种草等,做好全渠道端到端的"无缝"体验。目前,山西证券已经基本打通了抖音、视频号的运营链路,正在积极布局,将"Z 世代元素"融入内容体系。后续将聚焦内容创意,陆续推出更多符合 Z 世代人群需求的视频、直播、课程系列,打造有趣、有料、有温度的企业品牌。

(资料来源:《第五届中国金融年度品牌案例大赛报送案例展——山西证券把握时代潮流,探索 Z 世代客群品牌传播案例》,https://new.qq.com/rain/a/20220926A050WK00,访问日期:2024 年 1 月 5 日。)

(2)信息技术的地位将不断提升。金融机构内部引入信息技术可以大幅度降低内部交易成本和外部交易成本。一是业务规模扩展导致的成本相对下降。信息技术减少了金融机构向客户递送产品和服务的环节,通过缩短距离而降低交易成本,并通过服务地域范围的扩大获得规模经济。二是自动化的规模经济效应。通过引入集成化的信息系统或其他形式的自动化技术,金融机构能够提供灵敏快捷的服务,在获得利润的前提下,向客户提供特定的小批量产品和服务。随着跨国金融贸易交易金额迅猛增加,传统的通信交换方式已无法满足业务发展的需求,大量的数据需要及时、可靠地在金融机构间传递,电子数据交换可以通过迅捷、准确的计算机网络为客户办理国际结算业务,每笔业务的持续时间不超过 30 秒,从而可以节约大量的时间和费用。三是知识化的规模经济效应。信息技术的使用使金融机构能够更为便利地积累经验和知识,从而降低单位成本。

(3)金融客户的市场权利发生变化。在传统的金融服务业的市场结构和运行模式下，客户在选择金融产品时几乎没有任何主动权，僵化的行业结构意味着客户只能被动接受金融产品的价格。而在数字时代的背景下，客户的市场权利随着信息的膨胀和获取信息快捷性的提高而不断增强，客户对金融服务的要求越来越高，讨价还价的能力越来越强，金融机构采取的以产品为主导的经营策略已不可行，取而代之的是以客户为主导的经营策略，金融机构需要认清目标客户，更深入地了解客户真正的需要，从而为他们提供量身定制的产品和服务。

（二）新媒体营销的出现打破了金融机构传统的经营方式与经营理念

那种以资产规模大小、分支机构数量多少、地理位置优劣论"英雄"的观念早已过时，而提高获取信息的能力，为客户提供及时、便利、优质的个性化服务则成为新的成功标准。在这种新的经营理念下，金融机构的经营方式也将发生重大变革。其中最明显的就是分支机构的地位明显下降，取而代之的是如何提高金融新媒体服务的质量，包括以品牌、服务速度等吸引更多客户，实际上就是将业务重点转向大众客户的服务模式，利用技术优势在降低成本的同时扩大客户规模。

（三）新媒体经济发展使传统金融机构的组织制度发生变化

金融行业是一个具有规模经济特质的行业。例如，在传统经济条件下，银行业规模经济实现的基本途径是组织体系的分支行制。而在新媒体经济条件下，网上银行的出现和发展不仅使传统的商业银行经营理念、经营方式发生了变化，而且正在使传统的商业银行外部组织结构由物理形态向虚拟形态变化，实现商业银行规模经济的基本途径已不再是分支行制，而是技术、创新和品牌。这是就外部组织制度而言。从内部组织制度看，随着商业银行外部组织制度的变化，商业银行的内部组织结构也由垂直形态向扁平形态发展，其内部的管理成本和协调成本大大降低。

（四）新媒体使传统金融机构的经营管理制度发生变化

在传统经济条件下，资产负债管理是金融机构管理制度的基本内容。虽然在新媒体经济条件下，金融机构仍必须坚持采用该制度模式，但在新媒体时代，由于金融机构的组织特质和业务特点，以及受其技术的复杂性、信息的多样性和竞争力度的加强等因素的影响，资产负债管理的重要性将有所下降，信息技术系统的安全性、效率、传输速度将是金融机构管理所要考虑的主要因素，进而综合配套管理、技术标准管理和个性化服务管理将成为新媒体经济条件下金融机构经营管理制度的基本内容。

（五）新媒体的出现使金融创新陷入了一个微妙的境地

在传统金融行业中，金融创新可以使金融机构在相对较长的一段时间里掌握该项业务的垄断经营权，而金融机构通过新媒体推广的金融产品出于技术性原因极易被竞争者模仿。结果是，如果金融机构长期处于跟随者地位，则无法抢占创新先机；如果金融机构总是处于创新前沿，则会因为其成果被竞争者模仿的速度太快而使得创新得不偿失。

（六）新媒体的出现使整个金融行业的利润面临下降压力

对传统金融机构来说，新媒体的出现增加了客户的选择，提高了客户的议价能力，降低了客户对金融机构的忠诚程度,这就迫使金融机构采取薄利多销的策略。例如,网上银行就大大便利了客户选择那些具有最佳报价的商业银行产品,进而促使价格下降。又如,网上支付技术的发展,增加了资金清算及划拨的途径,缩短了所需的时间,商业银行一方面因为无息资金停留时间的缩短而失去了部分利息收入,另一方面用有意减少手续费的方法去进行竞争,因此会存在利润下降压力。

第三节　金融新媒体营销策略

一、金融新媒体营销战略

企业战略是指企业为了适应未来环境的变化,寻找长期生存和稳定发展的途径,并为实现这一途径优化配置企业资源、制定总体性和长远性的谋划与方略。营销战略是企业战略的重点,因为企业战略的实质是实现外部环境、企业实力与企业目标三者的动态平衡。数字时代的来临使金融机构可以通过各种新媒体扩大自身的视野,重新界定市场范围,缩短与客户的距离,取代人力沟通与单向媒体的促销功能,改变市场形态。因此,金融机构新媒体营销战略的重点也应体现在以下几个方面:

(一)客户关系的再造战略

在数字时代,金融机构规模的大小、资金实力的雄厚与否从某种意义上讲已不再是企业成功的关键要素,企业都站在同一条起跑线上,通过新媒体向世界展示自己的产品。客户较之以往也有了更强的主动性,面对着不计其数的产品有了更多的选择。为此,新媒体营销能否成功的关键是如何跨越地域、文化、时空差距,再造客户关系,发掘网络客户、吸引客户、留住客户,了解客户的愿望以及利用个人互动服务与客户维持关系,即金融机构如何建立并控制自己的客户网络。

(1)提供免费信息服务。提供免费信息服务是吸引客户最直接与最有效的手段。

(2)组建网络俱乐部。网络俱乐部是以专业爱好和专门兴趣为主题的网络用户中心,对某一问题感兴趣的网络用户可以随时在其中交流信息。

(二)定制化营销战略

所谓定制化营销是指利用新媒体优势,一对一地向客户提供个性化的产品或服务。在新媒体环境下,巩固客户、扩大网上销售的重要战略手段是通过定制化营销,提升客户满意度。在美国,几家电子邮报已推出一种新型报纸,即个人化报纸,如《华尔街日报》(*The Wall Street Journal*)的个人版,读者每天早晨一打开电脑,即可阅读一份专为自己设计的报纸,其内容基本上是自己需要并感兴趣的。这项服务在美国本土只需每月支付15美元左右即可享受。

(三)建立新媒体营销伙伴战略

由于新媒体时代的自由开放性,市场的竞争趋于透明化,任何企业都能较容易地掌握同业与竞争者的产品信息和营销行为。因此,新媒体营销争取客户的关键在于,如何适时获取、分析、运用来自新媒体的信息。如何运用新媒体组成合作联盟,并以合作伙伴所形成的资源规模创造竞争优势,是新媒体营销的重要战略内容。建立新媒体联盟和合作伙伴关系,就是将企业自己的网站等新媒体渠道与其他机构的媒体渠道关联起来,以吸引更多的客户。具体而言主要措施有:

（1）结成内容共享的伙伴关系。内容共享的伙伴关系能提高企业网页的可见度,并向更多的访问者展示企业的网页内容。

（2）交互链接和网络环状链接。交互链接和网络环状链接是应用于相关网站间推动交易的重要形式。相关网站间的交互链接有助于吸引浏览网页的客户,便于他们一个接一个地按照链接浏览下去,以提高企业网站的可见性。网络环状链接只是一种更为结构化的交互链接形式,在环上一组相关的伙伴网站连在一起,并建立链接关系,访问者可以通过一条不间断的"链"看到一整套相关网站,从而向访问者提供更为充实的信息。

二、金融新媒体营销手段

金融机构利用新媒体营销提升投资回报率,已经获得越来越多的认同。但是,随着大众化消费时代向个性化消费时代的转轨,一贯以理性、严肃和深奥形象示人的传统金融行业,如何创新营销方式、经营金融品牌,才能更好地为受众所接受,成为一个新课题。已经有先行者在这方面作出了积极的努力和尝试。总结以下这些优秀的成功个案会发现:金融机构进行新媒体营销时,若根据自身的特点选择最合适的方式去做,会更容易被目标受众所接受。

常见的金融新媒体营销手段有游戏营销、情感营销、文化营销和事件营销四种。

（一）游戏营销:巧妙植入,生动传递

游戏营销已经成为全世界知名企业的营销新宠,蚂蚁森林就是典型的养成类游戏营销——让用户在养成游戏的世界里,在各个环节和细节上感受到如同游戏一般的即时反馈和正向鼓励,以此来增强用户黏性,获得良好的品牌体验,并不知不觉地沉浸其中。

养成类游戏+营销的组合成为商业银行进行中长期客户运营的新套路,客户在游戏中培育特定的对象(品牌 IP 等),或者扮演某种角色,持续获得成就。在整个活动体系中,品牌和客户会产生全方位立体化的互动数据,进一步沉淀为品牌精细化运营和产品迭代的重要依据。养成类游戏天然的上瘾机制让金融行为从低频变为高频,从生硬变得有趣,直击客户陪伴式心理诉求、沉浸式体验的上瘾行为模式。

2022 年夏天,中国建设银行推出了一款以"收集、升级、兑换"为主要玩法的养成类小游戏——财富小店。作为一款养成类游戏,财富小店的核心玩法是通过获得成长值提升小店等级,做任务积累游戏积分 CC 豆,可兑换第三方增值权益。随着成长值的提升,CC 豆奖励也会增加,获得的增值权益也会更加丰富。

财富小店具有基础和高阶两类玩法。基础玩法中,客户可以通过签到、答题等日常任务,以及消费支付、财富资产配置、开户、跨境服务和新人邀请等其他五类任务来获得

CC豆。通过基础玩法,客户可以了解中国建设银行主推的全部特色业务板块。高阶玩法中,客户可以在"娃娃机""好友社区""猜涨跌"和"答题有你"中大玩特玩,高阶玩法可以增强客户黏性,提高游戏乐趣。

在客户享受完丰富的活动玩法后,财富小店还提供了众多"触点",以丰富的金融服务和产品推荐将客户连接至中国建设银行手机银行。

(二) 情感营销:开启心门,细分市场

情感营销就是把客户个人的情感差异和需求作为企业品牌营销战略的核心,借助情感包装、情感促销、情感广告、情感口碑、情感设计等策略来达成企业的经营目标。在同质化严重的金融领域,最终决定客户取舍的,不是产品本身,而是客户基于产品或服务对企业所产生的情感。

2022年,第一批00后大学生毕业走出了校园,或走上职场,或进入更高阶的学习阶段。在2022年毕业之际,中国农业银行联合银联发布了毕业季短片《种子的回答》,将每个毕业步入社会的大学生比作一颗种子,聆听他们从扎根到开花的故事,从而拉近与客户的距离。

这一短片区别于传统人物脸谱般的呈现,没有刻意的煽情,而是直接从毕业生的视角切入,让毕业生自己发声,并将其比作一颗颗新鲜掉落的种子,虽然在毕业后的路途中遭遇各种困境或者泥泞,却依旧努力前行。短片最后,以两位毕业生"毕业后的打算"为话题切入,自然而然地将观众拉入品牌营销的语境中,实现对自身品牌的宣传。

除短片之外,中国农业银行还联合中国银联、中国青年报社、人民日报社、中青校媒联合发起"青春续写"活动,邀请毕业生写下自己对未来的憧憬和期待,以此更为深度地调动客户的情绪。

(三) 文化营销:高端传播,提升品牌

管理大师彼得·德鲁克(Peter Drucker)曾预言,社会必将向知识社会转变。知识经济时代一个最鲜明的特征,就是知识作为生产要素的地位空前提高。在知识经济时代,文化之所以一跃而成为企业竞争制胜的关键要素,成为企业营销的战略资源,就在于文化自身所具有的特殊功能。文化营销是现代营销的最高形式,金融机构也应重视企业文化因素,借助文化营销,寻找自己与客户在文化上的结合点,弥补双方的文化差异,打造自身独特的优势。例如,一些大型的外资企业在拓展国内外市场时,迫切需要与文化理念相近的商业银行进行战略合作。这时,那些在平时做足文化营销功课的商业银行就更容易受到注意和青睐。

花呗、京东白条的夹击让商业银行的信用卡业务遭遇了不小的挑战。除推出更多优惠和权益外,在卡面设计上做文章也成为商业银行信用卡破局的方向之一。

2017年,民生银行与故宫合作,发布了民生故宫文创系列主题信用卡,共八款卡面,涵盖十二美人图、龙袍、符牌等故宫元素,并用幽默、俏皮的方式去呈现,与年轻群体产生良好的互动。除此之外,中信银行、中国工商银行、浦发银行等多家商业银行也都发布了

与文化遗产联名的信用卡。

随着越来越多商业银行加入国潮大军,单纯的文创卡面已经不具有强吸引力。金融+国潮要实现营销共振,就要从"形于外"转向"实于内"。2021年平安信用卡将"魔童哪吒"这一国漫顶流IP与自身品牌活动"全城天天88"深度捆绑,将主题活动融入银行网点、消费场景、商户生态当中,打造"找得到、留得住、有转化"的全链条闭环,实现了金融+国潮+生态的综合发力。活动上线7天,平安银行悦享白金信用卡哪吒卡面累计发卡就已突破10万张,微博话题"全城天天88燃出国潮范儿"阅读量也已经突破3亿次,抖音挑战赛"挑战全网最燃哪吒"话题播放量达到了4亿次。

(四) 事件营销:紧随热点,树立形象

事件营销是企业借用热点事件进行营销传播常用的营销策略之一。因为事件本身具有新闻的某些特征,所以常被企业精心策划利用,借势搭车,以低成本的付出来获取企业或品牌知名度、美誉度的大幅提升。

20世纪90年代后期,互联网的飞速发展给事件营销带来了巨大契机。通过网络,一个事件或者一个话题可以更轻松地进行传播并引起关注,成功的事件营销案例开始大量出现。事件营销往往集新闻效应、广告效应、公共关系、形象传播、客户关系于一体,并为新产品推介、品牌展示创造机会,建立品牌识别和品牌定位,快速提升品牌知名度与美誉度。

但随着网络信息的增多,事件营销在受众心智中的留存时间越来越短了。有数据显示,2015年,一个热点的热度能维持7天;而2019年以来,事件从爆发到结束可能只会经历1～2天,甚至可能只有一个上午。

三、金融新媒体营销的管理过程

(一) 金融新媒体营销战略的规划

金融机构在确定采取新媒体营销战略后,要组织战略的规划和执行。新媒体营销不是一种简单的新营销方法,而是通过采取新技术来改造和改进目前的营销渠道的方法,它涉及企业的组织、文化和管理等各个方面。如果不进行有效的规划和执行,该战略可能只是一种附加的营销方法,无法体现出战略的竞争优势,只会增加企业的营销成本和管理复杂性。战略规划分为以下几个阶段:

(1) 目标规划。在确定使用该战略的同时,识别与之相联系的营销渠道和组织,提出改进目标和方法。

(2) 技术规划。新媒体营销很重要的一点是要有强大的技术投入和支持,因此资金投入、系统的购买和安装,以及人员培训都应统筹安排。

(3) 组织规划。开展新媒体营销后,金融机构的组织结构需要进行调整以配合该战略的实施,如增加技术支持部门、数据采集处理部门,同时调整原有的推销部门。

(4) 管理规划。组织变化后必然要求管理的变化,金融机构的管理必须适应新媒体营销的需要,如销售人员在销售产品的同时,还应记录客户购买情况,个人推销应严格控

制以减少费用等。

（二）金融新媒体营销战略的实施与控制

金融新媒体营销战略的实施是一项系统工程，首先应加强对规划执行情况的评估，评估是否充分发挥该战略的竞争优势，评估是否有改进的余地；其次是对执行规划时的问题应及时识别和加以改进；最后是对技术的评估和采用。目前的计算机技术发展迅速，成本不断降低的同时功能显著增强，如果跟不上技术发展的步伐，很容易丧失新媒体营销的时效性和竞争优势。由于采用新技术可能会改变原有的组织和战略规划，因此对技术的控制也是新媒体营销的显著特点。

金融新媒体营销是有别于传统市场营销的新的营销手段，它在控制成本费用、开拓市场、与客户保持良好关系等方面有很大的竞争优势。但新媒体营销的实施不是简单的某一个技术方面的问题，或某一个网站建设的问题，它还涉及金融机构整体营销战略、营销部门管理和规划，以及营销策略制定和实施。

（三）金融新媒体营销的发展策略

随着金融行业全面对外开放，中国金融机构面临的竞争更加激烈。因此，大力发展金融新媒体营销成为金融机构发展战略的重中之重。结合中国实际，应从金融机构自身和外部运营环境入手，促进金融新媒体营销业务的发展。

（1）加强金融机构信息系统的基础建设，促进金融新媒体营销业务的发展。通过加强对金融机构电子化信息系统的基础建设，特别是要加强全国计算机网络的建设，实现金融机构内部计算机管理，促进商业银行电子化的发展。同时，要努力提高新媒体金融业务的安全性，加强对网络安全性的研究，确保网络金融和电子化金融的安全运行。要建立规范措施，增强安全防范意识，加强信息产业、工商产业、金融机构及公安等部门的协调配合，完善安全技术和硬件设施，解决电脑普及率、光纤覆盖率低，网络吞吐能力有限等问题，把数字通信和现代密码技术结合起来，使网上购物支付更加便捷、安全。可借鉴美国的成功经验，对网上银行采用具有三重安全防护措施的作业系统：客户终端浏览器密码处理技术、防火墙技术和保护交易中枢不被入侵的可信赖操作系统。

（2）加大业务创新、组织创新及经营方式创新力度，强化品牌意识。如传统商业银行的经营理念是"以信贷管理为中心"，而网上银行则"以客户服务为中心"，强调为客户提供多种个性化服务。随着网络经济的发展，深入服务将出现两极化的趋势：标准化和个性化。一是以更低的价格大批量提供标准化的传统金融服务；二是在深入分析客户信息的基础上为客户提供个性化的金融服务，重点是在理财和咨询业务、由客户参与业务设计等方面。传统商业银行要充分利用不断发展的大量信息技术深入分析客户，加大产品创新的力度，更好地满足客户的个性化需求。为应对外资商业银行混业经营的现状，在不违反现行监管法规的前提下，可以考虑组建金融集团，通过集团下属的商业银行、保险机构、证券机构从事跨行业经营，以满足不同客户对不同产品的需求，增强国内金融机构的国际竞争力和可持续发展能力。而中央银行在加强对网上银行的监管、加强监管的国际合作的同时要支持传统商业银行的网络化金融创新。在经营方式上,中国商业银行应该充分体现集约化经营的特点,从专注于抢占"地理空间"转变为致力于开拓"电子空间",以便在未来的竞争中占据主动地位。

同时,品牌是网上银行最重要的无形资产。网上银行的产品服务要以客户为导向,除了创新具有个性的金融产品,还必须树立起自己的品牌。网上银行比较擅长于高效率、大批量地处理标准化业务,而那些复杂的产品,还是必须依靠业务人员在物理网点与客户面对面的互动式交流才能解决,二者优势互补,才能满足对客户全方位、个性化的服务。因此,在相当长的一段时间内,商业银行仍将要走以"多渠道"为主的道路。

(3)加快对信息化工作的政策法规及标准规范的研究和制定。中国信息管理的法治不健全,使得金融交易、电子货币、电子商务出现经济纠纷以及面临电子犯罪时缺乏全面的法律依据和保障;金融行业以及各行业间至今没有完整统一的信息指标代码体系,信息的传输和共享遇到很大障碍,极大地影响了金融新媒体营销数据集中的速度。因此,要加强金融新媒体营销的监管工作。一方面要根据技术发展修改现行的法律规范和规则,另一方面要制定有关规范电子货币和金融新媒体服务发展的一系列法律法规,强化对金融新媒体的资格认证,为金融新媒体业务的发展和网络化金融创新提供法律保障、安全保障。

此外,还需加强对金融机构员工的教育培训,着力开发人力资源,建设一支适应时代发展要求的高素质队伍,在此基础上加强对金融新媒体营销的研究,进一步加大科研投入,研究新技术在金融行业中的应用,使传统金融机构经营模式逐步实现向网络金融机构经营模式的转变。

案例 11-8　万亿不良资产催债风口,人工智能如何掘金?

创建债务催收平台 TrueAccord 的理念源自奥哈德·萨米特的梅西百货信用卡逾期经历。2012 年年底,当时萨米特正担任另一家企业的首席风险官。他突然接到了一些陌生号码打来的电话,这些电话来自追债企业。这是萨米特首次遭遇信用卡还款逾期的问题。

"那段经历并不愉快。"他表示。因此,他成立了 TrueAccord,该企业的目标是使追债过程更透明,对客户更友好。这是一个庞大的市场,而 TrueAccord 是第一批希望将科技行业的规则应用至金融服务业各个领域的企业之一。

"仅仅在美国,追债机构就能获得 130 亿~140 亿美元的收入。"萨米特表示,"这一领域有约 6 000 家不同的企业,大部分规模都很小。其中涉及了大量资金,且通常会带来负面的体验。"

2013 年推出后不久,TrueAccord 就已经吸引了 18 家客户。"我们希望带来透明、易用和个性化的体验,这也是客户使用我们服务的原因。"萨米特表示,"企业可以注册并提交希望我们帮助追讨的债务。"

萨米特指出，目前，未支付的发票带来了数十亿美元的损失，引发了客户投诉，并导致一些生意失败。在这种情况下，TrueAccord 利用数据情报、机器学习技术和行为心理学原理，联系债务人，帮助他们确定支付计划，还清债务。

到 2022 年，TrueAccord 已经拥有 2 000 万客户、市值过亿。TrueAccord 表示，利用算法，该企业将催收频率从每周多次降低至每周 3 次。通过 TrueAccord，客户可以协商如何解决债务负担(如果他们正处于财务困境)，或是获得个性化的支付计划，还可以要求获得更多文件，宣告破产，以及获得债务状况的最新信息。

TrueAccord 颠覆了传统催收方式，缓和了传统债务关系中的对立关系，将催收从"猫捉老鼠"游戏变成了一场文明的对话：坐下来喝杯茶，我们聊聊你的债务怎么偿还。

（资料来源：作者根据公开资料整理。）

本章小结

1. 新媒体的出现让金融行业的营销传播方式更为精准，对客户来说，新媒体也改变了他们的消费习惯，未来衡量金融行业的营销标准之一，就是商业金融新媒体的影响力和有效性。

2. 金融新媒体营销呈现出以下特征：多元性、互动性、普及性。

3. 新媒体的兴起导致传统金融机构经营环境发生变化，一方面信息技术的地位不断上升，另一方面客户的市场权力随着信息膨胀和获取信息的快捷性提高而不断增强。

4. 金融机构新媒体营销战略的重点体现在三个方面：客户关系的再造战略、定制化营销战略、建立新媒体营销伙伴战略。

思考题

1. 应从哪些方面理解金融新媒体营销的概念？
2. 对于金融行业来说，为什么要大力发展新媒体营销？
3. 金融新媒体营销与传统金融营销有哪些不同？
4. 如果你是商业银行的营销人员，你将如何利用新媒体来提高投资回报率？请举例说明。

第 12 章

金融客户关系管理策略

▶▶ 知识目标

- ➢ 掌握金融客户关系管理的基本内容和运作模式;
- ➢ 了解基于大数据分析的金融客户关系管理;
- ➢ 理解金融大数据营销的概念,了解其现状及发展战略。

➡ 技能目标

- ➢ 培养利用大数据进行金融客户关系管理的能力;
- ➢ 培养金融大数据营销的应用技巧。

近年来,金融机构对培养客户关系越来越感兴趣,原因在于它们认识到了建立长期客户关系的重要性——它是降低客户流失率、降低成本以及增加收益的一种方式。这就带来了客户关系管理活动,关系管理包括吸引、维持和加强客户与企业之间关系的行为。建立客户关系不仅仅是一种市场营销职能,还是一门有组织的哲学,影响着企业运作和过程、员工、客户服务和质量。同时,希望建立和维持长期客户关系的金融机构,需要采用大数据分析来处理它们与客户的关系。

大数据正以前所未有的速度颠覆着人们探索世界的方式,并驱动产业间的融合与分立。进入大数据时代,金融边界变得越来越模糊,这对金融机构而言既是挑战又是机遇。基于数据挖掘而产生的金融创新,使金融机构拥有了更大的想象和发展空间,也改变着传统金融机构的运营模式。对于那些能理解并拥抱大数据的金融机构来说,这意味着无穷的业务创新、新的竞争力源泉和业务利润。

案例 12-1　青岛银行客户关系管理

2017 年 11 月 8 日,海致网络与《金融电子化》杂志联合主办了主题为"AI 赋能商业银行——知识图谱与智能金融"的首届智能金融知识图谱论坛。青岛银行信息科技部总经理杨斌在会上做了分享:信息技术已成为当今社会发展的重要驱动力,以互联网、云计算、大数据、人工智能为代表的新兴技术的飞速发展,正为各行各业的创新带来激动人心的可能。商业银行借助互联网技术的蓬勃发展和大数据技术的广泛应用,也在积极推动服务、产品和管理方面的创新。青岛银行把"科技卓越"作为全行的核心战略之一,积极探索利用大数据、人工智能等新技术,推动全行智能升级。2016 年,青岛银行基于大数据建成了智能化运维平台,通过大数据技术实现了日志、容量和知识管理的智能化;2017 年,青岛银行开始了大数据在客户关系管理上的应用研究,探索基于大数据和金融知识图谱建设智能客户关系管理系统。

中小商业银行客户关系管理的现状和挑战

这是一个挑战与机遇并存的时代。中小商业银行面临着金融同质化加剧、互联网金融冲击、利差红利消失等外部挑战,也面临着产品和服务"一刀切"、营销成本高而效率低、客户需求越来越细化的内部挑战。同时,移动互联网、大数据、人工智能等新技术蓬勃发展,也为商业银行带来了历史机遇。

"以客户为中心"是多年来银行业的一句响亮的口号,但并没有得到很好的践行和落地。以客户为中心提升客户洞察力、进行差异化的客户覆盖、实现精细化管理成为商业银行客户关系管理转型升级考虑的重点。

以客户为中心,要求商业银行对客户有更加精准的了解,表现在客户洞察、产品服务、销售管理、系统集成、客户价值持久化五大核心能力上。客户关系管理作为"新常态下制胜法宝"式的重要工具,被越来越多的中小商业银行提升至战略高度。

然而，中小商业银行传统型客户关系管理大多数只实现了过去手工作业的自动化和线上化，以及销售管理和业务系统的集成，能够对客户经理形成一定的管理约束力，但因为脱离业务实践，缺乏客户洞察力，导致产品与服务无法持续向客户传递价值，无法对客户经理形成有效的辅助支撑，很难被真正用起来。

为什么当前中小商业银行不能很好地感知客户？根本原因有四大方面：在收集数据的能力方面，数据的融合度和准确性不够；在管理数据的能力方面，数据的组织分布和碎片化严重；在获取洞察力方面，知识的挖掘分析和探索能力不足；在应用洞察力方面，缺乏适应新环境的科学应用场景。

之前，青岛银行客户关系管理系统主要使用静态数据，实现简单的管理流程。因其对客户及客户关系挖掘能力不足，只能作为客户经理日常工作管理和流程管理的工具。

大数据让我们实现了信息向数据的转化；而知识图谱则解决了知识展现的问题，让知识可视化，便于人们理解，再与客户关系管理进行配合，最终形成智能客户关系管理的洞察力。这也是大数据和知识图谱进行结合的本质原因。

以知识图谱四步构建智能客户关系管理

1. 行内数据标准化处理，为智能客户关系管理建设打好数据基础

青岛银行将"以客户为中心"作为准则，实现对业务要素的数据化整理融合，整合梳理客户的账户、系统的总账、渠道、相关方、产品、合约、交易七大主题，以及全行28类对公业务系统数据，从规范化管理出发进行数据指标化、数据专题化、数据模型化梳理，倾力打造全行"一致性、深挖掘"的数据平台，为后续基于知识图谱的智能客户关系管理建设打好数据基础。

2. 行外数据融合，形成客户信息的多维度视图

在行内数据标准化处理的基础之上，青岛银行融合了全国近5 000万家外部企业数据，包含工商、投资、上市、知识产权、招投标、舆情等，与行内数据形成有效的互补，将行内外数据通过统一社会信用代码、组织结构代码、工商代码、税务代码、企业全称进行匹配，依次划分优先级进行关联，形成行内外客户一致关系，帮助客户经理从多维度、多视角获取更多客户信息。

3. 建立客户分群及预测性模型，提升客户洞察力

将基础标签通过一定的业务规则生成业务标签，描述对象的某种较高级的特征属性用于建模；在具体业务场景下，基于模型或经验规则输出分群结果，并利用机器学习技术建立预测性模型。

4. 以知识图谱打造智能客户关系管理应用

在系统定位上，从知识分享、智能分析和信息交互三个维度，建立知识的生命周期。从客户信息的归集展示到基于客户标签的客户画像分析，再到应用于不同的业务场景，以及与后期流程进行对接，比如客户经理定期对客户进行沟通和回访，通过这一过程进行知识的自我完善，对客户信息进行回馈补充。

青岛银行从客户信息的维度，打造了一个客户关系管理的知识平台。另外，以事件

驱动的维度,对接现有客户关系流程化管理。以互联网化检索、事件消息驱动、复杂的关系图谱构建、客户和产品智能匹配、机器学习和自然语言处理(NLP)五方面的技术,支持智能客户关系管理的应用。

互联网化知识检索界面

基于智能客户关系管理落地过程中的大数据及知识图谱技术沉淀,青岛银行打造了专属的企业知识平台,并将在此基础上构建青岛银行未来的智能金融应用体系。

根据该知识平台,青岛银行的所有员工都能够查阅相关客户、制度设计、流程等信息,既能够显著提升个人的能力,也能够方便领导和员工更好地检索其所需要的报告和信息。

青岛银行通过与海致网络合作,利用其金融知识图谱的产品和技术,构建了全维度的客户视图,更加深入地了解客户,并且进行了客户关系的挖掘以及实体之间关系的分析,能够据此针对客户进行精准营销,以及实现客户风险识别和管理。在基于智能客户关系管理建设的基础上,青岛银行希望打造一个企业级的知识平台,智能客户关系管理只是其中的一个插件和应用,通过知识图谱提升全行分析问题、挖掘知识的能力。

(资料来源:作者根据公开资料整理。)

第一节 金融客户关系管理概述

一、客户关系管理的基本内容

(一) 客户关系管理的定义和特征

客户关系管理是企业为提高核心竞争力,达到竞争制胜、快速成长的目的,树立以客户为中心的发展战略,并在此基础上开展的包括判断、选择、争取、发展和保持客户所需要实施的全部商业过程;是企业以客户关系为重点,通过开展系统化的客户研究,优化企业组织体系和业务流程,提高企业效率和利润水平的工作实践;也是企业在不断改进与客户关系相关的全部业务流程,最终实现电子化、自动化运营目标的过程中,所创造并使用的先进信息技术、软硬件和优化的管理方法、解决方案的总和。

客户关系管理起源于 20 世纪 80 年代初提出的接触管理(Contact Management),即专门收集、整理客户与企业联系的所有信息。经过不断发展,客户关系管理逐渐形成了一套管理理论和应用技术体系。最早提出该概念的高德纳咨询(Gartner Group)认为,所谓的客户关系管理就是为企业提供全方位的管理视角,赋予企业更完善的客户交流能力,最大限度地提升客户的收益率;是代表增进盈利、收入和为客户满意而设计的企业范围的商业战略。从一开始,客户关系管理就被定义为一种商业战略(而非一套系统),涉及整个企业,而非某个部门。客户关系管理是一种以客户为中心的经营策略,是利用信息技术对客户资源进行集中管理,将经过分析及处理的客户信息和所有与客户有关的业务领域进行链接,使市场、销售、客户服务等各个部门可以共享客户资源,使企业可以实时地追踪客户的需求,提供产品及服务,提高客户的满意度及忠诚度,从而吸引更多的客户,最终使企业的利润达到最大化。

随着5G移动网络的部署,移动客户关系管理系统变得越来越重要。移动客户关系管理系统就是一个集5G移动技术、智能移动终端、虚拟专用网络(VPN)、身份认证、地理信息系统(GIS)、应用程序组件(Webservice)、商业智能等技术于一体的产品。移动客户关系管理将原有客户关系管理系统上的客户资源管理、销售管理、客户服务管理、日常事务管理等功能迁移到手机上。它既可以像一般的客户关系管理产品一样,在企业的局域网里进行操作,也可以在员工外出时,通过手机进行操作。移动客户关系管理主要适用于经常出差在外的人士,方便其随时随地掌握企业的内部信息。客户只需下载手机版软件,然后将其安装在手机上,并通过组织名和账户名就能直接使用该系统,这样客户不仅可以随时查看信息,而且可以通过手机给企业内部人员下达工作指示,同时也可以享用平台所提供的所有服务。

不可否认,客户关系管理对于企业来说,是一种先进的经营哲学和经营战略的统一体,关系营销学理论是其理论基础,现代信息技术是其硬件支持,企业内部组织架构以及人力资源的配置是其组织人事基础。客户关系管理利用信息技术系统全面地收集客户的一手信息,通过信息技术分析和专业分析深入地研究客户的心理及其特征,再根据以上结论,利用多样化的互动方式为客户提供个性化的产品或服务,使得客户的满意度、忠诚度及贡献度在使用产品和接受服务的过程中不断提高,目的是培养企业与客户持久、牢固的伙伴关系,最终实现企业与客户的双赢。

要真正理解和把握客户关系管理的含义还要从上述定义来入手,概括起来它应当有三个层次的内容:

第一,对于企业管理来说,客户关系管理体现为一种现代经营管理理念;

第二,客户关系管理是企业对客户进行管理的方法和策略;

第三,客户关系管理是由信息技术、软硬件系统集成的应用解决方案的总和。[1]

究其核心思想,即企业客户资源永远是一项重要资产,客户关系管理服务的中心是客户关怀,而客户关怀的目的则是要与有价值的客户保持长效有益的业务往来,这样就可以最大限度地增加企业的利润和提高市场利润的占有率。

(二)客户关系管理的目标和效益

企业实施客户关系管理,就是要对企业与客户之间的各种关系进行全面管理,以实现客户资源价值的最大化,这也是客户关系管理的最终目标。客户资源是企业所有客户信息的总和,而客户资源的价值则取决于企业客户的整体规模、每个客户所能给企业带来的价值以及客户与企业关系的维系时间。因此,要达成客户关系管理的目标,企业必

---

[1] 李季主编:《客户关系管理》,化学工业出版社,2011。

须从三个方面加强客户关系管理：

（1）增加客户数量，即通过获取新的客户、赢回流失的客户以及发展新的细分市场等来增加企业所拥有的客户的数量。虽然开发一个新客户的成本要高于挽留一个老客户的成本，但是获取新客户是企业扩大客户群、实现增长的一个重要手段。而且，任何企业都不能避免客户的流失，因此获取新客户和赢回流失客户也起到了补充与稳定客户群的作用。

（2）增加客户价值，即通过交叉销售和销售升级等方式使客户增加购买数量、提高购买频率与丰富购买品种，从而使客户为企业带来更大的价值。在客户数量既定的情况下，如果能够增加每个现有客户的购买量，必然会带来客户整体价值的不断增长。

（3）延长客户关系，即通过培养客户忠诚、保持有价值的客户、减少客户流失等手段不断延长客户生命周期，提高客户的终身价值。企业进行客户关系管理就是要把潜在客户一步步培养成忠诚客户，使其不断重复购买企业的产品和服务，不断为企业贡献价值。[①]

客户关系管理的目标可以表述为：

（1）以快速、准确、优质的服务吸引新客户和保持老客户；

（2）以优化的业务流程减少吸引和保持客户的成本；

（3）增加客户让渡价值从而提高客户满意度和忠诚度。

客户关系管理的效益主要包括以下几个方面：有效管理客户资源、提高竞争力、改善服务、提高效益、降低成本、提高客户满意度和忠诚度、提高客户的终身价值。其中，客户的终身价值是客户关系管理的根本目标。因为企业追求的并不仅是当前的利润，而是整个客户关系生命周期里的所有利润；并不只是他本人消费所带来的利润，还包括因他的影响而增加或减少的利润。

所以说，客户关系管理的核心是客户的资源价值管理，因此客户关系管理的实施必须获取大量客户的有用信息，并通过管理和分析大量的数据与信息，从中找出对企业管理决策有价值的内容。这一切都需要有先进的技术和工具的支持，数据挖掘恰恰可以给予客户关系管理良好的技术支持。

二、金融客户关系管理

就我国现阶段而言，商业银行的客户关系管理大致包括两方面的内容：一方面是客户的营销管理，另一方面是客户的服务管理。客户的营销管理是指商业银行采取营销手段来识别、挖掘有效客户，并向客户提供个性化的产品和服务；客户的服务管理就是对服务对象，即客户，实施科学维护和系统管理，此举之目的是不断地夯实客户群基础。

图12-1显示了现代商业银行的客户关系管理运行模式所包含的四个模块，以及它们相互之间的关联。

---

① 王永贵：《客户关系管理》，清华大学出版社、北京交通大学出版社，2007。

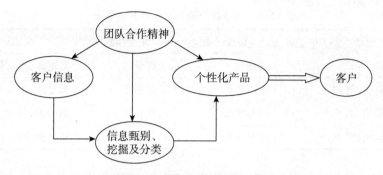

图 12-1　客户关系管理运行模式

（1）良好、持久的团队合作精神。商业银行必须在内部管理上强调团队合作精神以及整体的服务功能，这样才能真正体现出以客户为中心的经营理念。而且，现代商业银行核心竞争力的体现之一就包括商业银行内部各个机构能够做到围绕经营目标而形成既有分工又有协调的机构功能。同时，良好、持久的团队合作，也离不开合理的内部结构设置和对市场动态信息的快速应对能力这两方面的支撑。以产品服务为中心在过去是商业银行内部组织架构设置的基准，现在只有不断地向以客户为中心来调整才是正途。

（2）充分、正确的客户信息。在银行业白热化的市场竞争中，商业银行对客户资源的价值必须有一个全面的了解，原因很简单：商业银行要想准确地进行市场定位并采取相应的经营策略，就只有对客户价值进行全面的了解这一条路可走。所以，商业银行在日常经营过程中要尽可能在保护商业秘密和客户隐私权的前提之下，利用各种渠道充分地搜集与客户相关的信息，实现对客户群体深层次、多角度的挖掘式分析，同时，与金融机构、社会中介机构客观数据的对比分析也十分重要，充分的客户信息是建立一个科学、客观的客户及其市场信息分析制度的必要前提。充分的客户信息、客户的交易行为及贡献度分析也应当是一个重点。目前我国商业银行主要依据客户的资金来源、年龄结构、职业状况、收入结构、资信评级、信用状况等信息来为私人客户建立其个人档案。不得不提的是国际上公认的"二八定理"，即商业银行80%的存款来自仅20%的客户，不过，这一定理对我国商业银行的私人客户群体来说并不适用，实证分析表明，"一九定理"，即不足10%的客户拥有90%以上的存款才基本反映事实情况（在实际情况中这种反差有可能更大）。从沿海到内陆，这种情况随地域的不同还有差别，在各家商业银行的调查研究中，类似这样有差异的分析结果，对于商业银行的市场定位及策略调整等工作绝对具有重要的战略意义。

（3）科学的信息甄别、挖掘及分类。商业银行要想实现对客户的科学管理，只有对客户信息进行深层次分析。这些分析应该从量、本、利的角度出发，通过一系列的甄别、挖掘对客户群体进行科学分类，实现科学的分类管理。在实际操作当中，商业银行的客户大致可以分为四类，具体见表12-1。

表 12-1 商业银行的基本客户分类情况

分类	交易记录	现金流量	数量及贡献
第一类:"休眠"客户	无交易	无流量	数量大,无贡献
第二类:"低价值"客户	有交易	流量小	数量大,少贡献
第三类:"有价值"客户	交易频繁	流量较大	数量少,贡献大
第四类:"高附加值"客户	交易频繁	流量较大	数量极少,贡献大

商业银行之所以进行客户细分,就是要求自己更多地关注第三类和第四类客户,竭尽全力满足其多样化的需求,以期获得超额的利润回报。这两类客户除了在交易贡献度上对商业银行有益,还具有对商业银行的金融产品和服务有较深的参与度的特点,他们是会提出个性化需求的主要客户群体,尽管有时某些需求会很难满足甚至有些苛刻,但一旦得到满足,将会带给商业银行意想不到的巨大价值。不过,应当注意的是,有时这些巨大的价值并非单纯体现在经济价值上,而是时常会表现为口碑、商誉等隐性价值。①

(4)创造出满足客户需求的个性化产品。在高科技环境中,商业银行只有不断创造出满足客户要求的新品种、新工具才能满足客户需求的不断变化,才能最终达成发展优质客户、保持优质客户的客户关系管理的具体目标。

三、基于大数据的金融客户关系管理

(一)大数据的定义和特征

麦肯锡是研究大数据的先驱,其给出的大数据定义是:大小超出常规的数据库工具获取、存储、管理和分析能力的数据集。但它同时强调,并不是说一定要超过特定值的数据集才能算是大数据。②

国际数据公司(International Data Corpuration,IDC)从大数据的四个特征来对其进行定义,即海量的数据规模(Volume)、快速的数据流转和动态的数据体系(Velocity)、多样的数据类型(Variety)、巨大的数据价值(Value)。

亚马逊的大数据科学家约翰·劳瑟(John Rauser)给出了一个简单的定义:大数据是任何超过了一台计算机处理能力的数据量。

维基百科中只有短短的一句话:巨量资料,或称大数据,指的是所涉及的资料量规模巨大到无法通过目前主流软件工具在合理时间内达到撷取、管理、处理并整理成为帮助企业经营决策更积极目的的资讯。

从以上定义可以看出,大数据具有"大容量"的特征,除此之外,大数据还具有时效性的特征。大数据是传统技术无法处理的数据,严格来说,只要时间足够长就没有无法处理的数据,因此大数据的第二个特征是时效性。大数据是难以在业务容忍时间内使用传

---

① 杨向东:《关于商业银行推行客户关系管理(CRM)的思考》,《国际金融》2002年第1期。
② "Big Data: The Next Frontier for Innovation, Competition, and Productivity," McKinsey Global Institute, May 2011.

统软件捕获、管理和处理的大尺度数据集,因此大数据的尺度是随任务时间而变动的。

(二)金融大数据营销的概念

进入大数据时代,互联网与银行业务的深度融合,将极大地改变商业银行的生存和发展方式。数据洪流这一趋势打开了制定决策和争夺市场的新办法之门。而作为数据密集型行业,如何挖掘和分析数据并做出决策,将是未来商业银行赢得市场和竞争的利器。

商业银行中的数据具有典型的异构化特征,包括传统业务数据、办公信息、开发测试数据、业务运行日志、与客户进行沟通的邮件和短信、电话银行和服务的语音记录等。金融大数据营销的核心在于让网络广告在合适的时间,通过合适的载体,以合适的方式,投给合适的人。当今金融大数据营销的力度正在不断加强。对于这一概念,我们可以从三个方面来理解:

(1)多平台化数据采集。大数据的数据来源通常是多样化的,商业银行通过多平台化的数据采集能使其对目标客户的行为刻画得更加全面和准确。多平台采集可包含互联网、移动互联网、广播电视网、智能电视、未来还有户外智能屏等数据。

(2)强调时效性。在网络时代,客户的消费行为和购买方式极易在短时间内发生变化。在客户需求最旺盛时及时进行营销非常重要。全球领先的大数据营销企业 AdTime 对此提出了时间营销策略,它可通过技术手段充分了解客户的需求,并及时响应每一个客户当前的需求,让其在决定购买的"黄金时间"内及时接收到商品广告。

(3)个性化营销。在网络时代,金融营销的理念已从"媒体导向"向"受众导向"转变。以往的营销活动须以媒体为导向,选择知名度高、浏览量大的媒体进行投放。如今,金融机构完全以受众为导向进行广告营销,因为大数据技术可以让它们知晓目标受众身处何方、关注着什么位置的什么屏幕。大数据技术可以做到当不同客户关注同一媒体的相同界面时,广告内容有所不同,大数据营销实现了对客户的个性化营销。

数据库营销的理念最早出现在 20 世纪 90 年代。它是指企业收集有关个人的大量数据以便利用这些信息数据制订营销方案,从而实现让客户购买进而提升销量的营销策略。随着科技和电子技术突飞猛进的发展,信息数据的产生量正以惊人的速度递增。根据意大利研究机构 PXR 的统计数据,全球范围内创建、捕获、复制和消费的数据/信息量从 2010 年的 2ZB(10 万亿亿字节)增长到 2020 年的 64.2ZB。预计到 2025 年,全球数据总量将超过 181ZB。数据量大幅提升也受到了新冠肺炎疫情的影响。受疫情限制,越来越多的人需要远程办公、远程学习甚至"远程娱乐",这也意味着人工智能和物联网将分析并产生更多数据以应对人们对"远程+"的需求。

在金融领域,各金融机构的数据库均掌握了海量的客户资源。然而,对于这些储存着庞大数据信息量的数据库来说,各金融机构只是将其作为客户资料的储存地或者根据表层信息进行浅显的运用,缺少对数据的挖掘和对数据未来变动能带来利润的预测。大数据分析就是基于现有的数据资料,结合外部市场环境的各类数据对其进行深度挖掘和对未来数据趋势进行预测,将看似枯燥、没有意义的数据转变为企业的珍贵资产的一种新行为。而当大数据技术服务于营销工作尤其是银行业的营销时,就构成了金融大数据营销。

案例 12-2　索信达联合商业银行打造"海马智慧数字化营销体系"

索信达是金融行业数据智能和营销科技领域的领军企业,位列中国银行业智能营销解决方案市场第一名。2022年8月25日,索信达与某股份制商业银行合作打造的"海马智慧数字化营销体系"获得了《亚洲银行家》杂志评选的"中国最佳无摩擦销售管理项目"大奖。

"海马智慧数字化营销体系"(以下简称"海马")面向营销过程中客群筛选不精准、营销设计效率低、营销渠道管理混乱、效果反馈不及时、要素信息难以沉淀的痛点,通过打造智慧客群引擎、自动化流程管理、营销活动与触客渠道统筹、可视化后评估体系、营销资产沉淀的全流程解决客户经营方案,为数据驱动模式下的自动化营销翻开新篇章。

智慧客群引擎。"海马"基于人工智能模型和海量标签,提炼出推荐客群和热度标签模块,辅助营销人员高效圈选目标客群,省去繁复的数据探查和取数分析工作,成功赋能新客挖掘、交叉营销、流失管理等多个营销场景。

自动化流程管理。"海马"具备自动化流程管理和活动打包审批模块,营销策略化运营和客户生命旅程管理中的每一个环节都可以在线上高效运作。"海马"主推的三步营销模式和多样化的内置营销素材将营销人员从以往冗余的操作流程中解脱出来,让设计人员更专注于活动策划和价值分析,最大限度地发挥设计人员的创造性。

营销活动与触客渠道统筹和可视化后评估体系。作为企业级的营销活动管理中枢,"海马"从规范化营销入口、集成化营销渠道出发,有效统筹企业的营销体系和触客方式,同步配备灵活可定制的可视化模块形成反馈闭环。"海马"为各层级营销管理人员、活动设计人员和审批执行人员提供了一个及时准确、量化客观、多维可视化的穿透式管控平台,形成前台和后台、线上和线下、管理者和执行者、总行和分行间的工作协同,助力营销活动在满足合规性要求的前提下开展得更流畅、更便捷。

营销资产沉淀。"海马"在运营过程中不断沉淀营销资产,形成可复用的营销能力体系和企业级的营销知识大脑。指标规则、人工智能模型、场景策略、营销模板、多媒体素材等资产的赋能让每个营销人员都有章可循。

"海马"自2021年正式投产上线以来,围绕零售、企业、金融三大业务板块,基于新客挖掘、潜客挖掘、交易促活、交叉营销等八大批量场景,立减金、产品推荐、动账尾随、资金异动监控等六大实时场景构建完备的营销体系,集成60个人工智能模型、3 000个业务维度标签、400项成功准则与1 000个营销后评估指标,助力全行客户营销向智能化、线上化及自动化发展。2021年全年,在批量营销方面,"海马"累计开展活动8 000余场次,覆盖客户超7 000万,同时基于70余项实时营销服务触发规则70亿笔,触达客户超9 000万。

(资料来源:作者根据公开资料整理。)

(三) 金融大数据的来源

商业银行进行大数据营销的数据来源，一方面来自外部数据，即如上所述的各种互联网、物联网、云计算平台、社交网络、智能终端等；另一方面来自商业银行自身积累的内部数据。

商业银行内部数据的来源有三个关键词：商业银行、计算机技术和信用关系网络。商业银行最初的职能是经营货币，充当信用的中介人。原始的商品买卖是钱货两清的，当商品能够赊购赊销时，信用就产生了。信用的潜在前提条件是对商品以及商品买卖双方信息的了解。信用是不对等的，早期企业间信用关系呈雪花状，一些较大的企业机构往往在一定范围内成为信息收集和信用分配双重中心，中心企业的信息基本不会对其外围企业有所帮助，因此信用具有很大的局限性。商品经济的发展要求信用在全社会放大，突破上述局限，与之适应构造了这样一种社会关系：商业银行对其他行业企业单向提供信用，处于支配地位，成为信用社会的信用中心；企业为了获取更多信用主动向商业银行提供自己的信息，商业银行也自然成为社会经济信息收集中心行业。这种关系形成的缘由是只有作为信息收集中心，商业银行才可能使用信息对信用进行社会性放大。这时以商业银行为中心，企业间信用和信息构成雪花与网状的混合结构，企业之间能够进行更大、更广的信用连接，形成更复杂的社会关系。

限制信用无法进行更有效扩展的另一个要素是信息的具体储存和使用形式。信用情况是变动的，因此也需要对所收集变化的信息进行判断，计算机技术发展初期，商业银行的标准化需求是直接推动力之一，这种标准化一方面是指对单据等信息进行数字化、标准化，另一方面是指将企业的经营活动用标准化指标表示，商业银行是这种规则的构建者，企业只能屈从于其建立的所谓规范化的制度。一个典型的例子是，由于反映了关系网络，因此关系型数据库成为信息行业的重要产品和标准。使用计算机技术，商业银行强化了它的经济信息收集中心的地位，同时可以更深入地探测分析它的借款人关系网络。基于对客户信息更深刻和正确的探测，商业银行能够对信用进行更有效的放大，结果是以商业银行为中心筛选出适应社会发展的良好的企业关系群体，优化、加速了整个社会资源配置。商业银行还通过信息技术如 POS 机、ATM 不断扩大和优化以它为中心的信息与信用关系网络。

第二节　金融大数据营销的发展概况

一、金融大数据营销现状

比尔·盖茨曾说：传统商业银行若不能对电子化做出改变，将成为 21 世纪行将灭绝的恐龙。从小微信贷、众筹、互联网金融等新兴的金融服务模式来看，金融行业不得不经历痛苦的嬗变过程。进入大数据时代，为了得到客户真实关系网的信息，国内外一些商业银行开始研究如何通过获取、整合各种网络大数据，对客户真实的社会网络关系加以映射和应用。主要有以下三个方面的成绩：

（一）结合非结构化数据构建的立体化评级方法

在美国由个人消费信用评估机构（FICO）开发的FICO信用积分指标大概包含15～20个变量，大多数美国商业银行对个人的信用评估也建立在此基础上，再添加本行的其他一些侧重指标。这造成了一个问题，即这个标准过于简单，忽略了细节。[①] 这与我们了解的客观世界的复杂性是不相符的，人不是机器，不可能存在任何时候都是非好即坏的绝对情况，同样的人在不同的环境下会得到不一样的结果，人的信用也是如此。在此意义下，FICO的信用积分太主观了，究其原因是过去商业银行的信用评定者由于缺乏先进的技术，要判断每个人的信用所形成的环境只能由客户经理人为判断，成本太高昂了。以ZestFinance为代表的企业则开始探索客户非结构化数据的分析，并将结果运用到信用卡逾期还款的客户管理中。

案例12-3　ZestFinance：用大数据做金融风险管控

ZestFinance原名ZestCash，2009年成立于美国洛杉矶，是一家通过机器学习和大数据技术进行个人信用评分，服务于那些在传统个人征信体系下无法正常享用金融服务的客户的科技金融企业。

ZestFinance服务的客户群体主要分为两类：一类是因FICO评分接近或低于500分而基本信贷需求无法得到满足的人群，ZestFinance基于收集到的相关数据，推出了名为Basix的服务，帮助这类不符合商业银行借贷资质，但又具备还款能力的人在互联网领域完成借贷。另一类则是信用分数不高而借贷成本高的人群，ZestFinance利用大数据征信降低他们的信贷成本。具体的做法是：ZestFinance假设每一位客户都能按时偿还贷款，针对他们需要的不同贷款类型建立不同的分析模型，通过大数据挖掘出他们的信用信息，再运用模型进行信用分析评分，帮助信贷信息不完整的客户评估他们真实的信用状况，最终帮助客户享用正常的金融服务。

ZestFinance最早仅服务于信贷审批，仅有信贷审批评分模型，随后不断细化其评估模型来支持不断推出的新信用风险业务。2013年第一季度其推出了催收评分业务，2014年第二季度推出了市场营销评分业务，2014年还推出了汽车贷款和法律催收业务。目前已经开发出八类信用评估模型，用于不同信用风险评估服务。

相比传统金融机构普遍采用的FICO评分，ZestFinance以大数据技术为基础采集多源数据，可以更好地避免评分不公。比如，以往人们可以通过反复在图书馆借书还书来刷高FICO评分，或者一些人的信用评分因为FICO较少的信息来源没能监测到而偏低。相比之下，ZestFinance扩展了信息来源和评价角度，在继承传统征信体系的决策

[①] 陈为民、张小勇、马超群：《基于数据挖掘的持卡人信用风险管理研究》，《财政理论与实践》2012年第5期。

变量的基础上，采纳了更多可能影响客户信用的信息，如社交网络信息、客户申请信息甚至客户的写作习惯、阅读习惯等非传统数据信息，充分考察借款人借款行为背后的线索及线索间的关联性，意图提供真正全面的数据分析服务，最终给出较为准确的客户信用评分。

（资料来源：作者根据公开资料整理。）

（二）提供深度的数据分析服务，成为消费信息中心

国内的一些商业银行已经尝试根据客户购买产品的历史，分析他们的兴趣，采用各种方法主动营销，但这仅仅是数据的初步应用，还没有做到将线下的购买行为与客户浏览行为结合起来进行更进一步的分析。以中国工商银行为例，其通过多年的努力，已经搭建起以数据仓库为核心的经营管理数据体系，实现了客户信息、账户信息、产品信息、交易信息、管理信息等的集中管理，形成了数据标准、数据质量、数据架构、元数据、数据生命周期、数据安全以及数据应用等全流程的数据信息管理机制。然而，当今经济热点切换频率快，各种产品收益轮动，客户对商业银行产品的兴趣会紧随这种轮动而变化，国内商业银行尚欠缺对这种变化的分析能力。国外商业银行现在已经开始根据大数据的分析尝试提供超越商业银行领域的产品和服务。

案例12-4　智能资管——FutureAdvisor

FutureAdvisor于2010年成立，是一家智能理财企业，通过马科维茨资产组合理论及其衍生模型来组合产品，并在云端低成本、快速、批量化地进行各种数据运算，以寻找扣除成本费用率、交易佣金后尽可能低成本的ETF（交易型开放式指数证券投资基金）投资，之后再根据客户的年龄、税收层次、风险偏好、预期退休日期等信息，个性化地提供资产配置组合方案，从而让更多人低门槛、低成本地管理自己的资产。

FutureAdvisor主要面向客户的养老金账户和教育储备账户的投资需求。FutureAdvisor会免费为投资者提供针对个人的养老金账户和学费储蓄账户投资建议，这些免费服务都是基于算法自动完成的，投资者可以根据获得的投资建议选择自己投资，并不一定要购买FutureAdvisor的直接管理服务。FutureAdvisor还有一项收费服务，即投资者可以以每年0.5%的管理费费率获得其直接管理账户的服务，包括自动化的税收盈亏收割、资产配置再平衡、专业金融顾问服务，这项服务没有设定最低账户资金要求。

这个领域内几家做得比较好的企业还包括Personal Capital、SigFig等。Personal Capital面向客户提供了平台和人工服务两种模式，前者通过连接客户账户为其提供360°全方位金融账户跟踪和分析，后者的在线一对一人工投资顾问采用收费服务，是Personal Capital的主要盈利手段。SigFig主要是提供投资组合追踪工具，帮助客户诊断现有投资

账户的问题,如不尽如人意的收益、高昂的费用等,再给出解决方案。

2015年8月底,全球最大的投资管理企业贝莱德宣布将收购初创企业FutureAdvisor。这一收购行为印证了智慧资管的潜力。

(资料来源:《BlackRock收购FutureAdvisor:传统巨头动手了,智能资产管理要迎来春天?》,https://36kr.com/p/1720928419841,访问日期:2024年1月5日。)

(三)大数据成为商业银行应对常规业务之外挑战的有效武器

以反洗钱为例,洗钱疑犯虽然与商业银行发生了直接关系,但他绝非像普通交易那样有意无意地将商业银行作为他的信息中心。对银行来说,洗钱疑犯如此狡猾,使用标准的方法和工具去判断这些伪装起来的异常客户并不是它的强项,而且将大大增加商业银行的工作量。商业银行的目标客户是行为可预测、存在必然性的合法借贷客户,在一定程度上客户的行为以及与商业银行的契约关系是标准的。为此,花旗银行引入了Watson技术,该技术能从各种不同数据源获取信息,通过搜集客户的国籍、地址、家庭成员的姓名,以及他们是否曾经在某些国家旅游或者从这些地方收到过汇款等记录,来确定这个客户是否正是制裁黑名单上的那一个。Watson技术这种杰出的处理非结构化数据的能力——像专家那样观察真实客观的世界,对细节加以洞察并得出特殊结论,使它的能力又扩展到反欺诈、零售业务分析等领域。这里必须承认的一点是,商业银行的结构化数据在某些方面是有局限性的,因此即便非刻意地增加与客观世界更相符的非结构化数据,也必须明确大数据是应对商业银行常规业务之外挑战的有效武器。

二、金融大数据营销对传统营销方式的改变

(一)大数据营销在银行业的可行性

大数据营销由于对企业数据库建立、运营和维护的成本要求极高,不仅仅是硬件设备的运营维护成本,挖掘客户数据资源的数据分析师的聘请成本也是相当高的,因此并不是所有的行业都适合这一营销模式,但是银行业作为三大金融服务业之一,具备了财力和数据量这两个核心要件,应用大数据营销有着很扎实的基础。第一,商业银行在接收存款、发放贷款之时就积累了海量的客户数据信息;第二,银行业具有边际收益高的特点,较大的成本支出可以被接受。不仅如此,大数据营销可以使企业对于客户的营销策略更为精确直接,避免和同业竞争者的直接碰撞;最重要的是,由于在行业中,20%的黄金客户贡献了80%的企业利润,因此相较于开拓不明购买力的新客户,大数据营销对黄金客户购买力的深度挖掘和忠诚度培养可谓是"一箭双雕"。

在确定大数据营销机制之后,企业其他的规划都应该相应调整。首先是确立数据分析师在企业业务中的重要地位。现在已经越来越流行确立类似于CEO地位的CIO(Chief Information Officer,首席信息官)。作为精通数据技术、银行业务和数据信息的管理者,他们将独立于企业各个部门,负责选拔和培训专业人员,调试设备和开发软件,整理和筛选代理人手中的客户资料并不断完善,扩大并充实数据库。

(二) 大数据营销对传统营销方式的改变

在推动大数据营销作为新时代的营销方式之时,大数据营销的运用势必会让银行业以往常见的现场理财产品推荐、电话推销、商场推销的现象大大减少,取而代之的是针对分析得出的潜在客户的精准营销,这对于客户经理素质的甄别也具有推动作用,可以提高商业银行从业人员的素质,给予客户专业、周到的理财规划。而这对于银行业的形象重塑也有着相当积极的意义。当销售方式由于大数据营销而发生转变时,销售支持系统也可能迎来一次变革。从客户资源上说,客户不再是客户经理个人的资源,客户经理手中客户的质量是与其业绩评估、综合水平挂钩的。从企业提供的佣金的角度来看,使用数据库中的客户名单一方面减轻了客户经理开拓新客户的成本,另一方面,佣金的比例将会下降,对于企业运营成本的减轻也有帮助。佣金的具体数额可以由客户名单等级和质量等因素决定。从销售管理的角度来看,强大的数据后援,对于理财产品的办理数量和质量都会有积极的帮助,这也是大数据营销方式最具活力和吸引力的地方。

如何使用大数据找到那些适合自己企业模式的客户群体,打造、强化企业特有的商业模式?大数据比商业银行传统上处理的数据复杂是否意味着运用大数据的商业银行业务会比传统商业银行业务更复杂?其实不然。

案例 12-5 银行业大数据应用场景

客户关系管理

捷克斯洛伐克的第一家私人商业银行塔特拉银行通过运用预测模型使其信用卡客户的流失率降低 30%。通过正确的渠道发送正确的信息与正确的信息本身一样重要。大数据分析可以被用来精确查找客户使用的渠道以及他们使用这些渠道的方式。这家商业银行运用大数据技术对客户进行了细分,为其客户群选择了高度个性化的留存活动并通过正确的渠道发送给客户。这种方式可以形成战略优势,以最符合成本效益的方式和最大化市场营销效果来实现客户关系的有效管理。

精准营销

① 印度 HDFC 银行

HDFC 银行利用客户产品生命周期活动来促进信用卡的激活。HDFC 银行通过个性化的消息,对所确认的每一个生命周期阶段进行有针对性的促销,实现了信用卡的激活次数显著提高、获客成本显著降低的效果。客户是否使用一种产品或使用产品的方式可以成为调整市场营销方式的一种信号。针对客户在产品生命周期中所处的阶段,HDFC 银行可以采用相应的市场营销传播方式。例如在获取阶段的客户比坚定的老客户更容易受到市场营销和产品研发消息的影响。一个即将流失的客户相较一个忠诚的客户会是挽留促销更好的候选人。大数据有助于确定客户处于产品生命周期的哪个阶段,有助于企业相应地调整市场营销的方向。

② 国内某大型银行

在互联网+社交网络的背景下，商业银行客户服务渠道多元化、客户消费多元化。如何找到高价值的客户群体、找到客户新的需求点、为客户提供更好的产品及服务，已成为商业银行经营管理者最关注的问题。在寻求高价值客户的过程中，某大型商业银行基于内部数据（包括交易数据、评分数据、消费数据、客户往来交易数据等），利用永洪科技一站式大数据分析平台，挖掘出高价值的客户并提取高价值客户的特征。

同样基于外部数据，比如芝麻信用、学信网、房产、运营商等信息，挖掘出哪些客户可能是高价值客户但还不是本行的客户。营销部门针对这些高价值的客户，进行有针对性的产品营销服务，大数据平台的应用为该行挖掘出大量潜在客户，并且其转化为客户的概率很高。同样，此类场景也适用于信用卡业务，根据商业银行内部消费数据，做好客户信用卡分期推荐等。

产品升级

① 奥地利银行

奥地利银行利用对产品生命周期的了解来留住客户。当一个客户显示出取消与某种产品的关联的特定行为时，一旦商业银行的职员检测到这个信号，就会采取相应的行动来进行跟进。可以根据信用卡的使用习惯，对客户进行分组，并依据不同的分组向他们提供更具个性化的忠诚度促销计划。在一般交易数据，如支付频率和支付习惯上的细分市场能够揭示不同客户在生活方式上的差异，例如跟随潮流的客户、家庭导向的客户或偏好旅行的客户。这能让市场营销团队和垂直合作伙伴设计出其客户真正所求的忠诚度计划。例如，家庭导向的客户也许更想在超市和加油站的消费中得到优惠。

② 澳大利亚某银行

基于大数据分析洞察，更多的创新商业模式被开发出来，并为商业银行带来新的收入增长模式。以澳大利亚某大型商业银行为例，该商业银行通过分析支付数据来了解其零售客户的"消费路径"，即客户进行日常消费时的典型顺序，包括客户的购物地点、购买内容和购物顺序，并对这些行为进行关联分析。该商业银行将这些分析结果销售给零售业客户，帮助他们更准确地判断应在何时何地进行产品广告投放，以及适合推广该产品的地点。这些客户过去往往需要花费大量金钱向市场调研机构购买此类数据，如今他们可以以很小的代价向商业银行购买更具可信度的报告。商业银行通过新业务的拓展不仅增加了收入，而且通过增值服务增强了客户黏性。

（资料来源：《银行是如何把数据价值变现的？这里有10个案例》，https://www.163.com/money/article/BVB3F8U2002580S6.html，访问日期：2024年1月5日。）

（三）金融大数据营销的必要性

可以预见的是，作为信息革命的第二个高潮，大数据即将对未来的世界产生重大影响。银行业服务及管理模式都发生了根本的改变。统计显示，当前，以 ATM、网上银行、手机银行为代表的电子银行在我国已经成为主要交易渠道，对传统商业银行渠道的替代率超过了60%。接下来的大数据革命将对商业银行的一些观念和经营模式再次进行颠覆,因此,金融机构主动变革、变挑战为机遇,发展金融大数据营销势在必行。

(1)各种传统业务,包括银行业务向互联网迁移,但是商业银行在互联网上发展业务仅仅是借助了这一渠道,它使用的依然是传统的数据关系。互联网构建的原则促使一种联网机构之间相对平等的关系形成,没有唯一的核心行业,于是商业银行在互联网上不再是经济关系的信息中心。应该看到,互联网虽然不是真实世界中人们网络关系100%的映射,但它的确以另一种面貌反映了这种实体关系;面对竞争,商业银行无路可退,只能努力提高对数据的分析能力。

(2)业务特性使商业银行积累了海量的数据信息,但商业银行传统的业务系统设计并未考虑客户偏好、生活习惯等更深层的数据,最终导致商业银行在做决策时只能更多地借助宏观经济层面的信息。面对飞速增长的数据洪流,商业银行应该积极开发大数据平台,提升自身的数据整合能力与分析能力;借助大数据追踪客户的交易行为,分析客户偏好,实现更加科学的客户细分与营销定位。在进行数据收集时,商业银行既要兼顾内部数据,也要注重外部数据。在进行数据分析时,不仅要涉及结构化数据,还要涉及半结构化数据与非结构化数据,以保证分析结果的有效性。此外,商业银行还需要加强与大数据金融机构的合作,尤其要加大与电商、社交网络等大数据平台的合作力度,以扩大数据共享范围。同时,为了应对大数据时代,提升商业银行的数据收集与处理能力,商业银行的理念转变、系统配置、人才培养等各方面的配合工作也需要同步开展。

三、大数据冲击下银行业面临的挑战

网络时代商业银行不再是唯一的经济信息中心和信用中心,一些新的信用中介崛起了,当前商业银行主要的竞争者包括大集团下属的财务企业以及网络服务/内容提供商。前者的主要服务对象是传统商业银行的大型客户,后者的主要服务对象是传统商业银行的小微型企业客户。大数据时代它们对数据是如何考虑的呢?

我国第一家金融企业——东风汽车工业财务企业成立于1987年。近年来,网络技术信息交流使得商业银行最初的优势壁垒被打破,越来越多的大型机构构筑财务企业成为可能,截至2023年年底,全国共有财务企业235家,是为企业集团成员提供金融服务的非银行金融机构。为了降低风险,财务企业提供的不论是服务还是数据都是非常标准化的,并且标准化程度越高越有利于其降低成本。在20世纪90年代美国的商业银行及其他金融机构业务都有很大程度收缩的情况下,金融机构却保持住了自己的市场份额,其中相当大的原因就在于财务企业从事的是商业银行多年前就提供的所谓传统服务,受市场波动影响较小。由于财务企业与其集团的天然黏着性,进行标准业务竞争,商业银行是处于劣势的。但财务企业的产融结合特性决定了大量的内部交易将加速风险的传递,引发连锁反应,为了控制这种风险必须在金融资本和产业资本之间建立一道有效的防火墙。构建这种防火墙与财务企业的业务和数据极致标准化需求是背离的。在这方面,商业银行能够观测到比财务企业多得多的样本,而且商业银行最大的优势是成为风险关系

的控制中心,而财务企业成为集团的风险控制中心简直是不可能的,也非其职责所在。这样,对商业银行来说,竞争力就体现为它能否在大量数据分析中找到那种风险关系,从而有针对性地为大企业提供恰当的风险服务。

相比之下,商业银行在零售领域受到以搜索引擎企业、电子商务企业、社交网络企业和快递企业为代表的网络服务/内容提供商更严峻的挑战,如银行业之于计算机时代那样,这些新兴行业是网络技术规则的最初需求产生者和主要规则制定者。谷歌既是大数据的开拓者也是搜索引擎业的巨头,它于 2012 年 10 月在英国推出新项目,为企业客户提供贷款,帮助其购买该企业的搜索广告。Meta 研究发现一个品牌的粉丝中只有 16% 会在该企业的 Meta 页面上活动,Meta 希望增强客户在 Meta 上与品牌的互动,将社会实体关系向网络映射,从而使企业和 Meta 都能受益。金融往来是人们日常最频繁的活动之一,基于此,Meta 与澳大利亚联邦银行合作开发在线金融服务,这项服务将使拥有银行账户的 Meta 客户通过社交媒体渠道向第三方以及 Meta 好友进行支付。阿里巴巴作为年 GMV(商品交易总额)超过 6 万亿元的淘宝和天猫平台的拥有者,推出以其网上商城客户为目标的小额贷款服务,这种贷款的一个特点是无须抵押,因为阿里巴巴可以使用贷款者在淘宝和天猫平台的经营流水、电子商务信用度评级以及与整个供应链产生的往来等传统商业银行根本无力获取的信息,对客户进行另一种角度的刻画和信用评价。在物流网上,物流巨头 UPS 开办了物流银行,由于掌控了物流信息,它能够在保证风险最小的情况下使客户以最快的速度获得货款。

对竞争者的分析可以得出以下结论:①面对大集团的近似商业银行传统业务的同质化财务企业的出现,大数据反而成为商业银行竞争的法宝。②在零售领域,谷歌和 Meta 擅长对万千完全不同的大众的行为信息进行发掘,阿里巴巴和 UPS 则侧重于对商品交流信息进行整理。不论是哪一类,都努力将自己打造成一个领域的信息中心,努力使自己适应人们的行为变化带来的数据变化,而不是对客户施加固定模式的要求。

案例 12-6　平安银行"星云物联计划"背后的营销故事

从提出并践行供应链金融到布局"物联网+卫星+金融"服务模式,一直以来,平安银行以"金融+科技"为驱动力,以供应链金融服务为抓手,持续深耕小微客群,迭代升级"星云物联计划",依托物联网、区块链、大数据等技术自主建设"星云物联网平台",并深入航空航天产业,与合作伙伴联合发射"谷神星·平安银行数字口袋号"火箭、"平安 1 号"与"平安 2 号"物联网通信卫星以及"平安 3 号"遥感成像卫星,进一步完善"天地一体化"布局,成功打造了一份金融科技赋能实体经济的创新样本。

基于此,平安银行创新传播策略及传播形式,采取分众式、长渗透、重内容的传播方法,锚定人群需求构建内容体系,采用图文、视频等多种形式将品牌故事讲深讲透,以提升曝光度和知名度,塑造品牌形象,树立行业标杆。

（1）"分众式"——针对不同的沟通对象匹配内容话题、内容形式和媒介矩阵，建立精准的沟通语境。面向个人客户：创新营销形式，切入大众兴趣点，以社交互动方式进行科普，打破认知壁垒，降低理解门槛，提升品牌形象，树立行业标杆；面向企业：公关渠道助阵宣传，触达行业群体，引发中小企业关注，展示平安银行供应链金融服务的应用场景，树立品牌形象；面向政府机构：官方、权威媒体深度报道，全面解读，凸显平安银行响应国家政策，布局"星云物联计划"支持实体经济、赋能产业升级的意义。

（2）"长渗透"——分阶段精细化传播重点，阶段性升维输出品牌，持续曝光渗透，塑造价值。宣传期共包括爆热点、强认知、扩影响三大阶段：爆热点阶段为通稿发布、主题页面测试发布以及微博大V、官方微博微信等参与宣发；强认知阶段为短视频投放、知乎话题合作、科普长图等，科普大V等媒体参与宣发，打造了数条10万+爆款推文；扩影响阶段以权威媒体专访和深度稿件发布为主，提升"星云物联计划"助力供应链金融发展的品牌价值。

（3）"重内容"——锚定人群需求构建内容体系，采用图文、视频等多种形式打造科普图谱，并深入解析品牌价值，将品牌故事讲深讲透，打造《为什么一家银行要发射卫星》视频、《平安1号卫星成功发射了》图文、《测测你是什么太空星云系》测试页面、《连接天地——平安银行太空摄影展》互动页面、《人类为了偷懒，都搞过什么神奇的黑科技》图文等爆款传播内容，提升受众阅读体验及参与度。

截至2022年6月末，"星云物联计划"已落地20多个创新项目，服务客户超18 000户，接入物联网终端设备超1 250万台，支持实体融资发生额超4 600亿元。"星云物联计划"传播项目对外展现了平安银行"金融＋科技"的深厚底蕴及深入参与、探索航空航天产业，布局全球卫星星座的长远蓝图；对内展现了"创新驱动、数字经营、产业互联"实践成果，为支持国家政策，赋能产业、企业、社会持续创造价值。

（资料来源：《第五届中国金融年度品牌案例大赛报送案例展——平安银行"星云物联计划"赋能供应链金融，支持实体经济发展品牌传播案例》，https://mp.weixin.qq.com/s/sOi5tic3r2ofEW4_h_xqDg，访问日期：2024年1月5日。）

第三节 金融大数据的发展策略

麦肯锡认为，有些商业银行只要简单地利用其现有的资料，就可以把接受其贷款的客户数量增加1倍，贷款损失减少1/4，这是一个令人震撼的结论。但是仔细回想上述分析，我们必须承认这一结论：不论大数据能否成为下一个时代的技术统治者，对商业银行来说，数据推动的时代的确到来了。

一、金融大数据营销策略

随着竞争日趋白热化，高端优质客户已成为各家商业银行的首选市场目标。银行业竞争的重点之一是优质客户持有量的竞争，谁获得更多的优质客户份额，谁就能赢得市场竞争的主动权。由此可见，优质客户资源已成为商业银行的核心竞争力，商业银行为在竞争中脱颖而出，需要采用成熟的数据库和数据挖掘技术，找出为商业银行创造利润的高价值客户，根据他们的消费行为和使用产品的特征，向其提供精细化的营销服务。

（一）构建数据库，为决策提供数据支撑

数据库的应用，改变了商业银行过去自下而上、层层上报的统计报表方法，通过数据库技术对分散的客户信息进行整合，实现客户单一视图，为商业银行的经营管理提供实时、准确的决策支持。决策支持数据有两个方面的战略功能：一是内部管理层面，真实完整地反映商业银行的经营状况和未来的发展趋势，为各级领导决策和经营管理提供准确、及时、全面的信息服务和数据支撑；二是客户服务层面，利用数据挖掘与分析，找出客户最需要的产品，为客户提供优质、全面、创新的服务。因此，数据库是商业银行前台业务处理与后台信息分析之间的桥梁和纽带，起着承上启下的作用，为领导决策、产品创新规划提供数据支撑。

（二）细分客户，实现差异化服务

商业银行秉持"以客户为中心"的经营管理理念，客户经理如果要全面把握客户信息，就必须用数据挖掘的方法进行客户细分，找出不同客户群体的共同特点，了解客户的个性化需求，进行差别营销；根据不同类型的客户制定不同的标准，在激烈的竞争中巩固和发展优质客户，以便确定有别于竞争者的市场定位和差异性竞争策略，尽快建立和强化自己的竞争优势。在帮助客户实现价值最大化的同时，实现商业银行自身的价值最大化。

（三）建立客户流失分析模型，挽留高价值客户

客户流失在金融服务领域已经成为一个越来越受到银行业务人员关注的问题。利用数据挖掘技术，可以识别出可能脱离商业银行服务的客户的关键行为特征，分析这些动态关系，找出客户流失的原因，以便调整相应的营销策略，提高客户满意度和保持率。

具体来说，利用数据库中储存的海量数据，通过建立客户流失分析模型，对已流失客户的历史数据进行分析，预测当前客户在未来一段时间的流失概率，使客户经理能够充分了解所面对的客户状态及其未来的状态变化趋势，在日常管理过程中做到有的放矢，科学安排客户管理的优先次序，合理地分配内部资源，为客户提供更好的服务。提升客户的满意度、忠诚度和价值贡献度；用最小的成本，为不同的客户提供差异化的服务，由此获得最大的投入产出比，达成利润最大化的战略目标。

（四）建立风险分析模型，提高商业银行的抗风险能力

传统的风险管理已无法有效控制跨区域、跨部门、跨行业的多种风险。数据库及数据分析技术可以提高防范欺诈的能力，降低信用风险。数据挖掘分析技术可以帮助决策者科学评估风险引发因素，建立完善的风险防范机制。

任何一家商业银行都一直在努力降低甚至消灭欺诈风险。由于处理数以百万计的

贷款账务和账单记录十分困难,商业银行难以应对形式多样的欺诈行为。商业银行工作人员通常是靠经验和直觉来判断欺诈的种类、特征以及可能性,精准度低且耗时长。建立欺诈侦测模型,模型会自动实时检测交易信息,如果发现可能的欺诈信息,会自动生成报告,发送手机短信和电子邮件给信贷人员及管理层,商业银行工作人员根据其具体情况对客户的贷款请求进行更有效的调查、分析,从而做出快速准确的判断,有效地规避风险。

(五) 应用管理规则,建立交叉销售模型

商业银行都希望向现有的客户销售新的产品和服务,提高业务收入,同时提升每个客户的收益率。客户经理从大量的客户资料中难以找到真正的潜在客户,并且往往需要耗费大量时间、精力。通过数据库,可以挖掘、分析客户的行为特征,了解客户的偏好和消费习惯,从中得到有价值的决策信息。利用关联规则建立的交叉销售模型,能够在大量的数据中发现项集之间有趣的关联,推断出一个客户使用多种产品的相关性;通过定位每种产品最有价值的客户来使销售利润最大化、营销费用最小化,使得客户经理有的放矢,选择最有可能捆绑在一起销售的产品和服务组合,向客户提供个性化的金融服务。针对目标客户发起一系列市场营销活动,从而提高每个客户的收益率,提高客户的忠诚度和商业银行的市场回报率。

(六) 构建金融服务区,实现虚拟社区与现实社会的完美结合

理念先进的商业银行已经利用数据库建立起了金融服务虚拟社区,把消费习惯和生活爱好相同、居住场所相近的客户组织在一起,形成有特色的金融客户俱乐部,多个金融客户俱乐部形成金融服务小区,网上客户经理在虚拟社区中发起活动,由客户经理负责组织金融服务小区内的成员活动。这种维系客户的模式遵循了以客户为中心的服务理念,满足了不同客户群体的服务诉求。

二、金融大数据营销手段

以往我国的银行业过于强调资源的整合,在政企界限模糊、金融资源高度垄断的时代,这种模式很容易获得成功。但时代在改变,利率市场化、金融脱媒等一系列金融市场化政策使得商业银行不再拥有独一无二的资源。国外金融行业是受当代信息技术影响程度最深的行业之一,实体商业银行减少,虚拟服务增加,部分国家除3%的涉现业务外几乎都可以通过网络办理商业银行业务,阿里巴巴等互联网企业也开始涉足金融领域……面对这一系列变化,国内银行业应当如何应对?在内部经营数据尚未整理、整合,上下游信息流转渠道尚未打通的情况下,如何顺应时代的发展趋势,融入大数据、信息技术的发展浪潮中?下面介绍过渡时期应用大数据理念进行差异化营销、客户经营、内部管理的三个方向。

(一) 关注集群属性,推进"区域化"营销

大数据营销的一个非常重要的特征是通过企业内部数据、社交媒体数据、外部公共

数据的整合分析,多维度描述客户特征,为每个客户"贴标签",然后针对其特征和需求进行精准营销。考虑到商业银行内部客户行为数据管理不健全、外部组织数据难以获取的实际情况,可以采用一种折中的方式:将同一社交、工作圈内的客户作为一个"集群"(这些客户往往具有某些相似的属性),分析这些集群客户的规律与偏好,针对不同集群客户的特征进行差异化营销。

这种以地理区域为单位进行划分与营销的方式,将分行、分支机构业务的发展重点和区域业务优势相结合,有助于优化资源配置,做到快速反应、深入拓展、贴近客户,从而将企业的各种资源优势转化为把控市场的能力优势,提高市场竞争力,非常适合信用卡中心的区域化特惠商户与营销活动选择。

具体的操作方式包括如下四个步骤:

(1) 合理划分区域。从效率的角度考虑,可以将一个城市的区域划分为不同的"圈子",如商务圈、生活圈、娱乐圈等,每个圈子的类别还可以进一步细分。然后将全部客户划分进这些圈子中。例如,提取客户住址、工作单位、住宅电话等数据,有条件的情况下还可以根据客户的手机定位信息、客户撰写微博的位置信息等外部数据进行分析,确定归属。

(2) 区域客户画像。针对典型圈子的客户特征、业务特征、消费行为进行分析,做到"知己知彼"。例如,对客户性别、年龄、收入、信用额度、存款总额、月均刷卡额、刷卡次数、消费地点、购物种类、业务种类、持卡时间、营销活动参与情况等行为数据与业务数据进行分析,全面掌握客户的特征。

(3) 行为偏好分析。形成对客户的深度认知与判断。这个环节是非常重要的,也是实现差异化营销最关键的一步。在市场调研中,这个分析通过资深研究人员的洞察来实现;在数据挖掘中,这个分析通过建模与多维数据检核来实现。这个分析的目的是通过市场调研或数据挖掘掌握圈子中客户的特征和喜好,从而为后续的营销提供决策支持。

(4) 遴选营销活动。以上几个步骤完成后,合作商户的遴选与营销活动的确定就比较顺畅了。特别要提示的是,营销活动的推动渠道与时机也要根据客户的特征尽量做到有针对性。例如,针对商务圈白领的营销方式应优选短信、电子邮件等,可以选择下午下班之前两小时发送,以调剂工作的活泼形式呈现更容易被他们关注。而针对生意人、家庭主妇等,工作日白天的电话推荐仍然是最容易促成销售的方式。这些渠道与时机的偏好也是在上一步对客户深度理解的基础上,通过以往不同营销形式的响应率、参与率等数据追踪分析形成的。

以区域客户分析为研究重心,以数据信息对营销各环节的有力支撑为基础,有助于提高营销投入产出比。

(二) 整合运营信息,追踪客户的"健康度"

发现数据中存在的关系和规则,挖掘数据背后隐藏的知识,预测未来的发展趋势,这是大数据应用的最终目的和方向,也是能够为企业带来实际效益的手段。对于商业银行而言,预测客户的信用风险与流失风险无疑是最重要的工作之一。

早在20世纪七八十年代,信用评估便开始得到使用,通过模型的构建预测出每个自然人在未来某个时期内发生"信贷违约"的概率,并以一个分数的形式来表示,作为企业决策的依据。而对客户整个生命周期的"健康度"进行追踪,时时预测每个客户的流失风险,并采取一系列措施在商业银行业中却鲜有出现。

现阶段,在商业银行开展一些类似的工作并非不可实现,至少可以利用业务数据进行尝试,或者在第三方调研中增加与内部数据的整合分析。具体来看,这项工作的开展需要经历如下几个步骤:

(1)量化评估指标。客户的思想与行为往往是保持一致的,注销卡片也常常会有一些先兆。例如,取款频率提高、工资定期转移、刷卡率降低、定期存款快到期等。因此,确定那些可以反映客户流失的指标就显得至关重要。一般而言,这些指标包括四类:业务信息类,包括客户级别、持卡时间、办理业务种类、办理时间、存款额、信用额度等;消费信息类,如存取款笔数与金额、刷卡次数与金额、业务申请或取消、活动参与次数、转账到本人他行账户次数与金额等;捆绑业务类,包括贷款、分期贷款到期日、是否工资卡客户、是否公积金账户、是否社保账户、渠道使用次数与种类等;客户维系类,如客户经理拜访次数、客户持有他行卡数量、近期赠送增值服务情况、拨打客服电话次数、拨打客服电话转人工比率、主动沟通次数、投诉次数等。

(2)构建诊断模型。模型构建的过程是一个筛选指标、确定权重、梳理关系的过程,可以采用主成分分析法搭配层次分析法互补使用。主成分分析法研究怎样用较少的指标去描述多个指标或进行指标重要程度的排序,通过主成分的载荷矩阵和主成分的贡献率确定指标权重。而层次分析法是对一些较为复杂、较为模糊的问题做出决策的简易方法,通过对非定量事件的定量对比分析,制定出一套较为可行的确定权重或直接比较的方法。模型的构建需要不断进行验证、调试,以便确保评估结果的精准性、有效性。

(3)指导日常工作。通过模型进行客户的健康度评估,针对每个客户给出"健康诊断报告"后,依据不同健康等级采取不同的应对策略,才能使数据挖掘的结果转化为效益。与此同时,记录客户经理的工作轨迹或者客户回馈活动的响应情况,还可以通过对不同行动的客户响应率与挽留率对活动的有效性进行评估,优化后续保有策略。

(三)应用内部数据,做好"承诺"管控

一家企业的内部运转有一系列的规章制度,包括对流程的要求、对时间的要求、对准确率的要求等。而验证这些规章制度落实率的各种"数据"往往分散于不同的系统和业务单元中。上文提到的两个方向主要运用客户行为与交易数据识别客户特征,进行保有或营销,下面介绍的这个方向则是运用以往未被关注的内部数据检测管理运营效率与服务承诺的落实情况。

以电话客服为例,一个传统的服务评估可能通过客户满意度回访、咨询解答后请客户打分的方式进行。通过这种方式,能够了解客户满意度的整体水平,但在后续的改进提升上缺少有力的方向指引与问题呈现。如果将这些评估内容扩展,结合内部数据,则有助于获得更有针对性的结果。这个过程一般需要经历如下三个步骤:

(1)梳理内外承诺。在这个过程中,首先需要确认的是电话咨询过程中对客户而言比

较重要的是哪些环节,即有哪些"触点",如快速接通、容易找到人工服务、准确快速解决问题、服务水平优良等。这些环节无疑是商业银行需要做到位的、对于外部客户的"承诺"。同时,商业银行希望电话客服达到哪些目的也要作为重点考察内容,如一次性解决问题、挽留销卡客户等,我们可以称之为内部"承诺"。对这些承诺的梳理是确定后续工作开展方向的关键。

(2)界定评估标准。梳理好这些承诺后,需要确定具体的评估标准及"达标线"。例如,对于人工快速接通的评估标准可以是20秒内接通电话的比率;而根据某商业银行内部规定,标准通数/来电转人工总通数需要大于85%,这里85%就是一个"达标线"。同样,销卡客户挽留也可以通过挽留率来评估,即"要求注销被挽留的持卡人数/(注销的持卡人数 + 要求注销被挽留的持卡人数)",而挽留率要达到20%还是30%等则根据商业银行的实际情况自行确定"达标线"。这些数据可以通过商业银行的财务报表、信息单、注销挽留报表等提取获得,也可以通过外部调研获得。

(3)定期检核改进。针对不同的评估标准,通过何种途径、何种方法获得,适宜怎样的频率是这一阶段要考虑的重点。内部数据提取、客户满意度调查、神秘人测试、专家体验等均可以成为不同指标的检核方法。而检核频率也需要综合考虑整个评估目的系统性地设计、阶段性地推进,并且有必要根据行业发展状况与客户需求的变化建立评估标准定期优化、升级机制。如此将内部数据的提取与外部调研相结合,整合成系统的评估体系,可对电话服务水平进行更加精细的评估,对于改进方向也有更加明确的指向。

三、金融大数据营销风险防范

大数据时代也可以称为分析时代。处于提供服务地位的商业银行和竞争者能否成为这样或者那样的信息中心就在于其是否具有相应的分析能力。当今社会对各种人、企业和关系的感知能力远胜以往,但是对客户按标准提供其自身信息的强制力越来越弱,说明信息更多地以非标准化、非结构化的形式被非传统的渠道收集起来,没有分析它们的能力就不可能成为任何关系的中心。

(1)首先从大数据的"大"来看。数据量的庞大是大数据营销中首先被提及的风险。当前国内大多数商业银行还处在将手机银行、网上银行、POS机作为改造重点的阶段,世界的信息技术又出现了升级的趋势,我们慢了半拍。本质上是国内商业银行业缺乏变革的眼光或者勇气,对产业升级缺乏战略眼光,不愿意放弃传统的成功方法,只有在情势逼迫之下才不得不进行转型。面对好工具,要有使用它的动力和决断,大数据时代,国内商业银行也存在改变内在组织形态与业务模式匹配的问题。国内商业银行传统的架构适用于进行资源的整合,信息科技部门作为配角是合适的。商业银行的发展越来越向分析时代进发,当前国内商业银行管理部门的主要工作都是自觉或者不自觉地进行分析,尤其是数据分析,各业务部门和信息科技部门的矛盾实质上是商业银行没有足够分析能力的表现,但这个问题并不是一个科技部门所能解决的。将信息科技仅定位于部门的活动已不合适,无法提高全行的分析能力,有必要将信息科技工作定位于更高的战略层次,将商业银行的信息科技工作从支持层面转到以提高信息获取能力为重点。但是,数据的保存、转移会是一个很大的难点。各商业银行的分行一般不可能有财力购买数据库,那么各商业银行的总行究竟要设置多大的数据库来储存以几何级数递增的数据也是大数据带给商业银行营销的一个大难题。

(2) 其次是人才。如果说数据库的建立是硬件上的问题,那么专业人才就是商业银行在大数据营销时代面临的"软件"上最大的问题。如前文所述,CIO需要的是数理统计和金融专业知识全面精通的人才,这样才能对现有的数据进行准确的分析、比较、筛选,从而得出最佳的营销方案;而且管理这一庞大的数据库需要不少员工,但是现如今这部分高端人才可谓凤毛麟角。内部培训也许可以作为一个不错的替代方案,但为了最专业地建立大数据库,人才的引进和培养至关重要。

(3) 最后是让客户最为担心的保密问题。在如今的金融市场上,客户信息的贩卖和泄露问题已经极为严重,许多客户都接到过陌生人的电话或电子邮件,这些陌生人不仅知道客户是谁,甚至连一些极为隐私的信息都了如指掌。一旦大数据营销在金融市场发展起来并成为主流,客户的信息安全能不能得到保障、客户的信息如何才能得到保障都是金融营销中非常值得关注的焦点。

案例 12-7　美国旗星银行 150 万名客户的数据遭到泄露

旗星银行是美国最大的商业银行之一,其总部位于密歇根州,总资产超过 300 亿美元。2021 年 12 月,旗星银行发生了一起安全事件,攻击者入侵了其内部网络。此后,旗星银行方面着手对这起事件展开调查,并发现,攻击者当时访问了许多客户的敏感信息,包括姓名和社会保障号码(SSN)等。"在攻击事件发生后,我们立即启动了安全事件响应计划,聘请了在处理此类事件方面经验丰富的外部网络安全专家,并向联邦执法部门报告了此事,"旗星银行的负责人解释说,"截至目前,我们还没有发现证据表明客户的信息被滥用。然而,出于谨慎的考虑,我们觉得还是有必要让客户知道这件事。"根据提交给缅因州总检察长办公室的信息,这次数据泄露事件共对 1 547 169 名美国公民造成了影响。

这是一年内旗星银行发生的第二起重大安全事件。2021 年 1 月,勒索软件团伙 Clop 利用某服务器中的一个漏洞入侵了该行的服务器。这一事件使得众多与该行有业务往来的实体都受到了影响,包括庞巴迪(Bombardier)、新加坡电信(Singtel)、新西兰储备银行(New Zealand Reserve Bank)和华盛顿州审计署(Washington's State Auditor Office)等。这次信息泄露事件导致旗星银行被 Clop 团伙勒索,威胁将其客户的数据暴露给网络犯罪分子。随后,该银行终止了与原先安保服务器平台的合作。在该次攻击事件中,被窃取的数据样本包括客户的姓名、社会保障号码、家庭地址、税务记录和电话号码等。最终,这些数据全都被公布在了 Clop 的数据泄露网站上。

(资料来源:作者根据公开资料整理。)

本章小结

1. 商业银行的客户关系管理大致包括两个方面的内容：一方面是客户的营销管理，另一方面是客户的服务管理。客户的营销管理是指商业银行采取营销手段来识别、挖掘有效客户，并向客户提供个性化的产品和服务；客户的服务管理就是对服务对象，即客户，实施科学维护和系统管理。

2. 大数据分析就是基于现有数据资料，结合外部市场环境的各类数据对其进行深度挖掘和对未来数据趋势进行预测，将看似枯燥、没有意义的数据转变为企业的珍贵资产的一种新行为。而当大数据技术服务于营销工作尤其是银行业的营销时，就构成了金融大数据营销。

3. 国外商业银行现在开始根据大数据的分析尝试提供超越商业银行领域的产品和服务。以ZestFinance为代表的企业则开始探索客户非结构化数据的分析，并将结果运用到信用卡逾期还款的客户管理中。

4. 优质客户资源已成为商业银行的核心竞争力，商业银行为了在竞争中脱颖而出，需要采用成熟的数据库和数据挖掘技术，找出为商业银行创造利润的高价值客户，根据他们的消费行为和使用产品的特征，向其提供精细化的营销服务。

思考题

1. 简述现代商业银行的客户关系管理运行模式。
2. 可以从哪几个方面理解金融大数据营销的概念？
3. 说明金融大数据营销可以采取哪些手段，并举例。
4. 比尔·盖茨曾说：传统商业银行若不能对电子化做出改变，将成为21世纪行将灭绝的恐龙。结合本章的内容，谈谈你对这句话的理解。

参 考 文 献

中文文献

[1] 毕克贵、王雄:"外资银行在华理财业务营销策略——以花旗银行大连分行为例",《经济研究参考》2010 年第 11 期。

[2] 蔡万周、吴海清、成志:"商业银行金融机构业务发展研究",《商业银行经营与管理》2008 年第 9 期。

[3] 陈秋宇、焦瑞:"浅析我国企业关系营销战略中的问题及对策",《中国商贸》2011 年第 23 期。

[4] 陈为民、张小勇、马超群:"基于数据挖掘的持卡人信用风险管理研究",《财经理论与实践》2012 年第 5 期。

[5] 陈燕婷、魏燕枫:"当前我国网络银行发展问题探讨",《经济视角》2012 年第 1 期。

[6] 陈莹、武志伟:"商业银行服务质量的度量及其对客户忠诚度的影响",《金融论坛》2008 年第 2 期。

[7] 程伟力、谭淞:"我国金融营销初探",《市场营销导刊》2004 年第 2 期。

[8] 池峰:"商业银行个人金融业务营销渠道的现状与创新",《黄冈师范学院学报》2010 年第 5 期。

[9] 崔建章:"金融营销的现状与发展策略研究",《现代营销》2012 年第 4 期。

[10] 崔敬东:"银行服务渠道多元化环境下的客户行为研究",《国际金融研究》2005 年第 8 期。

[11] 邓健:"我国商业银行营销行为选择",《工业技术经济》2002 年第 5 期。

[12] 张武、杜志刚:"银行业品牌营销创新之我见",《河北金融》2010 年第 7 期。

[13] 段建宇:"我国银行产业发展阶段定位及升级路径分析",《人民论坛》2012 年第 29 期。

[14] 方琦:"我国中小银行网络银行业务经营绩效的实证研究",《中国商界》2009 年第 10 期。

[15] 龚维新:《现代金融企业营销》立信会计出版社 1994 年版。

[16] 何广文:"对农村政策金融改革的理性思考",《农业经济问题》2004 年第 3 期。

[17] 贺湘:"浅谈金融产品分销渠道的设计与管理",《金融与经济》2003 年第 1 期。

[18] 胡朝举:"全球化条件下的中国商业银行市场营销战略思考",《改革与战略》2012 年第 4 期。

[19] 黄小原、庄新田:"金融产品管理的模型与优化",《东北大学学报(自然科学版)》2001 年第 4 期。

[20] 黄学慧:"浅谈中国股份制银行利用特许经营建设营销渠道的必要性",《现代经济信息》2012 年第 10 期。

[21] 贾冬莉、陆雄文:"上海、北京、广州富裕人群金融消费行为分析及营销策略——一项基于三地问卷调查的实证研究",《市场营销导刊》2008 年第 2 期。

[22] 贾瑞跃、杨树:"服务质量、服务价格与商业银行顾客忠诚度",《金融论坛》2013 年第 5 期。

[23] 李爱喜:"跨国银行国际营销渠道的比较与选择",《财经论丛》2006 年第 3 期。

[24] 李季、赵占波、谢毅:《客户关系管理》,化学工业出版社 2011 年版。

[25] 李洁:"浅议商业银行的营销调研",《中国农业银行武汉培训学院学报》2002 年第 4 期。

[26] 李俊霞:"商业银行营销策略比较与启示",《企业研究》2013 年第 16 期。

[27] 武玉涛:《商业银行网络营销渠道与传统营销渠道整合探析》,中国海洋大学硕士学位论文,2007 年。

[28] 刘金华:"银行业的营销发展优势",《市场营销导刊》2006 年第 1 期。

[29] 刘赛红:"利率市场化与商业银行经营管理",《系统工程》2003 年第 4 期。

[30] 刘淑琴、冯银虎:"基于层次分析法的商业银行服务营销环境分析",《山西农业大学学报(社会科学版)》2013 年第 12 期。

[31] 鲁诗剑:"如何做好市场营销调研工作",《现代金融》2005 年第 2 期。

[32] 栾建胜:"聚合营销与我国商业银行传统营销方式的变革",《金融论坛》2004 年第 9 期。

[33] 罗宁:"中国商业银行市场营销问题",《合作经济与科技》2008 年第 16 期。

[34] 马骏、李琼:"招商银行信用卡:以主题营销提升品牌内涵",《中国信用卡》2008 年第 4 期。

[35] 马梦琪:"商业银行金融产品与服务跨市场创新研究",《金融论坛》2008 年第 7 期。

[36] 马蔚华:"关于加快金融品牌建设的思考",《中国金融》2005 年第 1 期。

[37] 马蔚华:"我国商业银行营销现状与发展趋势",《经济与管理》2003 年第 4 期。

[38] 〔美〕菲利普·科特勒、凯文·莱恩·凯勒:《营销管理》(第 15 版),何佳讯、于洪彦、牛永革译,格致出版社 2016 年版。

[39] 〔美〕菲利普·科特勒:《营销管理——分析、计划、执行和控制》,梅汝和、梅清豪、张桁译,上海人民出版社 2001 年版。

[40] 〔美〕菲利普·科特勒:《营销管理——分析、计划、执行和控制》,梅汝和、梅豪清、张桁译,上海人民出版社 1997 年版。

[41] 〔美〕杰·纳格德曼:《金融服务营销实务》,张韬等译,对外经济贸易大学出版社 2013 年版。

[42] 潘成云:"品牌生命周期论",《商业经济与管理》2000 年第 9 期。

[43] 潘天芹:"我国商业银行的市场营销问题",《浙江金融》2005 年第 4 期。

[44] 钱红旭:"加快机构业务发展的措施",《现代金融》2011 年第 1 期。

[45] 任晓炜:"提高信用卡营销渠道效率研究",《金融论坛》2005 年第 5 期。

[46] 邵培基、吴亮、张昕煜、方佳明:"从满意到忠诚:银行 VIP 客户服务质量影响因素实证研究",2011 2nd International Conference on Management Science and Engineering Advances in Artificial Intelligence (MSE 2011),2011 年 10 月。

[47] 沈蕾、邓丽梅:《金融服务营销》,上海财经大学出版社 2003 年版。

[48] 石金涛:《现代人力资源开发与管理》(第二版),上海交通大学出版社 2001 年版。

[49] 苏海殷:"商业银行供应链金融的业务发展现状",《决策与信息》2013 年第 9 期。

[50] 孙波:"我国商业银行营销渠道的选择",《中央财经大学学报》2003 年第 9 期。

[51] 孙德奖、张少林:"商业银行营销的现状及改进",《铜陵学院学报》2004 年第 2 期。

[52] 孙积莲:"金融机构营销战略的演进与障碍分析",《中国市场》2012 年第 22 期。

[53] 孙建坤、曹桂山、卢博森:"商业银行理财产品定价分析",《银行家》2012 年第 4 期。

[54] 孙剑平:《薪酬管理——经济学与管理学视觉的耦合分析》,吉林人民出版社 1999 年版。

[55] 唐启蒙:"社交媒体时代的联合卡营销创新",《中国信用卡》2013 年第 2 期。

[56] 陶婷芳、施祖辉:"上海金融业营销现状剖析",《财经研究》1998 年第 1 期。

[57] 万后芬:《金融营销学》,中国金融出版社2003年版。
[58] 王姐:"微博营销在保险营销中的应用",《中国保险》2012年第6期。
[59] 王方华、彭娟:《金融营销》,上海交通大学出版社2005年版。
[60] 王念:"建设银行支付宝卡通的营销环境分析",《大众商务》2009年第7期。
[61] 王晓东:"商业银行营销存在的问题及其对策",《西南科技大学学报(哲学社会科学版)》2005年第2期。
[62] 王永贵:《客户关系管理》,清华大学出版社、北京交通大学出版社2007年版。
[63] 王增武、汪圣明:"结构性金融产品的定价与投资决策研究:不确定性方法",《金融评论》2010年第1期。
[64] 吴菲菲:"中外银行金融品牌研究",《太原理工大学学报(社会科学版)》2011年第2期。
[65] 吴浩:"我国金融营销发展对策探究",《魅力中国》2010年第7期。
[66] 吴颖:《论四川省农业银行对机构类客户的营销和管理》,西南财经大学硕士学位论文,2003年。
[67] 肖北溟:"国内商业银行个人金融产品若干问题研究",《金融论坛》2008年第1期。
[68] 肖崎、庄铁丽:"商业银行市场营销的国际比较及对策建议",《商业研究》2004年第5期。
[69] 谢蓓:《国有商业银行核心员工流失的原因及解决策略研究》,西南财经大学硕士学位论文,2007年。
[70] 杨梅锦、吕亚杰:"浅析招商银行创新营销",《时代金融》2012年第11期。
[71] 杨向东:"关于商业银行推行客户关系管理(CRM)的思考",《国际金融》2002年第1期。
[72] 叶蓓:"促销策略及其对市场营销效果的影响",《科技信息》2008年第6期。
[73] 叶伟春:《金融营销》(第二版),首都经济贸易大学出版社2012年版。
[74] 易观智库:《2012年中国网上银行市场季度监测报告》,2014年。
[75] 殷孟波、贺向明:"金融产品的个人需求及其市场细分",《财经科学》2004年第1期。
[76] 〔芬〕克里斯廷·格罗鲁斯:《服务管理与营销(第3版)》,韦福祥等译,电子工业出版社2008年版。
[77] 〔英〕里兹·克劳馥,〔英〕安·诺顿,〔英〕伊恩·怀特:《金融服务业管理——变革中的致胜之道》,王琴译,上海财经大学出版社2004年版。
[78] 〔英〕维克托·迈尔-舍恩伯格,〔英〕肯尼思·库克耶:《大数据时代:生活、工作与思维的大变革》,盛杨燕,周涛译,浙江人民出版社2013年版。
[79] 〔英〕亚瑟·梅丹:《金融服务营销学》,王松奇译,中国金融出版社2000年版。
[80] 于宁:"入世后我国商业银行营销环境分析及对策",《经济与管理》2003年第1期。
[81] 袁长军:《银行营销学》,中国金融出版社2004年版。
[82] 张方杰、高向艳:"基于多维尺度分析的个人金融产品差异性",《新金融》2005年第8期。
[83] 张宏、吴丹恒、张路遥、兰子馨:"新媒体渠道变革及其营销管理效率分析",《现代传播》2013年第2期。
[84] 张文权:"我国商业银行市场营销环境分析及发展对策",《北方经济》2009年第11期。
[85] 张知琦:"商业银行金融产品定价与利率风险管理分析",《商情》2012年第50期。
[86] 张中华:"论商业银行市场促销策略",《集团经济研究》2005年第24期。
[87] 赵子忠:"中国新媒体的现状与趋势","媒体融合·新媒体·新趋势"论坛,2011年4月。
[88] 中国工商银行第三期领导干部研究班课题组:"工商银行实施品牌战略提高核心竞争力研究",《金融论坛》2008年第7期。

[89] 中国工商银行上海市分行课题组:"商业银行财富客户金融消费行为的统计与分析",《金融论坛》2011年第3期。

[90] 中国人民银行郑州培训学院课题组:"利率市场化对我国金融工具创新的影响",《河南金融管理干部学院学报》2002年第5期。

[91] 钟超:"我国商业银行网上营销策略分析",《商业经济》2011年第14期。

[92] 周晓明、唐小飞:《金融服务营销》,机械工业出版社2010年版。

[93] 朱峰:"分析银行经济资本与产品定价及风险管理",《管理学家》2012年第23期。

[94] 朱捷、刘铭:"从产品营销到文化营销——浅谈商业银行营销模式的选择",《现代营销》2012年第11期。

[95] 许圣佳:"银行理财产品的发展现状与对策分析",《上海经济》2012年第5期。

英文文献

[1] Athanassopoulou, P., and A. Johne, "Effective Communication with Lead Customers in Developing New Banking Products," *International Journal of Bank Marketing*, 2004, 22(2).

[2] Boswell, J., G. Narayan, D. Grady, S. Parks et al., "System and Method for Pricing of a Financial Product or Service Using a Waterfall Tool," U. S. Patent Application 20030126053.

[3] Catalina, T. M., "Concept and Evolution of Bank Marketing," *Annals of Faculty of Economics*, 2010, 1(2).

[4] Lymperopoulos C., I. E. Chaniotakis, and M. Soureli, "A Model of Green Bank Marketing," *Journal of Financial Services Marketing*, 2012, 17(2).

[5] Ennew, C. T., M. Wright, and J. Kirnag, "The Development of Bank Marketing in Eastern Europe: The Case of Slovakia," *The Service Industries Journal*, 1996, 16(4).

[6] Fatima, A., "E-Banking Security Issues—Is There a Solution in Biometrics?" *Journal of Internet Banking and Commerce*, 2011, 16(2).

[7] Fresard, L., "Financial Strength and Product Market Behavior: The Real Effects of Corporate Cash Holdings," *The Journal of finance*, 2010, 65(3).

[8] Hagiu, A., "Two-Sided Platforms: Product Variety and Pricing Structures," *Journal of Economics & Management Strategy*, 2009, 18(4).

[9] Hart, C. W., J. L. Heskett, and W. Sasser, "The Profitable Art of Service Recovery," *Harvard Business Review*, 1990, 68(4).

[10] Kettering, K., "Securitization and Its Discontents: The Dynamics of Financial Product Development," *Cardozo Law Review*, 2008, 29.

[11] Lakkhanawat, H., and M. J. Bagajewicz, "Financial Risk Management with Product Pricing in the Planning of Refinery Operations," *Industrial & Engineering Chemistry Research*, 2008, 47(17).

[12] McKinsey Global iustitute, *China's Social-Media Boom*, May 2012.

[13] McKinsey Global iustitute, *Big Data: The Next Frontier for Innovation, Competition, and Productivity*, May 2011.

[14] Miller, M. H., "Financial Markets and Economic Growth," *Journal of Applied Corporate Finance*, 2012, 24(1).

[15] Mullineaux, D. J., and M. K. Pyles, "Bank Marketing Investments and Bank Performance," *Journal of

Financial Economic Policy, 2010, 2(4).

[16] Munoz-Leiva, F., J. Sánchez-Fernández, and M. Martinez-Fiestas, "Detecting Salient Themes in Financial Maketing Research from 1961 to 2010," *The Service Industries Journal*, 2013, 33.

[17] Parasuraman, A., L. L. Berry and V. A. Zeithaml, "A Conceptual Model of Service Quality and Its Implications for Future Research," *Journal of Marketing*, 1985, 49(4).

[18] Parasuraman, A., L. L. Berry, and V. A. Zeithaml, "Refinement and Reassessment of the Servqual Scale," *Journal of Retailing*, 1991, 67(4).

[19] Ries, A., and J. Trout, *The 22 Immutable Laws of Marketing: Violate Them at Your Qwn Risk*, Harper Business, 1994.

[20] Schlesinger, L. A., and J. L. Heskett, " Breaking the Cycle of Failure in Services," *Sloan Management Review*", 1991, 32(3).

[21] Mathews H. I., and J. W. Slocum, "Social Class and Commercial Bank Credit Card Usage," *Journal of Marketing*, 1969, 33(1).

[22] Solomon, M. R., C. Surprenant, J. A. Czepiel, and E. G. Gutman, "A Role Theory Perspective on Dyadic Interactions: The Service Encounter," *Journal of Marketing*, 1985, 49(1).

[23] Vegholm, F., "Relationship Marketing and the Management of Corporate Image in the Bank-SME Relationship," *Management Research Review*, 2011, 34(3).

[24] Yang, N., "Marketing Strategy of the Network Bank," Proceedings, IEEE 2nd Symposium on Web Society, 2010.

[25] Yavas, U., and E. Babakus, "Relationships between Organizational Support, Customer Orientation, and Work Outcomes: A Study of Frontline Bank Employees," *International Journal of Bank Marketing*, 2010, 28(3).

教辅申请说明

北京大学出版社本着"教材优先、学术为本"的出版宗旨,竭诚为广大高等院校师生服务。为更有针对性地提供服务,请您按照以下步骤通过**微信**提交教辅申请,我们会在1~2个工作日内将配套教辅资料发送到您的邮箱。

◎ 扫描下方二维码,或直接微信搜索公众号"北京大学经管书苑",进行关注;

◎ 点击菜单栏"在线申请"—"教辅申请",出现如右下界面:

◎ 将表格上的信息填写准确、完整后,点击提交;

◎ 信息核对无误后,教辅资源会及时发送给您;如果填写有问题,工作人员会同您联系。

温馨提示:如果您不使用微信,则可以通过以下联系方式(任选其一),将您的姓名、院校、邮箱及教材使用信息反馈给我们,工作人员会同您进一步联系。

联系方式:

北京大学出版社经济与管理图书事业部
通信地址:北京市海淀区成府路205号,100871
电子邮箱:em@pup.cn
电　　话:010-62767312
微　　信:北京大学经管书苑(pupembook)
网　　址:www.pup.cn